기독교적 관점에서 본
역사 해석의 패러다임 이동

기독교적 관점에서 본
역사 해석의 패러다임 이동

2012년 11월 25일 초판1쇄 발행
2013년   9월 25일 초판2쇄 발행

지은이 | 이형기
펴낸이 | 이찬규
펴낸곳 | 북코리아
등록번호 | 제03-01240호
주소 | 462-807 경기도 성남시 중원구 상대원동 146-8
       우림2차 A동 1007호
전화 | 02-704-7840
팩스 | 02-704-7848
이메일 | sunhaksa@korea.com
홈페이지 | www.bookorea.co.kr
ISBN | 978-89-6324-240-8 (93230)

값 25,000원

기독교적 관점에서 본

역사 해석의 패러다임 이동

이형기 지음

북코리아

서문

　필자는 '교회사 기술 방법론(historiography)'에 대하여 『하나님의 나라와 교회』(한들 출판사, 2005)의 끝 부분에서 논한 바 있다. 그리고 은퇴를 앞두고 박사와 학생들과 '보편사 기술 방법론'에 대한 세미나를 두번 열면서 이 분야에 대한 연구의 필요성을 절감하던 차에, 2011년 봄경, 지금은 교수가 된 그 당시 박사과정 학생이 이 분야에 대한 연구의 필요성을 본인에게 제안하였다. 또한 본인이 본 저서집필에 착수할 수 있었던 것은 대학원 세미나를 위하여 수집했던 자료들 덕분이었다.

　하지만 집필의 더 큰 이유는, 본인이 몸담고 자라온 우리 한국교회가 삼위일체 하나님의 드넓은 일터인 '보편사'와 '창조세계'로부터 퇴거하여 교회 안으로 움추려들면서 교회의 공적책임을 소홀히 여김에 대한 반성에 있다. 오늘날 교회는 과연 '보편사'와 '창조세계' 속에서 진행되고 있는 정치 · 경제 · 사회 · 문화 차원의 가치들의 세계에 어떻게 참여해야 하고 그것들을 어떻게 선도해야 할 것인가? 우리는 자연과학과 기술, 그리고 민주주의적 가치들이 보편화되면서 신 · 구약의 구속사와 교회의 역사를 '보편사'로부터 퇴출시키고 있는 것은 아닌지? '구속사'와 '보편사'는 단순히 이분화 되어야 하는가? '구속사'가 '보편사' 속에서 '보편사'와 '창조세계'를 위해서 일어난 것은 아닌? 결국, '보편사'가 다름 아닌 '구속사'는 아닌지? 신앙의 눈은 '보편사' 속에서 일어난 '구속사'의 안경을 통하여 '보편사'를 보는 것이 아닌가? 예수 그리스도의 성육신, 하나님 나라 선포, 십자가와 부활 사건은 단지 교회를 위해서만 일어난 사건인가? 하나님 아버지께서는 '보편사'와 '창조세계'를 사랑하시어, 이스라엘을 선택하셨고, 그의 아들 예수 그리스도를 이 세상 속으로 파송하셨으며, 교회를 택하신 것이 아닌가? 필자는 에큐메니칼 운동에 나타난 신학, 몰트만의 신학, 그리고 내러티브 신학(특히, 레슬리 뉴비긴)으로부터 '보편사'와 '창조세계'에 대한 신학적 이해가 매우 중요하다고 하는 사실을 알게 되었다. 그리하여 본 저서는 '보편사'에 대한 근 · 현대(포스트모던) 서양의 사관(史觀)들을 신학적인 논의로 끌어드리려고 하였다.

이미 필자는 『하나님의 선교』(서울: 한들 출판사, 2008)에서 본회퍼, 칼 바르트, 그리고 몰트만의 신학이 '복음'에 대한 교회의 신망애와 선교 및 사회봉사 이전에 하나님께서 먼저 '복음'을 통하여 '보편사'를 향한 객관적이고 보편적인 구원 행동을 펼치셨다고 하는 사실을 지적하였고, 『하나님 나라와 공적신학』(서울: 한들 출판사, 2009)에서는 벤, 아더톤, 씨먼, 스텍하우스의 공적신학을 몰트만의 보편사와 창조세계를 아우르는 보편주의적 종말론에 비추어서 평가하였으며, 『성경의 내러티브 신학과 교회의 공적책임: 아더톤의 기독교적 사회윤리를 지향하며』(서울: 한들 출판사, 2010)에서는 성경의 내러티브 신학에 바탕을 두고 있는 삼위일체론과 화해의 복음(기독론) 등의 '관계의 유비'(analogia relationis)로써 보편적인 세계의 정치경제사회 문제들을 설명해 보려고 시도하였다. 이로써 필자는 보편사와, 나아가서 창조세계 속에서의 삼위일체 하나님의 선교에 대하여 오랫동안 관심을 가져왔다고 생각한다.

이 글의 목적은 '제1부 모더니즘과 포스트모더니즘'과 '제2부 성서적 내러티브 신학의 보편사에 대한 해석들'에 비추어서 '제3부 근대 서구의 사관들: 비코(Vico)로부터 칼 마르크스(Karl Marx)까지', '제4부 포스트모던 사관들'을 비판적으로 평가하는 데에 있다. 그래서 필자는 각 사관들을 소개하고, "성서의 '보편사 해석'에 비추어서"라고 하는 부분을 덧붙였다. 그러니까, '제1부 모더니즘과 포스트모더니즘'은 첫째로 '제3부'의 배경이요, 둘째로는 '포스트모더니즘'의 배경으로서 '모더니즘'에 대한 이해를 포함하였다. 그리고 '제3부'는 '포스트모던 사관들'의 배경이다. 그 이유는 대체로 모든 '포스트모더니즘의 사관들'은 나름대로 '모더니즘 전통의 사관들'에 대한 비판으로부터 자신들의 포스트모던 사관들을 펼치기 때문이다. 나아가 우리는 '모더니즘 전통'의 사관들을 잘 알아야 '포스트모던 사관들'을 잘 알 수 있기 때문이기도 하다. 물론, '제2부'의 '내러티브 신학' 역시 '포스트모더니즘'을 배경으로 나왔기 때문에, 우리는 이를 위해서도 '모더니즘 역사관들로부터 포스트모더니즘 역사관으로의 과도기', 특히 '포스트모던 역사관들'에 대하여 더 잘 알 필요가 있다.

그런데 이 글은 '제3부'의 '평가 부분들'에서 '포스트모더니즘'과 '성경의 내러티브 신학'에 비추어 평가함에 있어서 혹자는 왜 현재의 잣대로 과거를 이해하고 해석하는가 라고 의문을 제기할 수 있을 것이다. 필자는 이를 의식하여, '비코로부터 마르크스'에 이르는 모더니즘 전통의 역사철학자들의 역사철학 이론들 각각을, 있는 그대로 소개하려고 노력하였고 평가부분들에서도 이들 각각의 역사철학을 그 시대에 비추어서 이해하였다. 하지만 한 걸음 더 나아가서 필자는 '포스트모더니스트들'이 '모더니즘'에 대한 비판과 더불어 자신들의 이론을 제시하는 것처럼 '모더니즘 전통의 역사철학'을 '포스트모더니즘'과 '성서적 내러티브 신학의 보편사에 대한 해석들'에 비추어서 평가하는 일을 감행하였다. 이와같은 입장은 현재의 입장에서 현재와 미래를 위하여 '과거'와 대화하는 현재주의 입장(E. H. Carr 등의 경우처럼)이 아니라, 어디까지나 '성서적 내러티브 신학의 보편사에 대한 해석들'에 비추어 역사철학자들의 인류 보편사에 대한 의미와 목적에 대한 주장들을 비판하고 새로운 방향을 제시하기 위한 것이다.

덧붙여서 일러두고 싶은 말은, 비코에서 마르크스에 이르는 '모더니즘 전통의 역사철학자 자신들의 글들'은 대부분 *Theories of History*[1]의 발췌 본문들로부터 그리고 '포스트모던 사관들'은 거의 다 *The Postmodern History Reader*[2]

---

[1] *Theories of History,* edited with Introductions and Commentary by Patrick Gardiner(New York: The Free Press, 1959)

[2] *The Postmodern History Reader*, ed. Keith Jenkins(London and Newyork: Routeledge, 1998)(1997년에 초판)

의 발췌문들로부터 왔음을 밝힌다. 그리고 '제1부의 3장. 모더니즘 역사관들로부터 포스트모더니즘 역사관으로의 과도기'를 길게 다룬 이유는 '모더니즘'과 '포스트모더니즘'의 연결고리가 그 만큼 중요하기 때문이고, '제2부의 5장. 레슬리 뉴비긴'을 길게 소개한 이유는 그가 내러티브 신학 전통에 서 있으면서도 '보편사'에 대한 관심이 남다르기 때문이다.

끝으로 제1부의 3장을 제외한 나머지 부분들과 제2부의 5장을 제외한 나머지 부분들은 이미 출판된 필자의 다른 저서들에 크게 의존하였음을 밝힌다. 역시 연결 고리의 문제 때문이다.

그리고 제5부의 총 결론 부분은 신구약성경의 내러티브 신학이 추구하는, 창조세계와 인류와 교회를 아우르는 '샬롬의 생명공동체'에 대한 종말론적 비전과 역사와 창조의 지평 속에서 그것의 앞당겨진 실현에 대한 주장에 비추어서 '모더니즘 전통의 역사관들'과 '포스트모던 사관들' 모두를 비판하고 성서의 '보편사 해석'에 비추어서 평가하였다. 이와같은 종말론적 비전에 있어서 결정적으로 중요한 것은 '생명, 생명의 공동체'인데, '모더니즘 전통의 보편사관들'과 '포스트모던 사관들' 모두 이를 도외시하고 있다고 하는 전제에서 이다.

2012년 10월 11일
이형기

CONTENTS

CONTENTS

CONTENTS

CONTENTS

I

모더니즘과 포스트모더니즘

이 글은 제1부에서 '제3부 근대 서구의 사관들: 비코(Vico)로부터 칼 마르크스(Karl Marx) 까지'와 '제4부 포스트모던 사관들'을 논하기에 앞서 '모더니즘'과의 관계에서 '포스트모더니즘'을 설명하려고 한다. 그 이유는 '근대 서구의 사관들'을 이해하려면 '모더니즘'의 특징들을 알 필요가 있고, 모든 포스트모던 사상가들이 '모더니즘'에 대하여 비판하고 있기 때문이다. 그래서 우리는 1장. 모더니즘과 포스트모더니즘의 시기설정, 2장. 모더니즘의 특징들, 3장. 모더니즘으로부터 포스트모더니즘으로의 과도기, 그리고 4장. 포스트모더니즘의 세 흐름들과 그 특징들에 대하여 논할 것이다.

1장

모더니즘과 포스트모더니즘의
시기설정

모더니즘과 포스트모더니즘의 시기설정에 대해서 논란이 많이 있으나, 이 글은 18세기 유럽의 계몽주의와 산업혁명, 자본주의, 제국주의, 마르크스주의로 대표되는 19세기 유럽의 낙관론적 인간관, 또는 진보적인 역사관을 모더니즘으로 보고, 제1차 세계대전으로 이 18-19세기의 모더니즘이 붕괴되기 시작하면서, 1960년대부터 1980년대까지 본격화된 포스트모던 문화현상들과 포스트모더니스트들의 이론들이 등장한 것으로 본다. 대체로 역사분야에선 서구의 모더니즘 시기가 분명한 만큼 이 시기와의 관계에서 포스트모던 시기를 설정하려는 경향이 있으나, 이에 대하여 거부감을 갖는 사람들도 포스트모던 사상가들과 이들의 포스트모더니즘에 대하여는 인정 하지 않을 수 없다. 따라서 '포스트모던'(post-modern)이란 말은 '근대 후기적'이라고 번역될 수 있고, '탈 근대주의적'이라고도 번역될 수 있다. 전자는 시대 구분을 염두에 둔 말이고 후자는 '모더니즘으로부터의 벗어남' 또는 '모더니즘의 해체'를 의미한다. 하지만 역사신학자인 본 필자는 시대 구분의 의미를 함축하고 있는 전자를 더 선호한다. 그 이유는, 포스트모던 사상가들 가운데 어떤 이들(하버마스)은 포스트모더니즘이란 '모더니즘'의 전적인 해체가 아니라 그것에 대한 비판과 보완을 통하여 그것을 계승 발전시키며 그것의 미완의 '기획'을 완성시키는 입장을 지향하기 때문이다.[1]

---

1) 참고: 이형기, 『모더니즘과 포스트모더니즘 논의에 비추어 본 몰트만 신학』(서울: 한들 출판사, 2006), 32-36.

2장

모더니즘의 특징들

거의 모든 포스트모던 사상가들이 '모더니즘'을 비판하면서 자신들의 포스트모던 사상을 펼치기 때문에, 먼저 우리는 '모더니즘'이 무엇인가를 알아야 한다. 아래의 세 입장[2]은 다분히 '계몽주의'에 무게를 두고 '모더니즘'이 무엇인가를 논하고 있는 바, 19세기의 '모더니즘' 역사가 18세기의 '계몽주의'를 자산으로 물려받았기 때문일 것이다. 물론, '계몽주의'는 14-16세기의 르네상스 휴머니즘으로 그리고 신약성서의 배경을 이루고 있었던 '희랍 로마의 고전'으로 까지 소급한다. 따라서 '모더니즘'에 대한 이해는 '제3부: 근대 서구의 사관들'의 경향을 이해하고 '모더니즘'에 근거하고 있는 서구의 근대주의 사관들을 비판하는 '제4부 포스트모던 사관들'을 이해함에 있어서 꼭 필요하다.

---

2) 필자는 이 부분을 *Ibid.*, 21-27.

1. 제임스 C. 리빙스턴의 주장

첫째, 이성의 시대(the Age of Reason)가 등장하였다. 바야흐로 인간의 이성이 계시를 대신하여 진리의 판단자가 되었다. 그리하여 이 이성의 시대는 이와같은 이성의 자리 매김과 더불어 '자율', '조화' 및 '진보'에 의해서 지배받는 시대가 되었다. 리빙스턴에 따르면 이 시대의 이성은 단순히 인간의 합리적인 능력이라는 개념을 넘어서서, 우주의 객관적 합리성의 구조에 상응하는 이성의 합리적인 구조를 말한다. 이것은 고대 그리스 로마의 스토아적 주장에 가깝다. 이처럼 구조적 상응 때문에 인간의 이성은 대상세계 혹은 외적인 세계 안에 있는 구조를 인식할 수 있다고 하는 것이다.[3] 이로 인하여 인간이성은 대상세계를 변형시키고, 복종시키려고 한다.

둘째, 이와같은 이성개념과 연계되는 개념은 '자연' 개념이다. 계몽주의 지성인들은 '사물들의 본성 그 자체'를 중요시했다. 이들은 한결같이 우주가 자연의 법칙에 의해서 지배되고, 작동된다고 생각했다. '자연과 자연법칙'은 이들의 슬로건이었다. 이들은 우주 혹은 자연의 대설계자(the grand Designer)가 자연의 법칙 또는 '사물들의 본성 그 자체'를 만들었다고 하는 이신론적 신앙을 가지고, '자연이라고 하는 책'을 탐구한다.[4] 따라서 이들은 자연과학뿐만 아니라 모든 학문과 인간의 삶을 이와같은 자연의 본성에 일치시키려고 하였다.

셋째, 이성과 자연의 원칙은 '자율'의 원칙을 가져온다. 이 이성의 시대에는 중세와 종교개혁 시대가 누렸던 권위, 곧 진리의 판단자로서의 외적인 권위가 이성에 의해서 대치되었다.[5] 성경, 교회의 교도권(teaching authority), 교리와 신학적 주장들의 권위가 전적으로 이성적 진리들과 이성적 권위에 의해서 대치되었다. 인간은 이성과 양심 그리고 자연법칙에만 의존하고, 삼위일

---

3) 제임스 C. 리빙스턴 지음, 이형기 옮김, 『현대 기독교 사상사』 (서울 : 한국장로교출판사, 2000), 68.

4) *Ibid.*

5) *Ibid.*, 69

체 하나님이나 성경 및 교회의 권위와 가르침에는 아랑곳하지 않는다는 말이다.

넷째, 계몽주의에 입각한 자율적 인간은 개인 차원에서 자율적인 이성을 사용하여, 자연의 법칙을 찾고, 일상적인 삶에서도 자율적인 이성과 양심을 사용한다. 그런데 이들은 기본적으로 우주(자연)와 이성이 그 본성과 법칙성에 있어서 상응할 뿐만 아니라 조화를 이룬다고 생각했다. 따라서 이들은 개인적으로 그리고 부분적으로 비합리성이 있을 수 있지만, 결국 그 모든 것은 전체적인 조화에 기여한다고 보았다. 이들은 이와같은 조화를 윤리적 행동이 요청되는 인간 사회 속에서도 찾았다.

끝으로, 계몽주의는 진보를 믿었다. 이들은 이성, 자연, 자율, 조화가 인간을 행복하게 할 수 있다고 믿었다. 특히, 이들은 자연법칙을 찾아내고, 자연과학적 지식을 축적하는 것이 인간 사회의 진보를 약속하고, 인간을 행복하게 할 수 있다고 생각했다. 따라서 자연과학적 지식이 인간의 개인적인 삶과 사회생활의 문제를 풀 수 있다고 보았다.[6]

2. 데이비드 보쉬의 주장

첫째, 계몽주의는 무엇보다도 이성의 시대(the Age of Reason)이다. 인간의 이성은 자연의 질서에서 온 '자연적'인 것으로 전통들과 공동체들로부터 독립해 있는 만물의 척도요 규범이다.

둘째, 계몽주의는 주체와 객체의 도식을 가지고 인간과 자연을 이분화시켰다. 자연은 더 이상 어머니의 품이 아닌 인간 이성의 분석대상이 되었다. 인간은 자연을 대상화하였고, 도구화하였으며, 착취하였고, 파괴하였다. 인

---

6) *Ibid.*, 19-32, 70-71.

간은 이 땅을 정복하고 굴복시켜서 자신의 유익을 취했다. 자연은 어디까지나 인간을 위해서만 존재하는 것이 되고 말았다. 그리고 인간은 지성/몸의 이분화를 경험했을 뿐만 아니라 자신을 통전적(holistic)이 아닌 파편적으로 이해하였다.

셋째, 계몽주의는 목적의식을 과학적 인과관계로 대치시켰다. 인간의 생로병사가 신비적 차원과 목적론적 차원을 상실하고, 과학적 인과관계로 설명되었다. 이 자연과학적 인과관계는 모든 것을 설명하고 예측한다. 인간과 우주가 누구에 의해서 창조되었고, 어떤 종말을 지향하며, 역사의 의미가 무엇인가에 대해서 심각하게 생각하지 않는다.

넷째, 계몽주의는 진보사상을 가진다. 계몽주의와 유산을 물려받은 사람들은 지구를 횡단하면서 영토를 발견해 냈고, 어두운 세계에 새날이 동터올 가능성을 설명하며 기뻐하고 흥분했다. 서양의 여러 나라들은 남의 나라 땅을 용감하게 소유했고, 식민지 체제를 만들어 냈다. 이들은 자신들을 운명의 주인으로 생각하여, 이 세상을 자신들의 형상을 따라 만들어갔다. 서구가 비서구를 서구화하려는, 또는 서구가 자신의 가치를 보편화하고 전체화하려는 도중에 야기시킨, 모든 억압과 폭력은 바로 이와같은 맥락에서 나온 것이다.

다섯째, 진보사상은 '발전계획들'로 표현되었다. 서양의 여러 나라들은 제3세계의 여러 나라들에서 발전계획을 실천하였다(적어도 1960년대 말 이전까지는). 이 모든 계획들의 근본 동기는 물질적 소유, 소비주의 및 경제발전이라고 하는 범주들로 표현되는 서양의 기술발전 모델이다.

여섯째, 계몽주의 패러다임에 있어서 원칙상 모든 문제들은 해결 가능하다. 그리고 모든 것은 설명될 수 있거나 적어도 해명 가능하다. 인간의 자연과학과 기술, 그리고 민주 사회적 진보는 한계를 모른다.

일곱째, 계몽주의는 해방된 인간, 자율적 인간을 말한다. 계몽주의는 자유경쟁으로 개인들의 행복을 추구했고, 이로써 인류발전을 이루었다. 근대의 인권에 대한 존엄도 같은 맥락에서 나왔다. 그리고 자본주의와 마르크스주의 역시 인간을 하나님과 교회 없이, 그리고 그 어떤 초자연적 근거없이 자율적 인간으로 보려는 계몽주의적 비전에서 왔다.[7]

3. 정치사회적 민주화

동일한 계몽주의시기에 과학혁명과 철학 혁명에 이어서 정치 · 사회적 혁명이 일어난다. 1781년 칸트의 『순수이성비판』이 출판된 지 8년 만에 프랑스 혁명(1789)이 일어났다.

프랑스 백과사전 학파의 '철학자들'(philosophes)은 뉴튼의 기계론적 세계관을 인간 사회에도 적용하기 시작했다. 이들은 우주에서 발견된 자연의 법칙(natural laws)이 인간 사회도 지배한다고 보아 다분히 자연과학적이고 기계론적인 정치관과 사회관을 추구했다. 이들은 이러한 전제 아래서 이성의 법칙성을 사회 제도와 전통에 적용하였다. 17세기까지만 해도 하나님이 우주를 통치하시고 인간사회를 섭리한다고 생각했으나, 이제 우주와 인간사회를 지배하는 것은 일정한 내재적인 법칙성이라고 여겨진 것이다. 또한 이들은 인간의 사회와 제도가 이러한 내재적인 법칙성에 의하여 발전한다고 보았다. 이러한 발전적이고 진보적인 역사관과 사회관은 19세기를 거쳐 20세기에 이르고 있다.

콩도르세(Marquis de Condorcet: 1743-1794)는 그의 저서 『인류의 진보에 대한 역사적 그림을 위한 스케치』(Sketch for a Historical Picture of the Progress of the Human Mind)에서 "인류는 진리에 도달하기 위하여 이성을 사용하기 때문에 모든 분야에서 무한히 진보한다"고 하였다. 제1차 세계대전 전까지 유럽인들과 북미 사

---

7) *David Bosch, Transforming Mission: Paradigm Shifts in Theology of Mission* (Maryknoll, New York : Orbis Books, 1992, 제4판, 초판은 1991), 264-267.

람들은 인류의 역사와 사회가 행복한 미래를 향해서 무한히 발전하고 진보한다고 믿었다. 이는 모더니즘의 역사관이었다.

'철학자들'이 이성을 적용하기 시작한 프랑스 사회는 옛 왕정(ancien régime)이 지배하는 대단히 전통적이고 비합리적인 상황에 처해 있었다. 프랑스 사회가 다시 소생하기 위해서는 경제, 종교, 법, 정부의 변화가 필수적으로 요청되었다. 이들은 경제정책에서 자유방임주의(laissez-faire)가 실현되기를 원하였다. 즉, 국민은 정부의 간섭 없이 스스로 원하는 대로 경제활동을 해야 한다는 것이다. 이미 영국의 아담 스미스는 『국부론』(Inquiry into the Nature and Causes of the Wealth of Nations)에서 국민 각자가 개인적인 이익을 따라 경제활동을 해야 하고 각 개인이 독자적으로 행동할 경우 전사회의 유익이 온다고 주장하였다. 이것은 19세기에 꽃피어 날 자본주의를 바라보았고, 동시에 이 자본주의의 병폐들로 인하여 필연적으로 전개될 공산주의적 이상향을 예기(豫期)하였다. 자본주의와 공산주의는 모두 모더니즘의 유산이었다.

존 로크(J. Locke: 1632-1704)는 개인의 인권을 보호하기 위해서 국민이 통치자들과 계약을 맺을 때 비로소 정부가 성립되는 것이라고 주장하였다. 이후, 계몽주의시대의 정치 사상가들은 모두 그를 따랐다. 이들에 의하면 국민은 정부가 의무를 수행하는 데 실패할 경우 이 정부에 대하여 항거할 수 있다. 그의 『정부론』(Treatise on Government, 1690)은 인간이 생명, 자유, 재산에 대한 천부적 권리를 가지고 있다고 하며 이것을 위하여 정부가 필요하다고 하였다. 그리고 이 정부는 피지배자 다수의 의지에 따라야 하며, 이 다수의 뜻이나 인간의 기본권이 짓밟힐 경우 혁명이 요청된다고 하였다. 그리하여 이는 미국혁명에 영향을 주었다. 로크는 미국의 독립선언문에 간접적으로 영향을 준 것으로 알려져 있다. 이와같은 민주주의 가치 역시 모더니즘의 소산이었다.

'철학자들' 계통의 정치이론가들 가운데 가장 세련된 사람은 몽테스큐 백작(1689-1755)이다. 그는 입법, 사법, 행정의 삼권분립을 주장하였으니, 이 셋이 상호 견제와 균형(check and balance)을 이루어야 한다고 주장한 몽테스큐는 1787년 미국헌법과 19세기 다른 나라들의 헌법에도 큰 영향을 주었다.

그의 민주주의적 정치 역시 모더니즘의 일부이다.

일반 '철학자들'보다 한층 더 과격한 생각을 한 사람은 루소(Jean Jacques Rousseau: 1712-1778)였다. 그는 비록 계몽주의의 충성스러운 아들이기도 했지만 장차 계몽주의적 합리주의를 밀치고 등장할 낭만주의를 예고하는 인물이었다. 그는 제네바의 노동자 계층 지역에서 태어나 16세에 고향을 떠난 이후, 그의 명성에도 불구하고 항상 사회로부터 소외된 삶을 살았다. 아마도 이러한 불행한 삶이 그의 세계관에 영향을 주었을 것이다. 그의 사상의 출발은 자연적인 상태의 개인들은 근본적으로 선하다는 주장이다. 이 자연인의 본성은 다른 사람을 향한 따뜻한 느낌과 사랑에 의해서 특징 지워진다. 그러나 문명의 진보와 성장이 인간을 부패하게 만들었다는 것이다. 자연(본성)의 상태를 훼손하는 주된 요소는 사유재산의 도입이다. 인류의 선한 성질은 정서에서 나오고 악한 습성은 이성으로부터 나온다고 보았다. 따라서 직관과 정서는 이성과 철학보다 행동을 위한 보다 훌륭한 길잡이라고 한다. 그리고 양심과 의지가 이성보다 더 근원적이다. 그리고 『누벨 엘로이즈』(Nouvelle Heloise)와 『에밀』(Emile)에서는 인간의 타고난 덕성과 정의감을 보존할 수 있게 하는 교육과정에 대해서 말하고 있다.

우리는 이러한 루소의 사상에서 성선설의 전형적인 형태를 본다. 또한 우리는 정서와 양심과 의지를 강조하고, 반면에 이성을 상대적으로 하위에 두는 인간관을 발견한다. 그러므로 루소에 있어선 이성에 근거한 법과 제도와 문명과 국가와 국민의 보편의지가 평가 절하 될 수밖에 없는 것이다. 비록 그가 양심과 의지를 강조함으로써, 계몽주의적 이성주의적 토대주의를 극복하려 하였으나, 역시 공동체를 떠난 양심과 의지를 말함으로 칸트와 더불어 계몽주의적 토대주의를 면하지 못하고 있다.[8]

계몽주의 사회사상은 미국 혁명과 프랑스 혁명을 향한 예비단계였다. 이 같은 계몽주의 사상들은 잘못된 전통적 제도와 습관을 붕괴시켰다. 영

---

8)　이형기, 『세계교회사(II)』 (서울 : 한국장로교출판사, 1994), 273-274.

국, 프랑스, 그리고 독일에서 일어난 이 사상은 유럽의 다른 나라들, 그리고 바다 건너 신대륙까지 파급되어 이 나라들의 전통에 도전하였다. 이들의 비평은 유럽인들뿐만 아니라 미국인들에게도 꼭 같이 적용되는 보편적인 것에 근거한 것이라고 하였다. 계몽주의가 이처럼 정치 · 사회의 민주화를 가져왔고, 인류에게 유익한 민주주의적 가치를 유산으로 물려주었으나, 보편적인 인간본성에 근거한 보편적인 법의 보편타당성은 인류사회의 다른 공동체들을 억압하고, 폭력으로 대하는 거대담론으로 작용하였다.[9]

4. 모더니즘 역사관들의 특징들

'제3부 근대 서구의 사관들'에서 비코로부터, 볼테르, 칸트, 헤르더, 콩도르세, 헤겔, 콩트, 랑케, 그리고 마르크스에 이르는 근대 유럽의 사관들을 소개하기에 앞서 위에서 정의한 '모더니즘'의 특징들에 비추어서 근대 모더니즘의 역사관들의 특징들을 미루어 살펴보려고 한다.

첫째, 모더니즘의 모태나 마찬가지인 계몽주의 시기는 '이성의 시대'였다. 이성은 단순히 인간의 합리적인 능력일 뿐만 아니라 우주의 객관적 합리성의 구조에 상응하는 이성의 합리적인 구조를 말한다. 이성은 주 · 객의 이분법, 몸과 정신의 이분법, 존재와 당위, 그리고 존재와 가치의 이분법을 지향하였다. 따라서 이성은 근대 인간의 자연에 대한 지배와 착취, 도구화와 파괴를 가져왔고, 이에 상응하여 인간의 이성은 역사현장에서 일어나는, 모사(模寫)를 통해서 얻은 '객관적 사건들과 사실들'에게 그것에 상응하는 의미를 쉽게 부여할 수 있다고 믿었다. 특히, 모더니즘은 자연을 객체화하여 과

---

9) 참고: 이 부분은 이형기, 『모더니즘과 포스트모더니즘, 그리고 기독교 신학』 (서울: 장로회신학대학 출판부, 2003), 41-44에서 왔다.

학과 기술을 발전시키는 맥락에서 역사적 사실과 사건의 객관성과 보편성에 주목하였다.

둘째, 이성은 성경과 교회의 가르침의 권위로부터의 해방을 선언하였다. 따라서 기독교의 구속사는 보편사로부터 변방으로 퇴출 당하였고, 기독교의 진리는 보편적인 세계의 공적인 진리이기를 멈추어 버렸다.

셋째, 이성은 자연과 역사 속에서 일어나는 모순들과 부정성들을 모두 극복하고 새로운 미래를 향하여 진보할 수 있다고 보았다. 이는 미국 혁명과 프랑스 혁명, 과학과 기술학에 의한 산업혁명, 자본주의와 제국주의, 공산주의, 제1차 세계대전, 나치, 무솔리니, 프랑코, 일본의 군국주의 등에서 발견되는 모더니즘의 낙관론적 역사관을 초래하였다.

넷째, 계몽주의의 이성은 모든 현상들을 자연과학적인 '원인-결과'(cause and effect)로 봄으로써, 기독교의 미래 지향적인 하나님 나라를 상실하였다.

다섯째, 1968년 이전 까지도 서양은 이와같은 낙관론적 역사관에 입각한 '발전계획'을 추구하였다. 그리고 여섯째, 계몽주의는 서구 위주의 인권과 자유와 평등과 같은 민주주의적 가치들을 보편화시킴으로써 기독교적 신앙과 덕목들을 보편적인 가치의 세계로부터 사사로운 세계로 몰아냈다.

3장

모더니즘 역사관들로부터
포스트모더니즘 역사관으로의 과도기

우리는 '제3부 근대 서구의 사관들: 비코(Vico)로부터 칼 마르크스(Karl Marx) 까지'를 이해하기 위하여 위와 같은 모더니즘시기의 특징들에 상응하는 역사관의 특징들에 유의해야 하고, '제4부 포스트모던 사관들'을 잘 이해하기 위하여 모더니즘으로부터 포스트모더니즘으로의 이행과정에 나타난 역사관의 배경을 잘 파악할 필요가 있다.[10]

---

10) 독자들은 본 장(章)을 '제3부 근대 서구의 사관들: 비코에서 칼 마르크스 까지' 및 '제4부 포스트모던 사관들'을 읽은 다음에 읽어도 좋을 것이다.

1. 객관적인 역사적 사실과 주관적 해석 사이에서

1) 리케르트(Heinrich Rickert)와 딜타이(Wilhelm Dilthey)

이들은 콩트와 랑케와 마르크스의 객관주의와 실증주의를 넘어서려는
입장이다. 이에 관하여 『거울로서의 역사』[11]는 아래와 같이 주장한다.

독단적 실증주의를 반대하는 리케르트는 『문화과학과 자연과학』(1899)에서
대상의 세계를 존재의 세계인 자연과, 당위의 세계인 문화로 구분하고 가장 특
징적인 문화과학으로 역사학을 지목하였다. 그는 자연과학의 '보편화방법'에
대하여, 문화과학은 '개별적이고 특수한 일회적인 것을 그 개별성에 있어서 파
악하고 기술하지만 고립된 사실들을 주어 모으는 것이 아니라 환경과의 횡적
연관성과 시간적 변화에 의한 종적 역사적 관계를 탐구하는 가운데 그 개별적
인 것의 일회적이고 특수한 성격을 파악하는 것이다.… (90)

랑케의 한계를 지적하며 자연과학으로부터 인간과 사회에 대한 연구를 구
분한 또 한 사람은 딜타이이다. 그는 '정신과학'을 자연과학으로부터 구분한다.
그가 말하는 정신과학의 연구대상은 인간의 활동과 정신에 관련된 것이다. 그
런데 인간의 활동과 정신의 근원이 삶(生, Leben)이고 삶의 '체험'(Erlebnis)이 모
든 정신활동의 근원이므로 삶의 체험을 토대로 한 '이해'(Verstehen)가 정신과학
의 인식방법이라고 제시하였다. 여기에서 '이해'란 타자 속에서 나를 발견하는
것이다. 타자 속에서 나를 발견한다고 하는 것은 타자의 정신생활 속에 나 자
신을 옮겨 놓고 이를 모방하거나 추체험(追體驗, Nacherleben)하는 것을 의미한
다. 즉 인식주체인 내가 인식대상 속으로 들어가는 것이다. 그에게 역사란 역
사가가 과거의 세계 속으로 들어가 과거의 세계에 내제해 있는 '의미'를 '이해'
를 통하여 파악하는 것이다.

---

11) 연규홍 · 란디 워커 공저, 『거울로서의 역사』(한신대 출판부, 2011).

그런데 역사적 세계의 의미란 고정불변한 것이 아니라 현재와 미래와의 관련 속에서 변화한다. 그러므로 랑케의 주장처럼 역사가는 자신을 죽여야 하는 것이 아니라 자신의 지식과 경험을 더욱 풍부하게 넓혀야 한다. 역사가는 자신의 삶의 체험을 통해 힘과 넓이를 성장시키는 것이 역사적 관찰의 토대가 된다는 것이다. (91)

고전문화에 호소하면서 개인주의적 인식론이 아니라 사회문화적이고 문화언어적인 '선험성'을 주장하는 맥킨타이어(Alasdair McIntyre)와 같은 포스트모던 사상가는 『덕의 상실』(After Virtue)에서 '존재판단'과 '가치판단'의 이분법을 넘어섬으로써, 이상과 같은 과학주의와 실증주의에 입각한 콩트와 랑케의 역사관의 한계를 잘 보여 주었다.[12] 맥킨타이어는 "존재의 전제로부터 어떤 당위의 결론도 도출할 수 없다"고 하는 계몽주의자들의 주장에 반대한다. 맥킨타이어는 존재판단과 가치 판단, 또는 도덕 판단의 불가분리성을 주장한다. 예컨대, "이 시계는 정확하다"라는 사실판단으로부터 "그것이 좋은 시계이다"라고 하는 가치판단이 나오고, "농사에서 수확을 많이 거두었고, 젖소 사육에서 상을 받았다"고 하는 존재판단으로부터 "그는 좋은 농부이다"라고 하는 가치판단이 나온다는 말이다. 이것은 사실적 전제로부터 규범적 결론에 이른다는 것이다. 전자는 기능 개념을 포함하고 있기 때문이다.[13] 객관적 사실과 주관적 이해(경험)의 관계는 오늘날 과학과 복음 이해 모두 중요하다. 폴라니(Polanyi)는 과학탐구에 있어서 객관적 세계(자연)에 대한 '참여적 지식'(personal knowledge)을 주장하였고, 레슬리 뉴비긴은 T. F. 토랜스와 더

---

12) 로체와 콜링우드는 리케르트와 딜타이의 사상을 이어 받았고, E. H. 카는 객관주의와 주관주의를 종합하였다. 그리고 가다머는 크로체와 콜링우드를 넘어서서 각 시대의 역사관들을, 그것의 선입견들에도 불구하고 그것들에 대한 현재의 지평에서 지평융합을 시도하였고, 역사연구의 역사에 의한 영향사를 주장하였다. 참고: 『거울로서의 역사』, 92-96.
13) 『덕의 상실』, 알레스데어 맥킨타이어 지음/이진우 옮김(서울: 문예출판사, 1997; 원저서는 1981, 1984), 96-97.

불어 이를 복음과 그것의 수용 관계에 적용하였다.[14)

2) '과학 · 학문'으로서의 역사와 '수사학'으로서의 역사

콩트, 랑케, 마르크스 등 모더니즘 전통의 실증주의 역사철학은 어떤 객관적이고 보편적인 법칙성이 역사를 결정한다고 보았다. 이와같은 전통은 역사를 '과학 · 학문'(a science)으로 본다. 이는 대체로 자연과학과 기술이 인간의 사회문화를 결정하던 18-19세기 서유럽의 역사관들과 20세기 헴펠 (Carl G. Hempel, 1905-1997)의 *The Function of General Laws in History*(1942)와 카(E. H. Carr, 1892 - 1982)의 *What Is History*(1961) 등의 역사관들에서 발견되는데, 이에 반하여 딜타이(1833-1911), 크로체(1866-1952), 콜링우드(1889-1943)[15) 등은 그와 같은 모더니즘적 객관주의와 보편주의를 극복하려고 시도하였다. 『거울로서의 역사』는 이에 대하여 이렇게 언급한다.

그러나 콩트(1798-1857)와 밀(John Stuart Mill,1806) 등의 실증주의 철학은 독일의 딜타이(Wilhelm Dilthey)와 이탈리아의 크로체(Benedetto Croce), 콜링우드(Robin George Collingwood) 등의 역사가들로부터 커다란 저항을 불러 일으켰다. 역사서술에는 자연과학적 유추가 유효하지 않으며 역사만의 고유한 방법이 필요하다는 것이다. '정신과학'(Geisteswissenschaften)을 자연과학(Naturwissensschaften)으로부터 구분하여 인문과학 방법론을 제시한 딜타이는 인간이 확증된 규칙에 지배되는 존재가 아니라고 보았다. 그리고 그는 역사적 우연성과 가변성에 따라

---

14) 폴라니(Michael Polanyi(1891-1976)의 *Personal Knowledge*(1958). 그리고 참고: 『공적진리로서 복음』(서울: 한들출판사, 2011), 50 이하. 이에 대하여는 뉴비긴의 『다원주의 사회 속에서 복음』(1989)을 논할 때 상술하였다.

15) 콜링우드는 볼테르 이래의 모든 계몽주의 시대의 역사이해란 역사를 "사건 당시의 행위자의 관점에서가 아니라 자신의 입장(계몽주의)에서 이해함으로써 진정한 역사적 감각을 결여하고 있었다."고 하였다. 참고: 『거울로서의 역사』(한신대출판부: 2011), 55-56.

서 인간을 이해하려는 '생의 철학'(Lebensphilophie)을 발전시켰다. 또한 그는 개인을 고립된 존재로 보지 않고 언제나 개인을 둘러싼 환경의 맥락에서 보았으며 인간의 본질은 고유한 본성에 의해서가 아니라 역사에 관한 모든 지식을 통해서만 파악할 수 있다는 사실을 강조하였다. 그렇지만 역사 자체가 완결되는 것이 아니기 때문에 이러한 파악은 결코 완결될 수 없다. 그러므로 '역사를 벗어나 있는 인간 원형은 역사 과정 속에서 해체되고 만다.'[16]

그리고 『거울로서의 역사』는 위와 같은 '과학 · 학문'으로서의 '역사'에 대한 대립개념으로서 '수사학'으로서의 '역사' 개념에 대하여 주장하는 바, 전자는 객관적 사실을 중요시하고 후자는 사실보다는 도덕적 교훈을 중요시하였다.

아리스토텔레스에 의하면 수사학(rhetoric)이란 청중을 설득하는 기술을 뜻한다. 증거와 사례를 제시하고 논리적으로 연설하여 상대방의 마음을 움직이는 것이 수사학이다. 헥스터(Jack H. Hexter, 1910-1996)에 의하면, 역사는 일반 법칙으로 설명하는 과학이라기보다 내러티브(narrative), 즉 이야기를 통해 감정이입을 불러일으키는 수사학이다. 그의 주장에 따르면 역사는 연대표나 통계, 수치와 도표의 합이 아니며 일반법칙의 도출을 목표로 하는 것도 아니다. 오히려 역사가는 과거의 진실을 말하기 위하여 감정을 넣어 힘차고 활기 있고 생생하게 표현하여 독자들의 감정이입을 이루어야 한다. 그래야 과거의 진실을 포착할 수 있다는 것이다.…[17]

대체로 랑케는 객관주의를 대표하고(wie es eigentlich gewesen), 딜타이, 크러체, 콜링우드는 현재의 역사가의 현재적 관심사와 가치를 중요시하였다면, 카(E. H. Carr)는 이 둘의 조화를 추구하였다. 그리고 이상과 같은 '수사학으로

---

16) *Ibid.*, 60-61.
17) *Ibid.*, 65.

서의 역사'는 우리가 아래에서 논할, 1960년대 말 '구조주의'를 비판하고 나온 데리다 등의 '후기 구조주의'로부터 크게 영향을 받은 포스트모던 역사관들과 일맥상통한다. 그 이유는, 후자가 고전적인 '수사학으로서의 역사'처럼 역사의 객관적 사건들과 사실들을 중요시하지 않고, 그것의 '언어적 전환', '문학화', '텍스트화'를 강조하기 때문이다.

3) '아날의 사회사'

이미 논한 대로 랑케가 개별 국가의 정치사를 매우 중요시했다면 마르크스는 '전(全) 인류역사'를 '경제사'로 보았다. 『거울로서의 역사』는 '근대역사학의 전개'(97-111)에서 '국가 중심의 정치사'(랑케)와 '유물변증법적 경제'(마르크스)를 논한 다음에 '아날의 역사'에 대하여 논하고, '영국의 민중사'와 '미국의 사학사'에 대하여 논하였다. 이제 필자는 『거울로서의 역사』가 소개하고 있는 이와같은 사관들이 모더니즘 전통의 사관들이라는 점에 주목하면서, 이것들 가운데 '아날의 사회사'에 대해서만 소개하려고 한다. 그 이유는 제3세대 아날학자들이 '역사'(History)가 아니라 '역사들'(histories)을 주장하여, 어느 정도 모더니즘 전통의 '거대담론'으로서의 역사관을 극복하려고 시도했다고 하는 점에서 아래에서 논의될 포스트모던 사관들로 이어지기 때문이다.

『거울로서의 역사』는 "'아날'이란 뤼시앙 페브르(Lucien Febvre)와 마르크 블로흐(Marc Bloch)가 1929년 창간한 역사학 잡지 『경제사회사 연보』(*Annals d'histoire economique et sociale*)에서 나온 이름이다."(101)라고 언급하고, 아날학파의 역사관을 소개한다. 아날학파는 종전의 정치 중심의 역사나 경제중심의 역사가 아니라 "사회적 존재로서의 인간"(102)이라는 측면에서 출발하였다고 한다. 그는 그 의미를 다음과 같이 정의한다.

아날학파에 있어서 인간은 고립된 개인이 아니라 집단이나 사회 내 존재인 것이다. 이 인간은 시간계열 속에서 전체적으로 파악해야 정확히 이해할 수 있다. 아날학파는 인간의 삶의 모든 측면을 포함하는 새롭고 보다 완전한 통일된 '전체사'(l'histoire trotale)를 지향하고 있다. 이러한 전체사 연구를 위해서는 정치경제적 분야만이 아니라 취향, 존재양식, 습속 등의 모든 것을 탐구대상으로 삼았다. 그리고 이를 위하여 사회과학, 고고학, 민속학, 인류학, 언어학, 심리학 등의 도움을 받으며 적극적으로 여러 분야에서 역사 자료를 발굴하였을 뿐만 아니라 다양한 역사연구 방법론을 전재하였다. (102)

그리고 브로델(F. Braudel)과 같은 제2세대 아날학파는 '장기지속'(la longue duree)을 중요시하였다며 그것에 대하여 다음과 같이 설명한다.

… '장기지속'이라는 이 역사의 층위는 지질학 또는 지리학적인 변수들과 관련된 것으로, 모든 사회의 기층을 이루고 있다. 브로델은 이것을 가장 중요시여겼다. 오랜 시간을 거쳐 거의 변화하지 않으면서 인간생활을 제약해온 거대한 구조가 바로 이 장기지속의 역사의 핵심이다. 지리적 환경, 기후조건, 사회경제구조, 생물학적 여건, 정신의식구조, 지식전통 등이 여기에 해당한다. 그에게 있어서 '구조'란 인간 및 인간의 경험이 거의 넘을 수 없는 한계이다.… 바로 이 장애물이 인간의 삶에 장기적으로 반복적으로 영향을 끼치는 '구조'이다. (102-103)

이상과 같은 '장기지속'의 역사결정론에 입각하여 브로델은 순간을 중요시하는 '사건의 역사'와 같은 '단기지속'의 역사관을 비판한다. 그리고 그는 '장기지속'과 '사건사'(단기지속) 사이에 '국면'이라고 하는 '중기지속적인 층위'를 설정하면서, 결국 역사란 "장기지속 – 국면 – 단기지속이라는 세 가지 상이한 시간의 흐름에 따라서 진행되는 복합체라고 하는 것이다. 그런데 브로델은 페브르와 블로흐와 더불어 '전체사' 개념을 공유하므로 일차적으로 거대한 역사적 시간의 포괄성과 전체성을 중요시하면서도 이 세 가지 시간개념은 변증법적인 관계이기 때문에 통일적으로 파악되어야 한다고 보았다. 하지만 이상과 같은 제1 · 2세대 아날학파 학자들은 아무래도 '거대담론'적 역사이해를 벗어날 수 없었던 것으로 보아, 아직 모더니즘 전통 역사관을 함축하고 있는 것으로 판단된다.

하지만 "1960년대에 들어오면서 브로델의 비인격적 구조 — 지리 · 생물학 · 사회경제구조들 — 중심의 역사에서 벗어나 '망탈리테'(심성, mentalité)를 통한 역사연구로 방향을 바꾼 제3세대 '아날학파' 학자들이 등장하였다."(104)며, 이들의 역사관을 아래와 같이 소개한다.

> … 이들은 가족생활이나 어린이에 대한 태도, 죽음에 대한 태도, 공포의 양상, 혹은 연옥과 같은 상상적 세계의 변모 등을 통해서 사람들의 무의식에 자리 잡고 있는 심성의 변화를 새로운 역사연구의 대상으로 삼았다. '망탈리테'란 인간의 삶의 과정 중에서 변화에 가장 저항적인 성질을 갖는다. 이것은 인간의 사고와 행위의 범위를 제한하는 감옥과 같다. 망탈리테는, 정치와 밀접하게 연관을 맺거나 대의명분, 이념, 가치관 등과 같이 의식적으로 추구하는 이데올로기와 달리 민중의 생활습관, 태도, 규범 등과 밀접한 관련이 있다. 다시 말하면 망탈리테는 지리나 기후와 같은 장기지속적인 조건에 의하여 오랜 시간에 걸쳐 형성된 집단적 사고방식이나 생활습관 같은 것이다. 또한 이것은 무계급적이고 가치중립적이며 한 시대를 같이 사는 모두가 공유하는 집단 무의식구조이다. (104-105)

그러나 제3세대의 아날학파는 하나의 '장기지속' 역사나 '전체사'를 포기하였다. 그들은 '역사'(History)가 아니라 '역사들'(histories)을 주장하였다. 이로써 이들은 모더니즘 전통의 '거대담론'으로서의 역사를 포기한 것이다.

… 이제 역사는 각각 상이한 시간성을 갖고 진행되는 각각의 역사인 것이다. 이러한 역사개념을 그들은 종종 '계열사'라 부른다. 즉 전체사로 되돌아가지 않는 각각의 계열들에 고유한 역사가 있으며, 그러한 계열로 포착되는 상이한 시간의 흐름들이 있다는 것이다.… 그렇다면 이제 대문자 역사(History)는 존재하지 않으며, 다만 복수의 어미를 항상 달고 다니는 소문자 '역사들'(histories)이 있을 뿐이다.(105)

프랑수아 도스는 그의 『조각난 역사』(1987)[18]에서 아날 제3세대가 아날 1·2세대와 단절하였다고 본다. 도스는 바야흐로 아날 제3세대의 역사가들은 '역사'(History)가 아니라 '역사들'(histories)을 추구한다고 한다. 그는 프랑스에서 피에르 노라의 지도하에 출판된 『역사총서』로 예증하고 있다. 그리하여 도스의 아래와 같은 주장은 이와 관련하여 아날 제3세대의 역사이해야말로 좀 더 모더니즘 전통의 역사 이해로부터 벗어나려고 하였다고 보는 것이다.

… 역사는 이제 더 이상 확실하고 보편적인 가치를 향해 전진하는 사회의 옹호자가 아니다. 서구사회가 소유한 가치들의 상대화로 인해, 역사가 역시 그를 온통 에워싸고 있는 세상과 마찬가지로 동요하였다. 상이한 공간들과 자꾸 연결됨에 따라서 시간개념은 더욱 상대화되었다. 특이성에 기초한, 그러나 점점 더 통일성이 없이 분산되어 가는 세계 속에서, 분열된 역사가 전개되었다. 그것은 바로 개인적인 역사가의 전망이 완전히 변화함으로써 나온 결과물이었다. 역사가는 더 이상 총체적 현실을 파악하려고 추구하지 않는다. 노라에 의하면 역사가는 '하나의 주제를 통하여 전체 역사를 파악하려고 한다.(252)

---

18) 『조각난 역사: 아날학파의 신화에 대한 새로운 해부』, 프랑수아 도스/김복래 옮김(서울: 푸른 역사, 1997).

그리고 도스는 아날 제3세대가 해체주의적 포스트모더니스트인 푸코[19]의 『지식의 고고학』의 '계열사'에 대한 주장으로부터 크게 영향을 받았다고 한다.

> 푸코는 주체로서의 인간, 즉 우리의 권위적인 문화 영웅들을 바닥으로 끌어 내리더니, 이번엔 역사주의(historicism)와 총체성 또는 연속적인 지시대상으로서의 역사를 공격하였다. 역사가는 그가 '분석하는 담론을 미리 조직하려는 모든 무의식적인 연속성'을 회피해야만 한다.' 그에 따르면 역사학은 이제 거대한 종합의 완성을 포기하고 지식의 단편 내지 분열에 관심을 가져야 한다. 역사학은 더 이상 생물학에서 차용한 개념인 진보에 대한 기술이나 윤리 도덕적 개념인 진보에 대한 성서의 '보편사 해석'에 비추어서도 아니다. 역사학은 무수히 갈라진 틈과 마찬가지로 불연속성의 표식인 다양한 변화들에 대한 분석이다. 역사의 연속성에 대한 이러한 전복은, 결국 주제가 중심을 벗어나는 분리현상의 당연한 귀결이라 하겠다.(255-256)
> 푸코는 자칭 아날 3세대의 신조가 되어버린 것, 즉 계열사에 대한 한 이론가가 되었다. '중요한 것은 역사학이 각 사건이 소속되어 있는 계열들을 정의하지 않고서는 더 이상 사건을 고려하지 않는다고 하는 점이다.… (259)

4) 미국의 '신(新) 사학'(New History)

제임스 로빈슨(James Harvey Robinson), 칼 베커(Carl Becker), 찰스 베어드(Charles Beard) 등이 이 학파에 속한다. 이들은 객관적이고 실증주의적인 역사적 사실과 사건 배후에 신의 손길이라고 하는 항구적인 초경험적 불변수를 전제하는 랑케와 역사적 특수 사실들과 사건들을 초월하는 선험적인 '역사적 범주'(이념 또는 정신으로서 '인륜적 세계')를 전제하는 드로이젠과 같은 독일 관념론 전

---

19) 참고: 'IV의 1. 푸코의 역사해체론'

통의 역사이해를 거부하고 현재 역사가가 자신의 사회적 환경 속에서 결정된 현재 그 자신의 가치관에 따른 주관적인 사관을 주장하면서 이와같은 사관들의 상대성과 다양성을 허용하고 있다.[20]

첫째, 로빈슨은 랑케처럼 "역사적 사실이란 '실제로 무엇이 일어났는가'(wie es eigentlich gesesen = what actually happened)와 같은 과학적 사실이 아니라 '그것이 본래 어떻게 되었는가'(wie es eigentlich geworden)와 같은 현재의 형성과정이다."[21]라고 할 때, 역사가는 어떤 과거의 사실이나 사건 그 자체가 아니라 그것이 어떻게 역사적 진술이 되었는가에 대하여 연구하는 것이다. 둘째, 김기봉은 베커에게 있어서 "역사가가 직접 다룰 수 있는 것은 사건에 대한 어떤 진술이다. 다시 말해 역사가는 사건을 다루지 않고 사건이 실제 일어났음을 확인시켜주는 어떤 진술을 다룬다."(103-104)고 하면서, 베커의 예증을 소개한다. 'BC 49년에 시저가 루비콘 강을 건너다.'라고 하는 사실은 과거의 단순한 사실이지만, 당시의 로마의 정치적 상황과 연관해서 그리고 이후 전개된 로마사의 전체적인 맥락에 비추어 볼 때, 그 사실은 중요한 역사적 의미를 획득한다. 그러니까, 역사해석에 있어서 "단순한 사실은 상황이라고 하는 복잡한 직조물 속에 포함될 때야 비로소 의미를 갖는다. 상황은 단순한 사실을 소생시킨다. … 이로써 단순한 과거의 사실은 역사적 사실로 전환된다."[22]고 하는 것이다.

그리고 김기봉에 따르면 베커에게 있어서 역사가란 어떤 목적을 가지고 사료를 선택하여 의미를 부여함으로써, 역사의 현재성을 강조한다.

모든 역사가는 자신의 환경을 떠나 과거를 인식할 수 없으며, 설사 과거 사실에 대한 객관적 지식을 얻을 수 있다 하더라도 그러한 지식은 과거와는 다른

---

20) 김기봉, 『'역사란 무엇인가'를 넘어서』(서울: 푸른역사, 2000), 102-104.

21) *Ibid.*, 103.

22) *Ibid.*, 104. Becker, "What are historical facts?", H. Meyerhoff(ed), *The Philosophy of History in our Times*(New York, 1959), 125.

현실의 문제에 직면해 있는 현재인들 에게는 쓸모가 없다. 결국 역사가는 과거의 모든 사실을 서술하고 입증할 수 없다. 그는 전체 사건들 가운데 의미 있다고 판단되는 것만을 선택하고 나머지는 역사적 사실에서 제외된다.[23]

끝으로, 베어드 역시 랑케의 객관주의에 반대하여 아래와 같이 주장한다.

> … 이미 지나간 과거 그 자체에 대해서 알 수 없는 우리가 인정해야만 하는 것은, 역사가의 작품으로 존재하는 '어떤 쓰여 진 역사'(any written history)란 '실제로 존재했던 역사 그 자체'와 다르다는 점이다. 베어드는 '과거 현실로서의 역사전체'의 존재를 결코 부인하지 않았다. 그럼에도 그가 상대주의적 역사관을 견지하는 이유는, 역사서술은 궁극적으로 일종의 '신앙적 행위'(an act of faith)에 근거해서 이루어진다고 생각했기 때문이다.[24]

이상과 같은 미국의 '신 사학'은 모더니즘 전통의 객관주의와 보편주의에 토대를 둔 '거대담론'을 거부하고 개인주의적이고 다원주의적이며 현재주의적인 '실용주의'를 추구하였다고 하는 의미에서 '포스트모던 사관'으로 인도하는 부류의 역사관에 속하는 것으로 보인다.

5) 카(Edward. H. Carr: 1892-1982)의 역사이해

카는 그의 역사철학을 펼치기 위해서 세 가지를 구별하였다. 첫째는, '과거의 사실'(a fact of the past)로서 과거에 일어난 사실 그 자체이고 둘째는, '과거에 대한 사실'(a fact about the past)로서 과거사실을 기록한 사료이며 셋째는, 역사가의 기술에 의하여 형성되는 역사적 사실들(historical facts)을 의미한다. 그

---

23) *Ibid.*, 104-105.

24) *Ibid.*, 106.

런데 카에게 있어서 중요한 것은 "역사가가 현재적 관점과 문제의식에서 출발하여 '과거에 대한 사실들' 가운데 의미 있다고 여겨지는 것들만을 선택하여 일정한 질서로 배열함으로써 성립하는 담론체계의 결과물이다."[25] 하지만 김기봉에 의하면, "그러나 신 사학 역사가들이나 카는, 역사가의 역사서술 작업이 상상력을 필요로 하는 만큼 역사서술은 문학성을 띤다고 하는 점을 미처 생각하지 못했다."(109) 비록 김기봉은 카의 '과거와 현재의 대화'로서 역사가 랑케의 객관주의와 '미국의 신 사학파'의 역사관을 종합한 것이라고 하지만.(107)

그런데 문제는 카가 아래에서 논할 화이트의 '언어적 전환' 또는 '문학화'에 도달한 것인지, 아니면 그가 아직도 모더니즘 전통의 역사관을 공유하고 있는지에 대한 것이다. 그는 전형적인 과도기의 역사가인 것으로 보인다. 비록 그가 화이트처럼 역사가 언어를 매개로 할 수밖에 없다고 보긴 하였지만, 그는 여러 가지 이유로 여전히 모더니즘 전통의 사관 안에 머물러 있었던 것으로 보인다. 첫째로 그는 기본적으로 역사를 '과학/학문'으로 보았다.[26] 그런즉, 그는 "역사적 사실이 역사가의 현재적 인식 밖에 실재한다는 것을 결코 부인하지 않으며, 오히려 '역사적 사실'(a fact about the past: 필자 주)의 실재성으로부터 역사라는 대화의 가능성을 보증한다."[27]고 했기 때문이다. 둘째로 1960년대 초 그의 강연(『역사란 무엇인가?』)은 1968년 이전에 행해진 것이기 때문이다.

카가 『역사란 무엇인가?』라는 강연을 했던 시점은, 1968년 정점에 이르게 되는 서구의 좌파적 학생운동과 동구에서의 개혁 사회주의 운동이 일어나기 전이며, 무한 경제성장이라는 장밋빛 희망들을 물거품으로 만든 1970년대 초

---

25) 김기봉은 '『역사란 무엇인가』를 넘어서』의 제1장 각주 1에서 본래 이 책의 제목은 *The Historian and His Facts* 였다고 한다.

26) 『거울로서의 역사』, 63-64.

27) 김기봉, *op. cit.*, 22.

유류파동이 아직은 감지되지 않았던 시대이다.[28]

그리고 카는 위 강연에서 "역사를 과학적으로 연구하기 위한 과학적 가설"[29]이라 주장하였으니, 모더니즘 전통의 역사의 낙관론적 '진보'를 주장한 셈이다. 물론, 미래 지향적 '진보'이다. 그리하여 김기봉은 화이트의 '언어적 전환'을 바라보면서 카의 역사관의 문제점을 제기한다. 그는 역사가의 역사 기술 목적이 현재와 과거('과거의 사실 그 자체'가 아니라 '과거에 대한 사실')의 대화로 보는 카의 역사이해에서 두 가지가 문제라며, 카를 넘어서 화이트의 '언어적 전환'으로의 방향을 암시하고 있다. 그 두 가지 문제점은 아래와 같다.

> … 그러나 카의 현재주의 관점은 '현재와 과거의 대화'라는 정의를 수사적 표현에 불과한 것으로 만든다. 왜냐하면 대화의 주체는 언제나 현재의 역사가 일 뿐이고 과거의 사실을 대변해야 할 과거인들에게는 발언권을 전혀 주지 않기 때문이다. 과거인들의 생각과 의도가 담겨있는 사료는 스스로 말하지 못하고 역사가의 일방적인 물음에 대한 대답으로 해석되어 인용될 뿐이다.
> … 역사란 죽은 과거인과의 불가능한 대화를 시도하는 사람들이다. 근본적으로 인간은 과거와 현재 사이에 존재하는 시간의 벽을 넘을 수 없다. 망각의 강 저편에 있는 과거인들의 삶을 현재인들의 기억 속으로 되살리려는 것이 역사가가 추구하는 과거인들과의 대화의 본질이고 그 결과로 '역사'라는 이야기가 만들어진다.(25)

그런즉, 김기봉은 '역사가의 과거와 현재의 대화'는 상상력을 매개로 이루어지며 이 때문에 역사기술은 '문학성'을 지향할 수밖에 없다고 보는 것이다. "그런즉, 모든 역사를 현대사로 만드는 현재주의(미국의 신 사학파와 카 등)는

---

28) *Ibid.*, 23.

29) E. H. Carr, *What Is History?*(London: Macmillan, 1961; and London: Pelican, 1964; 2nd ed. 1987, reprinted in Penguin Books, 1990. 재인용, In *Ibid.*, 23.

그런 역사적 상상력의 빈곤을 초래한다."(26)고 한다. 그리하여 김기봉은 역사를 현재와 과거의 대화로 본 카의 역사관을 상상력에 의한 역사의 문학적 담론(역사의 문학적 담론 vs 문학적 담론)의 이름으로 수용한다. 때문에 김기봉은 비록 화이트의 '언어적 전환' 또는 '문학화'를 따르면서도 카의 객관적 역사의 축(모더니즘적인 factual referentiality)과 현재와 과거의 대화라고 하는 역사관의 형식을 인정하고 받아들인 셈이다. 김기봉은 현재의 관점을 중요시하면서 현재의 문화와 과거문화의 담론적 대화를 제안한다.

> … 역사적 상상력이 문학적 상상력과 다른 점은 문학가는 허구적 현실을 그려내는 데 반해, 역사가는 과거에 일어난 사실을 다룬다는 것이다. 그럼에도 역사란 현재와 과거의 대화로 성립하는 것이기 때문에 역사의 존재방식은 어디 까지나 담론이다. 따라서 역사란 무엇인가의 문제는 궁극적으로 역사적 상상력을 바탕으로 하여 과거와 현재 사이의 대화가 만들어내는 역사적 담론의 특성을 밝혀내는 문제로 귀결한다.(26)

따라서 카는 모더니즘 전통의 역사관을 결코 넘어서지 못하였으나, 우리는 그에게서 일말의 '포스트모던 역사관'을 향한 암시를 엿볼 수 있다.

2. 포스트모더니즘의 역사관으로

1) 니체(1844-1900)

우리는 방금 위에서 논한 '모더니즘 역사관들로부터 포스트모더니즘 역사관으로의 과도기'에서 딜타이로부터 카에 이르는 과도기적 사상가들의 역사관을 살펴보았다. 하지만 지금 논하려는 니체는 모더니즘을 전적으로 거부하고 급기야 포스트모더니즘의 길을 열었다. 1960년대 프랑스에서 니체에 대한 관심이 일어나기 시작하여 이후 역사, 철학, 문학, 심리학 등의 각 분야에 지대한 영향을 주었다. 역사학자 조지 이거스(George Iggers)는 포스트모던역사이론의 연원이 니체로부터 출발한다고 말하고 있으며, 철학자 하버마스 역시 『근대성의 철학적 담론』(1984)에서 니체를 "포스트모더니즘의 전환점"이라 하였다.[30] 또한 그렌츠 역시 모더니즘으로부터 포스트모더니즘으로의 이동과정에서 다리(교량)와 같은 사상가들을 소개하면서, '니체', 슐라이에르마허, 딜타이, 하이덱거, 가다머, 비트겐슈타인 및 소쉬르를 논하였다. 우리는 이와같은 이행과정에서 서구의 역사관의 패러다임 전환을 살펴볼 수 있다.

모더니즘이 낭만주의 운동에 의해서 상당히 극복되었다면, 니체에 의해서는 완강히 거부되었다. 낭만주의는 직관, 의지와 정서 등을 강조하고 자연을 유기체적 전체성으로 보면서, 이 자연의 배후에 생명 혹은 어떤 정신이 있다고 하여, 데카르트-칸트적인 주객도식에 의한 인식능력과 도덕적 능력, 그리고 자연을 기계적으로 보려는 입장을 극복하였다. 하지만 니체는 그것을 극복하려 했다기보다 그것을 전적으로 거부하였다고 하는 의미에서 해체주의적 포스트모더니즘의 길을 연 것이다. 따라서 모더니즘의 철학과 뗄 수 없는 모더니즘 시기 동안의 역사관 역시 니체의 영향 하에 포스트모던 역사관으로의 전환을 내다본 것이라고 이해될 수 있다.

그렌츠는 니체가 세가지 측면에서 모더니즘을 거부하는 것으로 본다. 하나는 '계몽주의 인식론에 따른 진리에 대한 거부'요, 둘은 '계몽주의 시대의 가치들'에 대한 거부요, 셋은 '계몽주의 철학 자체에 대한 거부'이다. 첫째로 니체는 데카르트에서 칸트와 헤겔에 이르는 개념화에 의한 모더니즘의 인식론이야 말로 어떤 실체에 대한 다양성을 앗아가 버리고 인간의 경험의 풍요로움과 생동성을 파괴한다고 본 것이다. 그렌츠는 "니체에 있어선

---

30) 연규홍 · 란디 워커, 『거울로서의 역사』(한신대학교출판부, 2011), 121.

이 세계는 전적으로 상이한 파편들로 구성되었다."[31]며, 예컨대 하나의 나뭇잎에 대한 개념화는 실제의 무수한 나뭇잎들의 특수성들과 다양성들의 풍요로움과 생동성을 축소시켜 버린다고 하는 말이다.[32] 그렌츠에 따르면, 니체에게 있어서는 "모든 것은 우리 안에서 기원하는 '시각적 현상'(a perspectival appearance)이다."[33] 리빙스턴은 "우리가 가진 관심들이 우리의 모든 인식작용에 영향을 미친다.… 우리가 어떤 사물을 볼 수 있는 관점이란 우리가 가진 희망들, 두려움들, 그리고 욕구들에 의해서 형성된다."[34]

이를 모더니즘의 역사관에 적용한다면, 그것은 개념화와 보편화와 '거대담론화'로 인하여 동양문화와 역사의 다름과 타자성과 다양성을 무시했다고 하는 말일 것이다. 우리는 거대역사(History)가 아니라 다양한 역사들(histories)에 대한 기술(記述)만을 할 수 있다는 말도 된다.

둘째로, 고대 그리스 사람들로부터 계몽주의에 이르는 철학 전통은 주·객 이분법에 따라서 인간의 지성(주체 = 자율적 이성)이 철학적 탐구를 통하여 어떤 객관적 실체 안에 있는 진리와 가치들을 발견한다고 믿었다(Grenz, 92). 이는 진리와 가치의 객관주의적 이해에 해당한다. 이것을 역사관에 적용한다면, 콩트, 랑케, 그리고 칼 마르크스의 경우처럼 실증주의적이고 객관주의적인 역사관으로 인도한다. 그러나 니체는 서구문명을 지배하던 신의 죽음을 선포함으로써, 진리와 가치들의 외부적인 기준점(reference-point)을 없애버렸다. 신의 죽음이란, 서구의 모든 전통적인 가르침의 궁극적인 지반과 지주(支柱)의 죽음을 의미하기 때문이다. 그리하여 남은 것은 '권력 의지'(will to power)뿐인데, 니체는 언어, 가치들, 도덕체계들, 그리고 모든 형이상학이 다름 아닌 이 '권력의지'라고 하는 인간의 근본적 욕망에 의하여 제어되고 지배 받는다고 보는 것이다(Grenz, 92). 니체는 '권력의지'의 의미 범위를 매우 넓

---

31) Stanely J. Grenz, *A Primer On Potmodernism*(Grand Rapids, Michigan: William B. Eerdmans, 1996), 89.

32) *Ibid.*

33) *Ibid.*, 92.

34) 제임스 C. 리빙스턴 지음/이형기 옮김(서울: 한국장로교출판사, 2000), 835.

게 잡았다. "힘을 축적하려는 의지는 생명의 현상들, 양육, 출산 및 유전, 그리고 사회, 국가, 관습, 권위의 특성이다. ⋯ 에너지를 보전할 뿐만 아니라 이에너지를 최대한 경제적으로 사용함에 있어서, 모든 힘의 중심점에서 점점더 강해지려는 의지가 유일한 실재이다. — 자기보전이 아니라 힘을 내 것으로 하고 지배하고 증대하고 강화시키려는 의지가 유일한 실재이다."[35] — 이를 서구 모더니즘의 역사관에 적용하면, 비코로부터 마르크스에 이르는 모든 모더니즘의 역사관은 '권력의지'에 의하여 동기화 되었다고 보는 것이다.

그리하여 푸코 등 니체의 포스트모던 후예들은 '권력의지'의 정치 · 사회적 국면을 발전시켰고, 지식에 대해서는 '시각주의'(perspectivalism)를 발전시켰다. 모든 지식이란, 시각의 문제에 불과하기 때문에 지식이란 해석이다.(93) 반면, 니체는 '예술작품', '텍스트', 또는 '언어'가 진리 자체의 가능성의 근거를 마련해 준다고 하였다.(93) 이로써 니체는 데카르트-칸트적인 진리인식을 거부하고, 포스트모던적 진리인식의 길을 열어 주었으며, 고대 그리스로부터 계몽주의 시대에 이르는 가치들을 완전히 전복시켰다(transvaluation of values). 포스트모더니스트들은 언어와 진리의 관계를 문제 삼았으니, 비트겐슈타인과, 소쉬르, 레비 스트로, 그리고 데리다에 이르는 언어와 진리의 관계에 대한 이해는 니체로까지 소급하는 것으로 보인다. 이는 헤이든 화이트의 '언어적 전환'(linguistic turn) 또는 '역사의 시학'(poetics of history)으로서의 역사관에 도달한다.

셋째로, 니체는 '계몽주의 철학 자체를 거부'하였다. 그리스 철학으로부터 계몽주의 철학에 이르기 까지 철학은 주 · 객 이분법구조 하에서 절대적 진리 또는 궁극적 진리를 발견하고 설명한다고 생각하였다. 그래서 그들은 사물들의 본성을 설명하는 데에 필요한 범주들을 만들어 냈다(95). 니체는 인간의 이성이 삶(Leben = Life)을 떠나서는 궁극적인 진리도 알 수 없고 성

---

35) "Nietzsche, *The Will to Power*(1883-1888), tr. W. Kaufmann and R. J. Hollingdale(New York, 1967), 367, In Livingstone, *op. cit.*, 833-834.

명도 할 수 없다고 하여, 철학의 과제가 형이상학적 진리들을 도출해 내는 것이 아니라 "문화의 치료자"로 행동하는 것이라 하였다. 즉, 철학자란 우리의 삶에 대한 태도를 개변시키는 자유정신이라며, 철학은 활력에 넘치는 문화발전에 기여할 것을 주장하였다.(95) 그리하여 그는 이것을 두 가지 측면에서 촉구하였으니, 하나는 "문화생활 속에서의 신화의 역할"이요 다른 하나는 문화적 삶에 있어서 "언어의 본성과 역할"이었다. 즉, 니체는 첫째로 기독교의 계시, 성경, 교회, 신학, 그리고 종교들, 미신들로부터의 해방을 주장했던 계몽주의 이성을 극복하였고, 둘째로 언어가 단순히 객관적 실재에 대한 정확한 모사(模寫)(거울 또는 카메라)가 아니라 그 자체로서 독립적인 체계로서 "진리 해석의 한 체계"요 "진리에 이르는 매체"요 진리를 창조한다고 보았다.(96-97)

이를 역사기술방법에 적용한다면, 언어란 과거의 객관적인 역사적 사건이나 사실을 기술하는 것(거울 혹은 카메라 이미지)이 아니라 이미 그것을 해석하고 있다고 하는 말일 것이다. 그래서 역사기술은 해석의 해석이다. 그리하여 헤이든 화이트는 이를 '언어적 전환' 또는 '역사의 시학'이라고 하는 주장에까지 이른다.

이거스에 의하면, 니체는 이미 그의 초기 저서들, 곧 『비극의 탄생 The Birth of Tragedy』(1872)와 『삶을 위한 역사학의 효용성과 오용에 관하여 Of the Usefulness and Disadvantage of History for Life』(1874)에서 모더니즘의 '과학/학문으로서 역사와 역사기술'의 가능성을 거부하였다. 이거스의 아래와 같은 주장에 따르면, 니체는 모더니즘 전통의 역사관을 해체시키고, 역사적 사건과 사실의 '언어적 전환'을 바라보고 있었던 것으로 보인다. 니체는 위의 두 저서를 저작하기 전에(1869) 바젤 대학의 언어학 교수가 되었지만.

니체는 소크라테스와 플라톤 이래의 서구 사상의 근간을 이루었던 믿음, 즉 사유자의 주관성을 넘어서 객관적 진리가 존재한다고 하는 주장은 지지될 수 없다고 확신하였다. 따라서 니체는 소크라테스적 사고와 같은 논리적 사고가

신화적 혹은 시적(詩的) 사고와 같은 논리 이전 사고보다 우월하다고 하는 점을 부인하였다.[36]

이러한 사실을 출발점으로 하여 최근 수십 년 사이에 점차 많은 역사가들이 역사를 과학보다는 문학와 더욱 긴밀하게 연관되어 있다는 확신에 이르렀다. 이러한 생각은 근대 역사학이 의거했던 전제들 자체에 대한 도전이었다. 역사의 대상이란 것 자체가 존재하지 않기 때문에 역사연구에서 객관성이란 가능하지 않다는 생각이 점차로 공감대를 얻었다. 이에따라 역사가는 항상 그가 사고하고 있는 세계 안에 감금되어 있는 포로이며, 그의 사고와 인식은 그가 작동시키는 언어의 범주들에 의한 한계를 벗어 날 수 없다고 이해하였다. 이러한 관념은 각별히 1960년대 이래 언어학과 문학이론에서 대두되었다. 그 이론들이 제시한 언어의 개념은 기본적으로 1916년에 출판된 페르디낭 드 소쉬르(Ferdinand de Saussure)의 『일반 언어학 강의 Course in General Linguistics』에서 이미 예시된 바 있었는데, 여기에서 언어는 자기 충족적인 체계로 등장하였다. 1960년대에 롤랑 바르트(Roland Barthe)와 1970년대에 헤이든 화이트는 역사적 텍스트는 문학적 성격을 지니며, 그것은 필연적으로 허구적 요소를 내포한다고 강조하였다.[37]

그리하여 니체는 역사의 언어적이고 문학적인 성격을 밝히고 있는 『삶을 위한 역사학의 효용성과 오용에 관하여』에서 세 가지 담론의 역사기술을 주장하고 있다. 하나는 '기념비적 역사'담론(vs. 과학으로서의 역사)이요, 둘은 '골동품적 역사' 담론이요, 셋은 '비판적 역사' 담론이다.

첫 번째 담론은 과거 조상들의 위대한 업적을 기리고 그것을 귀감삼아야 한다고 주장하면서 "과거를 위하여 현재의 부족함과 결함을 극복하는 것에 있다고 보았다."[38] 두 번째 담론인 '골동품적 역사'는 과거의 특정한 것에

---

36) 『20세기 사학사』, 조지 이거스/임상우 · 김기봉 옮김(서울: 푸른역사, 1998), 25-26.

37) *Ibid.*, 26-27.

38) 김기봉, 『'역사란 무엇인가'를 넘어서』(서울: 푸른 역사, 2000), 38-39.

대한 숭배라기보다는 시간적으로 오래된 것, 혹은 근원적인 것에 대한 인간 본래의 낭만적 감정을 역사의 의미로 전환시키는 태도이다. 앞의 두 유형의 역사가 과거를 존중하는 역사 담론이라면, 니체가 선호하는 세 번째 담론인 '비판적 역사' 담론이란 과거를 부정하는 역사기술이다. 다시 말하면 그것은 과거를 미화하거나 보존하기 보다는 과거에 대항하기 위하여 쓰이는 역사 담론이다. 따라서 '비판적 역사' 담론은 과거를 지양할 수 있는 현재적 삶의 실천에 봉사하는 역사기술을 목표로 한다고 하는 것이다.[39]

이와같이 니체가 현재와 미래를 강조했던 이유는 '삶 자체'라고 할 수 있는 '권력의지'[40]와 당시 그가 처한 상황 때문이었던 것으로 보인다.

> 이와같이 이성, 근원, 진리라고 부르는 것 역시 더 근원적인 힘, 즉 삶 자체라고 할 수 있는 권력의지의 산물일 것이다. 그렇다면 어떻게 역사병을 치유할 것인가? 니체는 이러한 역사병을 치유하기 위해 '비역사적인 것'과 '초역자적인 것'을 제안한다. 비역사적인 것이란 역사를 망각하고 스스로를 가두는 기술과 힘을 의미한다. 당대 독일은 계몽주의나 헤겔사관에 의한 글들, 또는 프로이센 국수주의를 지지하는 역사물들로 넘쳐났고 이러한 가운데 니체는 인간의 삶이 활기를 잃고 말았다고 성서의 '보편사 해석'에 비추어서 말한다. 역사의 과잉 속에서 인간의 삶은 역사에 파묻히고 짓눌리게 되었던 것이다.… 따라서 새로운 지평을 창조하려면 인간은 현재의 처지를 이해하며 과거에 매달리지 말고 역사적 근원을 망각하기 위해서 제한된 지평 안에 스스로를 가두는 것이 역사병을 고치는 첫 번째 방법이라고 말한다. 즉, 과거의 사실을 단지 사실로만 기억하는 것에서 벗어나야 한다는 것을 의미한다. 또한 니체는 인간이 현재의 삶을 활기차게 영위하려면 현재의 삶에 영원하면서도 동일한 의미를 부여하는 초역사적인 것, 즉 예술과 종교의 필요성을 역설한다.[41]

---

39) *Ibid.*, 39-40.

40) 니체는 『자라투스트라는 이렇게 말했다』(1883-1885)에서 '가치들의 전도'와 '초인'에 대하여 언급하고 있다.

41) 『거울로서의 역사』, 126-127.

끝으로 니체에게 있어서 삶에 의미를 부여했던 '초인'과 '영원회귀'에 대하여 간단히 짚고 넘어가야 한다. '초인'은 '신'을 계승한, '신 죽음' 후의 '고차적인 인간'이다. 그것은 "신의 죽음에 대한 의식에 의해서 야기된 광기가 완전히 터져 나온 후에 등장한다."[42] '초인'은 '의지'로써 자신을 극복한 초연의 사람이다. "가장 영적인 사람들은 가장 강한 자로서 다른 사람들의 파멸, 즉 이들의 미궁, 자신들과 다른 사람들에게 닥쳐온 고통, 인생의 각종 실험 속에서 자신들의 행복을 발견한다. 그들의 기쁨은 자기 정복에 있고 금욕주의는 그들의 본성과 본능이 된다.[43] 어려운 난관들이 그들에겐 특권이 된다." 이는 '초인적 권력의지'(the superhuman will to power)를 말한다. 그래서 그것은 '모든 가치들의 전도'이다.

그리고 '초인'은 '영원한 회귀' 개념으로 이어진다. 제임스 C. 리빙스턴은 이렇게 말한다. "고통과 기쁨의 영원한 회귀, 즉 측량할 수 없이 작거나 큰 것의 영원한 회귀, 곧 자라투스트라가 '심연의 사상'이라고 일컫는 것의 영원한 회귀는 니체의 초인에게는 어떤 궁극적인 의미, 목적, 정당화가 없는, 삶으로부터의 해방이며 기쁨이지만, 역설적으로 모든 것, 즉 악한 것과 선한 것, 작고 하찮은 것과 귀하고 우월한 것 등 모든 것이 회귀한다는 깨달음에 있어서 해방이며 기쁨이다."[44] 다시 말하면, 초인이란 초연한 경지에서 모든 현실을 극복하고 살아가는 낙관론자일 것이다. 그는 그것 안에 '운명에 대한 사랑'(amor fati)을 포함시켰다. 그것은 역설적인 실존상황인 것으로 보인다.

따라서 니체에게 있어서 '역사'의 의미는 방금 위에서 지적한 대로 '초인'이 되어 '영원회귀' 속에서 초월적인 삶을 사는 것일 것이다.

---

42) 제임스 C. 리빙스턴 지음/이형기 옮김(서울: 한국장로교출판사, 2000), 846.

43) "Nietzsche, Thus Spoke Zarathustra, Fourth Part, 19. Cited in Alexander Nehamas, *Nietzsche: Life as Literature*, 155, In 현대 기독교 사상사(I), 제임스 C. 리빙스턴 지음/이형기 옮김(서울: 한국장로교출판사, 2000), 847.

44) 제임스 C. 리빙스턴/이형기, *op. cit.*, 488-849.

2) 루드비히 비트겐슈타인(1889-1951) : 게임으로서의 언어

모더니즘은 니체가 던진 새로운 물음들을 견디어 낼 수 없었다. 이중 언어문제들이 결정적인 문제로 나타났다. 특히, 해석문제에 초점을 둔 언어문제 말이다. 그리고 니체가 모더니즘을 공격한 여파로 그의 후예들이 해석학의 문제로 고심하게 되었다. 그리고 그의 다른 후예들은 니체의 저서에 있어서 언어 그 자체의 본성을 문제 삼았다. 즉, 이들은 언어가 객관적 사실들의 모사(模寫)(언어의 거울 이미지 혹은 카메라 기능)가 아니라 사회적으로 구성된다고 주장하면서, 언어의 본성 자체를 재구성하였다. 그래서 그렌츠는 이에 관련된 언어철학자로 비트겐슈타인과 소쉬르를 논한다.[45]

20세기 초반 동안에 언어의 본성을 재구성하려는 시도가 일어났는데, 그것은 거의 동시다발적으로 연구에 몰두한 여러 사상가들의 노력의 결과이다. 바로 오스트리아의 철학자 루드비히 비트겐슈타인(1889-1951)이 그 중 한 사람이다. 그의 초기 주저는 『논리적-철학적 논구』(*Tractatus Logico-Philosophicus*)였다. 이 책은 기본적인 사실들에 초점을 두고, 언어의 목적을 사실진술에 두고 있기 때문에, '논리적 실증주의'의 등장에 큰 영향을 주었다. 하지만 포스트모더니즘과 관련된, 이 저서의 중요성은 다른 데 있다. 즉, 그것은 비트겐슈타인이 언어가 세계를 "모사 한다"(picture)고 선언한 데 있다. 그는 이로써 사고와 언어와 지식을 연결시켰다.[46]

대체로 위 저서(*Tractatus*)는 논리와 조직적인 질서의 모델이다. 그러나 비트겐슈타인은 이 저서의 끝 부분에서 놀랍게도 신비적인 말을 한다. 어떤 사태들은 언어를 거부한다는 것이다. 그는 "우리가 말로 할 수 없는 것은 말없이 지나가야 한다"고 했다. 어떤 해석자들은 이 책의 목적이 전적으로 이 말에 있다고 하였다. 이들에 의하면 비트겐슈타인이 "합리적인 사고는 초월되

---

45) Stanely Grenz, *op. cit.*, 112.

46) *Ibid.*, 112-113.

어야 한다"고 하는 사실을 독자들이 깨닫기를 원했다.[47]

그런데 그의 후기의 두 저서, 「*Blue and Brown Books*」와 「*Philosophical Investigations*」는 「*Tractatus*」에서 암시된 것을 분명하게 주장한다. 이 두 저서들은 1930년대 동안 그리고 그 이후에 일어난 그의 사상적 변화를 말해 준다. 가장 과격한 변화는 그가 「*Tractatus*」에서 주장했던 바 "언어는 단 하나의 목적만을 갖는다"고 하는 주장에 대한 배격이다. 후기 저서들에서 그는 우리가 언어를 사용하는 것은 다만 '사실들만'을 진술하기 위한 것이 아니라고 간구하고 요청하며, 의례적 인사를 전하는 것 등의 일을 위한 것이라고 주장한다.[48] 즉 언어는 사회적 구성물이라고 하는 말이다.

비트겐슈타인은 이와같은 견해의 변화로 그의 유명한 "언어게임"에 대한 개념을 정식화한다. 그에 따르면, 각각의 언어의 사용은 각 언어 자체의 규칙들로 완성되어 있는 하나의 개별적이고도 분명히 자기 충족적인 체계 안에서 일어난다. 이런 점에서 그는 우리의 언어사용은 하나의 게임을 하는 것과 비슷하다. 각 언어사용은 개별적인 "언어게임"을 구축하고, 여러 게임들은 상호 간에 관계가 없다.[49]

"언어게임"이라는 개념을 채택하는 것은 '객관적 실재'에 대한 생각을 거부하는 방향으로 가는 중요한 발걸음이다. 비트겐슈타인은 실재와 상응한다고 하는(corresponding theory) 진리개념 또는 실재를 묘사한다고 하는 진리개념을 명시적으로 거부하였다. 오히려 진리란 언어의 내적인 기능으로 특징지어진다고 했다. 그에게 있어서 그 어떤 명제도 단 하나의 의미를 나타낼 수 없다. 그것의 의미는 그 명제가 참여하고 있는 맥락 또는 "언어게임"에 의존하고 있기 때문이다. 이와같은 주장의 논리적 귀결은, 우리가 궁극적인 진리 혹은 그 어떤 궁극적인 의미에서 진리를 진술하고 있다고 주장할 수 없다는 것이다. 기껏해야 우리는 그와 같은 명제들이 말해지고 있는 맥락 안에

---

47) *Ibid.*, 113.

48) *Ibid.*

49) *Ibid.*

서만 진리를 말할 수 있는 것이다. 어떤 문장이든지 그것이 사용되는 문맥들에 따라서 여러 가지 의미들을 가질 수 있다고 하는 것이다.[50]

"언어게임"이란 언어가 사사로운 의미를 가질 수 있다고 하는 주장을 공격한다. 언어는 사회적 현상으로서, 사회적 상호작용 속에서 그것의 의미를 획득한다고 하는 것이다. 이와같은 주장은 포스트모던 언어 이해의 기초를 이루고 있다.

이상과 같은 '후기 비트겐슈타인'의 언어철학은 언어로 매개되고 언어로 기술되어지는 '역사'이해에 큰 영향을 미친다. 따라서 향후 '후기 비트겐슈타인'류 의 언어이해에 입각한 '역사'이해에 있어서는 '과거의 객관적 사실들이나 사건들 그 자체'가 중요한 것이 아니라 그것들에 대한 언어적 표현들이 사회적 구성물이요, 맥락 속에서 의미를 갖고 있는 명제들에 의한 표현이요, 사회적 삶의 형식으로서의 언어에 의한 전환이라고 하는 점이 중요하다는 것이다.

3) 소쉬르(Ferdinand de Saussure) : 사회적 관습으로서의 언어

비트겐슈타인이 "언어게임"이란 말을 유행시켰으나, 그것 자체가 언어에 대한 전적으로 새로운 이해의 기초를 만든 것은 아니었다. 그 작업은 비트겐슈타인보다 한 세대 전에 태어난 소쉬르(1857-1913)에 의해서 완성되었다. 소쉬르는 그의 입장을 글로 쓰지 않았다. 그의 학생들이 그의 제네바 강의에 대한 노트들을 모아서 1916년에 「*Course in General Linguistics*」라는 책으로 펴냈다. 바로 이 저서가 우리가 '구조주의'(structuralism)라고 부르게 된 언어이론에 대한 단 하나의 가장 영향력 있는 자료이다.[51] 소쉬르는 19세기를

---

50) *Ibid.*, 114.

51) *Ibid.*

지배하던 언어학에 대한 '역사적' 이해를 공격했다. 이와같은 19세기적 입장은 '실제적인 언어행동'(parole=human speech)에 초점을 맞춘 언어 연구였다. 이 입장은 말과 표현들이 시간이 지남에 따라서 어떻게 발전했나를 추적하고, 언어행동에 영향을 주는 지리, 민족이동, 인구이동 및 기타 외적인 작용들을 탐구해 들어간다.[52]

소쉬르는 그의 선배들이 추구하던 '역사주의적' 접근이 아니라 언어의 구조주의 이론을 제안하였다. 그는 개별적 언어적 표현들의 역사적 발전이 아니라 언어를 하나의 완전하고 내적으로 상호 연관된 체계(a langue)로 보는 몰(沒)역사적 접근을 추구하였다. 소쉬르에게 있어서 언어는 음악작품과 같다. 교향악을 이해할 경우에, 우리는 개별 악기의 소리들보다도 전체적인 화음을 들어야 하는 것과 같다. 언어이해에 있어서도 우리는 그것을 공시적으로(synchronically) 이해한다. 즉, 우리는 그것을 개별 언어적 표현들로 이해하기보다는 상호 관련된 소리들의 연결망으로 이해한다. 따라서 데카르트-칸트적 주체가 글로써 어떤 실재를 표현한다(logo-centrism)고 하는 것은 모더니즘적 언어이해에 속하는 데 그는 이에 반하여 '구조주의적 언어학'을 제안하였다. 소쉬르는 언어가 '하나의 사회적 현상'이라고 제안한다. 즉, 이것은 우리의 문장들의 구조가 곧 바로 우리의 사고과정의 논리를 반영하지 않는다고 주장한다. 우리의 말들은 단순히 '개별적으로 확인 가능한 사물들에 대한 부호'가 아니다. 우리의 말들은 결코 '물품 명세서'가 아니다.[53]

각 언어체계와 언어적 기호들의 각 체계는 다름 아닌 사회적 관습에 의해서 결정된다. 언어의 구조는 단순히 사고구조의 반영이나 독립적으로 주어진 사실들에 대한 표현들이 아니다.[54]

언어가 하나의 사회적 현상인 한, 언어적 표시들은 인위적인 것이다. 따라서 기표(記標, signifier)(예컨대, 1960년 '4·19사건'이라고 하는 이름)는 인위적이다. 기

---

52) *Ibid.*, 114-115.

53) *Ibid.*, 115.

54) *Ibid.*

표(signifier)와 기의(記意, the signified)('4 · 19사건'이란 말이 가리키는 실재의 '4 · 19사건') 사이에는 자연적 연결이 없다. 우리는 기표들 또는 부호들을, 그것들이 언어체계 내에서 갖는 관계들로 정의할 수 있다. 이와같은 관계는 문화적으로 결정되기 때문이다.[55]

결국 언어에 대한 공시적 연구는 본질적으로 '사회적 사실들'에 대한 연구이다. 언어학자는 어떤 특정 시대에 통용되는 언어적 관습과 관계들을 관찰한다. 이런 것들이 체계의 부호들에게 그것들이 지니고 있는 가치들을 부여하기 때문이다. 소쉬르는 이와같은 이해를 유지하면서 기호들의 본성을 탐구하는, '기호학'(semiology)이라고 하는 새로운 학문을 선보이고 있다.[56]

소쉬르의 "관계에 대한 강조"는 또 다른 중요한 결과를 가져온다. 그것은 "다름"의 범주를 고양시킨다. 그래서 그는 개별적인 말들에 대한 절대적인 정의는 불가능하다고 본다. 그는 말들의 관계 속에서 말들의 의미를 정의한다. 언어는 본질적으로 관계들의 체계이기 때문에 말들은 이와같은 관계들의 맥락 안에서만 의미를 갖는다는 말이다.[57]

이처럼 '사회적 관습'으로서의 언어게임을 중요시하는 '구조주의' 언어철학에 따르면, '역사기술'(a historiography)에 있어서 중요한 것은 역시 '과거의 객관적 사실이나 사건'(거울 이미지, 모사, 카메라 이미지)이 아니라 모든 언어들은 '기표'와 '기의'로 짜인 독특한 단위들로서 '사회적 사실'이라고 하는 것이다. 따라서 우리가 언어로 매개되는 '과거의 사실이나 사건'을 이해하고 해석하며 기술할 때에 우리는 당시 언어를 그 당시의 '사회적 관습, 사회 문화적인 실재'의 표현으로 보아야 한다고 하는 것이다.

---

55) *Ibid.*, 116.

56) *Ibid.*

57) *Ibid.*, 117.

4) 해체된 자아: 구조주의

구조주의의 핵심에는 하나의 객관적이고 보편적인 문화적 체계가 우리의 사고과정을 구조화하고(structure), 바로 이 구조가 인간 언어뿐만 아니라 사회제도들에서는 분명하다고 하는 주장이 있다. 초기 소쉬르 추종자들은 모든 문화가 하나의, 대체로 불변하는 관계구조를 반영한다고 주장한다. 또한 어떤 구조주의자들은 이 구조가 모든 언어가 공유하는 하나의 보편적인 문법에 반사되어 있다고 본다.[58] 즉, 구조주의는 텍스트 밖에 어떤 사회 문화적인 객관적 구조가 실재한다고 본 것이다.

'후기 구조주의자들'(post-structuralists), 특히 문학비평의 영역에 있는 사람들은 소쉬르의 본문해석에 대한 통찰의 의미에 대해 관심을 집중한다. 이 문학 구조주의자들은 한 문학작품의 의미를 이해하기 위한 '문화적 틀 거리'의 개념을 높이기 위해서 '언어'(a langue vs a parole) 개념으로부터 출발한다. 이들은 각 특정 스타일의 표현과 각 유형의 분석을, 하나의 상이한, 자기 충족적 '언어'라고 말한다. 따라서 이들에 따르면, 해석자들과 문학비평서의 '보편사 해석'에 비추어서 한 저서의 작가가 다른 시대의 사회적 조건들 하에서 발전된 체계를 자기 시대의 '언어들' 가운데 하나로 표현하는 '번역자'의 역할을 하는 것이다.[59]

이들은 특정 작품들의 의미를 산출하는 구조들을 발견해 내기 위해서 언어학의 범주들과 방법들을 사용한다. 이들의 초점은 본문들과, 특정 언어학적, 정신분석학적, 형이상학적, 논리적, 사회학적 혹은 수사학적 구조들과 과정의 관계에 있다. 이들은 어떤 작품에 대한 이해에 있어서 이처럼 의미를 매개하는 구조들이 본문들보다도 더 중요하다고 보았다. 이들은 저자의 의도보다도 그 저서의 언어와 구조에 더 관심을 갖는다.[60] 이런 점에서 문학비

---

58) *Ibid.*
59) *Ibid.*, 118.
60) *Ibid.*

평적 구조주의는 본문들의 의미와 인식주체에 대한 근대주의적 이해를 뒤엎었다. 바로 이 부분이 그들의 포스트모더니즘에 대한 공헌이다.[61]

모더니즘의 해체는 본문의 저자가 언어의 구조 뒷편으로 사라질 때 시작된다. 이 구조주의자들은, 창조적 자아에 대한 근대주의적 개념은 개인 인격이 제어할 수 없는 문화적 체계들의 소산이요, 구성체라고 주장한다. 이 구조주의자들은 저자를 사회적 맥락 속으로 용해시킬 뿐만 아니라 본문이 하나의 의미를 가지고 있다고 하는 전통적인 견해를 무너뜨리는 경향이 있다. 이들에게 있어서 본문이란 해석자가 그 안에 이미 존재하는 의미를 찾으려는 목적을 가지고 접근하는 하나의 소여(a given)가 아니다. 오히려 그것은 구조화된 독서 양태에 의해서 형태가 부여되는, 일종의 형태 없는 질료이다.[62]

가장 영향력 있는 구조주의자들 가운데 하나인 레비-스트로(Claude Levi-Strauss(1908-1991)의 저서에서 계몽주의적 '자아'의 파괴가 명백히 드러난다. 그는 구조주의자들 가운데 그 누구보다도 인간의 의식적 자아로부터 보편적 구조들로 이동했다고 하는 구조주의적 이동을 강조하였다. 인간에 관하여 진실로 중요한 것을 발견하려면, 인간의 의식이 아니라 인간의 문화적 표현들을 탐구해야 한다고 주장한다. 레비-스트로에게 있어서 개인은 모든 인간들이 참여하고 있는 사회적 구조 속으로 사라진다. 그는 데카르트-칸트의 주체적 의식을 인간현상을 이해하는 출발점으로 삼지 않는다. 그는 인간을 우선적으로 사회적 피조물, 유전학, 언어 및 문화에 조건 지워진 교육의 산물로 본다.[63]

레비-스트로에게서 발견되는 자아 용해는 소쉬르의 언어학의 논리적 귀결이다. 언어의 단위처럼 인간 역시 본질적으로 상호 교차하는 관계들의 한 구조이다. 언어적 표현에서처럼 자아는 보다 큰 체제 속에 자리매김 함으로

---

61) *Ibid.*
62) *Ibid.*, 118-119.
63) *Ibid.*, 119.

그것의 정체성을 찾는다.[64]

구조주의의 도래가 계몽주의적 자아의 파괴를 알리고 있으나, 구조주의는 모더니즘으로부터 포스트모더니즘으로 완전히 이동했음을 알린 것은 아니다. 그 이유는 어찌되었든 이들 구조주의자들은 문헌적 본문이든, 세상이라고 하는 본문이든, 본문해석에 헌신하고 있기 때문이다. 비록 이들이 어떤 의미가 본문 안에 단순히 이미 존재하는 것은 아니라고 하지만, 하나의 새로운 방법으로 본문으로부터 의미를 도출해내려고 한다. 즉, 이들은 소쉬르를 따라서 문학작품의 형식과 의미를 설명할 수 있는, 하나의 언어체계 안에 있는 관계들을 발견하려고 하는 것이다.[65]

구조주의적 인식론 역시 계몽주의의 그것으로부터 완전히 단절된 것이 아니다. 구조주의자들은 어떤 유형의 조직적 지식이 가능하다고 보기 때문이다. 레비-스트로는 이미 하나의 보편적인 사회구조를 언급하였다. 그는 인간본성 그 자체에 대한 지식이 가능하다고 보았다. 그의 이러한 지식추구는 보편적 구조들을 전제한다. 그리하여 이와같은 계몽주의 잔재가 포스트모던 사상가들을 불편하게 만들었다. '후기구조주의자들'(post-structuralists)은 본문 자체의 해체를 통해서 구조주의적 기획을 무너뜨린다. 이들은 다른 포스트모던 사상가들처럼 지식의 주제넘음을 비판한다. 이들이 알고 있는 한 가지는 지식의 불가능성이다.[66]

포스트모던 사상가들은 이상에서 개괄한 해석학과 언어학을 넘어선다. 예컨대 푸코(Michel Foucault)는 "언어게임"을 과격하게 몰고 나감으로써, 자아를 해체시킨다. 그는 구조주의 학자로부터 무사(無私)한 관찰자(the disinterested observer)라고 하는 계몽주의적 망령을 몰아내는 것이다. 그는 니체와 더불어 '구조주의'적 언어철학 배후에, 또는 모든 언어게임 배후에 '권력의지'가 도사리고 있음을 보았기 때문이다.

---

64) *Ibid.*, 120.

65) *Ibid.*

66) *Ibid.*, 121.

따라서 이상과 같은 '구조주의'에 입각한 '역사기술'은 언어로 매개되고 언어로 기술되는 '역사'에서 모더니즘이 그렇게나 강조했던 '저자' 혹은 '주체'보다 어떤 객관적인 '사회 문화적 구조'를 중요시함으로써 모더니즘의 역사기술 방법론을 넘어서고 있지만, 그것이 여전히 역사기술의 본문을 중요시하면서 과거의 객관적인 '사회 문화적인 구조'나 '보편적인 인간본성'을 밝히려고 하는 점에선 아직도 모더니즘을 붙들고 있는 것으로 보인다. 즉, 구조주의는 '저자' 혹은 '주체'는 해체시켰지만 적어도 본문 밖의 그 어떤 객관적 실재를 주장하며, 본문들이 과거사실과 사건에 대한 전거를 가지고 있다고 하는 점에선 아직도 '모더니즘'을 완전히 벗어나지 못하였다.

5) 객관적 사실과 주관적 해석/주 · 객을 넘어서: 구조주의에서 후기 구조주의로

'제4부 포스트모던 사관들'에서 소개될 리요타르, 푸코, 보들이야르, 파머, 켈르너, 그리고 벨코퍼 등의 역사관을 이해가기 위해서 우리는 이 부분에 대하여 짚고 넘어가야 한다. 모더니즘의 '역사철학들'을 해체하는 데 기여한 언어철학에 대한 이야기를 여기에 삽입하는 이유는, 그것이 '역사' 밖의 그 어떤 '사실적 전거 점'(factual referentiality)도 인정하지 않으려는 경향 때문이다. 이 부분은 성서의 내러티브 성격과의 관계에서 매우 중요하다.

파머[67]는 새로운 비판이론으로서의 후기 구조주의에 대하여 설명한다. 이는 1968년경 구조주의를 비판하고 등장한 프랑스 파리의 지성적 삶과 관련하여 시발되었다. 이즈음까지 "프랑스의 이론적 성향은 레비 스트로의 사회적 인간론, 라캉의 정신분석학, 그리고 텍스트에 초점을 맞추는 엘튀써

---

67) Bryan Palmer, "Critical Theory, Historical Materialism, and the Ostensible End of Marxism" (Inernational Review of Social History, 1993), *In The Postmodern History Reader*, ed. Keith Jenkins(Ane, London: Routledge, 1997), 103-112.

(Althusser)의 마르크스주의에 집중했었다."(108) 즉, 이와같은 프랑스의 이론적 성향의 구성적 요소들은 "인간실존의 구조적 체계들에 대한 하나의 과학적인 해명"(108)이었다. 적어도 이것은 텍스트 밖의 어떤 객관적인 "구조적 체계"를 인정한다. "라캉과 레비 스트로의 경우는, 이와같은 구조적인 체계들에 대한 해석이 언어가 모든 인간 활동의 초석(소쉬르)이라고 하는 주장에 따라서 골격이 만들어졌다. 즉, 구조주의는 실재(the 'Real')에 대한 언어적 파악을 선포하였다."(108) 그리고 라캉도 언어분석으로부터 '무의식'으로 진입하였고 엘튀써 역시 언어분석을 통하여 지식의 내면적 관심들(계급적 관심)에 도달하였다. 우리는 이상에서 '구조주의'가 아직도 '모더니즘'적 객관적 실재(factual referentilaity)를 인정하고 있는 것을 본다.

그런데 구조주의로부터 '후기 구조주의'로의 전환은 1968년경에 일어났다. '후기 구조주의'에 있어서도 언어를 의미와 권력과 저항의 자리로 보는 경향은 남아 있었지만, 아래의 인용은 구조주의와의 관계에서 '후가 구조주의'가 무엇인가를 잘 설명하고 있다.

'후기 구조주의'는 구조주의의 사망으로부터 탄생하였다. 그것은 언어에 대한 강조라고 하는 구조주의의 유산의 일부를 물려받았다. 하지만 그것은 구조주의의 전제들과 목적들 가운데 많은 것들을 거부하였다. 푸코, 데리다, 보드리야르, 들뢰즈, 리오타르의 저서들에서 언어와 그것의 의미들에 대한 성서의 '보편사 해석'에 비추어서 '실재'(the 'Real')에 대한 심도 있는 물음의 절정에 도달한다. 그것은 지식과 이성이 지배의 가면을 쓰고 있는 방법들을 사정없이 폭로하였고, 힘의 중심에 서려는 그 어떤 기획도 배격하였다. 구조주의자에겐 인간지성의 적극적인 구성으로서의 해석질서가 편성되었으나, 후기 구조주의자에겐 그와 같은 질서, 편성이 해체되었다. 데리다의 말로 표현하면,… 후기 구조주의의 기획은 '사실들이나 사건들 자체가 아니라 해석들을 해석하는 것'이었다. 이는 '모든 것이 언어가 되었다. 또는 모든 것이 언어이다'라고 하는 입장으로 쉽게 빠지는 언어에 대한 끊임없는 폭로이다. 데리다의 말로 하면 역사란 항상

'두 현존들(실재와 언어: 필자 주) 사이의 우회'이다.[68]

또한 역사의 시간성과 관련하여 말하면, "이념으로서의 후기 구조주의의 역할은 현재를 확보하는 것이다. 그것은 과정 속에서 과거로부터 현재를 확보하고 그것의 미래 가능성들을 제한한다."[110]

데리다는 '구조주의'까지도 해체시키는 '탈구조주의'를 지향한다. 앞에서 언급한대로 구조주의는 소쉬르에게서 시작되었다. 19세기까지만 해도 언어란 단순히 객관적인 실재를 정확하게 표상한다고 하는 거울 이미지 또는 물품명세서 이미지가 지배적이었으나, 소쉬르는 언어란 '기표'(the signifier: 예컨대, '호랑이'이란 말은 '기표'이고)와 '기의'(the signified: 실제의 '호랑이'는 '기의'이다)로 구성되고, 결국 후자 역시 또다시 '기표'의 역할을 하게 된다고 본다. 그에게 있어서 언어란 화자나 저작자의 사고나 의미전달의 매체라기보다는 인위적인 것으로서, 중요한 것은 그것이 사용되는 시대의 언어적 관습과 관계들을 나타내고, 그 당시의 사회적 삶을 나타낸다고 본 것이다. 그는 개별적인 말들의 중요성은 다른 말들과의 관계 속에서 드러나기 때문에, '관계'와 '다름'을 강조하였다. 그래서 이와같은 구조주의는 상당한 정도로 데카르트 이후 모더니즘의 인식론적인 주체 또는 의식철학을 해체하는 역할을 하고 있으며 저자들의 의도와 목적을 해체하였는데, 데리다 등의 '탈구조주의'는 여기에서 한 걸음 더 나아간다.

데리다는 구조주의는 아직도 객관적이고 보편적인 가치 세계의 현존을 포착할 수 있다고 보았고, 아직도 모더니즘적인 의식철학의 잔재를 지니고 있다고 보았다. 데리다의 '텍스트'이론은 인식론의 중심점이요, 의미 창출의 중심점인 모더니즘적인 주체의 철저한 해체를 가져왔다. 그가 주장하는 '텍스트'란 보통 '책'(le livre)의 본문만을 말하는 것이 아니라, 모든 실재의 텍스트화를 말한다. "하여튼 시간과 공간의 복합체 속에 존재하는 것은 무엇이

---

68) *Ibid.*, 109.

든지 그것은 텍스트이다. 그러므로 쉽게 말해서 인생이나 자연, 인간사회와 우주, 그리고 역사도 텍스트요 문자(le gramme vs. la lettre)이고, 이와같은 텍스트보다 앞선 단계는 결코 있을 수 없다."[69] 이런 의미에서 모든 텍스트들은 다원적인 시각들(perspectivalism)에 의한 해석을 기다리고 있는 것이다.

그는 '책'을 정착생활을 하는 농민에, 그리고 '텍스트'를 끊임없이 이동하는 유목민에 비유한다. 그리고 '텍스트'는 서로 이질적인 것들로 짜여진 '직물'이나 실타래와 같다고 한다. 그는 텍스트들이란 상호 이질적인 것들로서 짜깁기 되어 있어서, 어떤 통일성과 보편성을 담보하는 사상체계나 의미 체계를 표현하고 있는 것이 아니라고 한다. 오직 "텍스트 밖에는 아무것도 없다"고 하는 것이다. 모더니즘적인 주체가 텍스트를 구축하는 것이 아니라 텍스트들이 주체를 해체시킨다. 데리다는 이렇게 말한다.

> 이처럼 '텍스트 이전에는 아무것도 없고', 또 '텍스트 밖에는 아무것도 없다'면, 텍스트 안의 작동에서 또 이 텍스트와 저 텍스트의 상호 관계에서 생기는 관계의 다양성 이외에는 아무것도 없기 때문에, 재래의 철학적 진리나 그 진리를 모셔 온 '책'이 자랑하는 이상적인 절대 의미는 하나의 환상이나 거짓에 불과하다. 그리고 그 어떤 신성불가침의 고상한 의미도 없다.[70]

데리다는 텍스트란, 하나의 동심원처럼 중심을 가지고 있는 것이 아니라, 여러 기호들이 모여서 이루어 진 것이며, 짜깁기를 하되 시간적으로 앞뒤의 관계를 형성한다고 한다. 데리다는 라캉(J. Lacan)과 더불어 인간은 이 세상에 태어나면, 이미 기존하고 있는 언어활동 속으로 들어오는 것이고, 인간의 의식은 텍스트 안에서 잠을 깬 것이지, 어떤 텍스트를 벗어나 먼저 깨어

---

69) J. Derrida, *L'Ecriture et la Différence* (Paris, Seuil, 1967), 421. 재인용. 김형효, 『데리다의 해체철학』 (서울: 민음사, 2001), 20.

70) J. Derrida, *La Dissemination* (Paris, Seuil, 1972), 42, 재인용. In *Ibid.*

있었던 것이 아니라고 한다.[71]

이상에서 데리다는 의미와 가치의 보편화와 절대화와 통일성, 그리고 전체화가 아니라 상대화와 다양화와 분산을 주장한다. 의미와 가치들의 통일성이나 유기체적인 전체성이나 변증법적인 발전이 아니라 그것의 해체와 흩뜨려짐과 분절과 산포를 주장한다. 데리다에게는 "텍스트 밖에는 아무것도 없고", 각 텍스트는 다른 텍스트와의 '차연(la différance)[72]'의 놀이 속에 있을 뿐이기 때문이다. 자연과학과 인문사회과학, 자연과학 내의 여러 담론들과 인문과학 내의 여러 담론들 상호 간에, 공동체와 공동체 사이에, 개인과 공동체 사이에, 인종과 인종 사이에, 종족과 종족 사이에, 여성과 남성 사이에, 인간사회와 자연 사이에 차연의 놀이 밖에 없기 때문이다. 텍스트와 텍스트 사이를 잇는 다리는 없다는 말이다.

그리하여 데리다 류의 '후기 구조주의'에 따른, 언어로 매개되는 '과거의 사실들이나 사건들'에 대한 '역사기술 방법론'은 본문 밖에 있는 그 어떤 객관적 실재도 거부하고 본문 밖의 객관적 전거 점을 인정하지 않는 경향이 있다. 중요한 것은 현재요, 해석자의 '시각주의'(perspectivalism)이다. 따라서 '후기 구조주의'는 구조주의가 추구했던 본문을 통해서 볼 수 있다고 보았던 그 어떤 객관적인 '사회 문화적 구조'나 그 어떤 객관성과 보편성도 거부한다. 이 맥락에서 '텍스트 밖에는 아무 것도 없다.'고 하는 말은 '텍스트'가 밖에 있는 그 어떤 객관적이고 보편적인 무엇을 지시하지 않는다고 하는 것이다.

그래서 '후기 구조주의'는 소쉬르 이전 언어철학이 알고 있었던 '상응이론'(corresponding theory)을 거부한다. 앞에 언급한 '텍스트'이론에 따르면 언어가 그 어떤 객관적 사실이나 실재를 지시하는 기능을 상실한다. 그런즉 '후기 구조주의'의 역사관은 이와같은 관점에서 모든 모더니즘 전통의 역사관

---

71) 이형기, 『모더니즘과 포스트모더니즘, 그리고 기독교 신학』, 124-125.

72) '차연'이란 '차이'(la différence)와 '연기하다'(la délai)의 합성 신조어로서 차이와 연기(delay) 모두를 뜻한다. 아마도 전자는 공간적인 차원에서의 '다름'을, 그리고 후자는 시간적 차원에서의 '다름'을 의미하는 것으로 보인다. 따라서 '차연의 놀이'란 시공을 아우르는 범 텍스트들 사이의 관계망을 암시한다.

들과 심지어 '구조주의'의 역사관까지도 해체한다. 때문에 이와같은 입장에 선 이미 주어진 텍스트들에 대한 다원주의적요소, 다시각적인 역사이해와 역사기술 밖에 없는 것이다. '하나의 역사'(the History)란 결코 있을 수 없다. 그리고 쓰여 진 모든 다원적인 역사들은 또 다시 '차연'의 놀이 속에 있는 '간 텍스트'(inter-textuality) 속에 귀속하게 되는 것이다. 그런즉 '텍스트 밖에는 아무것도 없다'고 하는 것이다.

이상과 같은 데리다의 텍스트 이론은 또한 모더니즘 전통의 "현존의 형이상학"에 대한 거부와도 관련이 있다. 즉 텍스트란, 신이든 자연이든 사회 문화적 실재이든 또는 우리가 지금 문제 삼고 있는 역사적 사실이나 실재이든 그 어떤 실재(the Real)의 '현존의 형이상학'(the metaphysics of presence)도 거부하게 한다. 데리다는 데카르트 이래의 모더니즘 전통의 "현존의 형이상학"이 "다름"과 "타자성"을 "동일성"(identity)으로 환원시켰다고 보기 때문이다. 김형국은 데리다는 이와같은 '동일성'을 극소화시키지만 현존의 경세 안에서 그것의 전적인 부정을 회피하였다고 본다. 즉, 데리다는 "우리들로 하여금 실체들의 구조나 체계들 안에 있는 놀라운 다름과 타자성을 존중하게 하는 하나의 새로운 패러다임"을 주장하고 있다는 말이다.[73] 이것에 '유비'(analogia)하여 역사기술 방법론을 관찰할 경우, 어떤 역사적 사실이나 사건이나 그 어떤 역사적 실재(the Real)에 대한 역사가의 역사기술(언어)이 '상응이론'에 따른(혹은 물품명세서, 거울, 혹은 카메라의 기능에서처럼) 사실매개는 아닐지라도 '다름'과 '타자성'을 손상시키지 않는 '실재'(the Real)의 '현존의 역사관'이 되어야 한다고 하는 뜻으로 생각될 수 있다. 따라서 다음과 같은 김형국의 데리다의 '현존의 형이상학'에 대한 비판은 '역사기술 방법론'에도 적용될 수 있는 것으로 보인다.

---

73) *Passion for Gift: The Asymmetrical Reciprocity Between Divine Presence and Human Freedom in Barth's Doctrine of Revelation.* 박형국. 드류 대학원 Ph.D. 논문, 5-7.

마땅히 강조되어야 할 것은, 현존의 형이상학에 대한 데리다의 해체가 현존의 개념 그 자체에 대한 간단한 거부가 아니라 초 형이상학적 사고에 의하여 현존의 경세 안에서 지워진 타자성과 다름을 회복시키려는 긍정적인 열정이다.[74]

따라서 데리다에게 있어서 모더니즘 전통의 역사기술 방법론은 모더니즘 전통 철학의 '현존의 형이상학'에 맞먹으며, 앞으로 논의될 해체주의적 '포스트모던' 역사기술 방법론들은 그것들의 언어적 전환에 대한 강조에도 불구하고, 김형국이 이해한 데리다의 '탈 형이상학적' 현존의 철학에서 지혜를 얻어야 할 것으로 보인다. 그도 그럴것이 해체주의 전통의 '포스트모던 사관들'은 다원성과 다름과 타자성을 강조한 나머지, 객관적 사실이나 사건이나 '실재'(the Real)의 '현존'을 놓치고 있는 경향을 보여주고 있기 때문이다. '실재'는 타자성과 다름 속에서 이들 포스트모던사가들의 역사기술 속에 현존하고 있다고 하는 말이다. 모더니즘 전통의 역사관들은 그와 같은 '실재'의 사실적 현존(동일성 = identity)을 주장함으로써 과오를 범하였지만.

6) 언어적 전환(linguistic turn)

헤이든 화이트에게 있어서 역사의 '언어적 전환'은 하루 아침에 등장한 것이 아니다. 그것은 우리가 이미 논한 리케르트와 딜타이, 역사의 과학성과 수사학, '아날'의 사회사, 미국의 '신(新)사학', E. H. 카, 그리고 '후기 비트겐슈타인'과 맥킨타이어, 구조주의와 후기 구조주의, 니체 등을 거쳐서 나온 것이다. 대체로 이 과정은 객관적이고 실증적인 역사적 사실과 사건을 역사해석의 관건으로 내세우고 그것에 따른 단일하고 보편타당한 획일주의

---

74) *Ibid.*, 23.

적이고 '거대담론'적 역사관을 주장하는 콩트와 랑케와 마르크스의 역사관 (History)이, 딜타이 이래로 점차 역사가의 주관적 가치관에 따른 다양한 역사관들(histories)로의 전환을 거쳐, '후기 비트겐슈타인'으로부터 '니체'에 이르는 언어철학에 따른 역사기술 방법론에 의하여 엄청나게 큰 패러다임 이동을 보인다.

이들 가운데 미국의 '신 사학'과 카의 역사관은 그 중심에 놓여있다고 여겨진다. 그도 그럴 것이 미국의 '신 사학' 및 카와 같은 현재주의자들은 여전히 모더니즘 전통의 역사관이기를 그만두지 않으면서, 포스트모더니즘으로의 다리 역할을 하였으니, 이들은 과거사실에 대한 담론의 다양성을 열어 놓으면서도 과거사실의 실재를 인정하였기 때문이다. 김기봉은 이렇게 주장한다.

> 이들 현재주의자들이 다만 부정했던 것은 역사적 사실 그 자체의 존재가 아니라 그것을 객관적으로 인식할 수 있다는 믿음이다. 그래서 이들은, '언어로의 전환'이 주장하듯이, 역사적 사실 그 자체를 언어적 구성물로 환원시키지 않았다. 다시 말해 현재주의자들은 역사적 사실을 과거사실의 현재적 재현으로 파악했지만 그것을 허구로 보지는 않았다.[75]

그리하여 데리다로 대표되는 '후기 구조주의'에 이르면 (랑케 등)모더니즘 전통의 역사기술에서 그렇게나 중요시되었던 역사의 객관적 사실에 대한 전거(factual referentiality)가 전혀 의미가 없는 것이 되고 만다. 데리다는 '텍스트 밖에는 아무것도 없다.'고 하였고, '후기 비트겐슈타인'은 언어를 역사의 객관적 사실과 사건에 대한 모사(模寫)(거울 이미지 혹은 카메라의 기능)로 보지 않고 '사회적 삶의 형식'으로 보았으며, 초기에 언어학을 강의했던 니체 는 '권력에의 의지'(the will to power)의 관점에서 모더니즘은 물론 전통적 기독교의 성

---

75) 김기봉, *op. cit.*, 94-95.

서주의와 교리주의의 언어의 허구성을 보았으며, 맥킨타이어는 '사회문화적 전통'과 그 언어가 인간의 모든 사고와 삶의 (칸트의)선험적 범주와 같은 것으로 보았기 때문이다. 하이데거 역시 언어를 '존재의 집'이라 하였지만 말이다.

우리는 아래에서 스톤과 화이트의 '언어적 전환'을 소개하려고 하는데, 전자는 어느 정도 아직 모더니즘 전통의 역사의 '객관성'과 무관하지 않은 (카의 역사관이 스톤의 그것보다 좀 더 모더니즘 전통을 따르지만) '이야기체'로서의 역사를 주장하고, 후자는 전형적인 '언어적 전환', 곧 이야기체로서의 역사를 주장하였다. 그리고 그 중간에 '미시사'(microhistory)에 대하여 간단히 짚고 넘어 가려고 한다.

(1) 로렌스 스톤(1919-1999)

1979년 〈이야기체 역사의 부활〉[76]에서 스톤은 1970년대에 이르러 역사기술의 방법론에 근본적인 변화가 발생하였다고 한다. 그것은 역사결정론의 요인들로서 "집단의 문화 및 심지어 개인의 의지"가 "물질적 산출과 인구의 증가"[77]만큼 중요하다고 하는 것이다. 그런즉, 스톤은 인간의 경험을 바탕으로 하는 '이야기체 역사'를 주장하였던 것이다. 스톤은 1960년대까지만 해도 역사와 사회과학이 과학과 기술에 의해 팽창했던 근대 산업사회를 전제하고 있었으나, 1960년대의 세계사적 격변들(케네디 암살, 마틴 루터 킹의 암살, 베트남 전쟁, 베를린과 도쿄 등에서 일어난 반자본주의와 반 마르크스주의적인 학생운동, 중국의 문화혁명 등)을 거쳐서 1970년대로 오면서 역사기술에 있어서 일종의 패러다임 이동이 일어났다고 주장한다.

스톤은 사회과학과 역사를 '과학'으로 보는 모더니즘 전통을 거부하였다. 그도 그럴것이 그것은 "객관적 지식을 획득하기 위하여 엄격한 방법론

---

76) 스톤은 1952년에 창간된 역사학과 사회과학의 토론을 주도했던 『과거와 현재』지에 1979년에 이 논문을 발표하였다.

77) 『20세기 사학사』, 조지 이거스/임상우 · 김기봉 옮김(서울: 푸른 역사, 1998), 151.

적 지침을 설정하는 논리를 중심으로 삼는 것을 의미했다.”(154)고 하는 것이 그 이유였다. 그러나 스톤은 바르트(Roland Barthe), 화이트, 데리다, 그리고 리요타르와 같은 문학비평(literay criticism)으로 출발한 프랑스와 미국의 일단의 이론가들과 달리 모더니즘 전통의 객관적 사실과 사건을 아직 붙들고 있는 이야기체 역사를 주장한다.

> 스톤은 역사에서 '정합적인 과학적 설명'에 대한 환상을 단호히 거부했지만, 그는 이야기체 역사가 필연적으로 문학적 형태를 취함에도 불구하고 합리적인 탐구와 실재론적 재구성에 대한 주장을 단념한다고 그 어디에서도 시사하지 않았다.(155)

그리하여 역사기술 방법론은 모더니즘의 '사회과학적 역사'로부터 '신문화사'(New Cultural History)로 이동하였는데, "새로운 역사 서술의 주제와 그에 따른 방법론은 그 무게 중심이 구조와 과정으로부터 문화와 일반 민중의 실천적 삶의 경험으로 이동하였다"(155)고 한다. 따라서 스톤의 "이야기체 역사의 부활"은 이야기(담론)로서의 역사 기술방법론으로 넘어가는 길목에 서 있다 하겠다.

(2) 거시사에서 '미시사'로: 일상생활의 역사

카를로 긴즈부르그(Carlo Ginzburg: 1939 -)와 카를로 포니(Carlo Poni)는 사회과학적 역사의 접근방식이 1970년대와 1980년대에 와서 쇠퇴하였다며, 푸크야마와 코카(Juergen Kocka)와 같은 사회과학적 역사가들의 입장에 반대하였다. 그들은 자본주의와 자유민주주의 그리고 마르크스주의의 '거대담론'으로서의 역사 이해에 반대하여 '미시사'(microhistory)를 주장하였다. 이들은 모더니즘으로 인하여 주변화되고 소외되고 희생된 사람들과 그들의 문화와 '일상생활사'(Alltagsgeschichte)를 중요시하였다. 이거스는 이렇게 진술하고 있다.

그러나 만약에 알려지지 않은 사람을 망각으로부터 구출해 내고자 한다면, 역사를 더 이상 단일한 과정으로 파악하는 것이 아니라, 수많은 개별적 중심을 지닌 다면적 흐름으로 바라보는 새로운 개념적 · 방법론적 역사접근 방식이 요구된다. 또한 다수의 사람들의 개인적 삶을 다루고자 한다면, 우리는 추상적인 것보다는 구체적인 것에 대한 지식을 필요로 하는 이러한 많은 사람들의 경험에 부합하는 경험 인식론을 필요로 한다. (이거스, 160)[78]

그리고 이거스에 따르면, 한스 메딕(Hans Medick)이 1970년대와 1980년대에 기어츠로 대표되는 문화인류학을 사용하여 일상 생활사의 기본입장을 정립하였다. 하지만 이거스는 메딕과 기어츠는 개인을 문화 속에 매몰시켰다고 설명하면서, 개인들에 대한 문제의식을 가지고 포괄적인 민중문화와 농민문화와 같은 더 광범위한 맥락 속에서 개인들의 역사를 이해해야 한다고 보았다.(162-163) 이를 위하여 이거스는 1970년대의 영어권과 이탈리아에서 출판된 '민중문화'에 대한 저서들을 많이 제시하였고(160-161), 1970년대 초 막스 프랑크 연구소의 산업혁명 이전의 가내공업과 소규모 단위의 농민 가계에 대한 것을 소개하면서 '가정'에 초점을 맞추었다.(163-164) 그리고 막스 프랑크 연구소는 이를 위하여 특정 지방에 대한 연구에 집중하였다. 그럼에도 불구하고 이들 프랑크 연구소의 연구에 참여했던 메딕과 유르겐 슐룸봄은 "미시사란 전 근대 사회에서 근대 사회로 이행하는 가운데 나타난 거대한 정치적 · 경제적 · 사회적 변화의 맥락 내에서 전개된다. 그들은 근대화 개념을 혐오하면서도 '대가'를 의식하면서 근대화 개념을 가지고 작업한다. 따라서 그들은 자신들이 인정하는 것보다 전통적인 사회과학적 역사에 훨씬 더 근접해 있고 역사인류학으로부터 훨씬 더 멀리 떨어져 있다."(165-166)라고 하였다고 한다.

이거스에 의하면, 이탈리아 미시사가들(긴즈부르그, 포니, 레비, 그렌디)은 두 가

---

78) 참고: 『미시사란 무엇인가』, 곽차섭 엮음(서울: 푸른역사, 2000), 13-34.

지 점에서 마르크스주의를 비판하고 세 가지 점을 받아들이는데, 이 세 가지 중 두 가지 점을 독일 미시사가들과 공유하고 있다. 즉 이탈리아 미시사가들은 첫째로 공산당의 권위주의와 공산주의의 비마르크스주의를, 째로는 성장에 대한 거시사적 개념에 대한 거부를 비판하고, 세 가지는 아래와 같다.

첫째는 사회적 불평등이 모든 사회의 주된 특징을 이룬다는 믿음이다. 둘째는 생산과 재생산이 문화 형성에서 수행하는 역할이다.… 셋째는 역사연구는 엄격한 방법과 경험적 분석에 근거해야 한다는 믿음이다.… (166-167)

따라서 미시사가들은 텍스트 밖에 실재하는 객관적 사실과 사건들을 결코 무시하지 않는다. 이거스의 주장을 들어 본다.

전문 역사학의 서술 형태에 선행하는 형태로 되돌아가서, '미시사'는 역사가가 그/그녀의 연구결과 뿐 아니라 그/그녀의 연구절차까지도 전달하는 이야기체 서술을 도입한다. 따라서 "미시사에서… 연구자의 관심은 설명의 내재적 부분이 된다."[79] 이야기체 역사는 역사가의 연구 결과를 서술하는 데에 중요한 요소가 된다. 왜냐하면 이야기체 역사야 말로 추상적인 형태로 전달할 수 없는 요소를 의사소통시킬 수 있고, 역사가가 그/그녀의 설명에 도달하는 과정을 보여 주기 때문이다.(169-170)

'정확성은 과거가 우리에게 제시하는 구체적이고 물리적으로 실재하는 증거에 의해 결정되어야 한다.'[80] '미시사'는 경험적 사회과학을 전적으로 거부하는 것이 아니라, 그러한 사회과학의 이론적 구성물을 소규모 차원에서 존재하는 실재에 비추어서 검증할 방법론의 필요성을 강조한다. (170)

---

79) Giovanni Levi, "On Microhistory". In Peter Burke, ed. *New Perspectives on Historical Writing*(University Park, Penna., 1991), 106.

80) *Ibid.*

그럼에도 불구하고 "근현대 시기의 '일상 생활사'를 산업화 이전 사회를 다루는 미시사와 결합시킨 것은 비인격적 사회구조와 과정을 넘어서 인간의 구체적인 삶의 경험에 다가서려는 시도이다."(175) 따라서 이거스는 '미시사'의 입장이 다음에 논할 화이트의 언어적 전환과는 차이를 보이고 있다고 지적한다.

궁극적으로 미시사는 좀 더 광범위한 사회적 맥락의 역사를 부인하는 것이 아니라 오히려 보완하는 것처럼 보인다. 미시사가들은 구체성에 대한 의식을 과거의 연구에 덧붙였던 것이다. 따라서 브라우닝은 미시사적 방법을 사용함으로써 『보통 사람들』에서 홀로코스트에 포함된 사람들을 상술하는 것 이상의 작업을 수행하였다. 즉, 그는 개별적 가해자들에 초점을 맞춤으로써 광범위한 일반화에 의해서 밝혀지지 않을 그들의 행위에 한 가지 차원을 추가하고자 노력하였다. 브라우닝이 강조했듯이, 홀로코스트는 하나의 추상이 아니라. 헤이든 화이트의 말대로 홀로코스트에 대한 이야기가 전적으로 역사가의 구성물인 것은 아니다.[81] 오히려 브라우닝이 언급하듯이, "역사가가 연구에 투입하는 것과 연구가 역사가에게 영향을 미치는 방식 사이에는 끊임없는 변증법적 상호작용이 존재한다."[82] (179-180)

(3) 헤이든 화이트(1928-)

앞에서 논한 로렌스 스톤의 '이야기체 역사'와 긴즈부르그, 포니, 레비 등의 '미시사'는 '이야기'와 '미시사' 혹은 '일상 생활사' 기술에 있어서 텍스트 밖에 객관적 사실과 사건을 아직 붙들고 있으나, 화이트는 '문학비평' 영역에 속하는 그의 '언어적 전환'에 대한 주장에서 전적으로 모더니즘 전통의 객관적 사실의 실재에 대한 전거를 벗어나려는 경향이다.

---

81) Hayden White, "Historical Emplotment and the Problem of Truth", In Friedlander, ed., *Probing the Limits of Representation*, 37-53.

82) Christopher R. Browning, "German Memory, Judicial Interrogation, and Historical Reconstruction: Writing Perpetrator History From Postwar Testimony," In *Ibid.*, 31.

이제 우리는 화이트의 『*Metahistory*』(*The Historical Imagination in the Nineteenth-Century Europe*, 1973)[83]을 소개하려고 한다. '메타히스토리'(metahistory)의 '메타'(meta)는 그리스어로 '너머'(beyond) 또는 '뒤'(배후)(after)를 뜻한다. 때문에 '메타히스토리'란 역사 '너머' 혹은 역사의 '뒤'(배후)를 말한다. 즉, "이미 오래 전부터 사람들은 단순한 과거사건으로서의 역사의 '뒤'(배후)를 생각해 왔다. 역사의 배후에는 어떤 힘이 있을까? 인간사는 반복적인가 순환하는 것인가, 아니면 일회적인가? 우리는 어디로 가고 있는가?"[84]라고. '메타히스토리'는 "역사 너머의 역사"를 암시한다. 오늘날 그것은 철학적으로 "역사에 대한 숙고" 또는 "역사에 대한 철학"(역사철학)으로 해석되고 있다. 고대 그리스에서는 인간사들 속에서의 신들의 싸움을, 중세기에서는 초자연과 자연의 관계 속에서의 역사, 그리고 근대에는 역사방법론 혹은 역사 패러다임에 초점을 맞추었다(www.answers.com). 특히, "화이트의 견해로는, 역사적 텍스트의 표피적 차원 너머에 하나의 심오한 구조적 혹은 잠재적인 내용이 있는데, 그것은 일반적으로 시적이고 특히 본성에 있어서 언어적이다. 이 심오한 내용, 곧 메타히스토리적 요소는 '하나의 적절한' 역사적 설명이 무엇이여야 하나를 미리 나타내고 있는 것이다."(www.google.com). 말하자면 역사에 대한 '시상(詩想)'이 이야기체 역사담론에 선행(先行)한다고 하는 말이다.

화이트는 본 저서에서 그가 정립한 방법론 또는 해석원리들을 가지고 19세기의 헤겔, 마르크스, 니체와 같은 역사철학자들과 미쉘레, 랑케, 토크빌, 그리고 버카르트와 같은 역사가들(historiographers)의 역사적 저서들을 분석하여 자신의 방법론을 입증한다. 그에게 있어서 역사저서(historical work)는 "하나의 이야기체 형식의 산문적 담론"(a narrative prose discourse)의 형태로 되어 있고 그것은 언어적 구조(a verbal structure)를 지니고 있다. 그리고 이 담론의 심층에는 "일반적으로 시적이고(poetic) 특히 본성상 언어적인(linguistic), 그리고 하

---

83) Hayden White, *Metahistory: The Historical Imagination in Nineteenth-Century Europe*(Baltimore & London: The Johns Hopkins University Press, 1975)(초판, 1973).
84) 『거울로서의 역사』, 39.

나의 명시적 특정 '역사적'설명을 위하여 무비판적으로 받아들여진 패러다임으로 사용되는 하나의 심오한 구조적 내용"이 엄존한다. 화이트에 의하면 19세기 역사철학자들과 역사가들 모두는 이와같은 역사에 대한 시상(詩想)을 출발점으로 하여 "일정량의 데이터와 이 데이터를 '설명하기 위한' 이론적 개념들과 이를 진술하기 위한 하나의 이야기체 구조"를 조합시켰다. 필자가 보기에 여기에서 처음 출발점인 '시상(詩想)'과 최종 목적지인 '이야기체 구조'가 다름 아닌 화이트의 '언어적 전환'(linguistic turn)에 해당하는 것으로 보인다. 특히, 화이트에게 있어서 "메타히스토리" 또는 "메타히스토리적 요소"(metahistorical element)란 '시상'에 다름 아닌 "일반적으로 시적이고 본성상 언어적인 하나의 심오한 구조적 내용" 또는 "패러다임"[85]이다. 이것이 19세기 역사의식을 규정했다고 하는 뜻일 것이다.

그런데 화이트에 따르면 역사가는 4개의 심오한 시적(詩的) 구조들(수사어구들) 가운데 하나 안에서 기록함으로써 역사기록의 행위를 예시(豫示)한다. 하나는 메타포요, 둘은 환유요, 셋은 제유요, 넷은 풍자(반어법)이다. 화이트는 이와같은 수사법들에 대하여 이렇게 설명한다. "그것들이 특별히 필요한 이유는, 애매모호한 산문적 표현들로 기술되기 힘든 경험의 내용을 예시적으로 파악할 수 있고 의식적인 파악을 위하여 준비 역할을 하기 때문이다."(34)라고 한다.[86]

---

85) White, *op. cit.*, ix.

86) 용어설명

시적 구조들(수사 어구들)

메타포(metaphor) = 의미가 이월되는 것이다. 하나의 현상이 유비(analogy or simile)에 의하여 다른 현상과 비교되거나 대조되는 수사법이다. 예컨대, 'He has a heart of stone.'(그는 돌 같은 마음을 지니고 있다.)

제유(提喩, synecdoche) = 그 무엇의 일부를 사용하여 전체의 질을 상징하는 수사법이다. 특수로써 보편을 나타낸다. 예컨대, 왕을 왕관으로 표현하는 경우가 그렇다.

환유(換喩, metonymy) = 어떤 사물을 그것의 속성과 밀접한 다른 낱말을 빌려 표현하는 수사법이다. 예컨대, '항해'를 '배'로, '숙녀'를 '하이힐'로, 그리고 '우리민족'을 '흰 옷'으로 표현하는 경우다.

풍자(irony) = 문자적인 의미가 전혀 무의미하다. 사실과 반대되는 표현법을 사용하는 수사법이다. 예컨대 '아주 지독한 날씨'라는 뜻으로 "This is a nice, pleasant weather."라고 표현한다.

그런즉 화이트는 19세기 유럽의 역사의식의 주된 형태를 제시하고 해석해 내는 것을 넘어서 이 시기 역사기술과 역사철학 안에 있는 "유일무이하게 시적인 요소들"을 밝혀내려고 하였다.(x) 이로써 그는 하나의 역사적 설명 안에 있는 불가피한 시적인 본성을 확립하려 하였고 역사의 이론적 개념들을 암묵적으로 재가(裁可)하는 하나의 역사적 설명 안에 있는 예시적 요소(the prefigurative element)를 밝혀내려고 한 것이다. 그런데 화이트에게 있어서 "시적이고 본성상 언어적인, 역사적 설명을 위한 하나의 심오한 구조적 내용" 또는 "패러다임"은 역사의식의 네 가지 주된 양태를 요구하고, 이 의식의 네 가지 양태의 각각은 하나의 독특한 언어적 초안을 위한 바탕을 제공함으로써 이로써 역사영역을 미리 보여주고 이를 바탕으로 역사해석의 특별한 방안들이 역사 설명을 위하여 사용되는 것이다. (xi)

그래서 화이트는 19세기 역사가들과 역사철학자들의 저서들 밑에 있으면서 그것들을 알리는 서로 다른 비유적 양태들(tropological modes = 메타포, 환유, 제유, 풍자)에 대한 설명을 통하여 그의 '언어적 전환' 또는 '역사의 시학(詩學)'을 시도하였다. 따라서 저자는 "지배적인 비유적 양태 또는 그것에 따라 오는 언어적 초안이야 말로 각 역사저서의 "더 축소될 수 없는 메타히스토리적 기초(an irreducible metahistorical basis)를 포함하고 있다."(xi)고 보았다.

그리고 화이트는 모든 역사서들은 위와 같은 이야기체 담론형성 과정에서 세 가지 서로 다른 설명 방안을 사용한다고 한다. 첫째는 형식적 논증(argument)이요, 둘째는 줄거리 만들기(emplotment)요, 셋째는 이념적 함축(ideological implication)이다. 그런데 이 세 가지 설명의 각각을 위하여 역사가가 선택할 수 있는 네 가지 유형의 형식이 있다. '줄거리 구상'의 네 가지 유형은 로망스, 풍자, 희극, 그리고 비극이요, '논증'의 네 가지 유형은 '형식주의', '유기체주의', '기계주의', 그리고 '맥락주의'이며, '이념'의 네 가지 유형은

정리하면, 메타포는 표상(表象 representational)적이요 환유는 환원주의적이며 (reductiotist) 제유는 통전적이고(intergrating) 풍자는 부정적negative)이다.

(www.lehigh.edu/syll-metahistory; naver의 국어사전)

'보수주의', '자유주의', '과격주의', 그리고 '무정부주의'이다.(x) [87]

그런데 화이트는 본 저서에서 19세기 역사가들과 역사철학자들의 저서들을 분석함에 있어서 "시적언어 일반에 내포된 역사분야에 대한 비유적 예시의 가능성들의 실현"을 시도하려고 할 때, 실제로 그것을 전개함에 있어서 니체와 같은 철학자와 버카르트와 같은 역사가에 있어서 각각 19세기 지성의 풍자(Irony) 혹은 '역사주의의 위기'(crisis of historicism)를 발견하였으나, 본 저서의 목적은 왜 한편 19세기 역사철학자들과 역사가들의 이론적 마비상태가 일어났으며, 왜 20세기의 문학과 사회과학과 철학의 특징인 역사의식 일반에 대한 그와 같은 여러 반항들이 일어나고 있는가를 설명하려고 하는데에 있다고 한다. 필자의 판단으로는 화이트가 이로써 '역사주의'에 실망했던 니체와 버카르트 모두의 역사기술에 대한 마비와 20세기의 그와 같은 현상에 대한 대안으로 그의 '언어적 전환' 또는 '역사의 시학(詩學)'을 출발점으로 하는 새로운 '이야기체 형식의 산문적 담론'으로서의 역사기술 방법론을 제안하고 있는 것으로 보인다.

그리하여 화이트는 19세기 역사의식에 대한 연구로부터 7가지 결론을 끌어냈다. 첫째, 동시에 역사철학이 아닌 '본래의 역사(proper history)'(미쉘레 등의

---

87) **줄거리 만들기**
로망스 = 주인공의 악에 대한 승리를 포함하는바 주인공의 자기 동일화의 드라마
풍자 = 로망스의 반대 경우, 즉 사람들이 세상에 포로가 되어 죽고 만다.
희극 = 자연적인 것과 사회적인 것의 조화의 축하를 위한 원인제공들.
비극 = 한 주인공이 타락이나 시련을 겪으면서 체념을 통하여 이 세상의 한계 안에서 살아가는 것을 배우고 관객들 역시 배운다.
논증
형식주의 = 대상물들에게 이름을 붙이거나 그것들을 범주화하는 작업인데, 화이트는 이에 관하여 이렇게 말한다. "역사분야의 다채로움과 색깔과 생동감이 역사기록이나 역사저서의 중심적 목적으로 취해지는 역사기술 방법론"(White, 14).
유기체주의 = 전체의 개별 부분은 부분들의 총화 이상이다. 목표가 정향되었고 원칙들이 율법들이 아니요 인간자유의 구성적 부분이기 때문이다.
기계주의 = 인간행동들의 작용들을 지배하는 법칙들을 발견하는 것이다.
맥락주의 = 사건들이 그것들과 유사한 사건들과의 관계에서 설명되고, 발자취들을 소급하여 그것들의 기원에 도달하는 것이다.

역사 기술방법)란 있을 수 없다. 둘째, 역사기술의 가능한 양태들(메타포 등)은 사변적 역사철학의 그것과 동일하다. 셋째, 그 다음 이 양태들은 실제로는 시적인 통찰들의 정식화들이다. 이러한 시적 통찰들은 분석적으로 보면 그와 같은 정식화들에 선행(先行)하고 역사적 설명(報告)들에 대한 설명의 한 측면을 제시하기 위하여 사용되는 특수 이론들을 제기한다. 네째, 우리가 양태(modes, 예컨대, 메타포, 환유, 제유, 풍자)들 가운데 그 어느 하나가 다른 것들보다 좀 더 '실제적'(realistic)이라고 주장할 수 있는 그 어떤 권위를 합법적으로 주장할 수 있는 명명백백한 이론적 근거들은 있을 수 없다. 다섯째, 이것의 결과로 우리는 역사일반에 대하여 숙고하는 그 어떤 노력에 있어서도 여러 해석 방안들 가운데 하나에 국한된다. 여섯째, 이것의 당연한 결론으로 역사에 대한 여러 전망들 가운데 하나의 전망을 선택해야 할 최선의 근거들은 궁극적으로 인식론적인 것이 아니라 심미적이거나 도덕적인 것이다. 일곱째, 역사에 대한 학문화에 대한 요청은 역사적 개념화의 하나의 특정 양태에 대한 선호론을 나타낸다. 비록 그것의 인식론적인 정당화는 여전히 정립되어야 할 것으로 남아 있지만 말이다.(xi-xii)

이상과 같은 화이트의 주장에서 19세기 역사기술과 역사철학의 근본적인 출발점이야 말로 19세기 당시 역사학이 알지 못했던 '역사의식' 형성을 위한 '예시적 요소'로서 "일반적으로 시적이고 본성상 언어적인 하나의 심오한 구조적 내용", "패러다임" 또는 "메타히스토리적 요소"라고 하는 사실

이념

이념 = 이념은 역사가가 삶에 대하여 지니고 있는 윤리와 전제들로서 이로써 과거의 사건들이 현재사건들을 낳은 것이요 현재 우리가 어떻게 행해야 할 것을 말해준다. 그것은 '과학' 혹은 '실재론'의 권위를 주장한다. 계몽주의 이전엔 과학을 권위라고 주장하는 이념들이 없었다. 그것들은 권위주의적이었다. 화이트에 따르면 오늘날엔 권위주의인 이념의 가능성이 없다.

보수주의 = 역사는 진화한다. 우리는 유토피아를 희망할 수 있다. 그러나 이 변화는 자연적 리듬의 부분으로서 서서히 일어난다.

자유주의 = 사회적 역사의 진보는 법과 정부의 변화로 결과한다.

과격주의 = 유토피아가 임박하였으니, 혁명의 수단들에 의하여 결과 되어야 한다.

무정부주의 = 국가는 부패하였으니, 붕괴되고 하나의 새로운 공동체가 출발되어야 한다.

(www.lehigh.edu/syll-metahistory; naver 국어사전)

을 확인하였고, 이것이 '언어적 전환' 또는 '역사의 시학'의 중심 내용임을 알 수 있었다. 따라서 이와같은 관점에서 19세기 역사학에 관련하여 화이트에게 중요한 것은 역사가가 역사해석이론 이전에 품고 있는 "역사영역에 대한 그들 각각의 비전들의 일관성 있고 유기적이며 조명시키는 힘"(4)이지, "데이터를 설명하기 위하여 사용한 일반화들 혹은 이론들"이 결코 아니다. 그런즉, 역사저작물의 이론이란 그와 같은 '언어적 전환' 혹은 '역사의 시학' 혹은 "역사영역에 대한 그들 각각의 비전들의 일관성 있고 유기적이며 조명시키는 힘" 또는 "메타히스토리적 요소"에 뒤 따르는 작업에 다름 아니다. 이에 관하여 화이트는 이렇게 언급하였다.

나는 역사에 대한 저작물에서 발견되는 개념화의 네 가지 차원을 구별하는 주장으로 시작하려고 한다. (1) 연대 순서를 따른 기록물(chronicle), (2) 이야기 (story), (3) 줄거리 만들기의 양태, (4) 논증의 양태, (5) 이념적 함축의 양태가 그것이다. 나는 '연대기'와 '이야기'가 역사에 대한 설명에 있어서 '원초적인 요소들'을 가리키는 것으로 본다. 하지만 이 둘은 데이터에 대한 취사 선택과 정렬 과정을 표현한다. 그런데 이와같은 데이터는 조사 분류되지 않은 기록이기 때문에, 나는 그와 같은 기록을 하나의 특정 청중에게 더 잘 이해되도록 하려는 것이다. 이런 식으로 이해될 때, 역사에 대한 저작물은 역사영역, 조사 분류되지 않은 역사기록물, 다른 역사적 설명들, 그리고 청중을 매개하는 것이다.(5)

따라서 화이트는 본 저서에서 "데이터를 설명하기 위하여 사용된 이론적 개념들이 전개되고 있는 역사적 내러티브들의 명시적 차원과 그와 같은 개념들이 전(前) 비판적으로(precritically) 근거하고 있는 언어적 근거로 여겨지는 잠재적 차원(latent level) 사이의 관계에 대한 분석에 국한된 연구를 수행하였다." (White, 431)

4장
포스트모더니즘의 세흐름과 그 특징들

베스트(Steven Best)와 케르너(Douglas Kellner)는 포스트모니즘의 유형을 세 가지로 본다. 하나는 데리다(Derrida), 푸코(Foucault), 리요타르(Lyotard) 등과 같이 모더니즘과 과격하게 단절하면서 모더니즘을 해체하려는 입장이요, 둘은 하버마스(Juergen Habermas, 1929-) 등과 같이 양자 사이의 연속성을 인정하면서 모더니즘의 부족한 점을 채우려는 입장이요, 셋은 하이데거(Martin Heidegger, 1889-1976)와 맥킨타이어와 같이 모더니즘의 극복을 위해서 서양의 고전 문화에 대해서 향수를 느끼는 입장이다. 필자는『모더니즘과 포스트모더니즘, 그리고 기독교 신학』에서 세 유형을 제시했다.

필자는 위 책에서 데리다, 푸코, 리요타르 등 모더니즘과 과격하게 단절하는 경향의 포스트모더니즘이 아니라 전자와 후자 사이에 어느 정도 연속성을 인정하는 하버마스, 베스트와 케르너의 입장을 지지하며, 문화-언어적 공동체를 개인과 글중심주의(logocentrism)보다도 선행(先行)시키는 맥킨타이어, 후기 비트겐슈인, 폴라니 그리고 신학적으로는 이들의 입장을 수용하는 '신예일학파'의 입장을 지향한다.

필자는 아래에서 데리다와 더불어 해체주의적 '포스트모던 역사관'을 도래시키는 데에 있어서 결정적인 역할을 한 푸코와 하버마스와 맥킨타이어의 주장을 소개하려고 한다.

1. 푸코(1926-1984)의 역사해체론

푸코의 역사 이해는 이상에서 제시한 1960년대의 '구조주의와 후기 구조주의'를 거친 해체주의적 역사관으로서 모더니즘 전통의 '거대담론'의 역사관이 아니라 지극히 다양한 역사들(histories)에 주목하였다. 푸코는 니체에 크게 빚지고 있다. 그렌츠[88]는 모더니즘으로부터 포스트모더니즘으로의 이행과정이 니체(슐라이에르마허, 딜타이, 하이덱거, 가다머, 비트겐슈타인, 소쉬르, 구조주의)로 시작되는 것으로 보았고, 『거울로서의 역사』역시 니체로부터 포스트모더니즘이 시작되는 것으로 보았다. 물론, 그것이 본격화된 것은 1960년대 '후기 구조주의'로부터 비롯된 것으로 보인다.

데리다와 함께 미쉘 푸코(1926-1984)는 포스트모던 사상가들 가운데 가장 영향력이 큰 사상가이다. 그런데 그의 저서는 데리다의 그것과 달리 명시적으로 사회학적이고 정치적이며 역사적이다. 그의 저서의 대부분은 특별히 광인들, 중 범죄자들, 성적으로 빗나간 사람들(타자들)을 제어하고 주변화(소외)시킨다. 또는 흑인들과 여성들과 동성애자들, 아시아와 아프리카인들, 라틴 아메리카인들을 '타자화'시키면서, 정상적인 사회생활을 유지시켰던 모더니즘의 사회문화적 현상에 유의하면서 근대적(modern) 사회생활을 구축하고 있는 '담론적 실천들'을 역사적으로 분석하고 비판하며 해체한다. 그는 니체 식으로 모든 삶이 권력이라고 하는 점을 받아들인다. 그는 사람들이 권력과 억압을 포기하는 일이 불가능하다고 본다. 『거울로서의 역사』는 프

---

88) Stanely J. Grenz, *A Primer On Postmodernism*(Grand Rapids, Michigan: William B Eerdmans, 1996).

랑스의 역사비평서의 '보편사 해석'에 비추어서 롤랑 바르트(Roland G. Barthe, 1915-1980)와 함께 푸코는 '역사기술'이 실재의 사실적 재현이 아니라 실재효과(reality effect)의 창출을 결과로 얻는 것이라며, 다음과 같이 언급하고 있다.

> 원하는 효과를 만들어 내기 위해 허위를 날조하고 사실을 허위로 배제하는 역사적 맥락을 추적하는 것이 푸코의 『지식의 고고학』(The Archeology of Knowledge)의 목표였다. 사실의 연관관계를 드러내고 억압되고 은폐된 역사적 맥락을 폭로하는 것, 그리고 거기에서 한 걸음 더 나아가 '사실효과'를 생산하고 유통시키며 재생산했던 권력의 매커니즘을 밝히는 것이 지식의 고고학이다. 사실은 의미를 떠나서 존재할 수 없다. 사실은 그 자체로 진실이 될 수가 없기 때문이다. 그리고 진실이란 사실을 의미화하고 의미가 다시 사실화되는 등 지식과 권력을 통해 생산되는 담론의 효과이다.(『거울로서의 역사』, 74-75)

1) 『담론의 질서』[89]

이 글은 푸코가 콜레주 드 프랑스 대학에 취임하면서 행한 연설문 모음으로써, 『지식의 고고학』[90]으로부터 『지식의 계보학』(genealogy)으로 넘어가는 가교(架橋) 역할을 하고 있다. 그리고 이 둘은 푸코 사상을 이해하는데 있어 기초가 된다.

---

89) Michael Foucault, *L'Ordre du Discours* (Gallimard, 1971), 이정우 옮김, 『담론의 질서』(서울: 서강대학교 출판부, 1998).

90) 참고 : Michael Foucault, *L'Archeologie du Savoir*(1982), 이정우 옮김, 『지식의 고고학』(서울: 민음사, 1998).

2) 배제의 외부적 과정들

푸코는 "어떤 사회에서든 담론[91]생산을 통제하고, 선별하며, 조직화하고, 분할하며, 배척하는 일련의 과정들이 존재한다."[92]고 한다. 그는 첫째, '금지'(interdit)에 대해서 말한다. 즉, 성(性)과 권력에 의해서 그리고 그것들을 위해서 담론의 배제가 일어난다고 본다. 둘째, 그는 광인과 기인들의 담론에 대한 분리(partage)와 배척(reject)을 말한다. 셋째, 그는 진위(眞僞)의 대립에 의한 담론배제를 말한다. 강제적 제도와 폭력적 권력에 의해서 지배를 받는 사회야말로 담론의 배제를 자행한다는 것인데, 그는 이 세 번째 것을 "권력에의 의지(意志)"에 의해서 지배를 받는 진위 담론으로 설명하면서, 담론 배제가 이것에 의해서 야기된다고 한다. 이것은 욕구와 권력에 영향 받는 "진리에의 의지"로서 앞의 두가지 것에 결정적인 영향을 준다.[93]

3) 배제의 내부적 과정들: 주석, 저자, 과목들

여기에서 푸코는 이상에서 논한 바, 담론을 배제시키는 외부적 요인들이 아니라 내부적 요인들을 제시한다. 이 내부적 요인은 담론 자체가 담론의 배제를 가져오는 경우이다. 푸코는 여기에서 담론들의 우연과 차등화를 제한하거나 억압하거나 배제하는 것을 반대한다. 그래서 푸코는 원 텍스트에 대한 주석, 텍스트의 저자 및 과목들[94] 자체가 담론의 우연성과 차등화를

---

91) 저자는 'discours'를 담론으로 번역하였다. 이것이 전통적으로는 학적인 체계를 갖춘 언어들을 지칭했기 때문에, 문학은 '반 담론'(contre-discours)으로 여겨졌다. 하지만 오늘날에는 이 말이 일상적인 담화, 문학적, 종교적, 정치적 담론들, 지식으로서 체계를 갖춘 언설들, 나아가 때때로 과학적 명제들까지 포괄하는 말이 되었다. 참고: 위의 책, 158-59.

92) 『담론의 질서』, 10.

93) *Ibid.*, 10-17.

94) 이미 정의한 '담론'이 문학적, 종교적, 정치적 등의 텍스트들을 배제하지 않는 보다 넓은 의미로 사용되는 데 반해, 과목이란 과학을 지향하고 있는 지식들에 국한되어서 사용된다. 과목이란 실용성의 문

제한하고, 억압하며, 배제한다고 한다.[95] 하지만 푸코는 저자와 주석과 과목의 경우에, 담론을 창조하는 가능성과, 그것을 제한하고, 배제하며, 억압하는 가능성, 즉 두 가지 변증법적 가능성을 지적하고 있다.[96]

4) "주체의 희박화"

모더니즘은 담론적 사회들(종교적, 정치적, 철학적), 독트린들, 그리고 교육에 의한 담론의 사회적 수용에 있어서 주체의 담론이 당하는 제한과 배제와 억압을 말한다. 역시 푸코는 인간이성을 절대화하고, 보편화하며, 전체화하는 모더니즘의 한계와 제약성을 폭로하고 있다.

5) "방법상의 원리들"

푸코는 "전복, 불연속성, 특이성, 외재성"을 논함으로써, 실증주의 역사관, 역사주의 역사관, 헤겔 철학의 역사관 등 모더니즘의 역사철학들을 비판하고 있다. 역시 그는 자기를 절대화하고, 객관화하며, 보편화하고, 전체화하는 모더니즘적 이성의 한계를 기탄없이 폭로하고 있다. 푸코는 이뽈리트(Jean Hyppolite)를 따라서 헤겔 철학을 비판했다고 하였는데, 이상의 모든 주장들은 헤겔 철학의 한계를 폭로하고 있다고 보아도 좋다. 푸코 이해에 있어서 반(反)헤겔 철학적 요소들은 그의 친(親)니체적 성향만큼이나 중요한 것으로 판단된다.

턱을 넘어섰으나, 과학성의 문턱을 넘어서지는 못한 담론들 혹은 지식을 가리킨다. 참고 : *Ibid.*, 157-58.

95) 『담론의 질서』, 18-25.

96) *Ibid.*, 25.

그리고 푸코가 외재성의 분석을 위해서 소개하는 네 가지 개념, 즉 사건의 개념, 계열의 개념, 규칙성의 개념, 가능성의 조건의 개념은 각각 "창조, 통일성, 시원(始原)성, 의미작용"에 대립하는 바, 이것들 역시 전통적인 담론의 역사성과 의미에 대한 도전이다.

6) 『계보학』(Genealogy)

여기에서 푸코는 "이상적인 (구조주의에서 '기표'와 '기의'로 구성되는)의미표명들 (significations)과 무한정의 목적론들(teleologies)의 거대 역사적인 전개"를 배격하고, 또한 '기원'(origins)추구에 반대한다. 계보학은 아마도 데리다처럼 모든 모더니즘적인 역사관의 '자간', '방주', '행간', '난외' 또는 '여백'을 더 중요하게 여기기 때문일 것이다. 푸코는 예컨대 칸트 철학이론의 보편타당성에 대한 모더니즘적인 거대담론의 주장을 해체시킨다. 즉, 그는 칸트의 철학이론이야말로 과학이 한창 꽃 피어나고 시민사회가 형성되던 그 당시의 역사를 반향시키고 있기 때문에, 그의 철학 이론 역시 한낱 계몽주의의 부분적인 담론에 불과하다는 생각이다. 이처럼 푸코는 모든 기존의 거대담론적이고 전체화(totalizing)하는 역사관을 뒤집는 미시담론을 추구하였다. 특히, 그는 권력이 지식형성에 결정적으로 작용한다는 점에 초점을 맞추었다.[97]

푸코는 그 어떤 형이상학에 대한 신앙도 거부하고 역사에 귀를 기울이면서, 역사적인 사태들의 배후에 '전적으로 다른 그 무엇'을 발견해 내려고 한다. 예컨대, 자유 개념이 '지배 계층의 창안물'이요, 그것이 결코 보편적 인간 본성의 근본이나 인간의 존재와 진리에 대한 애착에 뿌리를 두고 있는 그 어떤 형이상학적인 것도 아니라는 것이다. "사태들의 역사적 시작에서 발견되는 바는 그것들의 기원에 대한 침범할 수 없는 정체성이 아니라 상호 다른

---

97) 이형기, 모더니즘과 포스트모더니즘, 그리고 기독교 신학(서울: 장로회신학대학 출판부, 2003), 162.

것들의 불일치이다. 그것은 상이성(disparity)이라는 것이다.”[98]

그리고 푸코는 ‘불변수들’(constants)을 지니지 않고 있는 ‘실효성이 있는 역사(‘effective’ history = ‘effective reality’ = ‘실효적 실재’)와 모더니즘의 전통의 역사’를 구분한다. 그는 모더니즘의 지식의 모든 토대들을 인정하지 않기 때문에 그와 같은 토대 위에 세워진 모든 역사 발전과 역사의 연속성과 역사의 의미와 목적을 인정하지 않는다.

푸코는 “실효성이 있는 역사란 사건들을 다룰 때 그것들의 가장 독특한 특징들과 그것들의 가장 예민한 현현들을 다룬다. 결과적으로 하나의 사건은… 권력관계의 전도요 권력의 찬탈이다.”[99]라고 하여 역사적 사건을 힘의 관계에서 보았다. 그리고 푸코는 모더니즘의 역사철학들과 달리 “실효성 있는 역사”란, ‘형이상학’이나 그 어떤 ‘역사철학’에 의해서가 아니가 ‘몸’과도 같은 가장 가까운 그 무엇에 의하여 결정된다고 보았다.

실효성 있는 역사는 또한 형이상학에 의존하는 전통적인 역사가 근접성과 거리 사이에 확립하는 관계를 전도시킨다. 후자는 먼 시간적 거리들과 높이들을 숙고한다. 가장 고상한 시기들, 가장 높은 형식들, 가장 추상적인 이상들, 가장 순수한 개별성들이 그 예라 할 수 있다. 전통적인 역사는 우물 안 개구리들의 시야를 채택할 위험을 무릅쓰고서 그와 같은 것들에 가능하면 가장 가까이 근접하여 산 꼭때기 바로 밑에 이른다. 다른 한편 실효성이 있는 역사란 그것에 가장 근접해 있는 것들에게로 그의 시야를 제한시킨다. 몸, 신경조직, 영양 상태, 소화, 그리고 체력이 그 예라 할 수 있으니, 이는 퇴락의 시기들을 발굴해 내고 만약에 매우 높은 곳에 이르면 의심으로 가지고 역사의 야만적이고 매우 부끄러운 혼돈을 찾아낸다.… [100]

---

98) *Ibid.*

99) Michel Foucault: Nietzshe, Genealogy, History", in *The Postmodern History Reader*, ed. Keith Jenkins(London and Newyork: Routeledge, 1998)(1997년에 초판), 124.

100) *Ibid.*, 125.

이상과 같은 푸코의 주장은 19세기 모더니즘의 모든 역사관들을 해체시키고, 계몽주의와 더불어 시작되고, 프랑스 혁명을 계기로 꽃 피어난 인류가 지향해야 할 보편적이고 객관적인 자유와 평등과 박애, 그리고 칸트의 『실천이성』으로 비롯되는 인간 이성에 토대를 둔 모든 도덕적 가치의 보편타당성을 해체시키고 만다. 비록 푸코가 모더니즘의 사관들이 보지 못했던 것들을 보았고, 모더니즘 철학이 도외시했던 불일치, 다름, 지배 놀이의 구조, 힘과 권력의 구조 등을 발견한 점에서 공헌하는 바가 없지 않으나, 그의 과격한 입장은 우리를 개인적 시각주의(perspectivalism)와 극단적 상대주의와 심지어 허무주의로까지 인도한다. 푸코의 모든 보편타당하고 객관적인 의미와 가치에 대한 거부와 모든 '기원'과 '목적 지향성'에 대한 배격은 역사이해의 모든 거대담론에 대한 거부의 결과를 낳는다. 푸코식으로 본다면, 우리는 달려가야 할 종착역을 상실할 것이다.

　푸코의 사상은 흑인들과 여성들과 동성애자들, 아시아와 아프리카인들, 라틴 아메리카인들의 해방 운동을 격려하였고, 나아가서 한 나라 안에서 다양한 국제조직(NGO)들의 목소리를 높이며, 병원, 공장, 학교, 감옥, 노동조합 등 수많은 민간단체들과 소외 계층들의 반 억압 또는 반 배제 운동을 펼치는 데에 크게 기여하였다. 하지만 담론의 자유에 바탕하는 다양성과 '지식의 고고학'과 '계보학'이 지향하는 반(反) 거대담론적인 미시적 역사관을 주장하는 푸코 역시 다양성과 '다름'의 철학만을 펼칠 뿐 전혀 이와같은 다양성과 '다름'이 지향해야 하는 그 무엇에 대해서는 아랑곳하지 않는다.

　그의 『지식의 고고학』은 한 시대의 어떤 담론(또는 담론들)의 형성과 시대에 따른 이 담론의 변환을 논하되, 그러한 형성과 변화를 가능하게 하는 특수 조건들을 밝히고자 하는 것이다. 적어도 이 조건들은 모더니즘적 이성에게 알려지지 않았던 것이리라. 왜냐하면 예컨대 헤겔의 보편주의적 역사이해 또는 거대담론적인 역사 이해는 개별 사건이나 특수 사건의 미시담론적인 역사 이해를 중요시하지 않기 때문이다. 그리고 『계보학』은 그 '조건들'

가운데, 권력(세속적이든 교회적이든)의 놀이에 초점을 맞추는 작업이다.[101] 이와 같은 푸코의 역사 이해는 모더니즘의 거대담론의 역사 이해를 극복하고, 미시담론들을 중요시하게 하며, 다양한 집단들의 다양한 담론의 자유를 매우 존중한다.

그리고 그의 "실효성 있는 역사"("effective reality")개념은 모더니즘의 역사철학들이 역사 이해와 역사기술의 토대로 삼았던 모든 '불변수들'을 무너뜨림으로써 모더니즘의 역사이해와 역사기술과 접촉하는 모든 역사관들을 해체시키고 있다. 그는 모더니즘의 모든 관념론적인 역사철학들에 반대하여 '몸, 영양상태, 신경조직, 소화, 체력'과 같은 우리에게서 가장 가까운 요소들이 역사를 결정하는 것으로 보았다. 이는 아마도 그의 마르크스주의에 대한 이해에서 나온 것으로 보인다.

푸코는 '미시담론'을 전체화하고 보편화하며 억압하는(totalizing, universalizing, and violating) 모더니즘 역사철학의 '거대담론'을 해체시키고, 담론의 자유와 다양성을 힘주어 주장하였다. 성서적 내러티브 신학은 '거대담론'을 주장하면서도 담론의 자유와 다양성을 보장한다.

성경은 '거대담론'을 통일성으로 하면서 담론들의 자유와 다양성을 자체 안에서 허용하고 있기 때문이다. 이미 언급하였거니와, 성서적 내러티브 신학은 전체 이야기로부터 부분적인 이야기들로, 전체 내용으로부터 부분적인 내용으로, 각 책의 전체로부터 부분으로, 그리고 큰 맥락으로부터 작은 맥락과 단락들로 이동하면서 이해되어야 한다. 성서적 '거대담론'이 결코 폭압적이고 억압적이며 배제적이지 않은 이유는, 인간과 우주만물을 창조하신 창조주 아버지 하나님의 보편성, 그것들을 구속하신 구속주의 보편성, 그리고 그것들을 완성으로 인도하시는 성령의 보편성이야 말로 그 무엇도 그 누구도 억압을 받거나 폭력을 당하거나 주변화되거나 소외되는 것을 허용할 수 없기 때문이다. 예수 그리스도의 인류에 대한 출애굽을 알리는 구약의

---

101) 미셸 푸코, 『담론의 질서』, 해설자 서문 및 푸코의 용어해설(p. 157).

출애굽 사건은 결코 이방세계와 창조세계를 배제하거나 억압하는 것이 아닌 것이다. 성서적 '거대담론'은 포스트모더니즘이 비판하는 모더니즘의 그것과 전혀 다른 차원의 것일 것이다. 복음서의 예수님은 미시담론들에 귀를 기울이시면서 인간과 창조세계의 '거대담론'에 대한 해석의 열쇠를 제공하셨다. 가난한 자, 병든 자, 죄인과 세리, 여성과 사회적 약자들에 대하여 긍휼을 베푸시는 '미시담론'의 예수님은 동시에 인류와 창조세계를 대속하시기 위하여 십자가에 달려 죽으셨다. 그리고 그는 부활을 통하여 '새 창조의 세계'를 보여주셨다.

2. 하버마스(Jürgen Habermas)

하버마스는 리요타르 등의 프랑스의 탈구조주의(poststructuralism)에 반대하여 1980년 '모더니티 – 미완성의 기획'이라는 강연을 하여, '아도르노 상'을 받았다.[102]

하버마스는 플라톤에서 포퍼(Sir Karl Riamund Popper, 1902-1994)에 이르는 주객 이분법에 입각한 인식 주체의 글중심주의에 반대하여, 인간의 사회–문화적 형태의 삶의 고유한 특성은 언어의 의사소통적 사용이라고 주장하였다. 그는 지식이 주객 이분법적 도식에 의해서 매개되는 것이 아니라 간(間)주체(inter-subjects)의 의사소통에 의해서 매개된다고 한다.[103]

하버마스의 모더니티에 대한 재정식화는 두 가지 통찰에 뿌리를 두고 있다. 첫째, 합리성이란 본래 언어적이고 담화적(discoursive)이어서 사회적이며, 둘째, 이 담화가 요구하는 것은 대담자들이 진지한 말(speech) 또는 진리

---

102) Jürgen Habermas, tr. Frederick Lawrence, *The Philosophical Discourse: Twelve Lectures* (Cambridge, Mass.: The MIT Press, 1987), x ix.

103) *Ibid.*

에 의해서 지배되는 말의 가능성을 전제하고 있다는 것이다. 하버마스는 규범들의 초월성에 대한 포스트모던적 거부를 비판하고, 아도르노(Theodor Wiesengrund Adorno, 1904-1969)와 호크하이머(Max Horkheimer, 1895-1973)의 비관주의도 비판한다. 그리하여 하버마스는 후기 근대(late modern)의 자본 체계와 권력 체계의 침투에도 불구하고 인간관계 속에는 진리와 자유의 '무조건성의 계기'(a moment of unconditionality)가 남아있다고 주장한다.[104] 따라서 그는 리오타르의 '불일치'(disparity)와 '배리'(paralogy)와는 달리, 간(間)주체의 대화를 통해서 일치(consensus)에 도달할 수 있다고 보았다. 이점에 있어서 하버마스와 리요타르는 정면으로 대립하고 있다.[105] 그런데 간 주체들의 담론에 의해서 '일치'에 도달 할 수 있다는 주장은 종합대학의 각 과정과 분야가 각각 모더니즘적인 주체의 탐구 영역으로 고립되는 것을 허락하지 않는다.

3. 맥킨타이어(Alasdair McIntyre)

철학자 맥킨타이어는 포스트모더니즘과 정반대 방향에서 모더니즘을 비판한다. 그는 현재와 미래를 위해서 과거를 변호한다. 그는 근대(modern) 자유주의가 문화 전통을 무시했다고 하면서 전통을 떠나서는 그 어떤 결정적인 합리적 숙고도 있을 수 없다고 한다. 전통들은, 그 어떤 자아라도 자신의 삶에 대해서 이야기할 수 있고 이로써 자기 이해에 도달하는 '담론들'을 위한 궁극적 어휘들을 마련해준다고 한다.

맥킨타이어에 의하면, 인간은 이야기하는 동물이다. 근대 자유주의는 그와 같은 전통적 담론들에 대한 합법성을 거부함으로써 허무주의로 인도되

---

104) Lawrence Cahoone, ed., *From Modernism To Postmodernism: An Anthology* (Malden, Mass.: Blackwell Publishers, 1996), 589.

105) Jean-Francois Lyotard, *The Postmodern Condition: A Report on Knowledge*, 60-67.

었고, 행동을 위한 합리적 담론의 종국에 도달하였다는 것이다.[106]

맥킨타이어에 따르면, 고전적 전통에서는 '인간'과 '좋은 인간'의 관계가 '시계'와 '좋은 시계', '농부'와 '좋은 농부'의 관계와 같다.[107] '인간'과 '잘 사는 것'의 관계는 '하프 연주자'와 '하프를 잘 연주하는 것'의 관계와 유사하다는 것이다. 즉, 고전적 이론가들은 이와같은 견해를 "사회적 삶의 형태"[108]에 근거시키고 있다. 즉, 한 개인이 한 가정과 한 국가의 구성원으로서 갖는 역할과 기능이 그의 도덕성에 대한 판단에 결정적인 영향을 준다는 말이다. 이 맥락에서 맥킨타이어는 순수이성과 실천이성의 이분법뿐만 아니라 사유와 실천의 이분법도 배격한다. 역사와 전통, 또는 과거의 문화적, 사회적 환경의 소산으로서의 도덕적인 삶은 이와같이 이분법을 허락하지 않는다. 이것은 모더니즘의 이분법적 사고를 반대하고 모든 것을 통전적으로 보려는 포스트모더니즘의 경향과 동일하다. 특히, 맥킨타이어는 윤리가 칸트 식의 실천 이성의 소산이 아니라 문화-언어적 공동체의 전통에서 나온다고 본다.

맥킨타이어는 후기 비트겐슈타인과 더불어 프라이와 린드벡 등 '신예일학파 신학'("자유주의 후기 신학")에 직접적인 영향을 끼쳤다. 신예일학파 신학은 기독교 윤리는 물론, 신학도 문화-언어적 공동체의 것으로 본다. 이들은 성경을 관통하고 있는 유대교-기독교적 문화-언어적 공동체의 거대담론을 주장하여, 이를 모든 다양한 문화-언어적 공동체들의 신학의 표준으로 삼았다. 따라서 맥킨타이어의 포스트모던 이론을 신학 교육 과정에 접목하여 본다면, 각 분야의 각 신학은 모두가 문화-언어적인 공동체인 예수 그리스도의 교회의 신학이어야 한다. 문화-언어적 공동체를 떠난 신학은 있을 수가 없다는 말이다.[109] 그리고 기독교가 문화-언어적 공동체의 이야기를 함유한

---

106) Alsdair MacIntyre, "The Virtues, the Unity of a Human Life and the Concept of Tradition," in Lawrence Cahoone, ed., *From Modernism To Postmodernism: An Anthology*, 534.

107) 『덕의 상실』, 맥킨타이어 저/이진우 옮김(서울: 문예출판사, 1997), 98.

108) *Ibid.*

109) 이형기, 『모더니즘과 포스트모더니즘 그리고 기독교 신학』(서울: 장로회신학대학출판부, 2003), 73 이하, 366 이하; 참고: 이형기, 『성경의 내러티브 신학과 교회의 공적책임』(서울: 한들출판사, 2010), 15-

것처럼 타 종교들 역시 각각 그와 같은 이야기를 가지고 있기 때문에, 종교
혼합주의나 종교 다원주의는 허용될 수 없다.

50, 133-179.

II

성서적 내러티브 신학의
보편사에 대한 해석들

이 글은 후기 비트겐슈타인과 맥킨타이어를 배경으로 나온 한스 프라이(Hans Frei)와 조지 린드벡(George Lindbeck)과 같은 '신예일학파'의 성서적 내러티브 신학을 모더니즘과 '해체주의적' 포스트모더니즘의 성서이해의 대안으로 제시한다. 그런데 필자는 이미 『성경의 내러티브 신학과 교회의 공적책임』[1]에서 한스 프라이 칼 바르트, 몰트만, 크리스 라이트와 보캠 및 하트, 그리고 하우워와스의 '내러티브 신학'을 논하였다. 따라서 이 글은 레슬리 뉴비긴의 '내러티브 신학'에 나타난 성경의 보편사 이해에 집중하고, 한스 프라이 등에 대해서는 이들의 성경적 내러티브 신학의 보편사관에 대한 함축들(implications)을 소개하고 넘어갈 것이다.

필자는 포스트모더니스트들이 모더니즘의 '보편사'(the History 또는 the universal History) 또는 '거대담론'을 비판하고 불신한 나머지, 성서의 이야기가 추구하는 '거대담론'을 경멸하고 있는 점에 착안하여, 여러 내러티브 신학자들이 주장하는 성서적 내러티브 신학들에서 성서의 이야기가 곧 바로 '보편사'에 대한 해석으로서 인류 보편사의 궁극적인 의미와 방향과 목적을 제시하고 있음을 제시하려고 한다.[2] 그리고 이와같은 관점에서 '포스트모더니즘'의 '모더니즘'의 역사철학에 대한 비판의 상당부분을 수용하면서 역시 성서적 내러티브 신학에 비추어서 전자의 후자에 대한 비판을 비판하려고 한다.

---

1) 이형기, 『성경의 내러티브 신학과 교회의 공적 책임』(서울: 한들 출판사, 2010). 따라서 향후 한스 프라이 등 '내러티브 신학자들'에 대한 주장들을 이 저서의 본문을 전제한다. 모더니즘 성경해석과 내러티브 신학과의 관계에 대하여는, 참고: 『성경의 내러티브 신학 … 』(15-22) 그리고 이형기, 『포스트모던 시대의 성경읽기』(서울: 한들 출판사, 2006), 29-41.
2) 성서의 내러티브 신학의 배경과 내용에 대하여는 이미 필자가 『역사 속의 내러티브 신학』(서울: 한들 출판사, 2005), 『포스트모던 시대의 성경읽기』(서울: 한들 출판사, 2006), 그리고 『성서의 내러티브 신학과 교회의 공적 책임』(서울: 한들 출판사, 2010)에서 논하였기 때문에 여기에서는 성서적 내러티브 신학자들의 신학이 '보편사'를 어떻게 해석하고 있는가에 대하여서만 제시하려고 한다. 특히, 여기에서 필자가 소개하는 성서적 내러티브 신학자들은 『성서의 내러티브 신학과 교회의 공적 책임』에서 다루어진 것들이고, 레슬리 뉴비긴의 것만 새롭게 첨가되었다.

한스 프라이

한스 프라이는 그의 주저인 『예수 그리스도의 정체성』(1997)[3]에서 공관복음서들의 편집과정과 상호 '다름'에 관심갖기 보다는 그것들을 상호 보완하여 하나의 하나님 나라의 복음 이야기를 다루고 있다고 하는 점에 착안하였고, 그것들의 알맹이 메시지가 다름 아닌 인류 '보편사'에 대한 공적인 구원의 드라마로 보았다. 그것들은 사도들의 증언들과 해석에 의하여 매개되었음에도(네 버전의 복음서들) 불구하고 보편적이고 객관적(실재적)이며 그 어떤 이야기들과도 다른 '다름'을 지닌 하나님 나라 이야기라고 하는 것이다.

첫째, 공관복음서는 예수님의 선재(先在), 탄생(족보포함), 그리고 유아시기에 대해서 이야기한다. 여기에서 마태는 예수님을 개인으로서 이스라엘 공동체의 대표(마태의 족보)로 본다. 그는 이스라엘 역사 전체를 묘사하면서, 왕이신 아기 예수에 대하여 이야기 한다. 결국, 아기 예수께서 이스라엘 역사 전체를 한 몸에 짊어지신 분으로 이해한다. 또한 누가는 아기 예수를 인류 공동체의 대표(누가의 족보)(비교: 바울의 첫 아담과 두 번째 아담)로 동일시하고 있다. 이 첫 단계에서는 예수님의 대체될 수 없는 주체 또는 개인이 부각되는 것이 아니라 이스라엘 공동체와 인류 공동체가 부각되고 있는 것이다. 예수님께

---

3)   Hans Frei, *The Identity of Jesus Christ*(Eugene, OR: Wipf and Stock Publishers, 2000(제2쇄).

서 인류 전체를 대표하는 분이시라고 하는 말이다.(34-35) 이로써 프라이는 성서적 이야기가 다름 아닌 '보편사'에 대한 설명이라고 보는 것이다. 그리고 이 이야기(객관적이고 보편적인 전승)(Tradition)[4]에 대한 사도들과 사도적 교회와 교회들의 수용(신망애)의 문제(traditions)는 비록 한스 프라이는 이 점에 대하여 명시적으로 주장하지 않지만. 불가 분리하다.

둘째, 공관복음서는 예수님의 세례 받으심에 대한 이야기를 포함하고 있다. 여기에서 예수님은 위에서처럼 공동체의 대표로서가 아니라 의당(宜當)한 개인으로서 행동하시는 분이시다. 하지만 이것은 어느 정도까지만 그렇다. 예수님은 위에서 언급한 대표성을 유지하시면서, 하나님 나라의 권능의 행동들을 행하시고, 하나님 나라의 징표들을 보여주신다. 그는 그것의 도래를 선포하시고, 그것의 표지(標識)들을 가르치시며, 하나님 나라 안에서의 삶을 가르치신다. 예수님은 개인으로서 그렇게 하셨으나, 그것은 어디까지나 '하나님 나라의 증인'으로서 그리고 그것의 체현(體現)으로서 그렇게 하셨다. 그런즉, 하나님의 아들, 그리스도, 왕 등은 예수님께서 하나님 나라의 대리자라는 사실을 나타낸다. 그러나 예수님이 하나님 나라에 의해서 동일시된 것이지, 하나님 나라가 그분에 의해서 동일시된 것은 아니다. 첫 단계 보다 두 번째 단계에서 역사성의 문제가 더 요청되는 것이 사실이지만, 이 두 번째 단계에서 전개된 예수님의 정체성과 상황들은 하나님 나라를 "보다 궁극적인 지시물"(a more ultimate referent)로 여긴다. 첫 단계에서 예수님의 대체될 수 없는 주체보다는 이스라엘이 더 중요했던 것처럼 여기에서는 하나님 나라가 크게 더 부각되어 있다.(35-36) 이 하나님 나라는 다름 아닌 인류 '보편사'를 위해서 주어진 것이요 주어질 것이다. 그리고 이 하나님 나라의 복음 이

---

4) 몬트리올에서 열린 WCC의 '제4차 신앙과 직제 세계대회'는 제2 분과(Scripture, Tradition and traditions)에서 대문자 전승(Tradition)은 성서의 뿌리인 사도적 복음전승이고, 소문자(traditions)' 전통들'은 역사 속의 교회들의 그것들인데, 이미 '복음서들' 안에서도 '복음전승'에 대한 다양한 수용(신망애)이 발견된다. 따라서 신약성서는 '사도적 복음'이 다양한 전통들의 형식으로 전수되었음을 말해 주고 있다. 참고: 귄터 가스만 엮음/이형기 옮김, 『에큐메니칼 신학의 발전사』(II)(서울: 한국장로교출판사, 1998), 37-53.

야기는 사도들과 사도적 교회와 교회들의 신망애와 불가분리하다. 그럼에도 불구하고 그것은 어디까지나 공적인 진리이다. 한스 프라이는 이 점들에 대하여 명시적으로 논하고 있지 않지만. 그것은 모더니즘이 보편적이고 공적인 세계로부터 퇴출시킨 사사로운 진리가 아니다(레슬리 뉴비긴).

셋째, 예수님은 제자들에게 자신이 예루살렘으로 가실 것이고, 그곳에서 일어나게 될 인자(人子)의 운명에 대해서 미리 말씀하신다. 바야흐로 이 세 번째 단계에서는 하나님 나라와 그것의 권위 있는 체현으로서 인자는 무대 뒤로 사라지는 느낌이고, 예수님의 정체성은 점점 더 문제에 휩싸이면서 희미해진다. 즉, 예수님은 어두운 분위기 속에서 죽어야 할 분으로 나타난다. "그 분은 그가 처한 상황들 속에서 단순히 그 분 자신일 뿐이요, 진실로 한 인격일 따름이시다." 즉, 예수님의 하나님 나라의 대표성(the Son of Man, etc.)에 대한 내용이 점점 희미해져만 간다는 말이다. 예수님의 권세(power)는 어디론가 은폐되고, 그의 무능력(powerlessness)만이 전면에 등장한다. 그는 참 하나님과 참 인간이시지만, 이 단계에서는 참 인간의 모습이 전면에 부각되고 참 하나님의 모습은 뒤로 숨어 버리고 말았다.

하지만 십자가에서 부활로 이어지면서 예수님의 정체성은 다시 분명하게 부각된다. 이야기의 초점은 예수님의 정체성이 성취되는 행동으로 모아진다. 의당 대체될 수 없는 인격으로서 십자가를 짊어지셨다가 부활하신 예수님에게 그 초점이 있다는 말이다. 이 점에서 수난과 부활은 하나로부터 다른 하나로 이행함에 있어서 두 단계가 아니라 한 단계를 표현한다. 그분은 각각의 사건에서 나사렛 예수님이시요, 이 두 사건, 아니 이 하나의 사건에 있어서 그분은 다름 아닌 나사렛 예수님이시라고 하는 말이다.

상승 곡선을 그리던 하나님의 행동이 수난사에서는 예수님 자기의 행동을 대신한다. 그러나 하나님의 행동은 하나님께서 예수님을 부활시키시는 장면에서 절정에 도달한다. 그럼에도 불구하고 바로 이때에 하나님의 현존으로서 나타나시는 분은 하나님이 아니시라 예수님 자신이시다. 그것은 복합적이고 순차적인 사건들이지만, 그럼에도 불구하고 통일성을 지닌 순차적인 사건들이다. 바로 하나님의 아들이신 예수님께서 다름 아닌 인간의 대표요, 제2의 아담이요, 인간의 정체성의 대표로서, 그의 독특성에 있어서 결코 소외됨이 없으신 분이시라는 것이다. 그가 정체성을 지니셨기 때문에, 인류가 정체성을 지녔고, 각 인간은 그의 특수성에 있어서 예수님의 입양된 형제가 된다.

여기에서 결국 애매성은 해소되고 만다. 해결의 순간에 분명하게 나타나는 분은 예수님이시다. 그는 이스라엘 공동체의 실재인 역사에게 뿐만 아니라 신비적인 인물에게도 정체성을 부여하신다. 누가복음 24장 26절과 27절 말씀은 모든 애매성이 벗겨졌다는 사실을 나타내준다. 바퀴가 완전히 한 바퀴 돌았다. 예수님께서는 그의 대체될 수 없는 개별자와 완전하게 일치되는 단계에서 분명하게 자신을 계시하신 다음에야, 그분과 공동체 사이의 동일성이 회복된다. 복음서 이야기의 첫 단계에서는 예수님을 동일시하는 것이 공동체였으나, 지금은 정반대이다. 즉, 이제는 예수님, 바로 그분이 공동체와 전 역사에게 자신의 정체성을 부여하신다. 마치 그가 그것을 신화적인 인물에게 부여하시듯이 말이다.(36-40)

끝으로 이상과 같은 '하나님 나라의 복음' 이해에 있어서 반드시 짚고 넘어가야 할 부분이 있다. 그것은 '교환의 패턴'(the Pattern of Exchange)에 대한 주장이다. 이 주장 역시 객관적으로 그리고 보편적으로 '보편사'를 위해서 그와 같은 '교환'이 일어났다고 하는 것이다. 물론, 실제로 역사 속에서 이것을 경험적으로 인식하고 누리는 사람들은 신망애의 공동체인 사도들과 사도적 교회와 교회들이지만 말이다. 이 주장은 일찍이 루터의 객관적인 복음과 주관적인 복음 이해에 있어서 핵심을 이루었고, 칼 바르트의 객관적인 '복음과 율법'(Evangelium und Gesetz)과 주관적인 '복음과 율법' 이해에 있어서 핵심을 이루었던 것으로서 이사야 53장에 대한 기독론적인 성취에 대한 이야기이다. 한스 프라이는 예수님에 대한 근대적 이해에 반대하여 이사야 53장과 '복음'에 있어서 "대체될 수 없는 개인과 구원의 보편적인 범위"를 주장하면서, 특히 이사야 53장과 복음 내러티브에서 핵심은 "구원자가 자신을 죄인들과 동일시하면서 하나님께 순종한 행동"(123)이라고 본다. 저자는 "예수님의 미션은 하나님께 순종함으로써 인류의 구원을 연출하는 것"이라며, "예수님의 생애의 지배적인 모티브로서 사랑은 그의 행동의 직접적인 초점이 아니라 거의 간접적인 것에 불과하다."(123)고 주장한다. 그리고 다음의 인용은 참 하나님과 참 인간으로서 신비로운 조화와 관계 속에서 실존하시는 예수 그리스도께서는 참 하나님(하나님의 아들)이신 구세주(the Saviour)로서 죄인인 인류와 신비로운 조화와 관계 속에서 실존하셨다고 한다.[5]

끝으로 덧붙이고 싶은 말은, 한스 프라이의 내러티브 신학에 있어서 '영 그리스도론'(Spirit-Christology)[6]과 삼위일체론에 대한 명시적 주장은 잘 보이지 않고, 칼세돈 정통 기독론을 복음서 내러티브에서 발견되는 드라마로 이해하는 칼 바르트의 영향을 받은, 기독론 중심의 '하나의 하나님 나라 복음 이야기'를 제시하고 있다 하겠다. 사도들과 사도적 공동체와 사도적 교회들의 수용(신망애* = traditions vs. Tradition) 역시 소홀히 다루고 있다.

*신망애: (카톨릭) 믿음, 소망, 사랑을 아우러 이르는 말

---

5) 이형기, 『성서의 내러티브 신학과 교회의 공적 책임』(서울: 한들 출판사, 2010), 23-25 쪽을 거의 그대로 가져왔다. 하나의 하나님 나라의 복음 이야기가 인류 '보편사'를 위한 것이라고 하는 점만이 첨가되었고 강조되었다.

6) "Spirit-Christology"란 삼위일체론을 강조하는 동방정통교회의 삼위일체론적 기독론에서 유래한 것으로서, 복음서들의 예수님의 위격과 사역에 대한 이야기에 있어서 성령께서 공존 공역하셨다고 하는 주장이다. 즉, 성령께서는 예수님의 동정녀 탄생에, 요단강 세례에, 광야의 시험에, 갈릴리 사역에, 예루살렘에서의 십자가에 이르는 모든 사역에, 그리고 부활에 공존 공역하셨다고 하는 것이다.

2장

린드벡

1. "포스트모던 문화에 대한 교회의 사명"

린드벡은 "포스트모던 문화에 대한 교회의 사명"[7]에서 맥킨타이어와 후기 비트겐슈타인의 전통을 이어받아, 개인의 가치관과 신념을 결정하는 것이 데카르트와 칸트 전통의 개인 주체적인 사유(思惟) 체계가 아니라 '문화-언어적 체계'라고 하였다. 그는 "지금까지의 모든 주요 문화 언어의 전통은 규범적 본문들의 집합체를 지니고 있었다."[8]고 하면서, 고대로 올라가면 동서양을 막론하고 문화-언어적 전통이 개인의 삶과 사고를 결정했다고 한다.

고전의 지중해 문화권의 호머(Homer)와 버질(Vergil), 중국(그리고 상당한 정도로한국, 베트남, 일본에서도)의 유교 고전, 발리 섬까지 영향을 주었던 인도 문화권의바가바드 기타, 소승불교의 팔리 경전, 이슬람의 코란, 유대교와 기독교의 히브리 성서와 그것의 보완인 신약성서 등이 이러한 것이다.[9]

---

7) 조지 린드벡(George Lindbeck), "포스트모던 문화에 대한 교회의 사명," 프레데릭 번햄 편, 세계신학연구원 역, 『포스트모던 신학』, 82 이하.

8) *Ibid.*, 97.

9) *Ibid.*

린드벡은 칼빈의 주장을 따라서 성서란 "인간이 자연과 인간과 하나님을 바라보는 하나의 안경이 될 수 있다."[10]고 역설한다. 즉, 린드벡에 의하면, "성서는 이런 점에서 전통적인 기독교 세계 안에서 탁월한 존재로 군림해 왔다. 성서의 렌즈는 가장 힘 있고, 예리하며, 포괄적인 역할을 해 왔다. 이 렌즈를 통해서 보여진 세계는 매우 다양하다."[11]고 한다. 우리는 이 '렌즈'를 통하여 인류의 '보편사'를 해석해야 한다고 하는 말이다. 하지만 린드벡이 주장하는 성서 본문의 중요성은 단순히 17세기 정통주의나 20세기 미국의 개신교 근본주의가 말하는 성서주의(biblicism)로 회귀하자는 논리가 아니다. 그는 구속의 드라마를 내용으로 하는 복음의 이야기(내러티브)를 성경의 통일성으로 설명, 상징들, 이미지들, 개념들 및 명제들은 이 이야기를 섬기는 것으로 본다. 이 관점에서 보면, 먼저 성경 전체를 보는 렌즈가 성서 자체 내에 있고, 그것을 섬기는 다른 다양한 부분들이 역시 그 속에 있다는 말이다. 그는 성서적 내러티브 전체의 중심을 예수 그리스도(복음)에 대한 이야기로 보았다.

거의 모든 역사를 통해서 창세기에서 요한계시록에 이르기까지의 모든 구절들은 예수 그리스도를 중심으로 상호작용하기 때문에 성서는 유형론적으로 보아 통일된 이야기로 이해되어 왔다. 이러한 상호작용은 종종 현대 탈구조주의자들(poststructuralists)의 해석과 별로 다르지 않아 상상력 있는 교차 본문적(imaginative intertextual), 본문내적(intratextual) 해석을 자유롭게 허용했다.[12]

---

10) *Ibid.*, 85.
11) *Ibid.*
12) *Ibid.*, 87.

2.『고리의 본성』(1984)[13]

린드벡은 이 책에서 모든 종교들에 대한 "문화-언어적인 접근"에 의한 종교론에 따라서 기독교뿐만 아니라 모든 종교를 이런 방법으로 이해하기 때문에, 다양한 종교들은 모두 다양한 문화-언어적인 단위들이라고 말한다. 그래서 그에게 있어서 기독교적 문화 언어의 제국주의는 맞지 않다. 이는 종교들의 다원성(plurality)을 말하는 것이지, 종교다원주의(pluralism)를 뜻하는 것이 아니다.

린드벡은 종교를 "하나의 문화-언어적 체계"에 비교한다. 기독교와 모든 타 종교들을 모두 문화-언어적 공동체들로 본다. 이때문에 종교에 대한 문화-언어적인 접근 방법은 종교들의 다양성과 다름과 특수성을 충분히 확보한다. 그는 "인간의 전(全)인적인 삶과 사고가 문화적이고 언어적인 틀 거리나 마찬가지인 종교에 의해서 형성 된다."[14]고 한다. 말하자면, 종교에 있어서 개인의 주체성과 사고가 먼저가 아니라 종교전통과 여기에서 나온 '규칙이론'이 먼저라고 하는 것이다. 그에게 있어서 이와같은 종교는, 칸트의 '선험적인 범주들'과 비슷한 것이다. 린드벡은 아래와 같이 부연 설명한다.

> 오히려 종교(문화 언어적 공동체의 이야기: 역자 주)란 실재들에 대한 묘사와 신앙(beliefs)의 정식화를 가능하게 만들고, 내적인 태도들과 느낌들과 감수성들에 대한 표현을 가능하게 만드는 관용구와도 같다. 종교란 문화나 언어와도 같이, 개인들의 주체성을 형성하는 하나의 공동체적인 현상이지, 개인들의 주체성의 표현은 결코 아니다.[15]

---

13) George A. Lindbeck, *The Nature of Doctrine: Religion and Theology in a Postliberal Age* (Philadelphia: The Westminster Press, 1984).

14) *Ibid.*, 33.

15) *Ibid.*

린드벡은 그의 종교들에 대한 문화-언어적 접근을 통해서 기독교 내에서 교리들의 다양성의 문제를 문제 삼음으로써, 에큐메니칼 신학에 기여했다. 즉, 그는 문화 언어적 기독교 이해에 입각해서 "영구적인 교리와 변화 가능한 일시적인 교리의 상호 관계", "교리적인 갈등과 양립 가능성의 상호 관계", "교리적인 일치와 불일치의 상호 관계", "교리적인 다양성과 획일성의 상호 관계"[16]를 해결하고 있다. 린드벡은 교리란 '종교 이론'으로부터 파생된 '제2차적인 숙고'(the second-order reflection)의 결과로 본다. 여기에서 '종교이론'이란 기독교적으로 말하면, 이미 지적한 성서의 통일성인 성서의 이야기가 교리들을 결정하는 문법이라는 말이다. 이와같은 이야기의 기본 문법과 교리의 관계는 모든 종교들에게서 발견된다고 한다.

그러나 그의 제1차적인 진술(예: 성경의 이야기)에 대한 교리적인 개념화 작업에 있어서 "객관적 실재에 대한 진리 주장"을 역설하는 17세기 정통주의의 명제주의(propositionalism) 또는 문자주의를 따르지 않고, 또한 종교경험을 전제하는 18-19세기 자유주의(슐라이에르마허(Friedrich Scleiermacher)와 오토(Rudolf Otto) 등)의 '경험-표현주의'(experiential-expressivism)를 답습하지도 않으며, 이 둘의 종합을 지향하는 입장(라너(Karl Rahner)과 로너간(Bernard J. F. Lonergan))도 택하지 않는다. 린드벡에 따르면 명제주의는 "지식적이고 정보적인 것"(the cognitive and informative)을, '경험-표현주의'는 개인 주체의 경험을 강조한다. 그리고 전자는 각 명제의 사실적 지시(factual referentiality)를 주장하고, 후자는 문자적인 표현을 그렇게 중요하지 않은 것으로 생각한다. 말하자면 전자는 제2차적인 진술을 제1차적인 진술로 여기고, 후자는 진술 자체를 중요시하지 않는다(non-discoursive 혹은 preconceptual)는 말이다.

린드벡은 성서의 통일성에 해당하는 이야기는 선재하는 자아 또는 선 개념적인 경험의 표현이 아니라 자아와 자아의 세계를 형성하는 외적인 말씀(verbum externum)과도 같다고 하면서, 이 외적인 말씀을 경청하게 하고 수용하

---

16) *Ibid.*, 9.

게 하는 내적인 말씀(verbum internum), 곧 성령(chelyspirit)에 대해서 주장한다. 그에게 있어서 이것은 "여러 다양한 종교들로 구체화되는 하나의 공동 종교경험"이 아니다.[17] 저자는 문화-언어적 접근에 따fk 각 종교는 각각 나름대로의 교리와 경험을 지니는 것이지, 하나의 종교경험(예컨대, 루돌프 오토의 '거룩한 것', das Heilige)의 다양한 표현이 아니라고 본다. 이는 '문화-언어'의 다양성과 '다름'과 특수성에 다름 아니다.

린드벡은 기독교의 종교경험과 타종교의 그것 사이의 그 어떤 접촉점도 거부한다. 린드벡에 있어서 성경 이야기의 주어와 동사와 목적어 등과 같은 문법적인 요인들은 교회의 교리들의 원천이다. 교회의 교리들은 이 문법을 반영한다. 그것은 교회의 교리들의 표준이 되기도 한다.

린드벡은 신약성서 dks에서 예수 그리스도에 대한 큰 이야기를 통일성으로 하는 기독론의 다양성을 인정한다. 예컨대, 저자는 예수 그리스도가 어떤 경우에는 '메시아'로, 어떤 경우에는 '성육신하신 로고스'로, 어떤 경우에는 '타자를 위한 존재'(본회퍼)로, 어떤 경우에는 '하나님의 인간성'(칼 바르트)으로 주장되지만, "이와같은 기독론적인 주장들과 이에 상응하는 예수 그리스도에 대한 경험에 있어서 변화들이 있으나, 그럼에도 불구하고 예수 그리스도의 수난과 부활 이야기 및 이 이야기의 기본 문법은 동일한 것으로 남아 있다."[18]고 주장한다.

그리고 저자는 이 상수(常數)를 렌즈로 설명한다. 인간은 이것을 통해서 세상('인류의 보편사')을 바라보고, 변화하는 세상에 대해서 반응해야 한다고 한다. 그는 또한 이것을 인간이 그들의 세상을 묘사할 수 있는 매체들(media)로도 본다. 그래서 세상과 이것에 대한 묘사들은 매우 가변적이지만, 렌즈들과 매체들은 항상 동일한 것으로 남아있다는 것이다. 린드벡은 아래의 글에서 성경의 이야기가 거대 담론으로서 기독교의 통일성의 원리이고, 그것을

---

17) *Ibid.*

18) *Ibid.*, 82-83.

렌즈 또는 매개체로 하는 해석들은 그것의 다양성이라고 한다. 여기에서 우리는 성서의 거대담론을 '렌즈' 또는 '매개체'로 인사하여 시대에 따른 인류의 '보편사'에 대해 다양한 해석을 해야 한다고 하는 것을 발견한다.

> 중요한 것은, 기독교인들이 자신들의 문화적인 조건들과 매우 다양한 감정들로 하여금 창조로부터 종말에까지 펼쳐지고, 예수님의 수난과 부활 안에서 절정에 도달하는 일련의 성서 이야기들에 의해서 형성되도록 허락하는 것이다. 그러나 이와같은 형성과정의 경험적인 소산들은 한없이 다양할 것이다. 그 이유는 성서 이야기들이 작용하는 자료들의 다양성이 한이 없기 때문이다. [19]

린드벡은 "역사적으로 사도신경의 교리조항들과 고대 니케아 공의회의 삼위일체 하나님에 대한 신앙고백과 칼케돈 공의회의 기독론에 대한 신앙고백은 무조건적이고, 항구적이며 본질적인 것으로 취급되어 왔다."고 하면서, 이것을 영혼 불멸 교리, 마리아론, 교황 교리 등과 구별한다. 비록 로마 가톨릭 교회가 마리아론과 교황 교리를 전도 불가능한 것으로 보지만 말이다. 다음의 글은 "교리의 규칙 이론"에 관련하여 매우 중요하다.

> 사도신경은 대체로 기초 문법적이다. 즉, 그것은 성부, 성자, 성령으로서의 하나님이라고 하는 성경 이야기 속에 있는 중심 요소들의 필수 불가결성을 확인하고 있다. 그래서 이것은 무조건적으로 필수 불가결한 것으로 취급되어 왔다. [20]

저자는 "대부분의 교회들의 전통에 있어서 니케아 신조와 칼케돈 신조란 본질적인 성경적 가르침을 새로운 언어로 재진술한 내용으로서 항구적인 것으로 여겨진다"[21]고 한다. 린드벡은 성경의 거대 담론이 이와같은 정통

---

19) *Ibid.*, 84.

20) *Ibid.*, 87.

21) *Ibid.*

삼위일체론과 기독론으로 변형되었고, 표현되었으며, 매개되었다고 봄으로써, 이를 제2차적인 진술(진리)이 아니라 제1차적인 진술(진리)로 설명하고 있는 것이나 마찬가지이다. 이는 성경의 거대 담론이 교회와 신학들의 통일성인 것처럼 정통 삼위일체론과 기독론 역시 교회와 신학의 통일성으로 기능할 수 있다고 보인다.

윌리엄즈(Rowan D. Williams)는 린드벡의 종교들에 대한 문화-언어적 접근방법을 통한 내러티브 신학에 찬성하면서, 이와같은 성서의 이야기를 수용하는 믿음의 차원을 부각시켰다. 즉, 그는 "성서적 준거 틀 내에서 세계를 해석하는 일은 교회의 자기 비판적 자기발견에 있어서 본질적인 요소이다."[22]라고 주장한다. 그는 "예수님의 행적과 말은 그에게 찬성하든 반대하든 선택을 요구한다."[23]고 하면서, 성서의 이야기를 접하는 사람은 그의 '감추어진 경향과 기질'의 폭로를 경험하고, 자신이 "사람들 사이에 공적인 목표와 이해관계의 갈등"[24] 속에 있음을 알게 된다고 한다. 그리고 성서의 이야기를 듣는 사람들은 자신들이 공적으로 예수를 부인하는 일에 동참하였고(세계에 대한 예수님의 심판), 동시에 부활 이후에 예수님 안에서 주어지는 자비로운 하나님의 현존에 동참한다는 사실을 알았다. 윌리엄즈는 바울의 말을 빌려서 "모든 사람이 자기를 불복종의 죄인이요 은총의 수령자임을 발견할 수 있을 것이다."(롬 11:32)[25]라고 하였다. 그리하여 윌리엄즈는 이와같이 성서의 이야기의 심판을 받아들이는 사람들은 "하나님의 사랑이 창조한 공동체 내에 머무르는 것, 곧 제자 됨의 형태로 드러난다."[26]고 한다.[27]

그렇다고 린드벡이 이상에서 언급한 복음서의 복음 이야기 또는 그리스도 중심적 삼위일체 하나님의 구속의 드라마로서 성서의 복음 이야기가 온

---

22) 윌리엄즈(Rowan D. Williams), "근대 후기 신학과 세계의 심판," 『포스트모던 신학』, 171.
23) *Ibid.*, 173.
24) *Ibid.*
25) *Ibid.*, 174.
26) *Ibid.*
27) 린드벡에 관한 부분은 『포스트모던 시대의 성경읽기』 79-88 쪽을 편집하였음.

인류를 향한 구속의 드라마였음을 부인하는 것은 결코 아니다. 그것은 보편사를 위한 것이었고 어디까지나 공적인 진리였다는 말이다. 그것은 모더니즘이 그것의 보편적이고 공적인 세계로부터 퇴출시킨 사사로운 진리가 결코 아니다.(레슬리 뉴비긴) 물론, 그는 한스 프라이와는 달리 성부, 성자, 성령을 성서적 내러티브의 기본 문법에 포함시키고 있지만 말이다.

3장

크리스 라이트에 있어서 '성서의 거대담론'

한스 프라이와 린드벡 등은 신약성경에 나타난 내러티브 신학, 그것도 복음서 내러티브에 묘사된 '하나의 하나님 나라 복음 이야기'에 집중하였다. 반면, 구약학자인 크리스 라이트는 구약에서 시발된 구속의 역사가 계시록 21-22장에서 완전하게 성취된다고 하는 '거대담론'의 신학을 펼쳤다.[28] 라이트의 『하나님의 선교: '거대담론'을 푸는 열쇠』에서 "제14장 구약성경의 비전에 있어서 하나님과 열방들"과 "제15장 신약성경의 선교에 있어서 하나님과 열방들"의 연결고리가 무엇이여야 하는가가 논의의 관건이다. 여기에서 '열방들'은 모든 비 유대계 사람들로서 인류의 '보편사'에 해당할 것이다.

저자는 제14장 "구약성경의 비전에 있어서 하나님과 열방들"에서 깨어진 인류 공동체(창 11장)가 신약에서는 생명 강과 생명나무로 인하여 치유를 받는다(계 22:1-2)고 한다. 이 이야기는 모든 열방들이 모든 죄로부터 깨끗해지고, 하나님의 빛 가운데 살며, 그들의 부와 찬란한 문화들을 하나님의 도성

---

28) 이형기, 『하나님의 선교』(경기도 파주: 한국학술정보(주), 2008), 287-372. 본인은 이 저서에서 크리스 라이트의 *The Mission of God: Unlocking the Bible's Grand Narrative*(Downers Grove, Illinois: IVP Academic, 2006)를 요약정리하고, 에큐메니즘이 주장하는 "하나님의 선교"의 입장에서 그것을 비판하였음.

안으로 들여오고, 그들의 구속된 영광과 영화를 하나님의 어린양에게 바치는 그림(계 21:24-27)에서 절정에 도달한다. 즉, 열방들이 와서 이스라엘의 구원 역사로부터 은혜를 받고 그것에 대하여 감사를 드린다고 하는 말이다. 그리하여 제14장은 제15장 "신약성경의 선교에 있어서 하나님과 열방들"을 위한 근거요 정당화요 종말론적인 전망이다. 이 둘은 연속성 상에 있다. 그리하여 라이트의 경우, 창세기 11장과 계시록 22장 사이에 이스라엘과 교회를 통한 열방들에 대한 "하나님의 선교"(The Mission of God)가 위치하고 있다.(454)

제15장에서도 저자에 따르면, 구속주를 통한 선택, 출애굽의 구속, 시내산의 언약관계, 그리고 이 구속의 은혜에 대하여 예배와 윤리적인 삶으로써 응답해야 했던 이스라엘은 구속주를 동시에 창조주로 믿었으니, 이로써 이스라엘은 구속주 하나님께서 또한 모든 다른 이방나라들을 포함하는 우주 전체의 창조주에 다름 아니라고 믿었다. 그리하여 예수님과 그를 따르는 자들 역시 이와같은 확신의 터를 공유하고 있었다고 하는 것이다.(499-500)

저자는 이스라엘과 모든 열방의 종말론적 회복과 합류를 바라보면서, 종말 이전의 역사 지평 속에서 일어나고 있고 일어나야 할 열방들에 대한 복음전도를 하나님의 선교로 본다. 저자는 '예수님과 열방들', '복음서기자들과 열방들', '사도행전에 나타난 초기 교회', 그리고 '야고보와 예루살렘의 사도들의 공의회"에서 이방선교에 대하여 논하고, '이사야에 있어서 종'의 개념이 '바울의 종의 선교(the Servant mission)에서 차용되었음'을 논하며, '종으로서 예수님' 그리고 '바울과 종의 선교'에 관련하여 논할 때에, 역시 이스라엘에 대한 복음전도가 우선적이었고, 아브라함 이래로 구약이 바라보는 열방들에 대한 복음의 복이 예수 그리스도에게서 이루어졌으며, 다시 이것이 그의 부활과 성령 강림이후 이방세계에 대한 복음전도인 하나님의 선교로 이어졌다고 한다.(506-522)

저자는 '바울과 종의 선교'에서 예수 그리스도를 통해서 '이미' 이루어진 하나님 나라와 이방 나라들에게 복음이 전해지고 난 다음에 임할 하나님 나라의 '아직'을 말한다. 즉, 예수님께서 십자가와 부활을 통하여 주님과 그리스도로 선포되어야 했기 때문에, 새 시대가 이미 도래 하였으니, 지금 여기에 하나님 나라가 있다고 하였고, 그것의 최종적 충만한 상태로는 아니지만, 종말론적인 성전이 하나님의 백성이라고 하는 새로운 공동체 안에서 이미 건축되고 있다고 하는 것이다. 바야흐로 열방들은 복음 설교와 하나님의 영 부음의 능력으로 이 새로운 공동체 안으로 모여들고 있는 것이지만, 이방선 교는 아직 남아 있다고 하는 것이다.(521)

저자는 새 창조, 곧 심판 후 새 하늘과 새 땅에서 모든 언약들이 완전히 이루어짐으로 하나님의 선교가 완성된다고 하면서, 언약의 역사의 주인공 들인 노아, 아브라함, 모세, 다윗, 그리고 십자가에서 피를 흘리신 어린양 예 수님이 새 창조의 세계에 있다고 했고, 이어서 나머지 모든 열방들이 심판 (purging = 정화)을 통과한 후, 하나님의 구원을 인하여 하나님 찬양에 동참할 것이라고 한다.

열방들은 이사야가 그렇게 될 것을 바라본 것처럼(계 21:24, 26) 그들의 역 사적인 성취의 모든 부요를 하나님의 도성 안으로 가져 올 것인데, 이 도성 은 그 때에 새 창조 전체의 온전한 범위를 포용할 것이라고 한다. 그리고 성 경의 거대담론의 처음 몇 장(章)들에서 인간을 가로 막았던 생명강과 생명나 무가 그것의 마지막 장에서는 열방들의 치유를 제공할 것이다. 이는 거대담 론이 바벨탑의 흩어짐 이래로 항상 갈망했던 것이다.(계 22:2) 저주는 창조세 계 전체로부터 살아져 버릴 것이다.(계 22:3) 그리고 땅은 하나님의 영광으로 충만할 것이고 인류의 열방들은 빛 가운데서 걸을 것이다.(계 21:24) 바로 이것 이 성경의 거대담론의 영광스러운 절정이다. 그것이 다름 아닌 하나님 선교 의 승리이다.(527-530)

그런즉, 크리스 라이트는 새 창조의 틀 안에서 도래할 '하나님의 도성'을 바라보면서 하나님의 선교가 보편사의 지평과 창조세계 안에서 보편적으로 그리고 공적으로 진행되고 있는 것으로 보았다. 그와 같은 '거대담론'으로서 의 '하나님의 선교'는 모더니즘이 그것의 보편적이고 공적인 세계로부터 퇴 출시킨 사사로운 진리가 결코 아니다. 비록 그가 삼위일체 하나님의 선교와 삼위일체 하나님과 새 창조의 관계(몰트만과 에큐메니칼 신학)에 대하여는 별로 논하지 않고, 야훼와 그리스도께서 동일하신 하나님이시라고 하는 신앙고백에만 초점을 두고 있지만 말이다.[29]

---

29) 참고: 이형기, 『하나님의 선교』(파주: 한국학술정보, 2008) 303-311.

4장

보켐과 하트에 있어서
'성서의 거대담론'

창세기의 처음 두 장은 "에덴동산"에 대해서, 계시록의 마지막 두 장은 "거룩한 도성 새 예루살렘"에 대해서 이야기한다. 성서의 이야기는 에덴동산으로 시작하여 "거룩한 도성"인 "새 예루살렘"으로 끝맺는다. 성서는 얼핏 보면 "전원" 이야기로 시작하여 "도시" 이야기로 끝나는 것 같으나, 새 예루살렘은 에덴동산의 특징(계 22:1-2)을 가진 "전원도시"(a garden city)요, 에덴은 인간이 야생의 자연을 가꾸어 만든 전원이 아니라 하나님께서 가꾸시는 야생의 전원(겔 28:13) 또는 하나님께서 본래 있기를 원하신 그 자연이다. 아담이 에덴의 정원사가 된 것은 인간이 자연에게 질서를 부여하는 그런 것이 아니라 하나님께서 이미 주신 질서를 존중하고 관리하기 위한 것이었다.

에덴동산은 생명이 충만한 공동체로서 인간과 자연 뿐만 아니라, 하나님과 인간, 그리고 하나님과 자연이 함께 어우러지는 하나의 조화로운 생명공동체였다. 이와같은 에덴동산은 생명을 공급하는 자연의 심장으로서 이 세상의 생명들이 그것으로부터 흘러나오고, 다시 공급 받는 그와 같은 생명의 나라였다. 에덴동산으로부터 생명수 강이 흘러 나와서, 네 개의 강줄기를 만들어 내는 바, 이는 상징적으로 땅의 동서남북을 포함한다(창 2:10-12). 에덴은 모든 동식물들을 살려내는 모든 땅의 비옥함의 상징이다. 에덴에서 산다고 하는 것은 마르지 않는 생명의 원천에서 사는 것이다. 그것은 생명수를 마시는 것이며, 생명나무의 열매를 먹는 것이다.[30]

보캠과 하트는 이상과 같은 에덴동산의 생명공동체가 "거룩한 도성 새 예루살렘"에서 완성될 것으로 설명하고 있다. 즉, 타락 전의 아담과 하와는 악으로부터 깨끗하였으나, 도덕적으로 완전했던 것은 아니었으니, 범죄 할 수 있었고, 범죄 하였으나, 새 창조의 세계에 있어서 부활한 인류는 하나님처럼 범죄 할 수 없을 것이라고 하는 것이다. 보캠과 하트는 에덴동산의 생명공동체의 모습을 떠올리면서 이렇게 말한다.

> 새 창조에 있어서는 사망이 멸절될 것이고, 모든 생명이 모든 생명의 원천이신 하나님과 직접적인 관계 덕분에 죽음에 이르지 아니하고 영원히 살 것이다. 성서적 이미지들에 의하면 새 예루살렘의 거주자들은 하나님과 그리스도의 보좌로부터 흘러나오는 생명수를 마실 것이고, 나라들은 생명 강가에서 자라나는, 언제라도 따 먹을 수 있는 생명나무의 열매를 먹고 살 것이다(계 22:1-2; 비교: 2:7; 21:6; 22:17).[31]

그리고 보캠과 하트는 "거룩한 도성 새 예루살렘"에서 인류문명과 야생적 자연이 조화를 이룰 것인데, 이와같은 생명공동체의 조화는 하나가 다른 하나를 지배하는 형식이 아닌 하나님에 의한 둘의 화해에 의해서 이루어질 것이라고 한다. 그들은 "에덴의 특징들을 지닌 이상적인 도시란 문명과 야생적 자연의 화해에 대한 상징이고", "새 창조의 세계란 낙원일 뿐만 아니라 도시로서 에덴 이후 인류문명 안에 있는 모든 좋은 것들을 취하여 영원한 하

---

30) Richard Bauckham and Trevor Hart, *Hope against Hope: Christian Eschatology at the Turn of the Millennium*(Michigan, Grand Rapids: William B. Eerdmans, 1999), 147-149의 요약.

31) *Ibid.*, 149.

나님 나라로 변형시킬 그와 같은 세계일 것이다"라고 한다.[32] 때문에 그것은 단순한 '복 낙원'이 아니라 새 창조의 세계이다. '거룩한 성 새 예루살렘'은 '에덴동산'과 마찬가지로 이 새 창조에 대한 이미지이다. 그리하여 보캠과 하트는 새 창조의 세계에 대하여 이렇게 주장한다.

> 그것은 틀림없이 에덴동산에서처럼 인류와 하나님이 하나 되고 인류와 자연이 하나 되는 것이요, 나아가 전례없이 인류문명이 야생적 자연과 조화를 이루는 장소일 것이다. 이것에 대한 또 다른 하나의 성서적 이미지는 마지막 때에 이루어 질 거룩한 성의 평화에 대한 비전이다(사 11:609; 65:25).[33]

새 하늘과 새 땅에서는 에덴동산의 모든 것이 새롭게 창조되고, 인간의 하나님 형상이 완전히 회복되기 때문에, 에덴동산보다 비교될 수 없을 정도로 탁월할 것이다. 보캠과 하트는 플라톤과 신플라톤주의의 영향으로 본래적인 과거를 지향하는, 단순한 '실낙원'의 복원이 아니라 영광이 충만한 새 하늘과 새 땅에 대한 비전을 보여주었다. 이와같은 성서적 '거대담론'은 모더니즘이 그것의 보편적이고 공적인 세계로부터 퇴출시킨 사사로운 진리가 결코 아니다. 하지만 이상과 같은 보캠과 하트의 주장은 '영 그리스도론'과 '그리스도 중심적 삼위일체론적인 하나의 하나님 나라 복음 이야기'를 그 중심에 두었다면 마치 금상첨화 격이 되었을 것으로 판단된다.

---

32) *Ibid.*, 152-153.

33) *Ibid.*, 153.

레슬리 뉴비긴:
'보편사'의 의미와 목적으로서
성서적 내러티브 신학과 공적인 신학

1. 그의 생애와 저서

그는 1909년 영국에서 태어났다. 초 중고등학교를 다닐 때 까지도 그는 기독교의 하나님을 믿지 않았다. 그가 기독교에 눈을 뜨기 시작한 것은 1928-1929년 '기독학생'(SCM)운동에 참여하면서부터 였다. 그는 1928년에 켐브리지의 퀸즈 대학에 입학하여 이 학생운동에 참여하기 시작하였다. 그는 1929년 가을에 모트(John Mott), 템플(William Temple), 그리고 존 맥케이(John Mackay)의 풍요로운 기독교에 대한 가르침을 듣고서 기독교인이 되었다. 그의 후기 저서들에서 그 시대의 사회적이고 정치적인 이슈들을 포함하는 공적인 복음과 공적인 신학을 강조하게 된 것 역시 이들의 영향 때문인 것 같다.

하지만 결정적으로 그가 회심을 경험하고 안수 받은 사역자가 되려고 결심한 것은 퀸즈 대학 제2 학년 때였다. 즉, 그는 SCM 수완위크(Swanwick) 대회에서 결정적인 회심을 하였고 사역자가 되기로 결심하였다. 그리하여 그는 글라스고우 안에 있는 남자 대학생들의 SCM 총무를 담당하게 되었고, 대학에서 지리학과 경제학을 공부했던 그가 1933년엔 3년 동안 캠브리지의 웨스트민스터 대학에서 신학을 공부하여, 장로교의 사역자로 안수를 받게 되는데, 그는 시험과목보다는 바울의 로마서 그리고 그의 서한들에 지대한 관심을 기울여 연구를 하였다. 그의 보편주의적 '복음'에 대한 확신은 여기에서 연유한 것으로 보인다.

그리고 그는 1935년에 스코틀랜드 교회의 해외선교부에서 일할 것을 받아들였다. 그리고 그는 헬렌과 더불어 마드라스 선교사로 파송되었다. 그리하여 이 둘은 1946년에 결혼하였다. 그는 1942년 마드라스 교회협의회의 의장과 남인도교회 연합의 회장이 되었다. 그리고 1947년엔 남인도교회 마드라스 지역의 감독이 되었다. 그리하여 그는 1948년 암스텔담 WCC에 컨설턴트로서 동참하였고 1954년 에반스턴 WCC 총회 준비위원이 되었으며, 1957년엔 '신앙과 직제'의 부의장이 되었다. 이는 그에게 1961년 뉴델리 WCC의 아젠다를 세우는 일에 크게 기여하게 하는 계기였다. 그리고 그는 1950년대에 IMC 운동에도 적극적으로 동참하였고, 1963년 즈음에는 CWME(세계선교와 복음전도 위원회)의 총무가 되었으며, WCC 전체 부총무직을 맡은 적이 있다.

그는 65세(1974) 나이로 은퇴한 후에 더 큰 활동과 신학적인 업적을 남겼다. 그는 은퇴 직후, 기독교의 발상지인 소아시아와 동유럽과 러시아를 길게 여행하면서 칼 바르트의 『교회 교의학』 11권을 다 읽었다. 그리고 그는 1974년 셀리 옥 대학에서 가르치게 되었고 스코틀랜드 '연합 장로교회'의 담임목사직을 받아들였으며, 1978-1979년 사이에는 이 교회의 총회장직을 맡았다. 그런데 1980년대 초 그는 영국교회의 복음이해와 복음전도에 놀라운 전환을 가져온다. 그는 1984년에 개최될 '영국(British)교회 협의회'의 '교회와 사회' 대회를 위한 토론 제안서를 검토해 달라고 하는 주문을 받고 실망하여, 그는 'The Other Side of 1984'년이란 글을 써서 베스트셀러가 되게 하였다. 이는 '복음'을 서구문화와 구별하고, 나아가서 오늘날 서구의 근대주의적 문화전통 때문에 서구사람들이 '복음'에 등을 돌리고 있다고 하는 요지의 글이었다. 그는 은퇴 전에 17권의 저서를 남겼고 은퇴 후에 15권의 책을 썼는데, 전자는 주로 교회론과 에큐메니즘과 선교에 대한 내용이었다면 후자는 서양교회가 직면한 선교적 도전에 대한 것으로서, 1984년의 'The Other Side of 1984'에 이어서, 1986년에 'Foolishness to the Greeks', 1989년에 'The Gospel in a Pluralist Society', 그리고 1995년엔 'Proper Confidence'를 저술하였다.[34] 그리고 그는 1998년에 세상을 떠났다.

그런데 그의 저서들에서 필자가 추적하려고 하는 성서적 내러티브 신학은 그의 전후기 저서들 모두에서 발견되지만, 전기 저서들에서보다 이상과 같은 후기 저서들에서 더 크게 강조되고 있다. 필자는 주로 그의 후기 저서들에서 '보편사의 해석으로서 성서적 내러티브 신학'과 '교회와 기독교 신학의 사사화의 상황에서 복음의 공공성'과 '공적인 영역'으로서 '보편사'에 대하여 논할 것이다. 그런데 후자에 관하여는 Lesslie Newbigin: Missionary Theologian: A Reader, Compiled and Introduced by Paul Weston(Grand Rapids, Michigan: William B. Eerdmans, 2006)에 발췌된 글들을 사용하려고 한다. 웨스톤은 '선포와 권유'라고 하는 제목 아래 'The Gospel in a Pluralist Society'(1989), 'Evangelism in the Context of Secularization'(1990), 그리고 'Proper Confidence'(1995)를 싣고 있고, 그 다음엔 '공적인 진리로서 복음'이라고 하는 제목 하에 'Conference Call: The Gospel as Public Truth'(1992), 'Can a Modern Society be Christian?'(1995), 그리고 'Activating the Christian Vision'(1998)을 발췌하였다. 이제 필자는 가톨리시즘, 개신교 근본주의, 그리고 개신교 자유주의에 대한 반론의 맥락에서 공적인 복음을 소개하는 'Proper Confidence'만을 제외하고 나머지 모두를 소개하려고 한다.

---

34) *Lesslie Newbigin: Missionary Theologian*, Compiled and introduced by Paul Weston(Grand Rapids, Michigan: William B. Eerdmans, 2006), 1-13.

2. 뉴비긴 신학의 핵심주제와 성서 내러티브

류태선은 그의 박사학위 논문인 『공적진리로서의 복음』[35]에서 뉴비긴 신학의 일관되고 핵심적인 주제를 "'공적 진리로서 복음'이라고 하는 말이 담고 있는, 복음의 '공공성', '진리성', '사실성' 등이다."(379)라며, 이 복음이야 말로 사회의 공공 영역 또는 보편적인 영역, 즉 과학연구, 경제정책, 교육, 보건, 법률, 그리고 예술 등에서도 타당한 '진리'요 확실한 '사실'이라고 하였다. 이는 자연과학적 진리와 민주주의적 가치 등의 '공공성', '진리성', '사실성', 그리고 '보편타당성'으로부터 복음의 그것을 퇴출시킨 근대 서유럽의 사회문화에 대한 '반제'(antithesis)인 것으로 보인다.

류태선은 이와같은 논지(論旨)를 내세우면서, 그 동안 있어 온 뉴비긴 신학에 대한 여러 신학자들의 다양한 입장들을 소개하고, 그들의 주장들에 있어서 인정할 바를 인정하며 비판할 부분을 비판 하였다. 헌스버거(George R. Hunsberger), 웨엔라이트(Geoffrey Wainwright), 웨스턴(Paul Weston), 바렛(Peter J. Barrett), 고헨(Michael W. Goheen), 쉔크(Wilbert R. Shenk), 그리고 알레아즈(K. P. Aleaz)의 뉴비긴 신학이해의 입장들에 대해서 말이다. 필자는 류태선의 논지가 크게 설득력이 있다 판단하며, '보편사의 해석으로서 성서적 내러티브 신학' 역시 '복음의 공공성'을 핵심으로 하고 있다고 하는 것을 밝힌다. 복음은 성서적 내러티브들의 핵심인 바, 우리는 이 '복음'에 비추어서 성서의 내러티브 전체를, 그리고 동시에 성서적 내러티브 전체에 비추어서 '복음'을 이해해야 할 것이다.

그러나 류태선은 물론, 나머지 모든 뉴비긴 신학의 해석자들 중 그 누구도 자신들의 논지들을 성서의 내러티브적 본성과 관련하여 주장하지 않았다. 한스 프라이, 조지 린드벡과 함께 '신예일학파 신학' 또는 '자유주의 후기 신학'(the post-liberal theology)을 추구하는 켈시(David H. Kelsey)는 『최근 신학들에

---

35) 류태선, 『공적진리로서의 복음』(서울: 한들 출판사, 2011).

있어서 성서의 사용』(1975)[36]에서 많은 신학자들이 각각 자신의 신학적인 제안 또는 입장(a theological proposal)을 공인하기(authorize) 위하여 성서를 사용한다며, '내러티브 신학'에 입각한 일곱 '비(非) 내러티브 개신교 신학자들'을 비판한다.

켈시에 의하면, "기록된 성서는 교회 공동체의 삶 속에서 우리로 하여금 계시와 관계를 맺게 하는 한에 있어서 기능적 권위를 가지고 있다."(30) 그런즉, 켈시에게 있어서 성서가 중요한 것은 그것이 그와 같은 '계시'내용을 포함하고 있기 때문인데, "그것이 의미하는 것은 성서가 이 (역사적) 계시사건들 (the revelatory events)에 대하여 이야기(내러티브)하고 있다고 하는 사실이다."(32) 성서의 내러티브들은 바로 이와같은 '계시사건들'에 대한 원초적 증언들이기 때문에 그 자체가 권위있다는 말이다.

그런데 켈시는 이처럼 성서의 내러티브를 사용하여 자신의 신학적인 제안이나 입장을 권위있게 하는 방법에 두 가지가 있다고 본다. 하나는 라이트 (G. Ernest Wright)의 입장이요 다른 하나는 칼 바르트의 입장이다. 그런데 그가 전자를 비판하는 이유는 전자가 『행동하시는 하나님』에서 성서적 내러티브들은 계시사건들에 대한 인간 쪽의 반응적 고백과 해석으로서 그것이 현대인들이 접근 가능한 언어로 번역되어야 한다고 하기 때문이다. 즉, 라이트는 성서의 내러티브 그 자체가 신학적인 제안이나 입장을 공인하는 것이 아니라 그것이 오늘의 고백과 해석을 위한 전거에 불과하다고 하기 때문이다. 그리고 그가 칼 바르트를 선호하는 이유는, 그에게 있어선 성서의 내러티브가 그것의 주인공(한스 프라이에게 있어선 '예수 그리스도', 린드벡에 있어선 '성부 성자 성령')에 대하여 이야기하고 있기 때문이다. 물론, 이것은 '핵심적 계시사건'(the Event of Revelation)과 '계시적 사건들'을 포함할 것이다. 즉, 바르트는 그의 화해론의 두 번째 계기에 해당하는 "왕 같은 인간"(the Royal Man)으로서의 예수 그리스도를 소개하면서 그것이 전적으로 내러티브와 내러티브 신학에 의하여 공

___
36) David H. Kelsey, *The Uses Of Scripture in Recent Theology*(Philadelphia: Fortress Press, 1975).

인되고 권위 있게 되고 있다고 하기 때문이다.(36-39)

이미 언급한 대로 뉴비긴은 그의 후기 저서들에서 좀 더 내러티브 신학을 추구한다. 그는 한스 프라이, 조지 린드벡, 데이비드 켈시 등과 더불어 내러티브에 의하여 자신의 신학적인 제안 혹은 입장을 공인하고 권위 있게 한다. 특히, 뉴비긴은 대체로 내러티브 신학전통을 따르면서 라이트가 주장하는 하나님의 계시적 행동 차원(그것에 대한 주관반응의 현대적 번역으로서 내러티브의 가치에 대한 주장을 따르는 것은 아니지만)에 주목하고 있다. 그리고 덧붙여 언급하고 싶은 것은, 류태선과 기타 뉴비긴 신학의 해석자들이 성서의 내러티브를 중요시하면서 그의 신학을 읽고 있지 않다고 하는 사실이다. 필자는 이에 관하여 앞에 소개한 한스 프라이 등의 내러티브 신학과 다음에 소개할 뉴비긴의 여러 저서들의 내러티브 신학이 전적으로 연장선상에 있는 것으로 본다. 비록, 뉴비긴은 다른 내러티브 신학자들보다는 성경의 내러티브 밖에서 일어난 하나님의 행동과 계시사건에 더 주목하고 있지만 말이다. 그리고 뉴비긴 신학의 해석자들이 거의 뉴비긴의 그와 같은 내러티브 신학에 대하여 언급하고 있지 않을지라도, 필자는 그의 저서들에서 그것을 입증할만한 충분한 '내증'(inner evidence)이 발견되는 것으로 보았다. 다음의 뉴비긴의 글들을 읽을 때에, 성서의 내러티브적 성격에 주목해야 할 것이다.

3. 보편사의 해석으로서 성서적 내러티브 신학

1) 『성서 전체 꿰뚫어 보기』(1999)

먼저 이 글은 1989년의 그의 라디오 방송을 모아 놓은 *A Walk Through The Bible*(1999)[37]에 나타난 그의 성서적 내러티브 신학을 소개하려고 한다.

그 이유는, 이 글이 본 저서의 주제와 직접 연결되기 때문이다.

(1) 창조와 아담과 하와의 타락

뉴비긴은 아브라함과 이삭과 야곱과 모세의 후손들의 증언으로서 하나님의 창조(태초에 하나님이 천지를 창조하시니라)행동은 자신의 백성을 애굽 제국으로부터 구원하신 '구속주'(the redeemer God)의 사랑과 지혜의 행동을 전제하는 것으로 본다. 창조 기사가 바벨론 포로 후에 증언되었기 때문일 것이다. 그리고 어둠과 구별되는 빛의 창조세계, 바다의 혼돈과 구별되는 마른 땅, 살아있는 피조물들이 성장하고 번성하는 집, 그 중 동물들과 인간들의 세계, 그리고 하나님의 형상으로서 인간에게 주어진 이들에 대한 특별한 책임에 대한 그림이 창세기에 제시되고 있다고 한다. 특히, 하나님께서는 인간에게 그의 창조세계를 보살피고 하나님의 의도대로 그것을 완성시켜서 그것으로 하여금 인류와 더불어 하나님의 영광을 반영케 해야 한다고 하신 것이다. 끝으로 제7일에는 하나님께서 안식을 취하셨으니, 하나님께서 의도하신 우리의 삶이란 쉼 없는 투쟁이 아니라 안식 속에서 하나님을 즐거워하라고 하는 초대라고 말한다.(14-16)

다음 이어지는 이야기는 인류의 대표인 아담의 타락에 대한 것이다. 하나님께서는 악을 알지 말고 선만 알 것을 원하셨으니, 뱀의 유혹에 넘어가 인간은 하나님을 떠난 선과 악의 구별을 스스로 할 수 있는 자리에 놓이게 되었다. 그리하여 하나님과 인간 사이에는 신뢰가 깨어졌고 상실되었으며 아담은 자신의 벗은 모습을 보고 죄책감을 느껴 무화과나무 잎으로 옷을 만들어 입고 동산 나무들 사이에 숨었다.

하지만, 뉴비긴에 의하면 하나님께서는 마치 슈퍼마켓에서 어린 아이를 잃어버린 어머니가 소리 높여 아이를 찾는 모습처럼 죄책감으로 인하여 동산 나무숲으로 도망치고 있는 인류를 끝까지 찾으시는 사랑의 하나님이시

---

37) Lesslie Newbigin, *A Walk Through the Bible*(Kansas City, Missouri: Bare Foot Ministries, 1999).

라고 역설한다. 그런즉, 하나님께서는 인류를 대표하는 아담의 불신앙과 불순종에 대한 심판을 그의 아들에게 담당시키시어 십자가에서 죽게 하심으로 인류를 구원하셨다고 하는 것이다.

그리고 성서 전체를 통하여 자신의 어리석은 백성을 찾으시는 하나님의 고통이 메아리치고 있다. 그리하여 결국 그와 같은 번민은 십자가상에서 들리고 있는 전율을 일으키는 절규에서 메아리치고 있다. 하나님의 아들이 그 자신을 반역적인 아담을 대신하여 또는 하나님으로부터 멀리 멀리 떠나가 버린 우리들을 대신하여 십자가에 달리신 것이다. 그는 이렇게 부르짖으셨다. "나의 하나님, 나의 하나님 어찌하여 나를 버리셨나이까?"(16-18)

우리는 위와 같은 뉴비긴의 주장에서 성서의 이야기가 인류의 '보편사'에 대한 해석임을 재확인할 수 있다. 성서의 이야기는 인류 보편사에 대한 이야기이다. 하나님의 아들은 예수 믿는 사람들을 위하여 죽으신 것이기 이전에 인류 전체('보편사')를 위하여 십자가에 달려 죽으신 것이다.

(2) 하나님의 선택

뉴비긴은 가인이 아벨을 살인하는 일로 비롯되는, 인류역사의 비극에 대한 이야기를 "… 전 인간세계는 폭력의 소용돌이와 폭풍으로 혼돈 속으로 빠져들어 갔다."(20)며, 이어서 아담을 찾아 헤매시는 사랑의 하나님께서는 노아, 아브라함, 모세, 그리고 이스라엘을 선택하셨다고 한다. 하나님께서는 인류의 죄악으로 노아의 식구를 제외하고 모든 인류에게 홍수의 심판을 내리셨다. 그러나 하나님께서는 "노아와 은혜의 언약을 맺으시어 — 노아하고만 아니라 전 창조세계와도 — 다시는 땅을 멸망시키지 않을 것이고 노아의 자손이 세계를 채울 것…이라고 약속하셨다."(20) 그런즉, 창세기 10장에 나오는 70개 열방들은 다름 아닌 노아에 대한 하나님의 약속 성취이다. 다름 아닌 이들이 향후 하나님의 복에 대한 궁극적인 수혜자들이 될 것이었다.

그러나 또 다시 인류는 바벨탑 사건으로 범죄하여 하나님의 심판을 받게 되나, 인내의 하나님께서는 또 다시 새로운 출발할 수 있는 기회를 주셨다. 그는 아브라함을 갈데아 우르로부터 불러내시어 택정하신 것이다. "하나님께서는 새로운 류의 삶을 원하신 것이다. 그것은 우리가 과거에 축적한 안전들에 의존하는 삶이 아니라 하나님께서 미래를 위하여 약속하신 것에 의존하는 삶인데, 이것은 믿음으로 사는 삶이다."(22) 그리고 하나님께서는 모세를 택하셨다. "… 하나님이 떨기나무 가운데서 그를 불러 가라사대 모세야 모세야 하시매 그가 가로되 내가 여기 있나이다."(출 3:4) "이제 내가 너를 바로에게 보내어 너로 내 백성 이스라엘 자손을 애굽에서 인도하여 내게 하리라. 모세가 하나님께 고하되 내가 누구관대 바로에게 가며 이스라엘 자손을 애굽에서 인도하여 내리이까 하나님이 가라시대 내가 정녕 너와 함께 있으리라 네가 백성을 애굽에서 인도하여 낸 후에 너희가 이 산에서 하나님을 섬기리니 이것이 내가 너를 보낸 증거니라."(창 3:10-12).

결국, 하나님께서는 이스라엘을 선택하셨다. 모세는 광야에서 불신앙과 불순종으로 반역하는 이스라엘을 하나님의 약속의 산인 시내산 앞으로 회집시키시고 이스라엘을 '왕 같은 제사장과 거룩한 나라'(출 19)로 삼는 하나님의 은혜의 언약을 약속하셨다. "이스라엘은 모든 열방들을 위한 제사장 직분을 위임받았으니, 하나님의 의가 이들을 통하여 계시되도록 된 것이다."(25) 이 때에 하나님께선 저들에게 십계명도 주셨다. 이 십계명의 머리말은 이스라엘을 출애굽시키신 하나님께서는 사랑과 은혜의 하나님이심을 선언하면서 계명들을 지킬 것을 명령하신다.

이상과 같은 '하나님의 선택'은 모두 인류의 '보편사'를 구속하시려는, 사랑과 은혜가 한이 없으신 하나님의 특별한 경세(economia)일 것이다. 때문에 우리는 성서의 이야기가 다름 아닌 '보편사'를 위한 것이고 '보편사'에 대한 해석이라고 하는 사실을 알 수 있다. 이스라엘과 교회는 '보편사'를 위해서 존재하고 '보편사'에 대한 해석과 변혁을 매개한다.

(3) 하나님의 나라와 예수님

저자는 이스라엘의 '남은 자들'이 하나님의 열방들에 대한 통치에 대하여 갈망하고 희망하는 이야기에서, 특히 묵시문학 전통에서 예수님의 하나님 나라 선포를 본다. 저자는 예수님께서 하나님 나라에 대한 그 자신의 사역과 이스라엘의 진정한 소명에 대하여 구약의 이야기에 관련하여 다음과 같이 해석하셨다고 본다. 즉, 저자는 바벨론제국이 페르시아 제국에 의하여 정복되고, 고레스가 하나님의 지시에 따라서 이스라엘의 예루살렘 귀환을 허락하며, 느헤미야와 에스라가 성전회복의 주역을 담당하고, 또 다시 희랍제국(알렉산드리아 대왕)에 의하여 이스라엘이 정복을 당했으나, 마카비 형제가 혁명을 일으켰다고 보면서 다니엘이 본 큰 비전을 소개한다. 즉, 짐승들과 같은 아수르와 바벨론, 페르시아와 희랍제국이 멸망하고 장차 "인자가 올 것인데 그에게 통치권이 주어질 것이고 그의 나라는 무궁할 것이다."(43)라고 하는 것이다. 바벨론 포로시기에도 이스라엘은 율법과 예언자들의 책들을 회복하여 새로운 종류의 종교적 삶의 바탕을 마련하였다. 그리고 성전의 제사종교는 여전히 지속되었고, 바야흐로 디아스포라 유대인들 사이에서 종교적 삶의 중심을 이루는 회당이 생겼으니, 이 회당 예배는 하나님의 이스라엘 회복과 열방 통치에 대한 희망을 포함하였다.

> 그러나 종교적 삶의 하나의 새롭고 활력있는 중심이 회당에서 발견되었다. 그들은 여기에서 시편들을 찬송하고 율법과 예언자들의 글들을 읽으며 하나님 나라의 도래를 기도하면서 예배를 올렸다.(43)

그리고 스가랴와 학개와 말라기는 주의 사자가 도래하시어 그의 통치를 확립하실 것이라고 하는 약속을 계속 말하고 있으며, 이스라엘이 로마제국의 식민지가 되는 상황에서 이와같은 남은 자들의 하나님 나라에 대한 약속에 대한 기다림은 더욱 간절해졌다.

바야흐로 예수님이 탄생하시던 때에, 지중해 세계와 지금의 중동에 까지

침투한 디아스포라 유대인들은 아수르 바벨론 페르시아 그리고 희랍을 뒤로하고 이제는 로마제국의 식민지로서 그들의 나라의 왕도 없이, "하나님께서 모든 열방들을 다스릴 것이라고 하는 하나님의 약속의 성취를 간절히 기다리고 있었다."(45-46) 그들은 회당 예배에서 하나님의 나라의 성취를 간절히 바랐던 것이다. 이제 저자는 남은 자들의 '하나님 나라'에 대한 성취와 관련하여 예수님 당시의 애국적 민족주의자들인 열심당원들, 권력과 협조하자고 하는 제사장들과 사두개파 사람들, 율법의 준수를 강조하는 바리세파 사람들, 그리고 공적인 삶을 등지고 수도원적 은둔 생활을 강조하는 에셋네 공동체에 대하여 언급한 후에(46-48), 이와같은 이스라엘의 역사와 제국의 '보편사' 속에 탄생하신 예수님이 걸어가신 독특한 길을 소개하고 있다.

저자는 복음서의 이야기를 근거로 "때가 찼고 하나님 나라가 가까웠으니 회개하고 복음을 믿으라."(막 1:15)고 선포하신 분이 어떤 분이신가를 이야기한다. 첫째, 그는 구약(Scriptures)의 해박한 선생(랍비)이요, 둘째, 구약의 하나님을 아버지(아바)라 불렀다. 즉, 그는 구약에서 아버지의 말씀을 잘 읽어 낼 수 있었다고 하는 말이다. 그 동안 이스라엘은 하나님께서 행동하시기를 간절히 바라고 기다려 왔으나, 예언의 신빙성 있는 목소리가 그토록 오랫동안 들리지 않아 왔다. 바로 이와같은 상황에서 예수님의 친척으로서 하나의 새로운 예전자 요한이 광야에 나타나 다시한번 엘리야와 같은 신빙성 있는 예언자의 목소리임을 나타내 보였다. 바야흐로 세례자 요한은 전 이스라엘의 회개를 외쳤다.(48-49)

무리들이 요한의 부름에 응답하는 바로 이 상황에서 "예수님에게는 이와같은 부름이 아버지의 부름으로 다가왔다. 그는 죄인들과 연대하여 자신을 세례주도록 허락하신다. 바로 이 세례사건은 그분의 공생애 사역을 시작하게 하는 것이었다. 그리하여 그는 하늘로부터 아버지 하나님께서 "너는 내 사랑하는 아들이라 내가 너를 기뻐하노라."(마 3:17)고 하셨고, 에스겔과 예언자들이 약속했던 성령으로 기름을 부어주셨다. 이 성령은 하나님의 통치를 실현하실 능력의 성령이셨으니, 우리는 예수님의 세례 시점으로부터 하나님을 성부 성자 성령으로 이해해야 한다. 그 후 즉시 예수님은 또한 성령에 이끌리시어 40일 동안 광야에서 그의 하나님의 아들 되심과 하나님 나라를 도래케 하시기 위한 성령 받으심이 무엇을 의미하는가를 나타내시기 위하여 시험을 당하셨다.(50-51)

저자는 향후 예수님께서 계시하시고 약속하시는 하나님 나라는 빵의 문제(경제), 종교의 문제(기적의 행위들), 그리고 정치권력(온 세상에 대한)에 관한 것이 아니라 십자가의 길임을 보여주고 계신다. 그리하여 예수님은 광야에서의 시험으로부터 다시 갈릴리로 돌아오시어, "때가 찼고 하나님 나라가 가까웠으니 회개하고 복음을 믿으라."고 선포하신 것이다. 예수님에게 있어서 "새로운 점은 하나님 나라가 유대인들을 지금 여기에서 대면하고 있다."(52)고 하는 사실이었다. 하지만 그 당시 유대인들은 그것을 바르게 볼 수 없어서, 주님께서는 그들에게 회개를 외치신 것이다. 그들은 예수님 자신이 하나님 나라의 현존(autobasileia)이라고 하는 사실을 전혀 몰랐고 그것을 인정할 수 없었다.

> 예수님 자신이 하나님 나라의 현존이라고 하는 것이 진리였다. 그 나라는 하나의 새로운 정부나 하나의 새로운 프로그램이나 하나의 새로운 이념이 아니다. 그것은 철학도 아니다. 그것은 예수님의 인격이다. 그런즉, 하나님의 통치가 무엇인가를 알기 위하여 우리는 예수님을 믿어야 하고 그와 함께 동행해야 한다.(52-53)

이는 당시 유대인들이 흥분하면서 하나님 나라가 무엇이고 그것은 어디에 있는가를 질문하면서 예수님을 따랐던 상황일 것이다. 이제 저자는 "어떻게 예수님께서 그 자신의 사역에서 하나님의 통치를 가르치시고 나타내 보이셨는가"에 대하여 이야기한다.

(4) "새로운 삶, 새로운 공동체들"

저자는 기독교 공동체의 기원을 '빈 무덤'에 누어계시던 예수님께서 부활하시어, "자신의 제자들을 모으시고 자신의 증인들서 온 세상 속으로 파송하신 사실"(65)에 두고 있다. 저자는 '부활'이야 말로 물리학과 화학과 생물학으로 성명될 수 없는 바, '무로부터의 창조'만이 그것의 "유비"(analogia)가 될 수 있다고 하면서, 부활절 사건에서 "새 창조"의 세계를 설명하고 있다. "… 부활절에 일어난 사건은 이 세상을 위한 새로운 시대(a new era)의 시작인 일종의 새 창조였다. 그것은 하나님의 영광스러운 목적에 따르는 우주 전체를 새롭게 재창조하시려는 하나님의 의도의 첫 열매이다."(66-67).

그리하여 부활하신 주님은 "자신의 제자들을 모으사, 이 세상이 마땅히 알아야 할 것을 선포하도록 그들을 파송하셨다."(67) 즉, 저들은 부활을 통하여 죽음과 죄와 사단 마귀가 결국 정복되었고 예수께서 창조세계와 인류 '보편사'의 주님이시라고 하는 사실을 선포해야 했다. 그리고 부활하신 예수께서는 저들로 예루살렘에서 선지자들을 통하여 약속되었고 그분 자신이 세례에서 받으신 그 동일한 성령에 의한 기름부음을 기다리라고 하셨다. 그런즉, 저들은 오순절에 성령의 부으심을 받고 기뻐하는 가운데 '복음' 이야기를 온 세상에 전파하였던 것이다.(68) 예수님은 마호메트처럼 기록된 글을 남기신 것이 아니라 이와같이 부활 후 제자들의 공동체를 모아 성령의 강림으로 자신의 존재와 행동들을 기억하여 이야기로 증언하고 선포하게 하기 위하여 저들을 세상 속으로 파송하신 것이다. 우리는 이와같은 뉴비긴의 주장에서 교회의 존재이유와 그 목적이 부활을 통하여 계시되고 약속된 우주와 인류의 '보편사'의 재창조를 향하여 정향(定向)되어 있음을 발견한다.

(5) "미래 계시"

뉴비긴은 성서이야기 전체가 결국 한 민족인 이스라엘과 한 인간인 예수님께 초점을 두면서, 이들 하나님의 택정함을 받은 이스라엘과 예수님께서 다름 아닌 "창조세계와 인류의 '보편사' 전체를 향한 하나님의 목적의 운반자"(the bearer of His purpose for the whole of creation and of the human race)였다고 하여, 성서의 이야기가 '보편사'의 궁극적인 의미와 목적을 설명하고 있다고 본다 (73). 그는 창세기 처음 11장이 창조세계에 대하여 그리고 성서의 끝에 놓여있 는 요한 계시록이 '세상의 끝에 대한 그림'을 그려주고 있는 것을 발견한다.

저자는 최후 심판을 주장한다. 마지막 때에 한편 바벨론, 아수르, 페르시 아, 희랍제국과의 연장선상에 있는 로마제국과 심판자 예수 그리스도('유다의 사자'와 '죽임을 당한 어린양') 사이의 갈등과 갈등의 해소가 있을 것이다. 재림하 실 예수님은 '세상의 빛'이시어 '좌우에 날선 검'으로서 모든 죄악들을 밝히 들어내시고 '거룩한 도성'(계 21-22)을 은혜로 주신다. 다음의 인용은 창조세계 와 인류의 '보편사'가 무화(annihilation)나 진멸이 아니라 새 창조의 세계로의 변형임을 말해준다.

"자신들의 능력으로 인류에 대한 궁극적인 권위를 확립하려는 인류의 교 만"에 대한 하나님의 반응은 인간권력의 성취가 아닌 하나님의 은혜의 선물로 거룩한 도성을 선물로 주신다. 이 도성은 아름다움에 있어서 완벽한 바, 인류 의 정치 문화 예술 그리고 문명이라 불리는 모든 것, 곧 모든 형태의 인류문화 가 갈망하는 모든 완전성을 체현한다. 계시록의 이야기는 땅의 임금들이 그들 의 모든 보화를 그 도성 안으로 들여 올 것이라고 한다. 그와 같은 의미에서 그 도성은 하나의 참되고 아름다운 세계를 창조하려는 전 인류의 쟁투의 완성이 다. 하지만 그것은 인류의 교만의 소산이 아니라 하나님의 은혜의 선물인 것이 다. (75)

그런데 저자는 성서의 이야기에서 우리는 '창조세계와 인류의 보편사' 의 의미와 목적뿐만 아니라 "역사 속에서의 한 책임 있는 행동자(배우)인 각 인간(the human person)에 대한 해석"으로서 개인사의 의미와 목적도 발견한 다. 그는 '창조세계'와 인류의 '보편사'의 의미와 목적을 위하여 개인의 그것 을 희생시키는 것이 아니요 개인사의 의미와 목적을 위하여 전자의 그것을 희생시키는 것도 아님을 지적한다. 저자는 창조세계와 인류의 '거시사'(grand narratives)와 개인들과 공동체들의 '미시사'(mocro-hisotories)의 조화를 보고 있다. 문제는 그와 같은 '지복'의 새 창조의 세계에 동참할 수 있으며 역사의 지평 속에서 창조주와 구속주의 목적에 따라 믿음과 사랑과 희망의 삶을 살 수 있느냐의 문제에 있어서 가장 큰 문제가 '죽음'인데, 저자는 이를 기독론적으로 풀었다.

> 복음 이야기가 우리에게 보여주는 것은, 순 세상적인 관점에선 예수님의 삶이 실패로 끝났으나, 자신의 아버지께 전적으로 순종하고 그를 사랑하였기 때문에 아버지 하나님에 의하여 부활하시어 새 창조의 첫 열매로 영광에 도달하신 것이다.(78)

그런즉, 개인의 믿음과 사랑과 희망의 삶이 새 창조의 세계에 기여함은 물론이고 역사의 지평 속에서 큰 의미와 목적을 가질 것이라고 하는 말이다.

> 계시록은 우리들에게 한편 아름다움과 문명과 선한 질서를 향한 모든 인류의 쟁투의 완성이요 다른 한편 모든 눈물이 눈에서 씻음을 받고 각자가 하나님을 낮과 낮을 대하여 볼 것이며 우리들이 그분의 것이요 그분이 우리의 것임을 알 수 있는 한 장소인 하나의 도성에 대한 비전을 이야기해 주고 있다. 그것은 성서가 그것의 이야기를 끝맺는 비전이다. 이 비전이야 말로 우리로 하여금 전 인류의 보편사 이야기와 이 이야기 속에서의 우리들의 삶의 이야기들을 의미 있는 것으로 보게 하고 그럼으로 예수 그리스도를 통하여 우리들을 역사 속에서 책임 있는 행동자(배우)가 되도록 초대한다. 때문에 우리는 공적 차원에서의 인간적 삶의 책임들과 고뇌들로부터 도피해서는 안 될 것이다. … (78-79).

정리하면, 성서의 내러티브 신학은 교회와 인류 보편사와 창조세계에 대한 의미와 목적을, 보편주의적 구속신앙과 창조신앙, 특히 종말론적 전망에서 해석해 주고 있다. 우리는 이 성서 자체의 이와같은 해석을 따라서 그리고 그것을 안경으로 사용하여 교회사와 인류의 보편사의 의미와 목적 그리고 창조세계의 의미와 목적을 오늘 21세기 상황과 연결하며 해석해야 할 것이다.

2) 『다원주의 사회 속에서 복음』(1989)[38]

본 저서의 내용 중, "7. 선택의 논리", "8. 보편사로서의 성서"(The Bible as Universal History), 그리고 "그리스도는 보편사를 푸는 열쇠이다."가 본 저서의 주제와 직접 연결된다.

(1) "선택의 논리"

이미 우리는 『성서 전체를 꿰뚫어 보기』에서 하나님께서 '보편사'를 위하여 노아, 아브라함, 모세, 그리고 이스라엘 백성을 선택하셨다고 하는 사실을 알았다. 이제 우리는 이 부분에 대하여 좀 더 자세하게 들여다 볼 필요가 있다. 본래 이 주제는 개혁교회 전통의 '이중예정론'과 관계가 있는 것으로서, 이 '예정론'은 칼빈의 제자인 데오도르 베이짜와 17세기 칼빈주의적 정통주의(vs. 아르미니언주의) 및 17세기 웨스트민스 신앙고백에서 체계화되었고 20세기 칼 바르트에 의하여 비판을 받았다. 『웨스트민스터의 신앙고백』(1647)에서는 '이중 예정론'이 창조 이전에 결정된, "하나님의 결의"(the decree of God)이다. 그것은 '창조론', '섭리론', '죄론', '언약', '기독론', '성령론', … '이신칭의', '성화' 등의 내용을 규제하는 자리에 있다. 그것은 조직신학적 체계의 꼭지점에 놓여있다.

17세기 개혁주의적 정통주의 신학은 '내재적 삼위일체'와 '경세적 삼위

---

38) Lesslie Newbigin, *The Gospel in a Pluralist Society*(Grand Rapids, Michigan: William B. Eerdsmans, 1989).

일체'를 동일한 것으로 보지 않고 전자를 '감추어진 하나님'(Deus absconditus)
로 봄으로써 '이중 예정론'을 주장하였으나, 바르트는 이 둘을 동일한 것으
로 봄으로써 태초에 복음이 있었다고 말할 수 있었고 태초에 '이중 예정론'
에 대한 하나님의 영원한 결의를 거부할 수 있었다. 태초의 복음은 하나님의
영원한 결의로서 인류 가운데 일부를 지옥으로 내려 보내시려는 하나님의
의도를 배제한다. 말하자면 내재적 하나님은 예수 그리스도의 위격과 사역
를 통하여 계시된 하나님이외의 다른 하나님이 아니시라고 하는 말이다.[39]
칼 바르트의 화해론이 보편주의(모든 인류를 위한 칭의와 성화와 영화)를 지향하면서
도(de iure) 특수(de facto)(믿음과 사랑과 희망의 공동체)를 겨냥하는 것처럼 "예수 그리
스도의 선택"은 원칙적으로(de iure) 모든 인류의 선택을 전제하면서도 동시에
공동체의 선택(믿음과 사랑과 희망의 공동체)이 선행(先行)하는 개인의 선택(de facto)
을 겨냥하고 있다.

　　이제 우리는 칼 바르트의 영향을 받은 뉴비긴의 '선택논리'에 대하여 살
펴보자. 뉴비긴에게 있어서 "하나님께서는 특정한 사람들(people)을 선택하시
고 부르시며 파송하신다. 하나님께서는 항상 창시자(the initiator)이시다. 예수
님이 제자들에게 하신 '너희가 나를 택한 것이 아니라 내가 너희를 택하였
다'고 하는 말씀은 성서의 처음부터 끝까지의 모든 말씀과 일치한다."(80) 이
선택교리는 성서에 대한 참 된 해석에 있어서 핵심이라고 보았다. 따라서 우
리가 "하나님의 구원하시는 계시를 받아들이기 위해서" 모더니즘적 개인의
자율성과 자유와 자발성이 아니라 "하나님께서 자신의 메신저로 파송하신
이웃의 목소리에 귀를 기우려야 한다."(83)고 하는 것이다. '믿음은 복음을 들
음에서 난다'(fides auditu Verbi Dei)(롬 10:14-17)고 하는 말과 같다.

　　뉴비긴은 로마서 9-11장 해석에 집중한다. 그는 이스라엘에 대한 하나
님의 유일무이한 선택을 말하면서, 저들이 메시아를 배격했음에도 하나님
의 저들에 대한 선택은 결코 폐기되지 않았다고 한다. 하나님께서는 결코 저

---

39)　참고: 이형기, 『나의 신학수업의 패러다임 이동』(서울: 한들 출판사, 2005), 448-465.

들을 버리지 않으셨다. 그러나 하나님께서 저들을 당분간 버리신 것은 그의 신비스러운 구원경세(economy of salvation)를 위한 것이었다. 즉, "이와같이 이 사람들이 순종치 아니하니 이는 너희(이방인들: 필자 주)에게 베푸시는 긍휼로 이제 저희도 긍휼을 얻게 하려 함이니라 하나님이 모든 사람들 순종치 아니함 가운데 가두어 두심은 모든 사람에게 긍휼을 베풀려 하심이라."(롬 11:31-32). 이스라엘이 복음을 배격하였지만 이로 인하여 바울은 이방세계에 그것을 널리 전파할 수 있었다. 그럼에도 불구하고 또한 하나님께서는 이스라엘에 대한 종말론적인 구원의 징표로서 이스라엘의 남은 자들(소수의 유대교 계통의 그리스도인들)을 남겨 두셨다. 그런즉, 이스라엘이 계속하여 마음을 강곽하게 하는 것은 이방인들의 충만한 수가 기독교인들이 될 때까지이고, 결국 온 이스라엘이 구원을 받을 때까지이다.(롬 11:25)(83-84)

이스라엘에 대한 하나님의 선택은 인류 '보편사'를 위한 것이었다. "그분의 이스라엘에 대한 그와 같은 사랑과 헌신은 모든 열방들을 사랑하시려는 하나님의 목적이다. 이스라엘은 그것을 위한 도구이다."(84) 그러나 하나님께서는 사랑하시는 이스라엘이 범죄 할 때 마다 철저히 심판하셨다. "내가 땅의 모든 족속 중에서 너희만 알았나니 그러므로 내가 너희 모든 죄악을 너희에게 보응하리라."(암 3:2). 뉴비긴은 하나님의 선택된 이스라엘이 자신의 삶을 통하여 불순종의 세상(보편사)에 대한 하나님의 고뇌를 체현하였다고 주장한다.(84) 그리하여 "신약에서는 하나님의 택하심을 받으신 분(예수 그리스도)께서 모든 백성들(peoples)(보편사)을 위하여 하나님의 저주를 짊어지고는 죽음의 궁극적인 고뇌를 당하시기 위하여 부름을 받으신다."(84)

물론, "예수님의 십자가는 예외없이 모든 인류(보편사)가 하나님의 원수로 노정(露呈)되는 장소요 동시에 모든 인류가 예외 없이 하나님의 용서하시는 은총의 대상들로서 하나님의 사랑받는 자들로서 용납되는 장소이다."(86) 즉, 뉴비긴은 예수 그리스도를 통하여 하나님께서는 그분의 모든 인류(보편사)에 대한 사랑을 계시하셨다고 주장한다. 그러나 하나님의 경세차원에서, 부활하신 주님은 선교를 위하여 사도들과 사도적 공동체를 자신에 대한 증인들로 택하셨고, 향후 교회 공동체를 택하신 것이다. 그런 의미에서 다음의 인용은 중요하다.

> 선택된 선민이 된다고 하는 것은 선택 받은 사람들은 구원을 받고 나머지는 멸망을 받는 것을 의미하지 않는다. 그리스도 예수 안에서의 선택받음은 ― 그분 밖의 다른 선택은 없다 ― 세상(보편사)을 위한 그분의 선교 속으로 합체되고 이 세상 전체를 위한 하나님의 구원목적의 운반자가 되며, 모든 사람들을 위한 그분의 복된 나라의 징표요 대행자요 첫 열매가 된다고 하는 것을 의미한다. … 선택의 논리는 복음의 논리와 동일한 천 조각이다. 하나님의 구원목적은 우리들을 역사로부터 탈출하게 하고 역사의 특수성들을 간과하는 그 어떤 방식으로 그분과 관계를 맺는 것이 아니다.
>
> 하나님의 목적은 역사 안에서 그리고 역사를 통하여, 성서 이야기의 끝에 나오는 열방들의 모든 영광들이 반입되는 거룩한 도성을 구현시키는 것이다. 물론, 이것이 가장 중요한 것임에는 틀림없으나, 종말론적인 완성은 죽음과 부활 저편에만 놓여 있을 수 있는 것이다. 때문에 교회의 소명이란 역사를 통하여 십자가에 달리신 분의 주권의 비밀을 역사의 끝까지 운반하는 것이다.(87)

따라서 교회란 모든 공동체들 가운데서 선택받은 특수 공동체임에도 불구하고 하나의 보편적인 선교(사명)를 지니고 있는 것이다. 교회는 이 목적을 위하여 선택되었고 보편사 속으로 파송 받은 것이다.

정리하면, 뉴비긴은 이스라엘과 예수님의 선택, 그리고 사도들과 교회의 선택은 종말론적인 비밀에 대한 전망 하에서 전적으로 '인류 보편사와 창조 세계'를 위해서 결의(決意)된 하나님의 과격한 사랑과 은혜로 말미암은 것이다. 특수는 보편을 위해서 있다. 이는 '복음'에 다름 아니다.

(2) "보편사로서 성서"

역사기술이란 이야기하려고 하는 관점과 목적에 따라서 과거의 수많은 사건들과 사실들 가운데서 꼭 필요한 것들을 취사선택한다며, 예컨대 근대 유럽은 제1차 세계대전에 이르기 까지 대체로 역사가들은 인류의 진보를 낙관하면서 민족주의에 입각한 '민족사'나 문명사로서 '세계사'를 기술하였다고 한다. 그리고 신학적인 사관으로서는 성서적 비전에 입각한 아우구스티누스의 『신의 도성』에 나타난 관점을 소개한다. 따라서 저자는 보편사의 의미와 목적 그리고 '역사 속에서의 책임적 행동자로서 개인의 역할'에 대하여 성서 이야기의 관점을 제시하려고 한다. 그에게 있어서 성서의 이야기는 '보편사'를 해석한다. 그것은 보편사의 궁극적인 의미와 목적을 밝혀 준다. 이 부분은 본 저서의 주제와 관련하여 매우 중요하다. 그리하여 뉴비긴은 성서적 내러티브 신학에 입각하여 여섯 가지를 '보편사'해석의 관점으로 제안한다.

첫째, 저자는 '신앙'에서 출발한다. 그는 아우구스티누스의 "알기 위하여 믿는다."(Credo, ut intellegam)와 안셀름과 칼 바르트의 "지식을 추구하는 신앙" (fides quaerens intellectum)전통의 신학방법론을 따른다. 중요한 것은 교회의 신앙이란 "단순히 주관적인 것이 아니라 참 된 것 그리고 모든 사람들과 모든 장소를 위하여 참 된 것에 대한 믿음이다. 그것은 인류 전체의 이야기의 의미에 대한 진리이다."(92) 따라서 그것은 성서 기록자들의 주관성에도 불구하고 "보편적인 의향"(universal intent)(폴라니)[40]을 지닌 보편적이고 객관적 실재를 지향한다는 것이다.

---

40) 뉴비긴은 폴라니(Michael Polanyi(1891-1976)의 *Personal Knowledge*(1958)로부터 크게 영향 받았다. 폴라니는 자연과학의 지식세계에 있어서 '사실'과 '진리'와 '지식'이 보통 근대인들이 알고 있듯이 그렇게 순수 객관적인 것이 아니라 과학자 개인이나 과학자 집단의 참여를 포함하는 것이라고 하였으니, 뉴비긴은 여기에 착안하여 복음사실과 복음진리와 복음지식 역시 사도적 공동체의 참여(믿음)를 포함하는 것으로 보았다. 그래서 하나의 복음서가 아니라 다양한 복음서가 있는 것이고, 훗날 다양한 기독교 공동체들 역시 다양하게 표현된 하나의 사도적 복음(the Tradition)에 대한 다양한 참여를 통하여 '참여적 다원주의'(committed plurality) 현상을 보였다고 하는 것이다. 따라서 뉴비긴은 성서의 사실과 사건, 진리와 지식이란 사도적 공동체와 교회 공동체들의 참여(믿음)를 전제한 것이지만, 그것이 어디 까지나 객관성과 보편성의 의향을 보여주고 있다고 하는 것이다. 참고: 류태선, 『공적진리로서 복음』(서울: 한들 출판사, 2011), 50 이하.

둘째, 이와같은 '신앙'을 전제하면서 저자는 "하나님께서 모든 열방들을 위한 비밀의 전달자, 곧 이스라엘 백성을 택하시어 이들에게 비밀(이미 언급한 보편주의적 종말론: 필자 주)을 소통하시기를 선택하셨다."(93)고 한다. 즉, 하나님께서는 한 민족인 이스라엘의 역사 과정 속에서 일어난 사건들을 통하여 그와 같은 비밀을 전달하신 것이라는 말이다.

셋째, 자연과학 역시 믿음(자연세계의 합리성과 자연세계 속에서 일어나고 있는 다양한 시간들과 장소들에서의 사건들의 상호 연관성)을 전제하고, 이것이 자연세계의 객관적 실재성과 순환 속에 있는 것처럼 신학에 있어서도 신앙(faith-commitments)과 말씀들이 가리키고 있는 사건들의 역사적 실재성이 순환 속에 있다고 말한다. 즉, "과학에 있어서 믿음의 활동의 목적은 그것이 시발한 신앙의 진리를 증명해 내는 것이요, 항상 새로운 상황에서 그것을 증명하는 것이다."(94)라며, 이것이 성서의 기록자들에게도 그대로 적용된다고 한다. 즉, "성서기록자들 역시 만유 안에 있는 하나님의 현존과 활동의 실재를 믿고, 항상 새로운 상황들에서 그것의 진정성을 증명해 낸다. 그런데 이와같은 상황들은 이스라엘을 고통으로 몰아가고 메시아의 십자가 달리심에서 그것이 절정에 도달하는, 끝없는 큰 환란들과 같은 것으로 하나님의 현존 및 활동들과 모순되는 것으로 보이기도 하였다."(94)

넷째, "사건과 해석은 불가 분리하게 연결되어 있다."(94) 하지만 구약의 '출애굽 사건'의 경험과 '포로와 귀환의 경험'은, 이어지는 세대들에서 새로운 상황에 대응하여 항상 새롭게 해석되었고, 신약에서도 예수님의 사역과 죽으심과 부활에 사건들이 이어지는 복음서들과 서한들에서 새로운 상황들에 직면하여 다시 해석되었다. 특히, 저자는 예수께서는 일정한 기록을 남기신 것이 아니라 한 공동체에게 비밀을 세상의 삶 속으로 운반하도록 파송하시면서, 그것을 새로운 상황들에 대응하여 항상 다시 수용하고 다시 해석하게 하셨다. 그런즉, 오늘날 우리들은 "각 시대마다 근원적인 증인들의 증언들에 의하여 인도를 받아, 그와 같은 특별한 사건들 안에서 노정된 바에 비추어서 우리 시대의 사건들을 해석하도록 요청 받는다. 하나님께서는 그와 같은 특별한 사건들을 통하여 (보편사에 대한)자신의 목적을 계시하시고 발효시키셨기 때문이다."(95) 우리는 여기에서 출애굽이나 예수님의 사역과 죽으심, 부활과 같은 특수 사건들에 대한 근원적인 증언들을 통하여 보편사의 궁극적인 의미와 목적을 찾아야 할 것이다.

다섯째, 저자는 아우구스티누스로부터 18세기까지만 해도 서구 사람들은 보편사를 하나님의 섭리의 관점에서 이해하였으나, 그 이후는 전적으로 이성에 맡겨진 보편사 이해가 시도되어 왔다며(95), 모더니즘 시기에 접어들어, '보편사'이해는 그것의 아르키메데스의 지렛대를 상실하였다고 본다. 즉, 그는 보편사를 보편사 밖에서 볼 수 있는 입각점을 상실했다고 하면서, 성서의 이야기야말로 보편사의 궁극적인 의미와 목적을 알게 하는 유일무이한 이야기라고 주장한다.

> … 성서에 관하여 유일무이한 바는 그것이 이야기하고 있는 이야기인데, 그것의 절정은 하나님의 아들의 성육신, 사역, 죽으심, 그리고 부활 이야기에서 발견된다. 만약에 그 이야기가 참 일진데, 그것은 모든 인간역사를 위한 그것의 함축들에 있어서 유일무이하고 보편적이다. 그것은 사실상 세계역사의 진정한 아우트라인이다. … (97)

여섯째, 저자는 성서의 이야기가 어떤 식으로 여타의 보편사 이해에 도전할 수 있는가에 대하여, "한 공동체의 증언을 통하여 그렇게 할 수 있다. 그도 그럴 것이 이 공동체는 성서적 출연자들과 증인들과 끊어짐이 없는 연속성을 가지고 성서가 이야기하고 있는 이야기 안에 내주(indwell: 폴라니)하고 있기 때문이다."(97) 우리는 성서의 이야기 안에 있으면서 성서 밖의 세계를 해석해야 한다고 하는 말이다. 적어도 하나님의 어떠하심과 그의 행동은 성서의 이야기를 통해서 발견되는 것이다. 이에 관하여 저자는 여섯 가지 함축적 의미를 제안한다.(99-102)

첫째, 믿음의 공동체의 중요성이다. "이 경우에 공동체란 하나님에 의하여 선택되고 부름을 받은 사람들의 무리이다. 이들은 이야기가 시작되는 처음부터 이미 앞서 간 사람들과 연속성 상에 있다.

둘째, 구약과 신약의 하나님의 행동에 의한 사건들을 통하여 우리에게 보편사의 의미와 목적을 알게 해준다.

구조는 본질적으로 내러티브이다. 성서의 배경을 이루고 있는 특정 시간들과 장소들에서 시연(試演)된 역사가 현대 역사이해를 위한 단서를 제공한다. 우리들이 새로운 기회들과 위험들에 직면할 때마다 우리는 마른 땅을 통하여 홍해를 건넜고 광야에서 만나를 먹었으며 바벨론으로부터 찬송을 부르며 귀환하였고 십자가 앞에 서 있으며 빵을 떼면서 부활하신 주님을 만났다고 하는 것이 무엇을 뜻하는가를 아는 사람들이다. 이것이 우리의 이야기이고 그것은 우리가 누구인가를 정의한다.(99-100)

셋째, 그렇다고 개인들이 매일매일 그리고 순간순간마다 행해야 할 책임으로부터 벗어날 수 없다고 하는 것이다. "성서적 이야기에서 묘사되고 있는 배역은 하나의 책임 있는 사랑과 순종의 관계 속으로 자신의 백성을 부르시는 만유의 창조주이시오 주님이신 분의 배역이다. 때문에 성서의 이야기는 처음부터 실수를 범하는 인간적인 결단들에 대한 이야기이다."(100)

넷째, 우리가 신앙 공동체 안에 거하면서 성서적 이야기 안에 내주하는 것은 믿음으로 시작된다며 과학자의 경우처럼 믿음을 출발점으로 하는 탐구여야 한다고 한다. 무엇보다도 그와 같은 믿음과 공동체와 성서 이야기 안에 내주하는 것은 내가 택하는 것이 아니라 하나님의 은혜로 택하게 된 것이다. 그런즉, 우리는 그분의 비밀을 온 세상과 나누기 위하여 하나님의 은혜로 이 신앙 공동체의 일원이 된다.

다섯째, 이 신앙의 공동체는 '희망'에 의하여 특징지워진다고 하는 것이다. 희망은 역사의 의미이다. 곧, 다름아닌 그리스도가 역사의 의미이다. 아니 우리는 그것을 역사의 목적이라고 부르기도 한다. 어떤 행동이 의미가 있는 것은 그것이 적어도 이해 가능한 어떤 목적을 지향하고 있기 때문이다. "성서의 이야기에 의하여 그것의 '의미 구조'가 형성되는 것, 신앙의 공동체 안에서는 하나의 역사의 목적에 대한 하나의 분명한 비전이 있으니, 그것은 다름 아닌 만유가 머리이신 그리스도와 화해할 것이라고 하는 역사의 목적 이다."(101).

여섯째, 그와 같은 종말론적인 희망이야 말로 개인적인 최선의 성취들과 공적인 최선의 성취들을 새롭게 창조하는 하나님 나라에 대한 것이다.

> … 한 기독교인에게 있어서 행동의 지평은 예수 그리스도의 도래(advent rather than future)이다. 그분은 우리를 맞이하시기 위하여 오실 것이다. 그리고 우리가 무엇을 하든지 우리의 아주 개인적인 기도이든 아니면 우리의 아주 공적인 정치적 행동이든, 그런 것들이 어디에서 일어났든지 그분의 축복된 나라에서 꾸밈없이 그분께 드려질 것이다. 여기에서 우리는 의미있는 역사 가운데서 의미있는 행동을 할 수 있는 실마리를 발견한다. 그것은 다름 아닌 주기도문을 행동으로 옮기는 것이다. "나라이 임하옵시며 뜻이 하늘에서 이룬 것같이 땅에서도 이루어지이다."(마 6:10).[41)

정리하면, 저자는 믿음을 가지고 이야기 되어진 성서 이야기 자체가 보편사를 해석하고 있다며 믿음을 전제하는 '보편사' 해석을 주장한다. 그는 볼테르 이후 모더니즘의 철학적 보편사 해석에서는 더 이상 아우구스티누스 등의 신학적인 보편사 해석이 없어졌다고 안타까워하면서, 성육신, 정통 기독론, 삼위일체론, 종말론 등의 바탕인 성서의 내러티브 신학에서 '보편사'의 의미와 목적을 찾는다.

---

41) Lesslie Newbegin, *op. cit.*, 102.

(3) "그리스도는 보편사를 푸는 열쇠이다."

히브리 사상을 담고 있는 구약은 역사가 어떤 목적을 지향하고 있다고 가르치고 있는 반면, 희랍사상은 "완전의 본질은 불변성이고 완전성이란 역사의 변화무상으로부터 올 수 없다."(103)고 하여, 저자는 히브리 전통의 역사이해가 희랍의 그것보다 우월하다고 한다. 구약은 "역사의 하나의 영광스럽고 무시무시한(terrible) 완성"을 내다보면서 설명하고 있으니, "역사란 그와 같은 하나의 목표를 지닌다고 하는 뜻에서 의미를 갖고 있다."(103)고 한다. 그런즉, "반대로 모든 인간의 삶은 하나님으로부터의 선물이요 모든 것은 그분의 뜻에 의하여 실존한다. 때문에 역사란 역사 자체 내에 내재하는 힘들의 발전에 대한 이야기가 아니라 하나님의 약속에 따른 과정이다. 역사가 의미가 있는 것은, 하나님께서 역사의 목적을 약속하셨기 때문이다."(103) 저자는 성서의 내러티브 안에는 약속과 성취라고 하는 하나의 빨간 줄이 그어져 있다면서 창세기로부터 예수님께 이르는 그와 같은 약속사의 흐름을 '보편사'의 의미와 목적으로 소개한다.

> 인류가 장차 악의 세력을 파멸시킬 것이라고 하는 아담에게 주어진 신비스러운 약속(창 3:15), 향후 자연세계까지도 지탱될 것이라고 하는 노아에게 주어진 약속(창 8:22), 그 안에서 그리고 그의 후손 안에서 모든 열방들이 복을 받을 것이라고 하는 아브라함에게 주어진 약속, 가나안 땅을 선물로 얻을 것이라고 하는 족장들에게 주어진 약속, 하나님께서 자신을 대적하는 모든 것을 제압하시고 다스릴 것이라고 하는 시편에 주어진 약속들, 그리고 그들의 가까운 미래의 사건들에 대한 예언서들 안에 주어진 약속들이 있다. 그리고 모든 이와같은 약속들은 인류 및 우주적인 모든 역사의 최종적인 완성에 대하여 이야기하고 있는 '묵시적'이라 불리는 글들 안에서 그것의 절정에 도달한다. (104)

저자는 헨드리쿠스 벨코프(Christ, the Meaning of History, p. 54)를 따라서 예언서와 묵시서 사이의 날카로운 구분선을 주장하기 보다는 그 둘이 하나의 끊어짐 없는 하나의 운동으로 설명하면서, '하나님 나라가 가까이 왔다'고 하는 근본적인 메시지를 지니신 예수님 역시 묵시적 전통의 한 대표로서 말씀하셨다고 주장한다.(104) 그리하여, "그 분 안에서 끝이 온 것이다. 때문에 그 분 안에서 역사는 그것의 의미를 지닌다."(104)는 것이다.

이처럼 저자는 창세기로부터 예수님께 이르는 약속의 역사를 살핌으로써 역사의 방향과 목적을 살핀 다음, 사복음서의 내러티브들에 나타난 '하나님 나라'에 대하여 아홉 가지 주장을 언급한다.

첫째, 마가복음 내러티브가 이야기하고 있는 "하나님의 나라가 가까웠다."(막 1:15)에서 "engiko"는 시간적이라 보다 공간적인 의미로서 "하나님의 통치가 현재적 실재로서 저들에게 직면해 있다고 하는 뜻을 지녔다고 본다. "그것은 "너희들 가운데"(눅 17:21) 있다. 그것의 권세는 이미 너희들 가운데 역사하고 있다.(마 12:28) 그 이유는, 하나님의 왕적인 권세로서 하나님의 통치는 인간 예수님 안에 현존하고 있기 때문이다."(105) 예수님 자신이 하나님의 통치 또는 하나님 나라 자체(autobasileia)라고 하는 말이다.

둘째,이 하나님 나라의 현존은 회심한 사람들에게만 또는 믿는 사람들에게만 보여 진다고 한다.

셋째, 이와같은 감추어진 하나님 나라의 현존은 흑암의 권세(눅 22:53) 또는 이 세상의 정사와 권세들의 정체를 드러내고 이것들과 충돌하면서 결국 십자가에서 그것의 절정에 도달한다.(105)

넷째, 제자들의 감추어진 것이 드러나고 하나님의 통치가 하늘에서처럼 땅에서도 실현될 때를 위하여 기도할 것을 요청받았다고 하는 것이다. 저자에게 있어서 지금은 감추어져 있고 장차 드러난다고 하는 것은 현재와 미래의 미완성과 완성의 관계나 그 어떤 모순의 관계가 아니다. 저자는 하나님 우편에 앉아계신 주님께서 현재 이 세상(보편사)을 다스리시지만 장차 모든 사단 마귀가 제압되고 하나님의 나라가 임할 때 까지 그것이 은폐되어 있다고 보아(저자는 골로새 2:15에 근거하여 예수께서 그와 같은 권세를 이미 노정시키셨고 무장 해제 시켰다고 하지만)(107), 하나님의 통치의 현재와 미래의 관계를 의미한다.

예수님은 시편 110편과 다니엘 7장 13절 말씀을 재해석하시면서, "인자 곧 예수님께서 열방들이 자신의 통치를 받아들이는 날 까지 하나님 우편에 앉아계실 것이고 그 다음에 영광 가운데 통치하시기 위하여 오실 것이다."(106)라고 하는 것이다.

다섯째, 예수님의 승천과 재림 사이에서 교회가 성령의 역사로 하나님의 통치를 미리 맛보면서 열방들에게 하나님 나라의 복음을 전해야 한다고 말한다. 그런즉, 하나님의 자비로 하나님의 마지막 권세의 계시가 제어(制御)된 상태에서 모든 열방들은 갈릴리의 군중들처럼 회개하고 회심하며 십자가에 달리신 분 안에 현존하는 하나님의 통치를 믿고 인정하라고 요청 받는다. "이 천국 복음이 모든 민족에게 증거 되기 위하여 온 세상에 전파되리니 그제야 끝이 오리라."(마 24:14)(106) 그리고 "예수님의 설교가 그러했듯이 그와 같은 하나님 나라에 대한 설교는 하나님 나라의 징표들을 동반하였다."(106)

여섯째, 그와 같은 하나님 나라를 인내하는 신앙과 희망으로 깨어 기도하며 기다리고 바라라고 하는 것이다. 그 날과 그 시간은 아무도 모르니 말이다. 저자는 복음서들에서 이와같은 '이미와 아직'의 긴장을 발견하고, 로마서 8장에서도 그와 같은 긴장을 본다. 즉, "… 교회가 창조의 세계와 인류의 구속을 기다리면서 괴로워하고 신음하고 희망 가운데 구원을 받았으니 약속된 바를 얻기 위하여 인내를 가지고 기다리는 사람들은 다름 아닌 하나님 나라의 첫 열매들, 곧 성령의 첫 열매들을 받은 사람들일 것이다."(107).

일곱째, 중간 시기 동안 교회는 "고난과 하나님 나라의 징표들의 현존으로 특징 지워진 예수님의 사역의 특징"(107)을 보인다. 교회는 아직도 사단 마귀의 흑암의 권세 아래 선교 현장에서 고난을 경험한다. 요한복음 2장 19절-23절 말씀은 아버지가 아들을 이 세상 속으로 파송하신 것처럼 아들 역시 자신의 백성을 이 세상 속으로 파송하신다고 하시면서 자신의 손의 못 자국과 허리의 상처를 보여주셨고, 동시에 하나님 나라의 미리 맛봄인 성령을 그들에게 불어 넣으셨다. 성령께서는 예수님의 지상사역에 있어서처럼 교회를 통하여도 이 세상의 죄와 의와 판단에 대하여 심판해야 한다는 것이다.(요 16:8) 교회는 주님이 지상에서 고통 당하신 것처럼 고통 당한다는 말이다. 하지만 동시에 교회는 자신 안에서 이미 현실이 된 '하나님 나라의 나타남들'(unveilings)과 '섬광들'(glimpses)을 본다. 바로 이와같은 이중성은 십자가와 부활의 상호관계이다(비교: 고후 4:10). 하지만 부활은 선택된 소수들, 곧 감추어진 하나님 나라의 증인들로 부름 받은 자들에게만 알려질 수 있다.(108)

여덟 번째, 열방들의 회심(회개와 신앙)이 하나님 나라의 영광이 그것의 놀라운 위엄으로 계시되기 이전, 그것이 아직 감추어져 있는 중간시기에 가능하다고 한다. 이 시기 동안에 교회는 흑암의 권세의 가면을 벗겨내고 도전하면서 그것들의 공격의 결과를 자신의 삶 속에서 감수하는 동안에 치유와 축복의 권세들, 곧 하나님 나라의 징표들을 경험한다. 물론, 이와같은 예수님의 통치를 경험하는 것은 신앙의 눈을 가진 사람들이다. 바로 이 "선교는 하나님 아버지 우편에 앉아 계신 예수님께서 땅과 하늘에서 행사하시는 권위에 다름 아니다."(108) 그것은 성령의 현존이 교회에게 주는 힘들 안에서 나타난다.(108)

아홉째, 하나님 나라에 관하여 두 가지 유혹을 언급한다. 하나는 그것의 조급한 실현이다(행 1:6; 눅 19:11). 하지만 복음서들은 복음이 먼저 모든 열방들에게 전파된 후 하나님 나라가 도래할 것이라 말한다. 그 이전까지는 여러 형태의 고난들과 적그리스도들이 나타날 것이라고 한다.(복음서들의 '작은 묵시서들') 다른 하나는 하나님 나라가 이미 이루어졌으니('실현된 종말론) 또는 아직 그것의 도래가 멀었으니, 늑장을 부려도 된다고 하는 유혹이다. 그런즉, "약속하신 분에 대한 확고한 신앙은 인내하는 기다림으로 인도할 것이다."(109)

저자는 이와같은 하나님 나라 이야기에 비추어서 보편사의 의미를 주장한다. "이와같은 하나님 나라에 대한 신약성서의 가르침이야말로 우리로 하여금 '역사의 의미'를 말할 수 있게 하는 것이 아닌가? 역사는 하나의 목적을 지니고 있다고 말하여 질 수 있는 것이 아닌가? 다시 한번 우리는 미래에 대한 어떤 비전이 없다면 인간의 책임적인 행동이 가능하지 않다고 하는 사실을 기억하지 않으면 안 된다."(109) 다음의 인용은 역사의 의미와 목적이 종말론에 정위(定位)되어 있음을 말한다.

　　신약성서는 분명히 우리가 그것을 향하여 움직여 가고 있는 하나의 목적(a goal)을 보여준다. '또한 너희가 이 시기를 알거니와 자다가 깰 때가 벌써 되었으니 이는 이제 우리의 구원이 처음 믿을 때보다 가까웠음이니라.'(롬 13:11) 하나의 진정한 끝에 대한 열렬한 기대가 성서의 거의 모든 페이지에서 울려 퍼진다. 성서는 모든 악이 제거되고 모든 열방들이 자신들의 보화를 그곳으로 반입하는 하나님의 도성에 대한 비전으로 끝맺음 한다. … 예언자들이 바라고 기대하였던 마지막 날이 동 터 올랐다. 십자가에 달리신 메시아의 부활이야 말로 마지막 날의 돌입(the breaking in)이다. 그것은 주님의 날(the day of the Lord), 아니 주님의 날(the Lord's Day)이다. … (110)

　　그리고 저자는 역사의 지평 속에서 사적인 일들과 공적인 일들 모두 의미있게 하는 것이 다름 아닌 장차 은혜로 도래할 하나님의 나라라고 할 때, 이는 '보편사'의 모든의 종말론적인 완성을 포함할 것이다.

　　약속된 역사의 목표, 곧 역사 속에서 책임적 행동을 가능하게 만드는 그것은 죽음이 만들어 내는 사사화의 세계와 공적인 세계의 이분법을 치유한다. 사도 요한이 성경의 마지막 책에서 그리고 있는 거룩한 도성은 어떤 의미에서 모든 공적인 역사의 종말적 완성(consummation)이다. 그것은 참 된 도성의 창조물인 문명 전체에 대한 이야기를 표현하고 있다. 그것은 미와 통일성에 있어서 완벽하다. 그리고 땅의 모든 열방들이 그들의 모든 보화들을 그곳으로 반입한다. … 인류문명, 예술, 기술, 그리고 문화의 성취들이 진멸되는 것이 아니다. 이들 속에 있는 모든 불결이 제거될 것이고 가치 있는 모든 것은 왕 중 왕이신 그분에게 드리는 제물로서 그것의 자리를 발견할 것이다. … 그러나 동시에 거룩한 도성은 각 영혼의 여정이 마지막 때에 그것의 목표를 발견하는 그와 같은 장소이다. '다시 저주가 없으며 하나님과 어린양의 보좌가 그 가운데 있으리니 그의 종들이 그를 섬기며 그의 얼굴을 볼 터이요 그의 이름도 저희 이마에 있으

리라 다시 밤이 없겠고 등불과 햇빛이 쓸데없으니 이는·주 하나님이 저희를 비
취심이라 저희가 세세토록 왕 노릇 하리로다.(계 22:3-5)

정리하면, 구약에서 신약에 이르는 하나님의 약속들과 약속의 성취사야
말로 보편사를 해석해 주고 있다며, 그 초점을 사복음서의 내러티브들이 이
야기하고 있는 '하나님 나라'에 두고 있다. 저자에게 있어서 약속과 약속의
성취사를 포함하는 성서의 이야기가 '보편사'해석을 위해서 결정적으로 중
요하지만, 그것의 초점은 기독론적 종말론, 곧 복음서가 이야기하고 있는 미
래 지향적, 그러나 현재 진행되고 있는 하나님 나라에 있다 하겠다. 그는 예
수 그리스도(기독론)를 성서 이야기 전체의 맥락에서 그리고 성서 이야기 전
체를 예수 그리스도에 비추어서 해석할 것을 주장하지만, 그것의 무게는 미
래 지향적 종말론을 지향하고 있는 것으로 보인다. 이는 '창조세계와 보편
사' 해석의 관건이다.

4. 교회와 기독교 신학의 사사화 vs 복음의 공공성 및 공적인
   영역으로서 '보편사'

본 필자는 위와 같은 제목 하에서 '복음의 공공성'과 교회와 신학의 공적
영역들에의 참여를 다룸으로써, 성서적 내러티브에 의한 '보편사' 해석에 이
어서 교회와 신학의 '보편사'에의 참여를 집중적으로 논하려는 것이다. 비
록, 뉴비긴의 공공성 논의가 근대 서유럽에서 발견되는 복음과 교회와 신학
의 사사화와 주변화를 겨냥한 것이기 때문에, 그것이 '보편사' 속에서의 공
공성이라고 보여 지는 것이 사실이지만, 적어도 그와 같은 뉴비긴의 공공성
개념은 아시아와 아프리카와 라틴 아메리카 문화와 전통 속에서의 그것은
아닌 것이다. 하지만 서유럽 사회의 공공성 문제가 다른 지역들의 공공성 문

제 해결에도 도움을 줄 수 있을 것이다. 그 이유는 자연과학과 기술의 발달, 도시화와 산업화, 자본주의와 제국주의 등 서양문화의 글로벌화가 비서양 지역들로 침투하면서 비서양권 역시 그와 같은 공공성의 문제에 직면해 있기 때문이다.

1) 『다원사회 속에서 복음』(1989) : 전통과 그것의 권위로부터의 해방

뉴비긴은 기독교와 신학의 '사사 화'(私事化)가 서유럽의 모더니즘의 모체인 계몽주의시기로부터 본격화된 것으로 본다. 저자는 '너의 이성을 과감하게 사용하라'고 하는 칸트의 주장(『계몽주의란 무엇인가?』)에서 '계몽주의'란 '이성과 양심'을 최대한도로 사용하고 그것을 만물의 척도로 하여 '전통과 그것의 권위'로부터의 해방을 부르짖었다고 한다. '계몽주의' 이전까지만 해도 성서와 교회의 가르침이라고 하는 전통과 그것의 권위에 대한 신앙에 있어서, 신앙은 개인의 결단의 문제가 아니라 모든 사람들이 '전통과 그것의 권위'를 받아들이는 것의 문제였으나, '계몽주의' 이후에 신앙이란 각 개인의 결단과 선택의 문제로 되었다고 한다.(219)[42]

특히, 뉴비긴에 의하면 '계몽주의'의 과학주의가 교회와 신학을 '보편사'에 동일 귀속하는 공적인 삶의 영역으로부터 퇴출시켰다. 그도 그럴 것이 오늘날 그 누구도 '물리학'이나 '생물학'을 그 어떤 개인의 사사로운 "물리학"이요 "생불학"이라 부르지 않기 때문이다. 오늘날 대다수의 인류사회는 기독교의 신앙과 신학적 표현들을 "개인적 의견의 표현들"로 본다.(220) 다시 말하면 "어떤 이가 성서와 교회의 권위에 호소할 경우, 대다수 인류사회는 그와같은 호소를 단순히 개인적인 선택의 표현으로 여길 것이다."(220). 말

---

42) '*The Gospel in a Pluralist Society*(1989)'으로부터의 발췌문. Lesslie Newbigin: *Missionary Theologian: A Reader*, Compiled and Introduced by Paul Weston(Grand Rapids, Michigan: William B. Eerdmans, 2006)

하자면, 과학과 기술의 세계는 '사실들의 세계"(factual world)이고 성서와 교회의 가르침의 전통(종교들, 문학들, 예술들 등이 여기에 속하지만)은 '가치의 세계'로 보아, 전자는 사실적이고 객관적이고 보편타당한 세계이며, 후자는 이렇게 생각할 수도 있고 저렇게 생각할 수도 있는 지극히 주관적이고 개별적이고 지역적인 사사로운 세계로 생각하는 것이다. 따라서 저자는 이와같은 이분법(factual world vs. world of values)을 극복하고 성서와 교회와 신학을 다시 공적인 세계로 진입시키려고 한다.

저자는 성서와 교회의 전통 그리고 그것의 권위가, 물론 과학과 기술의 전통 및 그것의 권위와는 차원을 달리하지만, 이 둘 사이의 유비관계를 지적함으로써 전자가 결코 공적인 차원으로부터 퇴출되어서는 안 된다고 주장한다. 우선 과학과 기술은 우주의 합리성에 대한 신앙에서 출발하여 어떤 이론을 경험을 통하여 증명하려고 할 때, 이것은 신앙에 의한 칭의에 다름 아니다. 즉, 어떤 과학이론이든 그것이 전개되고 입증되는 것은, 결국 그것의 신앙을 정당화(이신칭의)하는 것이라고 하는 것이다. 또한 과학은 '전통'을 학습에 의하여 전수하고 거기에 주관적인 직관과 상상력에 의한 새로운 시야를 제안하게 되는 바, 이는 과학사에 있어서 어떤 과학이론의 '패러다임 전환'을 가져온다. 더욱이 과학적 탐구는 결코 단순히 객관적인 것이 아니라 '인격적(참여적) 지식'(폴라니)이다. 그도 그럴 것이 과학의 객관적인 전통을 학습하는 과정도 그렇고 어떤 직관과 상상력에 의하여 그 전통에다가 어떤 새로운 것을 덧입혀 패러다임 전환을 일으키는 것도 그렇기 때문이다. 이와같은 뉴비긴의 주장은 모더니즘의 객관주의와 보편주의를 극복하려는 포스트모더니즘의 노력의 일환일 것이다. 과학의 주관주의적인 출발과 학습과정 그리고 새로운 시야에 대한 발견과정에서 개인의 주체가 개입되고 있는 것이고 과학적 지식은 결국 어떤 과학자 집단의 지식 이상이 아니며 과학자들의 신앙을 출발점으로 하는 발견들이 우주의 실재 그 자체의 극히 일부이기 때문이다.

과학자의 과학하기에 평행하여, 저자는 이제 성서와 교회의 전통 그리고 그것의 권위를 이상 과학의 전통과 그것의 권위 문제와 유비(analogia)하여 주장한다. 우리 기독교인들이 세례를 통하여 기독교 공동체 속으로 받아들여질 때, 우리는 권위를 주장하는 전통 속으로 진입되어 지는 것이다. 그와 같은 전통은 성서로 그리고 이 성서에 대한 교회의 계속적인 해석의 역사로 체현된다. 특히, 기독교 전통이란 "과학 전통에 있어서처럼 사물들을 보는 관점들, 곧 경험을 해석하는 어떤 모델들을 체현시키고 있고 제시하고 있는 것이다."(227) 하지만 성서와 교회의 가르침의 전통은 우주의 합리성에 대한 일련의 질문들에 국한되는 것이 아니라 "사물들과 인간 삶의 궁극적인 의미와 목적에 대한 질문들에 관심한다. 따라서 기독교 전통이 이 세상을 이해하려고 하는 모델들과 개념들과 패러다임들은 이와같은 좀 더 광범위한 문제들을 포괄한다."(227) 물론, 이와같은 '모델들'과 '개념들'과 '패러다임들'은 성서 이야기를 모태로 하고 있고 성서 이야기를 통일성으로 하고 있다. 그리하여 뉴비긴은 아래의 주장에서 기독교 신앙과 과학의 이분법을 극복하려 한다.

> 성서와 교회의 가르침의 전통 역시 과학자들과 꼭 같이 우주의 합리성을 전제하고 있지만, 전자는 후자보다 우주의 창조주와 지탱자가 인격적으로 그분의 목적을 계시하셨다고 하는 믿음에 근거하는, 하나의 좀 더 광범위한 합리성을 전제하고 있다."(228)

과학의 세계에서처럼 믿는 사람들은 기독교 전통(성서와 교회의 가르침의 전통)을 수용할 때에 그것에 대한 개인적인 학습과정 후에 그것에 대한 새로운 무엇을 제안할 수 있다고 본다. 이 때에 과학에서처럼 성서와 교회의 가르침을 수용하는, 믿는 자의 주관적인 또는 개인적인 차원이 개입되게 마련이지만, 그 진리는 "보편적인 의도"(universal intent)요, "모든 사람들을 위한 진리"요, "공적인 진리"(228)라고 하는 것이다.

특히, 예수님의 명령이 우리게 말씀하는 것처럼 그것은 인종과 종교와 문화의 종류를 막론하고 모든 열방들에게 알려져야 한다. 그것은 공적인 진리이다. 즉, 다른 사람들의 마음속에서 성령의 증언이 있음으로써 그들 역시 스스로 그것이 진리임을 알게 될 것이다.(228)

그런데 만약에 기존의 기독교 전통을 전수 받은 각각의 기독교인들이 그 어떤 새로운 무엇을 발견하여 전통의 변형을 추구할 경우에도 그는 공동체 전체의 판단에 맡겨야 하는 바, 이것의 목적은 "항상 전체로서 공동체가 진리에 대한 좀 더 완벽한 이해와 진리에 의한 완전한 삶으로 전진하게 하기 위한 것이여야 한다."(228) 끝으로 저자는 과학에 있어서 전통과 권위와 달리 성서와 교회의 전통과 그것의 권위는 '역사 속에서의 하나님의 행동'에 대한 것이라고 못 박는다.

기독교 공동체의 경우, 전통이란 역사 속에서의 하나님의 행동에 대한 증언의 전통이다. 그것은 다름 아니라 창조주의 목적을 계시하고 실행한다. 이와같은 하나님의 행동들은 그 자체로서 신앙이 이해하려고 애쓰는 실재이다. 이런 식으로 세상에 대한 기독교적 이해는 단순히 하나의 이해의 전통에 '내주 하는 것'(dwell in)이 아니라 하나님의 활동에 대한 이야기 안에 '내주하는 것'(dwell in)이다. 기독교 신앙이 추구하는 지식은 행동해오셨고 지금도 행동하고 계시는 하나님에 대한 지식이다.(228-229)

정리하자면, 저자는 과학과 기독교 신앙을 대립갈등 관계로 보지 않고, 전자를 '사실의 세계'로 보아 후자를 전자의 세계(보편사의 일부)로부터 퇴출시켜야 하는 것으로도 보지 않으며, 그 둘 사이의 유비관계에 주목하면서 후자가 제시하는 '사물들과 인생의 의미와 목적'을 따라서 또는 "창조주의 목적을 계시하고 실행하는 역사 속에서의 하나님의 행동"을 표준으로 하여 과학과 기술의 세계 속에서 삶의 의미를 찾아야 할 것을 주장한 셈이다. 이런 뜻에서 그는 기독교 신앙의 사사화가 아니라 그것의 공적인 차원을 힘주어 주장한다. 비록 그가 말하는 과학과 기술의 세계가 '보편사'의 일부요, 오늘날 생태계파괴로 인하여 큰 문제를 일으키고 있음에도 불구하고 그의 주장은 기본적으로 기독교 신앙의 공공화의 일부일 것이다.

2) '세속화의 맥락 속에서 복음전도'(1990)[43]
: 유럽의 세속사회와 하나님 나라의 복음 및 교회

이와같은 과학과 기술에 의한 유럽의 세속화를 말하는, 저자는 데카르트와 17세기 과학의 발달로 유럽의 세속화가 본격화되었다고 한다.

> 17세기 이래로 유럽에서 발전된 세속사회들은 인간의 본성에 대한 그리고 인간의 삶이 어떻게 영위되어져야 하는 것에 대한 신뢰할만한 지식이 하나님의 계시와 은혜에 대한 의존에 의해서가 아니라 경험과학의 방법론들에 의존함에 의하여 발견될 수 있다고 하는 공통 신념을 함께 공유하고 있다. 넓게 말하자면 이것은 공적인 삶을 지배하는 도그마로서 개인들이 자유롭게 주장하는 사사로운 의견들과는 구별되는 것이다.(230)

이와같은 세속화 과정은 서유럽에서 일어나고 있는 동양 종교들과 고대 형태의 이교 종교와 점성술 등의 종교적 부흥과 마르크스주의 이후 동유럽에서의 기독교 부흥에도 불구하고 심화되고 있다고 본다. 미국의 '신 죽음의 신학'과 하비 콕스(『세속 도시』)와 영국의 먼비(Denis Munby)의 등장 역시 그와 같은 세속화에 대한 승리가 아니라 그것에의 굴복이니, 이들 세속사회야 말로 다른 신들에 의하여 점령 당한 것이고 이교적인 사회로 바뀐 것이며 보편사

---

43) "Evangelism in the Context of Secularization", *In Lesslie Newbigin: Missionary Theologian: A Reader*, Compiled by Paul Weston.

의 궁극적인 의미와 목적을 상실한 채 과학의 사실들만을 신뢰한다.

뉴비긴은 "그와 같은 세속사회란 우리가 기독교 메시지를 투척할 수 있는 하나의 중성적인 영역이 아니다. … 우리는 이 세속사회에서 정사와 권세에 직면한다."(231)며, 19세기의 문화 기독교세계에 대면하는 '복음'의 타자성(Otherness)을 강조하였다.

이와같은 세속화 사회들 속에서 어떤 이들은 점차 쇠락하고 있는 교회를 바라보면서 우리는 복음전도(evangelism)를 통하여 교회를 성장시켜야 한다고 하지만, 뉴비긴은 결코 교회 성장을 우선시하지 않는다. 그는 바울이, 밖으로 나아가 복음을 전하라고 한 것이 아니라 "만일 복음을 전하지 않으면 내게 화가 있을 것임이니 이다."(고전 9:16)에 더 주목한다. 그는 모더니즘 전통을 통하여 문화화되고, '보편사'의 일부가 되었으며, 문화사의 한 부분이 되었고, 종교사들 가운데 하나로 전락한 18-19세기 문화, 기독교세계에 대한 폭탄선언과 같은 신약성서의 '하나님 나라의 복음'을 강조하면서 그것이 성서 이야기의 초점이라고 주장한다.

> 신약성서에 있어서 첫 복음전파는 하나님 나라가 가까웠다고 하는 예수님에 의한 선포이다. 이것은 교회의 뉴스가 아니라 세계뉴스이다. 그것은 '가치들'에 대한 것이 아니라 '사실들'에 대한 것이다. 엄격히 말하여 그것은 뉴스이지만 그것은 행동에 의한 즉각적인 반응을 요청한다. … 열광도 있었고 배격도 있었다. 결국엔 배반과 정죄와 죽음이 있었다. 하나님의 통치는 결국 나타나지 않았다. 절망과 자살이 있었다. 그럼에도 불구하고 끝인 것처럼 보이는 것이 새로운 시작이 되었다. 기쁨의 폭발, 그것은 결코 은폐되어 질 수 없는 뉴스였다. 무덤은 비었고, 예수님은 부활하셨다. 죽음은 정복되었다. 결국 하나님께서는 통치하셨다. 하나의 새 창조가 시작된 것이다. … (231)

성서야 말로 진짜 이야기, 곧 우리들이 진정으로 누구이고 어디로부터 와서 어디로 갈 것인가를 이야기하는 참 이야기이다. … 성서 이야기 전체의 초점은 신약성서가 이야기하고 있는 사건들 안에서 유일회적으로 밝혀졌다. 우리가 이것을 믿어야 하는데, 우리는 우리의 세속사회에서 이야기 되어지고 있는 것 과는 전혀 다른 이야기에 의하여 살아야 하는 것이다.(232)

그런즉, 바울은 오늘과 같은 그렇게 가벼운 뜻의 복음전파를 내세운 것 이 아니라 진정으로 전하지 않으면 자신에 화가 미치는 그와 같은 '하나님 나라의 복음'을 경험하였다고 하는 것이다. 그래서 증언할 수밖에 없었고, 이야기할 수밖에 없었으며, 설교할 수밖에 없었다. 그리고 "사도행전의 복음 전도의 설교들 역시 화자의 주도성에 근거하여 시발된 담론이 아니라 도전 해 오는 문제들에 대한 응답들이었다."(232) 즉, 바울과 사도행전의 설교들은 "하나의 새로운 실재의 현존을 경험하고 그것의 비밀에 대하여 탐구하고 싶 어 하는 사람에 의한"(232) 것이었다.

그리하여 저자는 위와같은 "새로운 실재의 현존"(부활 혹은 하나님의 통치)이 세 가지를 통하여 알려졌다고 한다. 첫째, 공유된 삶이고 둘째, 행동들이요 셋째, 말들에 의한 증언이다. 첫째는 기쁨과 찬송과 기도가 넘치는 공유된 삶이요, 예배하는 공동체요, 사랑으로 타자를 아끼는 공동체가 형성되었다 고 하는 것이다. "이 공동체는 복음의 우선적 해석학이다." 그런즉, 저자는 진정으로 참 된 '하나의 공동체'로서 교회(a congregation)를 매우 중요하게 생각 한다.

> 그 중심에, 살아계신 하나님에 대한 기쁨이 충만한 예배를 가지고 있고 하나 님의 순전한 은혜와 긍휼에 대한 항상 새로워지는 감각을 지니고 있는 그와 같 은 '하나의 공동체'(a congregation)는 교회에 나오든 아니든 이들의 선(善)을 추구 하는, 이웃을 향하여 넘쳐 흘러나가는 사랑을 지닌 공동체이다.(233)

둘째로 "새로운 실재의 현존"은 그것으로부터 기원하는 행동들로부터 알려진다. 하나님 나라가 가까웠다고 하는 예수님의 복음 선포는 즉시 그분의 치유와 해방(deliverance)의 행동들에 의하여 구체적으로 실행되었다. 이와 같은 행동들은 하나님의 권세, 곧 모든 권세들을 제어하는 그분의 왕적인 통치가 현존하고 있다고 하는 증거이다. 예수님은 신앙과 회개를 조건으로 하지 않고도 치유를 베푸셨다. 그것은 행동하고 있는 하나님의 사랑이다. 하나님의 임재가 가까이 임한 것이다. (233) 그리하여 "하나된 기독교 공동체가 성령으로 충만하여 그 참된 이야기를 삶으로 실천할 때, 그와같은 행동들은 바로 그것으로부터 흘러나온다. 우선 그것들은 무엇보다도 매일매일의 직업의 현장들에서 행해지는 교회 성원들의 행동일 것이다."(233) 저자는 이와같은 행동들이 "그리스도 안에 있는 삶"으로부터 솟아난다며(233), 오늘날 "교회는 정의와 평화를 추진하는 여러 행동 기관들 가운데 하나가 아니라 정의와 평화가 키스하는, 새로운 실재에 대한 징표요 미리 맛봄, 곧 십자가에 달리셨다가 부활하신 예수님을 가리키는 징표라고 한다. 우리는 예수님 안에서만 하나님의 정의와 하나님의 평화를 받을 수 있다."(233)

셋째로 "새로운 실재의 현존"은 말들에 의하여 증언된다. 저자는 설교와 행동들이 불가분리한 것으로 본다. "첫째, 예수님은 그 자신이 설교하셨고 그의 제자들에게 설교하도록 가르치셨다. 동시에 예수님은 열두 제자들에게 치유와 해방의 권위를 부여하여 파송하실 경우에도 그들에게 설교하도록 하셨다."(234) 치유와 해방이 설명을 필요로 하기 때문이다. 따라서 교회의 설교가 그 공동체 안에서 (부족하나마)실천되지 않으면 힘을 상실할 것이다. 끝으로 저자는 하나의 세속사회, 특히 유럽의 재 복음화를 위하여 다음 다섯 가지 점이 도움을 줄 것이라 한다.

첫째, "복음전도란 교회의 크기와 중요성을 증강시키려는 노력이 아니다. 그것은 하나님의 통치에 대한 나눔이다. … 하나님께서는 통치하시고 그분의 통치는 예수님의 성육신과 사역과 죽으심과 부활에서 계시되었고 실행되었다."(234)

둘째, "세속사회에서 진정한 복음전도의 단서는 '하나의 공동체'이다." (234) 대형집회나 문서 활동이나 라디오 및 텔레비전, 그리고 연구와 훈련 과정 등은 부차적인 것이다. 저자는 무엇보다도 성서의 이야기가 지역 공동체의 중심을 이루고 있다고 보았다.

> 회중은 참 이야기에 의하여 살고 그것을 계속적으로 기억하고 이야기하며 자신의 삶의 중심을 오늘의 사건들에 관계시키면서 그것을 명상하고 해석하는 데 중심을 둠으로써, 오늘의 사건들이 참으로 이해되게 해야 하고, 나아가서 그들의 삶의 중심을 성만찬 나눔에 둠으로써 그것에 의하여 우리가 예수님의 죽으심과 살아나심 속으로 합체되어야 하고 그 결과 우리들이 참 이야기의 핵심 바로 그것 안에 있어야 할 것이다. … 물론, 여기에서 중요한 것은 공동체 안에서 사역을 위하여 부름 받은 사람들의 설교와 목양적 격려와 공적인 행동을 통해서 주어지는 지도력에 모든 것이 달렸다고 하는 것이다. (235)

셋째, 공적인 삶의 여러 분야에서 하나님 나라의 대행자들로 행동해야 할 사람들을 훈련하고 그렇게 할 수 있게 하는 것을 회집 공동체 사역의 일부로 본다. 회중의 성원들은 그들의 신앙이 그들의 세속적인 삶 속에서 그들의 매일 매일의 삶에 영향을 줄 수 있는 방법들에 대하여 철저히 생각하고 토론할 수 있게 되어야 한다. "바로 이와같이 기독교 신앙이 영향을 주는 일 터들이야 말로 교회와 세상, 새 창조와 옛 창조의 접점일 것이다."(235) 그런데 아쉽게도 오늘날 우리는 이와같은 공적인 삶의 영역을 상실하고 기독교 신앙을 사사 화하고 있다고 저자는 말한다.

넷째, 성원들을 무장시키어 공적인 영역과의 대화로 인도하고 기독교적 이야기와 일상의 삶에 대한 그것의 관계를 설명하도록 하는 것이 결국 지역 공동체의 몫이라고 하는 것이다. 그리고 여기에서 그와 같은 설명과 해석이 완전하려면 회중이 다른 이야기에 의하여 살아가는 더 큰 공동체의 일부가 되어 그들이 거기에서 그렇게 살아가는 것이 무슨 의미가 있는 것인가를 그들로부터 배워야 할 것이다. 회중은 자체 내에서 개인적으로 그렇게 하여 마음과 의지(heart and will)를 변혁시켜야 할 뿐만 아니라 지성(mind)에 호소하여 세속사회 속에서의 매일 매일의 삶을 구성하는 모든 것을 포함하여, 사태들을 전혀 다르게 보는 관점을 갖게 해야 할 것이다.(235)

다섯째, '복음전도'의 의미를 총정리하고 있다.

> 복음 전도는 개인적인 회심이지만 동시에 그 이상이다. 전도는 바로 교회성장을 위한 프로그램이 아니다. 그 이상이다. 그것은 다만 설교는 아니다. 그것이기도 하지만. 그것은 사회를 변혁시키기 위한 사회 행동에 불과한 것이 아니다. 그것은 결코 교회를 최상위에 위치시키는, 유럽의 '기독교 세계'를 다시 수립하는 것이 아니다.(235)

덧붙여 다섯은 신학적인 입장에서 유럽사회의 재구조화를 설명하고 있다. 그는 18-19세기의 문화 기독교 세계를 비판하면서도 그것의 적극적인 측면들을 다시 살려내야 할 것을 말하는 것에 다름 아니다.

> 그것은 교회가 다스리거나 모든 성원들이 기독교인들이 되어야 하는 의미에서 유럽의 기독 사회가 아니다. 그것은 지난 몇 십년동안 걸쳐서 기독교인들이 계몽주의의 결과들(선하기도 하고 악하기도 한)을 진지하게 성서의 '보편사 해석'에 비추어서하며 구상한 사회 그리고 21세기 말에 발전될 그런 종류의 사회, 곧 정치 산업 학문 그리고 예술과 같은 모든 공적인 삶의 영역들에서 탁월성의 최고의 표준을 성취해 낼 사람들이 자신들의 공적인 사역현장에서 기독교 이야기에 의하여 형성될 그와 같은 사회이다. 그렇게 되면 예수님 안에서 우리에게 알려지신 삼위일체 하나님에 대한 예배가 우리의 도시들과 마을들에서 다시 일상적인 삶의 초점이 될 수 있을 것이다.(236)

요컨대 저자는 18세기 계몽주의로 본격화된 서구의 세속화와 이에 편승한 18-19세기의 '문화 기독교세계'를 원초적인 성서의 복음 내러티브의 관점에서 철저히 비판하면서 '새로운 실재' 또는 하나님 나라의 현존에 대한 경험으로 시발된 하나의 공동체와 그것의 사명을 재정립하였다. 그리고 그는 유럽의 재 복음화를 위하여 다섯 가지를 제안하였다. 즉, 그는 성서적 이야기에 입각한 생명이 넘치는 하나의 회집 공동체의 생태를 기본으로 하여 이 이야기에 준한, 세속화된 유럽 기독교세계에 대한 재구조화와 모더니즘 문화업적들에 대한 새로운 재형성을 주장하였다.

3) '대회의 소명: 공적인 진리로서 복음'(1992)[44]

복음이란 무엇인가? 왜 복음은 공적 진리인가? 다원사회에서 복음은 어떤 권위를 지니는가?: 이와같은 물음들은 1992년 스윈위크 모임을 개최한 사람들이 미리 제시한 의제였다. 첫째로 본 대회는 '복음'에 대하여 아래와 같이 정의하였다.

> 복음은 이미 일어난 일들 또는 사건들에 대한 설명(an account)이다. 그것은 형이상학의 명제들이나 윤리와 정치를 위한 프로그램이 아니다. 그것이 그와 같은 것을 함축하지만. 그것은 이야기되어 진 역사(narrated history)이다. 모든 이야기된 역사가 그렇듯이 그것은 그 이야기의 의미에 대한 신앙을 가지고 이야기되어졌다. 여기에서 신앙이란 그 이야기가 하나님께서 모든 창조세계의 구속과 그것을 모든 존재의 근원에로 화해시키시는 일을 위하여 행하신 바를 이야기한다고 하는 것을 믿는 것이다.(245-246)

그와 같은 '복음'이 어떻게 어떤 매개를 통하여 우리에게 도달하였는가?

그 이야기는 교회의 살아있는 기억을 통하여 우리에게 사용가능한 것이 되었다. 이 공동체는 아주 처음부터 성령의 사역에 의하여 예수님 안에서 세상의 구원을 위하여 파송되어진 분을 인식할 수 있었다. 이 공동체는 예수님에 대한

---

44) "Conference Call: The Gospel as Public Truth"(1992), In Paul Weston, *op. cit.*

아주 초기 기록들, 초기 증인들의 말씀들과 행동들, 그리고 유대인들에게 그러므로 예수님과 그의 제자들에게 성경(구약)인 글 모음을 보존하고 귀하게 여기면서 한 세대로부터 다른 세대로 전수시킴으로써 그 기억을 계속 살아있게 하였다. 예수님의 사역이 구약 이야기를 푸는 해석학적 열쇠이지만. 그리하여 교회는 그 글 모음 전체를 향후 발전하는 복음에 대한 해석과 그것의 함축들에 대한 검증규범을 제공하는 것으로 인정하였고, 받아들였다.(246)

그런데 목격자들은 자신들의 복음 선포가 받아들여 지기도 하고 반대에 부딪치기도 한다고 하는 사실을 알고 있었으니, 오직 성령의 사역이 아니고는 복음진리를 사람들에게 확신시킬 수 없다고 하는 것을 알았다. 그리고 무엇 보다고 그 첫 증인들은 자신들의 진리가 결코 사사로운 것이 아니라 공적인 진리라고 하는 사실을 확신하였다. 그들은 자신들의 개인적 영혼 구원을 위하여 로마제국의 보호막을 원하지 않았다. 그들은 자신들에게 위탁된 복음진리야 말로 전 인류의 운명(the destiny of the whole human race)에 관한 것임을 확신하였다. "죽으셨다가 부활하신 분은 세상의 구세주요 심판주이시다. 이 소식은 각 인간의 생사에 관한 것이었다. 그것은 공적인 진리였다. 그것에 대한 신실성은 황제를 지고의 권력자로 인정하기를 거부하는 중대 결단을 요청하였다. 그들은 이와같은 신실성을 위하여 지불되어야 할 대가를 치렀다."(246)

끝으로 저자는 다원사회에서 복음과 복음신앙에서 출발하는 공적인 영역의 각 분야와의 대화가 필요하다고 한다. 복음과 그것의 선포는 대화를 전제하거나 대화의 소산이거나 대화에 달린 것이 아니다. 역시 '지성을 추구하는 신앙'의 관점에서 공적인 영역들에서의 '대화'의 필요성과 자리와 역할을 말한다.

교회의 첫 번째 책임은 일어난 일들(사건들)에 대한 신실한 증언에 있다. 그러나 이것은 대화로 인도하여야 한다. 그도 그럴것이 증언하는 공동체는 복음 메시지가 어떤 결과를 가져 올 것인지, 복음에 대한 수용이 인간의 삶의 여러 영역에서 어떤 결과들을 초래하게 될 것인지에 대하여 미리 알지 못하기 때문이다. 신약성서에 따르면 복음이 이스라엘로부터 이방나라들로 이동하는 과정에서 교회는 그것의 함축들이 무엇인가를 배워야 했다(그것으로 놀라기도 하였지만)(예컨대, 행 10장과 11장). 이와 꼭 같은 방식으로 교회는 복음이 (예컨대) 경제 교육 그리고 치유의 세계들을 위하여 어떤 함축들을 가지고 있는가를 배워 알아야 한다. 이것은 오직 대화를 통하여 일어난다. 예수님께서 약속하신 대로(요 16:12-15) 대화를 통하여 새로운 것들을 배우지 않으면 안 된다. … (347)

요컨대, 저자는 복음의 공적인 본성과 그것의 전수과정과 공적인 영역들이 믿음에서 출발하는 대화의 절실한 필요성을 언급하였다. 공적인 복음진리는 '보편사'의 일부인 공적인 영역들과의 생명적인 관계 속에 있다고 한다. 믿음을 전제하는 대화야 말로 공적인 복음을 공적인 영역으로 인도할 것이다.

4) '하나의 근대사회는 기독교적이 될 수 있을까?'(1995)[45]

저자는 볼테르 이후 서구의 모더니즘 시기 동안에 기독교는 세속적인 영역인 "정치적, 과학적, 그리고 문화적인 담론"으로부터 퇴출당하여 '종교적 경험의 내적인 세계'로 움추러들었다고 한다. 이 경우, "공적인 영역은 세속적인 영역이 될 것이었다."(248) 그리고 바로 지난 2세기 동안 이 두 흐름은 "둘 모두(기독교와 유럽의 문화: 필자 주) 필연적으로 선교적 신앙들(missiomary faiths)이었다."고 한다. 즉, 이 두 운동은 모두 각각의 신앙(faiths)을 타 문화권들 속으로 확장시켰고, 그 결과로 이 시기 동안 기독교와 서유럽 문화가 혼합되었

---

45) 이 본문은 Gospel and Culture Lecture, King's College London. 1012(Lecture transcript)로부터 발췌되었음. In Paul Weston, *op. cit.*

다. 이것을 가리켜, 올드헴과 비셔트 후프트는 기독교가 유럽문화 속에서 길들여졌다고 하였다.(349) 뻐꾸기가 자신의 알을 다른 새의 둥지에 맡겨 부화하게 하였으나, 본래의 주인인 뻐꾸기가 아니라 그의 알을 부화시킨 새 둥지의 새가 주인 행세를 한다고 하는 말이다. 저자는 이 와중에 "복음의 거대담론과 계몽주의의 거대담론이 혼합되어 기독교 문명의 행진이라고 하는 단하나의 이야기가 되었다."(249)고 본다. 이와같은 상황에서 저자는 1937년 옥스퍼드 '삶과 봉사'세계대회의 '교회를 교회되게 하라'고 하는 대회의 주제에 주목한다. 그는 이를 교회가 유럽문화에의 바벨론 포로로부터 해방되어야 하는 것으로 이해한다. 그러나 문제는 이와같은 운동의 역작용으로 결국 "세속사를 세속사 되게 하라."(249)고 하는 새로운 슬로건이 나옴으로, 교회는 국가로부터 그리고 공적인 삶의 모든 영역들로부터의 독립을 주장하여 후자들이 교회로부터 아무관계 없는 세계가 되고 말았다고 하는 것이다.

저자는 유럽에서 17세기 30년 종교전쟁을 치른 후 등장한 '계몽주의'야말로 콘스탄틴 기독교 세계로부터 17세기의 "지역원리"(cuius regio, eius religio)에 이르는 국가와 종교의 혈맹적관계로부터 국가를 완전히 독립시켰다며, 미국의 '자유민주주의 국가'와 관련하여 근대주의 국가가 어떻게 기독교적 국가가 될 수 있는가를 논한다.(252) 그는 미국의 경우, '개인의 평등권'이 창조주와 관련을 가지고 있기는 하지만, 그것은 결국 형식적이고 내용상으로는 "백성의 의지"에서 나온 것이라고 한다. 서유럽의 자유민주주의 국가들의 경우에도 '성서적 거대담론'이 희미해져가기는 마찬 가지이지만. 저자는 우선 '지역적 원리'의 청산으로 인하여 '사고와 표현'의 자유가 확보되고 "하나의 기독교인이 된다고 하는 사실이 한 기독교 국가의 한 시민(a citizen)이 되는 것 또는 한 기독교적 통치자의 신민(臣民)이 되는 것보다 우월하다"(252)고 하는 사실이 확산되었고 "이젠 기독교인이 된다고 하는 것이 의도적이고 지속되어지는 의지와 행동의 문제로서 예수 그리스도께 개인적으로 헌신하는 것이 되었다"(252)고 하는 사실이다.

이와같이 저자는 모더니즘 전통, 특히 모더니즘의 영향하게 있는 자유민주주의 국가가 주는 유익한 점들을 인정하지만, 오늘날 이와같은 미국과 서구의 '자유민주주의 국가'가 향후 나가야 할 방향을 제시한다. 이는 정치적 권력의 신학적인 합법화에 대한 주장이다. 저자는 유엔과 유럽연합에서 인권은 인간본성의 실재의 일부로서 임시적인 정치적 협상의 문제라며, 창조주는 이미 공적인 영역으로부터 은퇴하셨다고 한다.(253) 인권의 문제가 창조주의 의지로부터 떨어져 나가, 하나의 법의 언어요 사법적인 용어가 되었다고 하는 말이다. 대체로 그것은 정부와의 협상에서 얻어진 개인들의 인권이라고 하는 말이다. 인권의 문제가 기독교적 근원으로부터 떨어져 나갔다고 하는 말이다.

그리고 저자는 이와같은 인권을 허락하신 창조주 하나님의 인간을 향한 목적이 중요한 것으로 본다. 그는 그것을, 이스라엘에게 주어진 언약 그리고 예수님의 피로써 모든 열방들에게 확장된 언약을 위한 것이라고 한다. 저자에 따르면, 정치적 논의에 있어서 가장 중요한 것은 '정의가 어떻게 효율적이고 권력이 어떻게 정의로운가?'인데, 구약에는 이와같은 문제가 지배적으로 나타난다고 한다. 곧 그것은 하나님의 나라, 그의 왕적인 통치가 이 폭력적이고 잘못된 세상의 삶 속에서 어떻게 구현될 수 있는가하는 문제라며(253), "하나님의 왕적 통치는 예수님의 죽으심 안에서 분명하게 나타났고, 우리는 십자가에 달리셨고 굴욕을 당하신 예수께서 죽은 자들로부터 부활하셨기 때문에 그것이 거기에(예수님의 죽어 가심) 있는 것으로 안다고 본다. 하지만 이와같은 하나님의 왕적인 통치는 종국적인 실재로서 역사와 죽음 저편에 있는 것이라고 한다.(254)

저자는 국가와 교회의 중세적인 종합이나 국가종교화된 콘스탄틴 황제의 기독교세계나 종교개혁 당시 국교분리를 추구했던 좌경화 종교개혁의 분리주의나 교회를 국가로부터 독립시켜 버리는 모더니즘 전통도 거부하면서, "기독교인들이 정치적 권위를 행사할 수 있는 입장에 있을 경우 하나님의 인간에 대한 삶을 위한 목적으로서 예수 그리스도 안에서 계시된 것에 근거하여 그렇게 해야 하고, 그렇게 할 경우 그들은 그들의 정치적 권위아래 있는 모든 사람들에게 마치 하나님께서 예수님 안에서의 그의 말씀의 성육신에서 우리에게 허락하신 것과 동일한 의견을 달리할 권리(freedom to dissent)를 허용할 것을 요청받고 있는 것이다."(254)라고 한다.

모든 국가는 가치관에 있어서 결코 단순히 중성적인 것이 아니라, 국가의 모든 의도적인 행동은 그것이 무엇이고 그것이 인간의 삶에 대하여 어떤 의미와 방향을 지니고 있는가에 대한 어떤 믿음(belief)을 전제하며, 기독교인들 역시 그들이 국가를 운영할 경우에 창조주 하나님의 보편사에 대한 목적과 복음에 계시된 인간의 삶의 의미와 목적을 전제해야 한다.(254)고 하는 것이다. 그리고 모든 반대 입장들을 인정하면서 "하나님께서 우리들에게 그렇게 하시는 것처럼 그들에게 의견을 달리하고 순종하지 않을 자유의 공간"(254)을 내주라고 한다. 따라서 저자는 모더니즘의 국가와 종교의 관계에 대한 오늘의 대안이 이슬람의 신정정치에서 엿보이지만, 이에 대하여 전적으로 반대한다. 저자는 반대세력을 항상 인정하기 때문에, "복음의 진리가 공적인 영역에 지배적이 되기 위하여 영적인 전쟁이 끊임없이 필요하다."(254)고 하는 것이다. 저자의 입장은 '교회를 교회되게 하라.'고 하는 1937년 옥스퍼드의 슬로건을 주장하면서도 이와같이 교회야 말로 "시민공동체"(the civic community)를 위하여 적절한 책임을 지라."(255)고 역설한다.

따라서 교회는, 시민 공동체의 권위가 정의를 보전하고 세우기 위하여 하나님에 의하여 제정되었다며, 국가의 권력으로 하여금 그것이 정의를 추구해야 하는 기관임을 항상 일깨워 주어야 한다고 한다.(255) 즉, 교회는 항의에 의해서만 시민공동체에 대한 책임을 수행 할 뿐만 아니라 책임적으로 정부를 떠맡을 수도 있다고 한다. 물론, 그것이 그렇게 위험하다고 하는 사실을 알면서도. 그리하여 저자는 타 정치이념들 및 타 종교 및 타 학문들과 타 분야의 공적인 진리들에 대한 주장의 다양성과 독특성을 인정하고, 이들의 기독교적 국가와 사회비전에 대한 반대에도 불구하고 이들의 주장들을 공적인 토론의 장으로 끌어내려고 한다.

기독교인들은 다른 신념들을 지닌 사람들이 항거할 것을 알면서 그리고 그들에게 항의하고 다른 의견을 표현하게(dissent)하며 공적인 논쟁에 동참할 것을 허용하면서도, 일종의 기독교적인 정부를 추구해야 할 것이다. 그들의 비전은 하나의 중성적인 세속사회가 아니요, 이슬람에 의하여 추구되어지는 신정사회도 아니고, 각각의 인간과 사회에 대한 기독교적 신앙들에 의하여 형성된 공적인 사회로서 기독교적 사회에 대한 것일 것이다. 그리고 기독교적 신앙들의 핵심에는 하나님이 그리스도 안에서 우리들에게 의견을 달리할 수도 있는 자유를 주셨고 자신의 교회에게 이와같은 전혀 다른 의견들에 직면하여 진리를 증언해야 하는 책임을 위탁하셨다고 하는 사실에 대한 지식이 자리 잡고 있기 때문에, 그와 같은 기독교적 사회란 모든 사회계층들과 분야들에서 공적인 영역에서 결정되지 않으면 안 되는 문제들에 대한 공적인 공개토론의 기회가 최대한도로 보장된 사회를 말한다.(255)

요컨대, 저자는 '해당 지역은 그 지역의 종교'라고 하는 '지역원칙'으로부터 벗어난 모더니즘 시기 동안의 서구의 민주화와 자유민주주의 국가의 '세속화'를 인정하면서도, 서유럽의 그것은 물론, 특히 미국의 그것에 대한 대안을 제시하였다. 그는 국가권력의 신학적인 합법성(정의문제) 및 인권과 자유의 문제를 창조주에 대한 신앙, 구약에서 신약으로 이어지는 언약의 역사, 그리고 예수 그리스도 안에서 계시된 복음 이야기에 근거하여 재해석하고 있다. 그는 교회가 시민적 공동체의 권력이나 국가권력이 정의를 행하도록 촉구해야 하고 주어진 사회의 다수를 차지하는 기독교인들이 정권을 잡을 경우에 성서적 이야기와 그것에서 연원하는 교회의 가르침의 역사를 규범으로 하면서도 타 종교들과 타 학문들과 사회의 각계각층의 주장들과 대화하는 가운데 새로운 길을 모색할 것을 주장한다. 그는 기본적으로 린드벡이 지적한 대로 기독교 공동체를 다양한 '문화 언어적 공동체들' 가운데 하나로 보아, 다원성의 사회를 추구한다. 그는 종교의 경우에도, 다원주의가 아니라 다원성이 더 타당하다고 본다.

5) '기독교적 비전을 행동화시키기'(1998)[46]

이 글에서 저자는 '하나의 정치적인 프로그램'이나 정부들 및 정당들을 향한 그 어떤 정치적 변혁에 대한 이야기가 아니라 기독교인들과 교회가 알아야 할 '복음과 공적인 장(場)의 관계'에 대하여 언급한다.

저자는 우선 주어진 사회를 지배하는 잘못된 전제들에 대하여 말한다. 미국의 헌장이야 말로 "지역적 원칙을 공격하는 위대한 개척자요 패러다임이요, 종교 다원주의의 전형"(256)이지만, 이는 다분히 "비종교적 신념들과 반종교적 실천을 옹호하였다고 본다. 저자는 그 예를 알칸사스 주의 시민들이 고등학교에서 진화론을 가르치지 못하게 하는 재판에서 승리한 것에서 찾는다. 이미 이 경우에 "국가는 세계관들, 거대담론 또는 어떤 용어를 사용하든지 인간이 무엇인가에 대한 우리의 이해에 포괄적인 연관성을 부여하는 그 어떤 틀 거리에 관련하여 결코 중성적이 아니다."(256)라는 확실히 자연과학의 세계와 종교세계 사이의 과격한 이분법으로서 이 두 세계의 앎의 방식을 전적으로 이원적으로 보는 것이다. 즉, 자연과학적인 세계의 진리가 공적인 영역이고 기독교 신앙과 신학의 세계는 사적인 경험과 사적인 가치의 세계라는 말이다. 저자는 "하나의 기독교적 사회란 기독교적 신앙이 그것의 특권적 입장을 유지하고 있는 사회"(258)라며, "예수 그리스도 안에서 계시된 하나님"과 그의 창조세계와 인류역사를 향하신 목적에 위배되는 국가의 신념들을 문제 삼고 있다.

저자는 전 인구의 절대 다수가 기독교인들로서 공적인 삶에 지배적인 영향을 끼치는 사회를 상정하면서 기독교적 국가와 사회건설을 위하여 네 가지 점에 주목한다. 첫째, 복음진리란 공적인 삶의 영역에서 실천되어야 할 공적인 진리요, 개인의 주님과 구세주는 다름 아닌 이 세상의 주님과 구세주

---

46) 'Light to the Nations: Theology in Politics', In Newbigin et al.(eds.), *Faith and Power: Christianity and Islam in 'Secular' Britain*. London: SPCK, 133-65. 이 중 본 발췌문은 150-61, 164-5에 실려 있음. In Weston, *op. cit.*, 256 이하.

라고 하는 것에 대한 것이다.

　'기독교 신앙을 믿는다고 하는 것'은 그것이 참이기 때문에 공적인 진리, 모든 사람들을 위한 진리요, 그것이 진리인 이상 모든 사람들이 받아들이지 않으면 안 될 진리이다. … 기독교 신앙 그 자체는 성육신과 십자가와 부활에 그 중심을 두고 있기 때문에 다른 사람들에게 그것에 순응하도록 강요할 수 없다. 물론, 우리는 종교의 신앙문제들 뿐만 아니라 많은 문제들에 있어서 불신자들이 옳고 우리 믿는 사람들이 틀리는 경우들을 인정한다. 그러나 예수님을 주님과 구세주로 믿는 우리의 개인적인 헌신은 타협이나 협상의 대상이 아니다. 그것은 그와 같은 신앙과 함께 예수 그리스도를, 이 세상의 주님과 구세주로 긍정해야 하는 의무를 동반하고 있다. 비록 기독교인들이 그와 같은 신앙을 공적인 영역에서 우리의 매일 매일의 삶으로 옮기려는 쟁투에 있어서 비틀거리며 좌절되는 것이 보통이지만 말이다.(258)

　둘째, "이상과 같은 기독교 신앙은 불신자들과 함께 우리의 도시, 국가, 그리고 이 세상에서의 책임적 삶을 함께 나누어야 한다."고 하면서, 종말론적인 비전하에서 그와 같은 기독교 국가와 사회를 그리고 있다. 저자는 기독교(가톨릭과 프로테스탄 모두)는 그것이 왕성하던 19세기 후반 산업혁명의 희생자들에게 현재적인 고통들에 대한 타계적인 보상, 곧 현재의 정의가 아니라 죽음 이후 하늘에서 주어질 보상에 대하여만 주장하였다며, 이는 성서에서처럼 창조세계 전체에 대한 하나님의 보편적인 목적의 완성이 아니라 영혼구원만을 추구하는 하나의 사사(私事)화된 종말론라고 비판한다. 그리고 이에 반하여 1914-1918년 이후 시기에는 많은 기독교인들이 이와같은 사사화된 종말론과 균형을 이루기 위하여 적극적인 사회정의와 세계평화 이슈들에 참여로 기울어졌는데, 또 다시 이와같은 경향에 대한 반작용으로 오늘날엔 "정치적으로 무책임한 '종교적 경험'에로 내향하고 있다고 하였다."(258-259) 그런즉, 저자는 "사회에 대한 하나의 기독교적 비전을 실질적으로 이야기하려면 신뢰할만하고 통전적인 성서적 종말론 회복이 꼭 필요하다고 한다. 저자는 마지막 때에 은혜로 주어질 거룩한 성 새 예루살렘이 오늘의 역사지평 안에서 우리의 개인적 삶과 공적인 삶 모두를 의미있게 만든다고 본다.

성서적 비전의 초점은 모든 열방들이 자신들의 영예와 영광을 반입하게 될 완전한 미(美)와 영광의 한 도성으로 상징되어진 하나님의 완벽한 통치의 선물을 하나님께서 최종적으로 변호하신다고 하는 점으로 모아진다. 이와같은 하나님의 복된 통치의 선물은 다섯가로 압축할 수 있다. 첫째는 그것이 현재 우리의 모든 행동들의 본연의 지평(사적인 영역에서든 공적인 영역에서든)이라고 하는 의미에서요, 둘째로 그 나라의 도래하는 시간은 비밀이다. 회개와 신앙과 순종을 위하여 어떤 가능성들이 남아있는가를 유일무이하게 알고 계시는 하나님만이 아시는 것이다. 우리의 행위들이 이와같은 새로운 질서를 창조하지 못하고 우리의 행위들이 그것을 가져올 수 없다. 알버트 슈바이처의 말대로 그것은 하나님께서 그의 나라를 우리들에게 허락해달라고 하는 행동화된 기도이다. 지금 우리는 종국적인 실재가 될 그 실재에 상응하는 방법들로 행동한다. 그것은 최후 심판이 될 심판이기도 하다. … 우리의 친밀한 개인적인 제자의 도에 따른 삶과 종국적인 하나님 나라 사이에는 유비, 진실로 하나의 연속성이 있다. 우리는 얼마있지 않아 우리의 죽을 몸이 재와 먼지에 다름 아닌 것이 될 것을 알고 있다. 하지만, 우리는 그와 같은 행위들을 소중히 여기고 보살핌으로써, 우리들에게 주어진 그와 같은 시간 안에서 하나님 섬김을 위한 유용한 도구들이 될 수 있을 것이다. 우리는 그와 같은 것들이 무상하다고 하여 소홀히 여기거나 경멸해서는 안 될 것이다. 우리의 사고와 노고의 소산들인 사회적 정치적 그리고 문화적 성취들에 대해서도 마찬가지이다. 우리는 정치가 이 세상의 문제들을 해결할 수 없다고 하는 사실을 인정하는 것은 옳다. 하지만 만약에 정치가 기독교적 제자의 도의 내용의 일부가 아니라고 결론을 내린다면 우리는 오류를 범하는 것이다. (259)

셋째로 저자는 1980년대의 레바논과 1990년대의 유고와 중앙아프리카의 상황을 예로 들어서, "심지어 폭군적이고 독재적인 정권이라도 혼돈과 무정부보다는 낫다."(259)고 하면서, 바울은 독재적인 로마제국 까지도 "하나님의 의해서 제정된 사역"(259)이라 하였다. 구약의 경우도 "왕권은 하나님에 의하여 제정된 것이요 왕은 하나님의 종으로 기름부음을 받았고, 예수님은 세금납부 문제와 관련된 이야기와 본디오 빌라도에 관한 이야기(요 19:11)에서 로마제국의 권위가 하나님으로부터 온 것을 인정한 셈이다. 정권이 어떻게 쟁취되었어도 그것을 운영하는 사람들은 하나님께 책임이 있고 교회는 이 사실을 국가와 국민에게 깨닫도록 전달해야 한다.(260)

저자는 국가의 본분은 백성들의 악행들을 벌주고 선행들을 상주는 것인데, 그와 같은 행동들에 대한 판단표준이 신앙들을 전제한다고 하면서, 국가는 전혀 중성적이지 않다고 본다. 벤담의 공리주의를 전제하는 국가와 기독교 신앙들을 전제하는 국가들은 각각 선행과 악행에 대하여도 다르게 판단할 것이라고 하는 것이다. 그리하여 저자는 정권의 권자에 앉아있는 사람들의 신앙들에 주목한다.

네 번째로 저자가 구상하고 있는 사회는 계몽주의의 신앙에 의하여 지배받는 세계가 아니라 기독교적 신앙에 의하여 지배받는 민주 사회이다. 그와 같은 사회는 결코 개인의 권리들을 대 국가 차원에서 보지 않을 것이고 이와 같이 개인들과 국가 사이에 아무것도 없다면 소수자들에 대한 국가의 억압이 불가피하다며, 개인들과 국가 사이의 중재자로서 개인의 자기 성취보다는 '신뢰와 책임 있는 인격들 상호간의 관계'를 힘주어 언급한다. "이 둘 사이에는 이 둘을 매개하는 수많은 사회들이 있으니, 이 사회들은 사람들이 서로 얼굴을 맞대고 만나고 논증과 설득에 의하여 선과 바름에 대하여 피차간에 확신시키려고 한다."(26) 그리하여 저자는 소수의 다수에 대한 지배가 아니라 모든 사람들에 대한 하나님의 지배가 그 특징인 민주사회의 이상을 제안하며, "공동선의 문제들에 최대한 많은 사람들이 동참할 수 있도록, 가능한 한 권력이 분산된 거버넌스가 필요하다고 한다."(261) 그는 이것의 예를 청교도 전통에서 찾는다. 영국의 청교도들은 왕권신수설을 거부하면서 하나님의 뜻이 성서의 권위 아래에서 진정한 상호 참여에서 발견된다고 믿었다고 한다.

끝으로 저자는 사회에 대한 기독교적 비전을 위한 요소로서, "사회와 교회의 삶에서의 남녀 평신도의 역할"(261)이 중요하다고 한다. 그는 "사회의 공동생활의 각 영역들에서의 헌신되고 능력 있는 남·녀 기독교인들의 현존과 활동을 통해서만 사회에 대한 기독교적 비전이 실천적으로 효율적이 될 수 있다."(261)라고 한다. 그는 제2 바티칸 공의회와 성공회와 개신교 모두에서 평신도의 역할이 증대되고 있고 강조되고 있지만, 우리는 "감독들과 사제들과 다른 안수 받은 사역자들이 전체 교회로 하여금 세상 안에서 그리스도의 몸으로서 그것의 사제직 역할을 수행할 수 있게 함에 있어서 특별한 기능들을 위하여 구별되었다고 하는 사실을 놓치고 있는 경향이다."(261)라고 하였다. 하지만, 전 구성원들의 제사장직 수행은 교회 위원회들이나 대회들이나 총회들에서 가능하게 하는 것이 아니라 성원 전체가 이 세상 한 가운데서 일상의 일들을 통하여 감추어진 하나님 나라를 드러나게 하는데 달린 것이라고 한다. "하나님 백성의 제사장직은 사업과 노동과 정치와 문화라고 하는 세속 세계 한 가운데서 행사되어야 한다. 사도 바울이 우리에게 알려주듯이, 우리는 이를 위하여 무장될 필요가 있다(엡 4:11-12)."(261)

사회의 본성과 그것에 대한 비전을 논함에 있어서 교육이 중심부에 자리한다며, 교육이란 사회의 성원들을 그 사회의 전통 속으로 인도한다고 하면서, 기독교 교육은 서구의 모더니즘적 거대담론에 대응하여 성서의 거대담론을 교육하여 삶에 대한 "하나의 합리적으로 연관성이 있는 이해"(a reasonably coherent understanding of existence)를 갖게 하여 그 속에서 성원들이 각자의 삶의 의미와 목적을 찾게 해야 한다고 한다.(262) 그리고 기독교는 다원주의는 아니지만 다른 이야기들의 다원성을 인정하면서 타 종교들의 이야기나 심지어 믿지 않는 사람들의 이야기들과도 대화하면서 상호간의 정체성과 다름과 독특성을 상호 인정할 수 있기 때문에, 우리는 시민사회 전체의 웰빙을 위하여 서로가 서로를 존중하고 상호에 책임을 지게 하는 미래 시민

교육 체제를 필요로 한다고 한다. 뉴비긴은 오직 기독교 복음만이 타 종교들과 세속사회의 신념들에게 자유의 공간을 줄 수 있어서, 기독교만이 다양한 신념들과 함께 살아가게 할 수 있다고 본다.

> '세속사회'란 두 개의 전혀 다른 방법으로 이해될 수 있다. 그것은 한편 그 속에서 다양한 종교적 신념들이 번창하기 위하여 기회균등을 부여받는 한 사회나 교육체계를 말하고, 다른 한편 세속주의 이념에 의하여 지배를 받는, 또는 그 어떤 신적 계시나 그 어떤 초자연적인 실재들(the supra-natural realities)과도 무관하게 모든 것들이 만족스럽게 설명 가능한 한 사회 또는 교육체계를 말할 수 있다. 본인이 확신하고 주장하려고 하는 것은, 결국 기독교적 복음만이 앞에 언급한 의미에서 또는 본연의 의미에서 하나의 세속사회 또는 하나의 세속 교육체제를 지속시킬 수 있다고 할 수 있다.(263)

하지만 기독교는 전신갑주를 입고 쟁투하면서 역사의 끝에 이르기까지 진리를 증언하도록 부름받고 있다고 한다.

> 역사의 끝에 이르기 까지 모순 속에 있는 세상에서 기독교는 진리를 증언도록 부름을 받았고, 쟁투 속에서 진리에 대하여 더 많이 배우며 항상 하나님께 감사하도록 부름을 받고 있다. 하나님의 섭리는 거짓의 위협에도 불구하고 여전히 실존하는 그와 같은 세상을 창조하신다. … 우리는 그리스도의 초림과 재림 사이에서 전신 갑주를 입고 인간(혈과 육)에 대해서가 아니라 공적인 삶의 거대 제도들과 운동들을 교묘하게 혹은 노골적으로 점령하고 있는 영적인 권세들에 대적하여 싸우도록 부름을 받고 있다. (264)

요컨대, 저자는 끝으로 기독교적 국가와 사회건설을 위한 요건들을 제시하였다. 첫째로 그는 '복음의 공공성'을 주장하였다. '복음'은 개인을 위한 구원의 기쁜 소식 일 뿐만 아니라 '보편사'를 위한 구원의 기쁜 소식이라고 하는 믿음에서 출발한다. 둘째로 미래 지향적이고 보편주의적인 종말론적인 비전에서 기독교적 국가와 사회 건설에 대하여 적극적으로 주장한다. 셋째로 국가의 존재근거가 하나님의 허락하심에 있다고 하면서 위정자들은 '정의'를 추구해야 한다고 하면서, 각 국가의 정부는 각각 나름대로 '정의'추구의 전제를 지녔으니, 기독교인들이 정권을 잡을 경우, 기독교적 전제를 가지고 그것을 추구해야 한다고 하는 말이다. 넷째로 그는 개인들과 국가 사이를 매개하는 시민 사회단체들의 공적인 영역들에서의 대화를 강조하면서 가능한 많은 사람들이 공동선 추구에 동참하게 해야 하고 권력의 분산이 이 보장되는 거버넌스가 필요하다고 한다. 그는 이것의 전거를 청교도 전통에서 찾았다.

끝으로 그는 "사회와 교회의 삶에서의 남녀 평신도의 역할"을 강조하였다. 그는 기독교적 국가와 사회 · 문화건설을 위한 남 · 녀 평신도의 역할과 기여를 주장하면서도 교회의 안수받은 사역자들의 지도자아래에서 이들이 공적인 영역들에서 제사장직 수행을 실천해야 하는 것으로 보았다. 그는 모더니즘의 '거대담론'에 맞먹는 성서의 거대담론을 교육이야 말로 모든 것의 중심부에 있어야 한다고 본다. 하지만 이미 지적한 대로 그는 기독교의 신앙이 타 종교들, 타 학문들, 그리고 사회의 각계각층과의 대화를 통하여 문제를 해결해 나가는 방법을 제시하였다. 이는 다원주의가 아니라 모든 다양한 영역들의 정체성과 독특성과 다원성에 대한 주장이었다.

이처럼 앞의 글들은 복음의 공공성에 기초한, 인류 보편사 속에서의 기독교적 가치에 입각한 국가 경제 사회 문화 건설을 주장하는 바, 계몽주의 이래로 교회가 인류 보편사의 공적영역들로부터 퇴출되었다고 하는 사실을 의식하면서. 복음에 계시된 미래 지향적 보편주의적 하나님 나라에 대한 희망과 비전을 보여주고 있다 하겠다.

6) 다른 성서적 내러티브 신학자들과 비교하여

　　다른 내러티브 신학자들과 비교하여 이상과 같은 뉴비긴의 공적인 신학의 자리는 어디에 놓여 있을까? 기독교 역사에 비추어 볼 때, 그의 신학은 '콘스탄틴적 기독교세계'(the Constantinian Christendom) 보다는 성육신과 삼위일체 하나님의 뿌리인 성서적 거대담론에 대한 신앙에서 출발하여(Credo, ut intellegam) '보편사'를 해석하는 아우구스티누스 신학('두 도성' 사상에도 불구하고)을 선호하였고, 중세 성속의 종합보다는 16세기 종교개혁과 그 이후 개신교 전통을 잇고 있는 것으로 보인다. 하지만 교회와 국가 및 사회의 관계에 대하여 분리주의를 추구했던 16세기 과격파 종교개혁 전통을 배격하고 있고, 과학주의 등에 의하여 복음과 교회를 공적인 영역들로부터 퇴출시킨 서유럽의 모더니즘 전통의 부정적인 측면을 매우 부각시키면서도 '탈 지역원칙'(cuius regio, eius religio), 민주주의와 인권과 자유 등 모더니즘의 좋은 점들을 인정한다.

　　그는 올드햄 및 비셔트후프트 등 에큐메니칼 지도자들과 더불어 '교회를 교회되게 하라'고 하는 입장과 '세속사회를 세속사회 되게 하라'고 하는 입장을 각각 중요시 여기면서도, '두 도성'(아우구스티누스) 또는 '두 왕국론'(마틴 루터와 어느 정도로 칼빈과 개혁파) 전통에 입각하여 이원론을 추구하지 않았다. 물론, 그는 이 두 세계가 역사와 죽음 저편에서 완성될, 미래 지향적인 하나님 나라에서 하나가 될 것을 바라보면서도, '역사와 창조세계의 지평'(the pen-ultimate) 속에서 잠정적인 이원론을 주장하고 있는 셈이다. 때문에 그는 '정세와 권세' 그리고 이들 배후에 있는 사단 마귀의 권세와의 '영적 전쟁'을 주장하기 까지 하였다. 그러나 그는 분리주의 전통과는 달리 모더니즘 시기 동안의 서유럽의 세속화를 철저히 의식하면서 '복음의 공공성'과 공적인 영역들에서 기독교의 공적인 책임성을 강조하였고, 이 점에선 루터의 '두 왕국론'은 물론, 칼빈과 개혁교회 전통의 그것 까지도 넘어서고 있다 하겠다. 이는 앞에서 살펴 본 "3) 교회와 기독교 신학의 사사화 vs. 복음의 공공성 및 공적인 영역으로서 '보편사'" 안에 포함된 다섯 개의 글로 입증되고도 남음이 있다 하겠다.

따라서 그는 요더와 라쓰무쏜(Arne Rasmusson)과 하우워와스와 같은 분리주의 전통이 아니라 필자가 소개한 한스 프라이와 린드벡, 라이트와 보켐 및 하트의 내러티브 신학과 맥을 같이 하면서도 이들 보다는 '보편사'의 일부인 공공 영역들에서의 복음의 공공성과 교회의 보편사에의 참여를 힘주어 주장하고 있는 것으로 보인다. 뉴비긴은 회집 공동체로서 교회의 공적 책임을 강조하면서 "교회란 성원들이 아닌 사람들을 위하여 인류사회 전체를 구속하실 하나님의 은혜의 징표요, 도구요, 미리 맛봄으로서 실존한다."[47]고 주장하였다.

하지만 그는 '보편사'와 창조세계 안에 현존하시고 활동하시는 삼위일체 하나님의 선교 차원과 삼위일체론적 틀 안에서 보편사 속에서 사역하시는 성령을 몰트만[48] 만큼 강조하지 않음에 따라서 문제가 많은 모더니즘 시기 동안의 서유럽의 세속화에서 쓸 만한 것들을 그렇게 많이 건져 올리지는 않는 것으로 보인다. 물론, 뉴비긴이 몰트만 보다는 모더니즘의 부정적인 측면을 더욱 선명하고 강하게 드러내면서 복음과 교회와 신학의 사사(私事) 화와 주변화를 매우 잘 제시한 점은 너무 훌륭하였으나, 모더니즘 시기 서유럽 사회와 국가에 대하여 좀 더 인정할 바를 인정해야 하지 않을까 하는 생각이 든다. 그래서 뉴비긴은 교회를, 하나님 나라의 미리 맛봄과 징표와 도구라고 할 때, 국가 및 기타 공공영역들은 '징표와 도구'는 될 수 있어서도 '미리 맛봄'은 될 수 없는 것으로 보았다. 그는 '미리 맛봄'에 관하여 교회의 예배에 초점을 두었고, 도구에 관하여 하나님 나라에 대한 설교에 주목하였으며, 징표에 관하여는 "… 사람들에게 역사와 죽음 저편에 있는 실재를 가리켜 보

---

47) 'The Gospel in Pluralist Society'(1989), In *Lesslie Newbigin: Missonary Theologian: A Reader*, 157.

48) 필자는 몰트만의 신학의 성서적 내러티브 측면을 주장하였다. 참고: 『성경의 내러티브 신학과 교회의 공적책임』(서울: 한들 출판사, 2010), 97쪽 이하.

여주어야 한다."[49]고 하였다. 물론, 뉴비긴은 역사 이편의 교회와 세상이 역사와 죽음 저편에 도래할 하나님 나라와 "유비"를 지니고 있다고 하는 뜻에서 연속성을 인정하였지만 말이다.

따라서 뉴비긴과 몰트만은 역사와 죽음 저편에 있을 새 창조의 세계에 대한 주장을 공유하고 있으나, 역사 지평 속에서 교회와 '보편사'가 미래 지향적인 그러나 현재 진행되고 있는 하나님 나라와 어떤 관계를 가지고 있는가에 대하여는 강조점의 차이를 보이고 있다 하겠다. 필자는『모더니즘과 포스트모더니즘 논의에 비추어 본 몰트만 신학』(서울: 한들 출판사, 2006)에서 몰트만이 아른 라쓰무쏜이나 하우워와스와는 달리 모더니즘의 '밑바닥'(underside)의 부정성에도 불구하고 그것의 적극적인 측면들을 힘주어 주장하고 있음을 증명하였다. 이제 이 글은 몰트만이 뉴비긴보다 얼마나 더 '보편사'의 일부인 공공의 영역들에서 하나님 나라에 대한 징표들과 도구들을 발견하고 있는가를, 주로 서유럽의 모더니즘 시기와 관련하여 설명하려고 한다.

몰트만은『생명의 영: 보편적 긍정』(1991)[50]에서 "생명을 부여하시는 성령"(the life-Giver)이 구속사와 교회사 안에서뿐만 아니라 '보편사' 속에서도 역사하신다고 하여, 미래 지향적인 하나님 나라에 대한 전망에서 구속사 대 보편사의 이분법을 극복하려고 하였다.

몰트만에게 있어서 성령론은 삼위일체론의 틀 거리 안에 있다. 그럼에도 불구하고 그에게 있어서 성령 위격의 독립성과 그의 독특한 기능과 역할, 루아흐 야훼와 그리스도의 영의 관계, 그리고 성령에 의한 구원론적 경험과 하나님 경험은 생명사랑과 생명긍정의 경험과 불가분리하고, 생명주시는 성령의 보편성 등에 대한 몰트만의 주장은 모더니즘적인 하나님과 창조세계의 관계, 모더니즘적인 하나님과 인간의 관계, 그리고 모더니즘적인 기계론적 세계관을 극복하게 한다. 그리고 그것은 모더니즘이든 포스트모더니즘

---

49) 'On Being the Church for the World'(1988), In Paul Weston, *op. cit.*, 138-140.

50) *Ibid.*, 310-342.

이든 보편사 속에서 일어나는 생명사랑과 생명긍정의 운동을 귀하게 여기게 만든다. 그리고 이와같은 새로운 성령론에 입각한, 특히 "우주적 성령론"에 의한 "창조세계의 공동체성"에 대한 그의 주장은 생태계를 파괴하고, 지구자원을 고갈시키고 있는 오늘의 상황에서 그의 페리코레시스적 삼위일체론과 모든 창조세계 사이의 관계만큼이나 중요한 주장이라고 여겨진다. 이와같은 그의 폭 넓은 성령론은 교회 밖의 영역인 역사와 창조세계 속에서도 하나님 나라의 표지판들과 징표들과 그 도구들이 있을 수 있다고 하는 신학적인 근거에 해당하는 것으로 보인다.

그는 골로새서 1장 20절 말씀에서 우주적 기독론으로서 우주적 성령론을 함축하는 것으로 본다. 그는 "마음의 신앙과 사랑의 사회성에서 경험되는 생명주시는 성령에 대한 경험은 교회의 한계를 넘어 자연, 식물, 동물, 그리고 땅의 생태계 속에서 동일한 성령을 발견한다."[51]고 하고, "성령의 교제에 대한 경험은 모든 피조물들과의 더 큰 교제로 인도한다."(9)고 주장한다. 모든 피조물들이 서로 함께, 서로를 위해서, 서로 안에서 실존하는 창조세계의 교제 또는 공동체성(a community of creation)은 성령의 교제 또는 공동체성이다. 성령의 경험은 교회를 우주와의 연대성으로 인도한다(9-10).

그리고 몰트만은 그의 성령론이 구속사와 교회사 속에는 물론, 보편사와 창조세계 모두 속에 내주하신다고 주장하는 한, 보편사의 '해방'과 '자유'개념, 그리고 구속사의 그것 사이에 있다. 그리고 구속사의 '칭의'와 '중생' 개념과 보편사의 그것 사이에 불연속성에도 불구하고 연속성이 있다고 주장한다. 비록 몰트만이 보편사 속에서 경험되는 '자유'와 '해방'에 대해서 비판적이기는 하지만, 그는 보편적 개념으로서의 '해방"과 '자유' 개념을 이스라엘과 교회 전통의 특수 개념으로서 '해방'과 '자유'개념을 종말론적인 비전에서 통일시키는 것으로 보인다. 몰트만에게 있어서 야훼의 주되심과 예수그리스도의 주되심은 그의 사역에 있어서 항상 해방과 자유를 가져오기 때

---

51) Juergen Moltmann, *The Spirit of Life: A Universal Affirmation*(London: SCM Press, 1992), 9.

문이요, 무엇보다도 메시아 왕국[52])과 하나님 나라에서 완성될 '해방'과 '자유'는 결코 이분법적인 의미를 용납하지 않을 것이기 때문이다. 여러 차원에서 몰트만은 종말론적인 비전안에서 특수와 보편의 통일성을 추구한다. 그리고 신학적인 '해방'과 '자유' 개념은 생명사랑과 생명긍정의 근거가 되는 '생명의 부여자'이신 '성령(the life-Giver)의 사역'이라고 본 것이다.

그리고 몰트만은 구속사와 보편사 속에서 일어나는 '해방'과 '자유'에 대한 논의에 이어서, 신망애라고 하는 성령의 경험을 "삶의 진정한 자유"라고 하면서, 구속사 속에서 일어나는 특수 경험을 논하였다. 그런데 몰트만이 여기에서 우리를 자유케 하고 새 생명으로 인도하는 성령의 경험으로서 신망애를 논하고 있으나, 이것 역시 보편적인 세계 속에서 인류를 자유케 하시는 "생명주시는 성령"의 경험을 지향하고 있는 것으로 본다.

그는 "신앙"에 관하여서도 모더니즘적 개인의 주체성 차원을 인정하고 넘어선다. 그리고 역으로 모더니즘의 개인적 주체성은 '기독교적 개인의 신앙하는 주체성'으로부터 온 것으로 역시 그것을 인정하고 넘어선다. 그는 종교개혁자들의 관계론적인 신앙개념이 18세기 복음주의 부흥운동(모더니즘)의 "개인적 신앙의 결단"에 의하여 보완되었다고 주장하고 난 다음에, 이와같은 개신교의 주관적 "신앙" 전통이 그 모든 약점에도 불구하고 "개인의 권리와 개인 인격의 존엄성을 도입시켰다"고 하면서, 모더니즘의 유산인 유럽인들의 개인의 자유와 양심의 자유는 신앙의 자유와 종교의 자유에서 왔다고 한다.

역시 여기에서도 몰트만은 모더니즘의 유산 중, 개인 인격의 존엄성과 인권과 양심의 자유 같은 것들이 모두 기독교 신앙에서 온 것으로 여긴다. 개인의 주체성의 일면성(an onesidedness)을 강조하는 입장이 모더니즘인데, 몰트만은 이것이 개신교 신앙개념에서 유래한 것으로 보아, 하버마스의 '간 주체성'(inter-subjectivity)에서처럼 그것을 공동체성에 의하여 극복하려고 하는 입

---

52) 이 주제에 관하여는 참고: 이형기, 『하나님 나라와 공적 신학』(파주: 한국학술정보,2009), 100-103.

장이다.

　하지만 이와같은 주체성의 일면성은 아래에서 논의될 사회성으로 이해된 '사랑'에 의해서 극복된다. 개인 신앙의 주체성이 없이는 '자유로운 사회'가 있을 수 없을 것이라고 하는 말이다. 그는 '권력에의 의지'와 '지배논리'와 '약육강식'이 지배하였던 모더니즘의 부정적인 측면들에 나타난 바람직하지 못한 사회성을 비판하면서, "삶이란 의사소통 속에 있는 교제와 공동체라고 하여, 신앙이 추구하는 사랑의 자유로운 사회를 말한다." 그리고 이 사랑의 자유는 무한한 가능성의 세계인, 부활에 의하여 보여 지고 약속된 메시아 왕국과 새 하늘과 새 땅의 미래를 의미한다. 그리하여 출애굽에서 경험된 해방, 예수 그리스도를 통해서 얻은 자유(신망애), 예수님의 "제자의 도", 그리고 오순절 성령의 자유케 하시는 역사는, 인류의 보편사와 우주만물 속에 초월적으로 내재하시는 성령의 해방운동을 향하여 열려 있고, 이것을 지향하면서 미래 지향적 하나님 나라로 '보편사'와 창조세계를 인도하실 것이라고 하는 말이다.

　끝으로 몰트만은 칭의론에 대해서 논한다. 여기에서 몰트만은 죄의 보편성만을 주장했던 바울과 루터와 칼빈의 입장을 넘어서 복음서가 증언하고 있는 죄의 특수성을 주장하면서, 결국 이 둘의 통일성을 주장하고, 후자는 전자를 전제한다고 주장한다. 이와같은 주장은 교회로 하여금 예수님의 경우처럼 보편사 속에서 발견되는 특수한 죄악들과 구조 악들을 극복하고, 이들의 반대급부에 해당하는 사람들 편에 서게 한다.

　즉, 몰트만은 종교개혁자들의 '하나님의 의롭다 하시는 의'로 만족하지 않고, '피해자들을 위해서 정의를 창조하시는 하나님의 공의와 정의', 곧 '의를 창조하는 하나님의 의'를 주장하였다. 이것은 우리의 신망애와 관계없이 하나님 자신이 특수한 죄악들과 특수 구조 악들로 인하여 권리와 정의를 박탈당한 사람들에게 그의 의의 옷을 입혀주신다고 하는 뜻이다. 예수님의 행동들에서 보여 진 것처럼 말이다. 그런 즉, "하나님의 의롭다 하시는 의"를 믿음으로 받아들이는 사람은 "의를 창조하는 하나님의 의"를 믿을 수 있다.

따라서 하나님께서는 모더니즘의 모든 "밑바닥 부정성"(underside) 속에서 고통당하고 온갖 비극을 경험한 모든 피해자들에게 그의 의를 창조해 주실 것이다.[53]

하지만 다시한번 지적한다면, 특수는 보편에 기초하고 있다. 몰트만은 하나님께서 특수한 죄악과 특수한 구조 악의 피해자들과 함께 하신다고 하는 것의 근거를, 구약에서 이스라엘에게 보여주신 하나님의 고난 받으시는 자비와 긍휼, 모든 인류와 창조세계를 위한 예수 그리스도의 고난 받으시는 자비와 긍휼, 그리고 내재적 삼위일체 하나님의 사랑의 관계와 경세적 삼위일체 하나님의 고난 받는 사랑의 통일성에서 찾는다. 그리고 그는 이와같이 인간의 과거로부터의 해방만을 논하지 않고, 이렇게 해방 받은 인간이 부활이 약속하고 보여주는 미래를 지향할 것을 역설하였다.

몰트만의 '미래의 해방과 역사 속에서 그것의 예기(豫期)들'(1999)[54]은 미래에 완성될 하나님 나라에 비추어서 역사 지평 속에서의 '예기들'을 논하는 맥락에서 모더니즘의 역사와 문화적 유산에서, 그리고 그것의 정치 경제 사회 등에서 하나님 나라의 비유들, 예기들, 파편들, 징표들, 그리고 그것을 일구는 도구들을 발견하였다. 이 글에 포함된 '인류를 위한 정의', '땅을 위한 생태학적인 정의' 등에서 그렇다.

그리고 그는 '혁명, 종교, 미래'(1989)[55]에서도 하나님 나라에 대한 비전에서 모더니즘 전통의 미국혁명과 프랑스 혁명이 오늘날 '보편사' 속에서 일어나야 할 사건들을 가리키는 것으로 본다. 이는 기독교가 '보편사'의 일부인 공적인 영역들에 참여할 것을 촉구하고 있다.

    … 이런 식으로 이와같은 희망의 비전은 아직 오늘날에 이르기 까지 그 영향

---

53) 이형기, 『모더니즘과 포스트모더니즘 논의에 비추어 본 몰트만 신학』(서울: 한들 출판사, 2006), 338-340. 이 저서에서 본 필자는 『생명의 영: 보편적 긍정』(1991)을 요약하며 결론하였다.

54) 참고: *Ibid.*, 114-125.

55) *Ibid.*

력을 발휘하고 있고, 미래에도 그럴 것이다. 즉, 유럽의 제국주의로부터 자신을 해방시키려는 억압 받고 있는 백성들의 투쟁들 속에서, 그리고 모든 다양한 사회들 안에서 가난한 자들과 권리를 빼앗긴 사람들의 자유를 위한 투쟁들 속에서 그렇다는 말이다. 가부장제도와 남성 산업주의로부터의 여성들의 자유를 위한 문화운동과 인간의 착취와 파괴로부터의 자연의 해방을 위한 생태학적인 운동은 이와같은 프랑스 혁명의 희망의 비전이 아직도 얼마나 영향력이 있고, 동시에 얼마나 그것들이 아직도 새로운 파문을 일으키고 있는가를 보여주고 있다.(164)

이상에서 몰트만은 교회와 '보편사'(세상)를 근본적으로 미래에 완성될 보편주의적 하나님 나라에 대한 희망 안에서 보았다. 그는 교회와 '보편사' 속에서 삼위일체 하나님의 선교와 성령의 사역에 의한 '희망의 유비'(analogia spei)를 찾아 낸 것인데, 그는 칼 바르트적인 '신앙의 유비'보다 교회가 좀 더 '보편사'의 일부로서 공적적인 영역들에 역동적으로 참여할 것을 보여주고 있다 하겠다. 큰 틀에서는 몰트만 역시 지식과 사랑을 추구하는 믿음이라고 하는 아우구스티누스-안셀름-칼 바르트 전통에 서 있으나, 그의 가장 두드러진 특징은 미래에 완성될 '하나님 나라'에 대한 희망에 있는 것으로 보인다.

끝으로 레슬리 뉴비긴은 두 가지 점에서 보완되어야 한다. 하나는 글로컬(global-local) 이슈들에 대응하여 도덕과 윤리 차원에서 타 종교들, 타 학문들, 그리고 사회의 각계각층들과의 대화하고 연대할 것을 소홀이 하였다. 비록 뉴비긴이 린드벡처럼 성서 이야기와 기타 종교들과 사회문화들의 정체성과 특수성 및 다양성을 인정하고 있지만, 이들 상호 간의 대화와 연대성 쟁투에 대하여는 침묵하고 있다. 둘은 에큐메니칼 운동의 세 흐름들('신앙과 직제', '세계선교와 복음전도', 그리고 '삶과 봉사' 운동) 중, '삶과 봉사'(Life and Work) 전통이 결국 세계교회의 공적인 책임에 대한 이야기이고, 특히 협의회 차원에서 교회의 공적 책임수행을 말하고 있으나, 뉴비긴은 이와같은 에큐메니칼 운

동 차원에서 발견되는 교회의 공적인 책임수행에 대하여는 별로 언급하지
않았다.[56]

---

56) 참고:『신앙과 직제와 삶과 봉사의 합류』, 이형기 · 송인설 옮김(서울: 한국기독교교회협의회, 2009)
과 이형기,『에큐메니칼 운동의 패러다임 전환』(서울: 한들출판사, 2011), 357-446.

III

근대 서구의 사관들
비코로부터 칼 마르크스까지

'역사'개념, 그리고 역사관의 두 흐름:

우리는 서유럽과 북미의 근·현대(포스트모던) 역사관에 대한 논의를 하기 전에 이 서양의 역사관이 '희랍의 역사'개념과 1350-1500년대 르네상스 인 문주의(희랍 로마고전의 부활)의 인본주의 역사관을 이어 받았다고 보고, 희랍의 '역사개념'을 소개한다.

서양의 역사학은 그리스에서 시작되었다. 기원전 8-9세기 호메로스(Homer) 는 전설적인 트로이 전쟁을 주제로 『일리아드와 오디세이』라는 전쟁서사시 를 썼다. 그러나 이 서사시는 문학, 역사, 철학, 수사학 등이 모두 한곳에 얽혀 져 있으며, 근대역사학적 입장에서 본다면 '신화적 세계관'을 벗어나지 못하고 있다고 볼 수 있다. 그리스에서 역사서술을 본격적으로 시작한 사람은 헤로도 투스(Herodotus, B.C. 484경-430년경)이다. 그는 기원전 5세기 초 그리스와 페르시 아 사이의 전쟁을 기록하고 그 책에 '히스토리아'(historia)라고 하는 제목을 붙 였다. 그는 목격자의 이야기나 국가의 공식기록, 그리고 자신이 직접 관찰한 것 등 신뢰할만한 정보에 근거하여 이 책을 기술하였다. 그 이후 투키디데스 (Thucydides, B.C. 5세기 경)도 그리스 도시국가들 사이의 전쟁인 펠로폰네소스 전 쟁에 직접 종군하면서 그 전쟁의 상황을 기록한 책에 '히스토리아'란 같은 이 름을 붙였다. 그리스어 '히스토리아'는 '탐구하여 알아낸 것'이란 의미를 가지 고 있다.

이후 16세기에 와서는 히스토리아가 '과거사건의 탐구'라는 의미와 더불어 '과거의 사건들 그 자체'라고 하는 의미로 사용되기 시작하였다. 그것이 중세 말 게르만어로는 'Geschichte'(게쉬히테)라고 표현되었다. '일어나다'라는 의미 의 'geschehen'에서 나온 'Geschichte'는 이미 일어난 과거의 사실을 의미하게 된다. 따라서 유럽에서는 '역사'란 과거에 일어난 사건이라는 의미와 그 사건을 탐구한 결과 얻게 된 지식이라고 하는 두 가지 의미를 가지고 있다. …[1]

---

1) 연규홍·린디 워커, 『거울로서의 역사』(한신대 출판부, 2011), 31-32.

그리고 '보편사'라고 하는 개념은 헤로도투스와 투키데스의 업적을 물려받은 희랍의 폴리비우스(Polybius)에 의하여 처음으로 사용되었다. "그는 '보편사'(Universal History)를 저술하여 자신의 역사서가 후세들의 미래의 삶에 유용한 지침이 되기를 기대하였다."[2]

칼 뢰비트[3]는 성서, 오로시우스(Orosius), 아우구스티누스, 요아킴, 그리고 보슈에(Bossuet) 까지 전통적인 기독교 신학적 입장에서의 보편사에 대한 이해로 보았고, 비코, 볼테르, 뚜르고(Turgot), 콘도르세, 꽁트, 프르동(Proudhong), 헤겔, 마르크스, 그리고 버카르트(Burkhardt)까지 모더니즘의 보편사 이해로 보았다. 뢰비트는 "보슈에(1627-1704)의 역사이해야 말로 인류역사의 전 과정이 하나님의 섭리에 의하여 인도함을 받는다."(137)고 하면서 이태리 사람 비코(Giambattista Vico: 1688-1744)는 보슈에와 볼테르 사이에 위치한 가장 독특한 역사학자로서 신학적인 보편사 이해와 계몽주의의 역사이해 사이를 잇는, "우리의 역사 이해의 역사에 있어서 큰 위기"[4]를 불러 온 과도기적 인물이었다고 한다. 따라서 본 저서에서 필자가 근대 유럽의 역사관을 다룸에 있어서 비코로 시작하는 것은 큰 의미를 갖는다.

따라서 우리는 적어도 보슈에 까지는 위에서 정의한 희랍의 '역사개념'이 지배적이었고, 동시에 성서 이래의 '유대 기독교적'(Judaeo-Christian) 역사관의 영향권 하에 있는 것으로 보인다. 비코 직후 볼테르부터 시작되는 모더니즘 전통의 역사관들은 대체로 희랍의 '역사'개념과 르네상스 인문주의 운동으로 매개된 희랍 로마적 역사관의 지배를 받았으니, 이 모더니즘 시기엔 '유대 기독교적' 역사관의 알맹이는 사라지고 그 껍데기만 남아 있게 된 것으로 보인다. 그 '껍데기'란 희랍의 '순환사관'[5]이 아닌, '선적이고 미래 지향적인 진보 또는 발전사관'에 다름 아닌 것으로 판단된다. 대체로 모더니즘

---

2) *Ibid.*, 38.

3) Karl Löwith, *Meaning in History*(Chicago: The University of Chicago Press, 1962(제7판).

4) *Ibid.*, 115.

5) 참고.『거울로서의 역사』, 46-50.

전통의 역사관은 '유대 기독교적 역사관'[6]의 세속화로 보여 지는 바, 몰트만은 특히 '유대 기독교적 미래 지향적 종말론'의 세속화가 모더니즘 전통의 역사관을 지배한 것으로 보았다. 몰트만은 "근대 세계는 유대교적이고 기독교적인 희망의 자식이다."[7]라고 하면서 모더니즘 역사관을 비판하면서도 모더니즘의 공공신학적 함축들을 인정하였다.[8]

본 저서는 비코에서 칼 마르크스에 이르는 모더니즘 전통의 역사관들을 기술하고 이어서 '성서의 '보편사 해석'에 비추어서 성서의 내러티브 신학에 비추어 그것을 비판하려고 하는 바, 필자는 이 내러티브 신학을 통하여 '유대 기독교적 역사관'의 알맹이를 보여주려고 한다. 그리고 이와 비슷한 논리가 '포스트모던 역사관들'에도 적용될 것이다. 즉, 한결같이 모더니즘의 역사관들을 비판하고 나온 '포스트모던 역사관들'이지만 그것 역시 '유대 기독교적 역사관'에는 아랑곳하지 않고 희랍적이고 르네상스 인문주의적이며 계몽주의 이래의 세속화된 서구 사상의 주변을 맴돌고 있기 때문이다. 적어도 이들 '포스트모던 사관들'은 '이미 과거에 일어난 사건과 그것의 설명'으로 집약되는 희랍의 '역사개념'을 결코 크게 벗어나지 않았기 때문이기도 하다. 그래서 필자는 '포스트모던 역사관들'에서 배워야 할 부분들을 배워야 할 것을 주장하지만, 각 포스트모던 사관의 성서의 '보편사 해석'에 비추어서 내러티브 신학에 입각한 유대 기독교적 역사관을 척도로 하여 각 '포스트모던 사관'을 비판할 때 성서의 '보편사 해석'에 비추어서 할 것이다.

---

6) 참고: *Ibid.*, 50-54. 이 부분에서 우리는 아우구스티누스의 『신의 도성』으로 대표되는 '유대 기독교적 역사관'을 엿볼 수 있다.

7) Jürgen Moltmann, *God For A Secular Society: Public Relevancy of Theology*(London: SCM Press, 2000)(독일어 초판, 1997), 1.

8) 이형기, 『모더니즘과 포스트모더니즘 논의에 비추어 본 몰트만 신학』(서울: 한들 출판사, 2006), 238-300.

사변적 역사철학, 분석적 역사철학, 그리고 역사기술의 철학
(historiography) :

『거울로서의 역사』는 '역사철학'이란 개념을 처음으로 사용한 사람을 볼 테르로 보고(40), 이 '역사철학'의 영역을 셋으로 보았다. 필자가 보기에 이중 앞의 둘은 아래에서 소개할 모더니즘 전통의 '역사철학'이고 세 번째 것은 '포스트모더니즘'의 역사관에 해당하는 것으로 보인다. 이 책이 주장하는 세 영역에 대하여 소개한다.

첫째, 사변적 역사철학은 역사진행에 특정한 법칙이나 형태가 있는지를 묻 는다. 만약에 역사가 특정방식으로 진행된다면 그 방식을 우리는 법칙 화할 수 있을 것이다. 그렇다면 그 법칙에 따라서 미래를 예측할 수 있다는 결론에 다 다를 수 있다.

둘째, 사변적 역사철학이 연구하는 이러한 법칙에 따라 진행하는 역사가 최 종의 목표점을 가지고 있을까를 묻는다. 역사의 종말(the end of history)이 있을 까? … 거의 대개의 경우는 사회제도에 있어서 진보의 종말을 말한다. 다시 말 하면 더 이상 발전이 필요 없는 최상의 발전의 단계에 인류가 다다른 상태를 '역사의 종말'이라 부른 것이다. 플라톤에서부터 칸트, 헤겔, 마르크스, 그리고 최근의 프란시스 후쿠야마에 이르기까지 이들은 역사에 진행방식 또는 법칙이 있으며, 위와같은 의미로 '역사의 종말'에 이르게 된다고 하였다.(40-41)

비판적 또는 분석적 역사철학은 방법론의 문제, 특히 논리학과 인식론 영역 의 문제들에 초점을 맞추어 접근한다. 역사의 본질이 무엇인가, 역사는 과학인 가 예술인가 등의 질문이 이러한 접근이라고 볼 수 있다. 그 대표적인 학자들 로는 랑케와 콜링우드, 카, 헴펠 등을 떠올릴 수 있다. 이들은 역사란 무엇이며 무슨 의미를 갖는가를 물었다. 우리에게 잘 알려진 카(Edward H. Carr, 1892-1982) 의 『역사란 무엇인가』(*What Is History*)는 바로 이 질문에 대한 연구와 성찰을 잘

드러낸 저술이라고 하겠다. (41-42)

셋째, 역사기술의 철학은 역사의 쓰기와 읽기를 주요 연구 과제로 삼는다. 이들에게 역사는 과연 어떻게 기술되어야 하는 것인지, 역사기술과 담론의 관계는 무엇인지, 역사와 텍스트성의 문제 등을 성찰한다. 대표적인 학자로서는 『메타 역사: 19세기 유럽의 역사적 상상력』의 저자 헤이든 화이트(Hayden White)와 언어와 텍스트의 문제를 검토하면서 카의 언어이해의 한계를 지적한 라카프라(Dominick LaCapra) 등이 있다. (42)

위와같은 간결한 정리는 필자가 본 저서에서 논할 모더니즘 전통의 역사관과 포스트모던 역사관 이해를 위한 지도(mapping)에 해당하는 것으로 보인다.

비코

(Giambattista Vico, 1688-1744)

이 글은 단편적이나마 비코의 『The New Science』의 발췌된 본문을 사용하여 그의 보편사 이해를 소개하려고 한다. 비코의 본 주저는 1725년에 첫판이, 1730년에 완전판이, 그리고 1744년엔 수정판이 나왔다. 그것은 몬테스큐의 『법의 정신』보다 4년 전에 그리고 볼테르의 Essay보다는 10년 전에 나왔다. 무엇보다 더 중요한 것은 데카르트(1596-1650)가 약 100년 전에 유럽 역사에 등장하였고, 비코 당시에도 이들 데카르트 주의자들(Cartesians)이 크게 활동하였고, 정치학에선 마키아벨리의 『군주론』이 크게 부각되던 시기였으니, 비코는 이와같은 배경에서 데카르트주의자들의 수학적 진리(특히 기하학)에로의 환원주의(reductionism)에 반대하여 인류 보편사의 풍성한 유산을 강조하였고, 마키아벨리의 '권력의지'에 반대하여 하나님의 섭리와 인간의 자유의지 및 성호작용을 주장하였다.

1. 데카르트의 'Cogito, ergo sum'과 '인류의 보편사'

17세기 초반(1596-1650)에 활동했던 데카르트는 경험론에 근거하여 객관적 법칙성을 강조하는 영국의 과학주의자들과는 달리 경험과 인식의 모든 외적인 조건들을 방법론적으로 의심한 다음에 그래도 의심하는 자신만은 의심할 수 없다는 결론에 도달하였다. 그래서 그는 인간의 지성 안에 있는 '분명하고 명백한 인간의 선험적 관념들(clear and distinct ideas innnate in human mind)을 진리인식과 진리판단의 토대와 기준으로 보았다. 즉, 자연과학적 지식과 확신의 근거가 되는 수학적 진리가 경험적 데이터와 관계없이 사고하는 실재(res cogitans = thinking substance) 속에 선험적으로 내재하고 있다고 하였다. 그에게 있어서 가장 확실한 지식은 수학적인 지식이었으니, 이는 과학주의적 환원주의로 인도할 수밖에 없었다. 그는 사고하는 주체와 '외연을 가진 실재'(res extensa)인 객관적 세계를 이분화하여(주객의 이분법), 결국 자연과학과 기술에 의한 자연의 도구화 및 오염과 파괴로 인도하였다.

그의 'cogito, ergo sum.'의 철학은 인간의 지성을 하나님의 자리에 놓는 모더니즘을 낳았다. 이와같은 철학적 혁명은 종전의 하나님의 섭리를 논하는 신학이나 모든 인문사회과학들을 배제시켰다.

그러나 비코는 이와같이 모든 지식을 자연과학으로 축소시키고, (신칸트학파의 용어로 표현하면)'자연과학'(Naturwissenschaften)과 '정신과학'(Geisteswissenschaften)을 이분화하는 데카르트의 '진리'개념과 '확실성'에 반대하여, '정신과학' 중 특히 '역사' 차원의 '진리'와 '확실성'에 대한 주장을 내세웠다. 비코는 데카르트의 '진리'와 '확실성'이란 하나님께서 창조하신 '자연'에 대한 것인 반면에 '역사'에 대한 '진리'와 '확실성'은 인간이 만든 것에 대한 것("factum" = what has been made by men = the true)이라며, 전자의 환언주의(reductionism)를 비판하고 '정신과학' 일반의 의미에서 보편적인 '인류역사'에 대한 '새로운 지식'(The New Science)(라틴어로 scientia는 지식을 뜻함)을 주장하였다. 따라서 비코는 전자와 후자가 출발점에 있어서는 동일하지만 후자가 인류 역사의 풍요로운 유산을 탐구한다고 보았다.

위에서 정립된 제1 원리는 나라와 민족들의 세계가 인간들에 의하여 만들어졌다고 하는 것이고, 그것의 다양한 표현들이 우리 인간 자신들의 정신의 변형들 안에서 발견되어지지 않으면 안 된다고 하는 것이다. 그리하여 역사란 역사적 사건이나 사실들을 만든 인간 자신이 그것들에 대하여 묘사할 때 보다 더 확실할 수가 없다. 이런 식으로 '우리의 Science'는 기하학과 동일한 출발점을 가지고 진행 된다. 그도 그럴 것이 기하학은 물질적 요소들로부터 건축되고 물량의 세계에 대하여 숙고하지만 그 자신이 그것을 만들어 내는 것이기 때문이다. 하지만 '우리의 Science'는 점이나 선, 평면이나 숫자가 없는 인간사(human affairs)의 실재를 다루는 질서들에 비례하여 더 큰 실재를 포함하고 있다. 그와 같은 '역사'에 대한 증거들(proofs)은 독자들을 향하여 하나의 신적인 것으로부터 온 것이고 하나의 신적인 기쁨을 주어야 한다고 주장하기 때문이다. 하나님 안에서는 지식과 창조세계가 동일하다.[9]

그런데 비코는 위와같은 역사적 사실들(factum)의 증거들이 단순히 인간의 자유의지에 의한 성취만이 아니라 신의 섭리로부터 온 것이라 하여 '신인협동론적인 합작(合作)'을 암시하고 있다.

17세기 데카르트와 같은 대륙의 합리론과 버클레이와같은 영국의 경험론이 환원주의적 인식론을 주장하면서 인류 역사의 풍요로운 유산이 유럽 문화 속에서 상실되고 자연과학적이고 기계론적인 세계관과 국가관, '역사관'이 대두하는 '계몽주의' 시대에 비코야 말로 '계몽주의'를 극복하려 했던 모더니즘 안에 있는 모더니스트였다. 그는 19세기 후반 낭만주의, 헤르더와 헤겔, 딜타이와 슈펭글러, 심지어는 칼 마르크스 등을 예기하였다. 뿐만 아니라 그는 비록 모더니스트였지만, 모더니즘을 극복하려고 노력한 점에서

---

9) "Vico, The New Science", *In Theories of History*, edited with Introductions and Commentary by Patrick Gardiner(New York: The Free Press, 1959), 21.

고전에 대한 향수를 가지고 모더니즘을 극복하려고 하는 '포스트모더니즘'
과도 맥을 같이 한다.

2. 하나님의 섭리 속에 있는 풍요로운 인류 '보편사'

1) "정부 언어 그리고 법률이라고 하는 세 유형"

비코는 자신의 저서가 신적 섭리에 비추어서 나라와 민족들의 공통 본성
을 깊이 숙고하면서 이방 나라들 사이에 있는 신적인 것들과 인간적인 것들
의 기원을 찾아낸 다음, 이로부터 세 시기를 통하여 최대한의 평등성과 항구
성을 가지고 내려오고 있는 나라와 민족들의 자연 법의 체계를 확립한다며,
세 시기에 대하여 주장한다. 즉, 첫째, 이방인들이 신적인 정부 아래서 살았
다고 하는 신들의 시대인데, 이들에겐 모든 것이 길조들과 신탁들에 의하여
명령을 받았다. 둘째, 영웅들의 시대인데, 이 시기에는 영웅들이 자신들의
본성을 대중들의 그것보다 우월한 것으로 보면서 귀족주의적인 공화국들을
통치하였다. 셋째, 모든 인간들이 인간 본성에 있어서 스스로를 평등하다고
인식하는 시대로서 최초로 이 시기에 백성들에 의한 공화국들이 수립되었
고 그 다음에 왕정체제가 등장하였다.[10] 여기에서 비코는 인류역사의 세 번
째 발전단계를, 신의 섭리와 인간의 역사적인 사실(factum)의 합작으로 보았
다. 저자는 모름지기 '계몽주의'야 말로 그가 선호하는 세계사의 세 번째 발
전단계였을 것이다.

그리고 비코는 이상과 같은 세 가지 인류 보편사의 발전단계들에 알맞는
세 유형의 언어를 주장하면서 이것이 '우리의 Science'를 구성한다고 하였

---

10) *Ibid.*, 12-13.

다. 하나는 "자신들이 표현하려는 이상들과 자연적 관계를 가지고 있는 징표들, 물리적 물체들의 무언의 언어인데, 이는 이교도들이 인류 속으로 편입될 때 사용된 족속들의 언어"[11]요, 둘은 "영웅들의 통치시대에 등장하였던 언어로서, 그들은 영웅적 표상들 또는 비유들, 비교들, 이미지들, 메타포들, 그리고 자연적 묘사들을 수단으로 소통하였다." 이는 역시 비코가 선호하는 '계몽주의'시대의 언어에 대한 것이다.

백성들(peoples)에 의하여 합의된 단어들을 사용하는 인간 언어이다. 이 언어에 대해선 그들이 절대적인 주권을 지니고 있다. 이는 백성들에 의하여 다스려지는 공화정들과 왕적 국가들에서 발견된다. 그리하여 백성들은 그와 같은 언어로 귀족들과 군중들을 한데 묶는 법들의 의미를 확정 시켰다. 그런즉 법들이 대중언어로 기록되면서 향후 모든 나라들에서 법들에 대한 학문이 귀족의 제어로부터 벗어났다….

이어서 비코는 "법률"(jurisprudence) 역시 세 가지 발전단계를 거쳤다고 한다. 역시 첫 번째 단계는 이방인들이 신들의 명령들(신탁들)에 의하여 지배를 받아 신탁을 해석하였던 '신적인 시인들'의 법률학이요, 둘은 영웅들의 시대로서 로마제국의 율사들이 주장했던 '시민적 평등', 곧 우리가 '국가의 이성'이라 부르는 법률이다. 이 시기는 언어적으로 꼼꼼하였다. 역시 세 번째 단계는 비코가 선호할 것으로 이해되는 '자유 공화국들'의 법률이다. "이 시기에는 각 나라의 백성이 다양한, 자신만의 고유한 법률을 지니면서도 보편적인 법들로 인도함을 받았다."

우리는 이상과 같은 비코의 주장에서 인류역사란 아우구스티누스로부터 부슈에에 이르는 시기의 역사이해에서처럼 그렇게 정태적인 것이 아니라 "변화와 성장"[12] 개념이 발견된다. 그러나 헤리 반즈는 그것은 "나선형적

---

11) *Ibid.*, 13.
12) 참고: M. C. D. D'archy, S. J. , *The Sense of History*(24 Russel Square, London: Faber and Faber,1959), 122.

발전(spiral progress)이요, 아마도 발전의 주기들(cycles)이 있어 보이지만 그렇다고 그것이 그것의 첫 단계로 회귀하는 것은 아니다."[13]라고 하였다. 그리고 칼 뢰비트는 인류역사란 결국 무질서와 야만으로부터 질서와 합리성과 문명으로 발전하지만, 그렇다고 그것이 끝이 있거나 모든 것의 성취로 끝나는 것이 아니며, '질서와 합리성과 문명'이 또 다시 야만성으로 떨어졌다가 다시 '질서와 합리성과 문명'으로 부흥하는 것이라 하였다. 비코에 있어서 그것은 '발흥, 붕괴, 그리고 재 발흥'(corso, fall, recorso)에 해당 한다.

이와같은 인류의 정규적인 전형적 과정이 무질서로부터 질서에로 그리고 미개(savage)와 영웅적 관습들로부터 좀 더 합리화되고 문명화된 관습들로 인도하는 한 그것은 하나의 진보(a progress)이다. 하지만 그것은 끝이 없고 성취가 없는 진보이다. 그것의 진정한 끝은 몰락이요 전락이다. 그리고 곧 바로 이어서 재 소생(resurgence)이기도 한 재 발흥(recurrence)이다. 이미 그와 같은 재 발흥은 로마제국의 패망 후 중세기에 일어난바, 그것은 야만적 시대의 창조적인 재귀(return)이다.[14]

2) "철학과 언어학"

"철학은 이성을 묵상하는바, 이로부터 "진리"(verum = the true = "factum")에 대한 지식이 오고 언어학은 인간의 선택의 권위를 관찰하는바, 이로부터 "확실성"에 대한 의식이 온다."(Vico, Ibid.) 즉, 비코는 '철학과 언어학'의 대상이 데카르트처럼 자연을 대상으로 하는 것이 아니라 '정신과학' 그 중에 '역사'를 대상으로 하는 학문으로 보는 것이다. 그도 그럴 것이 위에서 지적한 대로 "verum"과 "factum"에 근거한 "확실성"(certum = certainty) 개념이 모두 자

---

13) Harry Elmer Barnes, *A History of Historical Writing*(New York: Dover Pbulications, 1963(제 2판), 175.
14) Karl Löwith, *op. cit.*, 132.

연과학적 차원의 것이 아니라 정신과학적 차원의 것으로 판단되기 때문이다. 그리고 비코는 특히 후자를 다음과 같이 정의하면서 이 두 학문이 서로가 서로를 도와주어야 온전해질 것이라고 한다.

> 위 공리에 있어서 두 번째 부분은, 언어들과 백성들의 행동들을 연구하는 모든 문법학자들, 역사가들, 비판가들을 가리킨다. 이들은 모두 관습들과 법들과 같은 국내적인 사안들과 그것들의 국외적인 사안들, 곧 전쟁들, 평화들, 동맹들, 여행들 및 무역들을 연구한다.[15]

3) "시(詩)와 우화의 기원"

"한 백성이 야만스럽고 난폭하여 인간의 법들이 설 자리가 없을 경우마다 그것을 감소시키는 유일하게 힘 있는 수단은 종교이다."[16] 비코는 신적인 섭리야 말로 인간들을, 그들의 포악하고 폭력적인 상태로부터 인간적이고 자연적인 삶으로 인도하는 것이 확실하지만, 위에서 언급한 고대 시대로 올라가면 사람들이 잘못된 신들에 의하여 자신을 제어했다고 본다. 첫 발전단계의 인간들은 "본성상 숭고한 시인들"이었다고 보는 것이다. "우화들" 역시 이 시기의 소산이라고 한다.

4) "사물의 질서와 사람들의 질서"

"인간 정신의 자연적인 성향은 감각들을 통하여 외향적으로 자신의 모습을 쉽게 몸 안에서 보지만, 숙고(reflection)를 통하여 그 자신을 드려다 보는

---

15) "Vico, The New Science", 14.

16) *Ibid.*, 15.

일은 어렵다."[17] 비코에 의하면 "모든 언어들에 있어서 어원학의 보편적인 원칙"은 이와같이 물체들에 대한 직접적인 감각들보다는 이성적인 차원으로 이동하는 인식 과정을 반영한다. "이상들의 질서 역시 사물들의 질서를 따르지 않으면 안 된다. 이는 인간사의 질서이다. 즉, 첫째로 숲들이고 둘째로 초막들이며 셋째는 마을들이고 끝으로 도시들과 아카데미들이다."(Ibid.)고 본다. 역시 비코는 자연과학의 세계보다는 정신과학의 세계가 우월하다고 본다. 전자가 자연의 감각적인 인식에 사로잡혔다면 후자는 이상들과 이성과 정신을 지향하는 것이다. 마치 칸트의 인식론에서처럼 말 '사물의 질서'로부터 '사람들의 질서'로 상승해야 한다는 말일 것이다.

5) "인간본성과 관습들":

"관습은 왕과도 같고 법은 폭군과도 같다"고 하는 크리소스톰의 금언은 숙고되어질 가치가 있다. 여기에서 우리는 전자가 이성적인 관습을 말하고 후자가 자연이성에 의하여 생긴 법을 말하는 것이 아님을 이해하지 않으면 안 된다."[18] 비록, 관습들 결국 인간의 "사회적 본성"으로부터 왔지만 비코는 인간사회의 법들이 단순히 인간 본성으로부터 직접 온 것이 아니라 인간본성에서 기원한 관습들로부터 왔다고 한다.

> 첫째로 나라와 민족들의 자연법은 관습(왕과 같이 기쁨으로 우리에 명령하는 관습)에 의하여 정해지는 것이지, 법(폭군처럼 우리에게 명령하는 법)에 의하여 정해 진 것이 아니다. 그도 그럴 것이 그 법이란 모든 나라들과 민족들의 공통 본성으로부터 기원하는 인간관습들에서 시발하기 때문이요(이것이 우리의 New Science의 본연의 주제이다) 그것이 인간사회를 보전하기 때문이다. 한 걸음 더 나아가서 자

---

17) *Ibid.*, 16.
18) *Ibid.*, 17.

연적 관습을 지키는 것보다 더 자연스러운 일은 없다. (이 보다 더 기쁜 일은 없다) 이 모든 이유들로, 그와 같은 관습들이 기원한 인류의 본성은 부득이 사회적이다…,[19]

이처럼 저자는 법이 단순히 인간 개인의 본질적 본성에서 나온 것이 아니라 인간의 사회적 본성으로부터 기원하였다 하여, 역시 '자연과학'보다는 '정신과학'의 우월성을 암시하고 있는 것으로 보여진다.

6) "모든 나라와 민족들의 세 가지 관습들"

우리들로부터 아주 멀리 떨어진 원시 사회에 속에서조차 "시민사회의 세계가 확실히 인간들에 의하여 만들어졌고 따라서 그것의 원칙들이 변모해 온 우리들 자신의 정신의 변형들 안에서 발견된다." 하지만 저자는 계몽주의철학자들이 그동안 "하나님께서 만들었기 때문에 하나님만이 아시는 자연세계에 대한 연구에만 심혈을 기울여 왔고 인간이 만들었기 때문에 인간들이 알 것을 희망하는 나라와 민족들의 세계 또는 시민사회의 세계에 대하여는 소홀이 해 왔어야 했다."고 한다. 이는 이미 지적한 바 인간이 감각적이고 물리적이며 몸 적인 것에는 익숙하나 그 자신을 제대로 보지 못하기 때문이라고 한다. 인간은 자신을 제대로 볼 수 있는 거울을 필요로 한다고 하였다.

이 관습의 세계야 말로 인간들에 의하여 만들어졌기에, 모든 인간들이 어떤 점들에 있어서 합의하고 항상 합의해 왔는지를 보십시다. 그도 그럴 것이 이와 같은 나라들과 민족들의 관습들이야 말로 우리들에게 모든 나라와 민족들의

---

19) *Ibid.*

초석이었고 오늘날에도 초석인 보편적이고 영원한 원칙들(우리의 Science가 알지 않으면 안 되는)을 우리들에게 제공할 수 있을 것이다.[20]

비록 문명화되었거나 아직 미개한 모든 나라들과 민족들이 서로가 다른 시간과 공간에서 각각 개별적으로 세워졌지만 다음과 같은 세 가지 인간의 관습들을 유지하고 있다. 모두가 어떤 종교를 지니고 있고 모두가 엄숙한 결혼들을 언약하며 모두가 죽은 자들의 장례를 치른다. 그도 그럴 것이 인류는 서로에게 무지한 민족들 사이에서도 '통일성 있는 이상들이 진리의 공통 지반을 지니지 않으면 안 된다고 하는 공리에 의한 즉, 그들은 이와같은 세 관습들로부터 그들 사이의 모든 것을 시작하였고 때문에, 그들 모두에 의하여 그 세 가지 관습들이 매우 경건하게 지켜졌으니, 그 결과로 이 세상이 야수들의 난폭성을 갖지 않게 되었다고 하는 사실 때문이다.[21]

이상과 같은 주장은 진정으로 철학의 대상 영역이야 말로 '보편적이고 영원한 원칙들'을 지닌 세계로서 다양성과 통일성을 보여주고 있다고 한다. 그런즉, 인류는 이를 거울로 자신을 볼 수 있어야 한다고 한다.

7) "'새로운 Science'와 신적인 섭리"

끝으로 신적 섭리에 대한 암시가 이상과 같은 비코의 주장에서 이미 나왔지만, 여기에선 좀 더 본격적으로 그것에 대하여 알아보자. 간단히 말하면, 비코는 인간역사의 발전, 특히 미개한 원시 시대로부터 '계몽주의'시대로의 진보과정을 하나님의 섭리와 인간의 '만듦'의 신인협동론적 합작으로 본다. 그는 원시인들의 야수성과 정렬들이(이는 이방 나라들의 군주들의 조상이지만)

---

20) *Ibid.*, 17-18.
21) *Ibid.*, 18.

'천한 형이상학'과 '시인들의 신학'에 의하여 상정한 무시무시한 거짓 신들에 의하여 제어를 받았고, 인류는 점차 자신의 의지에 의한 덕목 형성에 도달하여 오늘(그 당시 계몽주의)에 이르렀다고 한다.

자신들의 몸들의 운동들에 대한 제어는 확실히 인간의 자유의지가 만들어낸 것이다. 그런즉, 이 자유 의지는 모든 다른 덕목들의 집이요 모태이다. 무엇보다도 그것은 정의의 집이다. 인간의 의지가 정의에 대하여 알게 되었을 때 그것은 정의로운 모든 것의 원천이요 정의에 의하여 지배받는 모든 법들의 원천이기도 하다.

그러나 저자에 따르면 인간본성이 역사 과정 속에서 자기 사랑과 야수성과 부도덕성(악덕들)으로 말미암아 공적인 도덕성(미덕)이 아니라 사적인 이해 (가정과 도시와 나라와 민족 차원에서 그들 자신의 private utility 혹은 welfare)를 추구해 왔음에도 불구하고, 인간이 파국으로 떨어질 수 없었던 것은 신의 섭리 덕분이었다고 하는 것이다. 하나님의 섭리(정의)에 따른 정의 덕분이라는 말이기도 하다. 그는 이렇게 주장한다.

따라서 오직 섭리에 의해서만 인간은 가정과 나라와 결국 인류사회의 성원들로서 이와같은 질서들 안에서 정의를 실천할 수 있을 것으로 생각될 수 있다. 그리하여 그가 소원하는 모든 유익들에 도달할 수 없는 인간은 이와같은 질서들에 의하여 그 자신의 의무인 유익들을 추구하도록 강한 요청을 받는다. 이는 정의라 불린다. 그런즉, 모든 인간의 정의를 규제하는 것은 신적 정의이다. 신적 섭리는 인류사회를 보존하기 위하여 그의 정의로 모든 인간의 정의를 다스리신다.[22]

그리하여 비코는 인간의 역사가 '원자들의 맹목적인 집합'에 의하여 움

---

22) *Ibid.*, 19.

직인다고 보는 에피쿠루스 학파의 우연론이나 그것이 '원인과 결과의 무정하고 냉혹한 폐쇄적 체인'으로 보는 스토아학파의 결정론 또는 운명론 모두를 거부하고 마키아벨리 식 '권력의지'도 거부한다. 그는 인간의 자유의지의 백분활용을 허용하는 신적 섭리를 주장한다. 비코는 인간이 지금까지 논한 인류의 역사 발전과정을 통하여 신적 섭리를 깨달아야 한다며, 이를 "신적 섭리에 대한 하나의 합리적인 시민신학"(a rational civil theology of divine providence)이라 불렀다. 그런즉, 그가 '정신과학' 그 '역사'를 매우 강조하는 이유는 이와같은 신적 섭리와 관련이 있다.

그러나 철학자들은 오히려 시민적 사안들의 경세 속에서 신적 섭리를 연구했어야 한다. 이들은 '신적 섭리'라고 할 때 '신적'이란 말에서 "인간으로부터 감추어져 있는 것, 미래 또는 인간들 안에 감추어져 있는 것을 간파하여 예언한다(divinare = to divine)고 하는 충분한 의미가 부여되고 있다고 하는 것을 이해해야 한다.

그리하여 저자는 역사란 인간에 의하여 만들어지지만, 그것은 신적 섭리와 인간의 반응의 합작으로서 개인의 의지와 성취를 초월하는 신적 섭리에 의한 보편사를 지향하는 것이라고 본다. 이는 헤겔의 '객관적 정신'에 가까운 것으로 보이기까지 한다.

말하자면 우리의 Science는 섭리의 역사적 사실에 대한 하나의 증시(證市)가 되지 않으면 안 된다. 그도 그럴 것이 섭리란 인간의 분별 또는 의도와 상관없이도 종종 인간들의 계획을 거슬러서도 인류의 그처럼 거대한 도성에게 베풀어 주는 질서의 형태들의 한 역사임에 틀림없기 때문이다. 진실로 이 세상은 시간 속에서 그리고 특수 상황들 속에서 만들어져 왔지만, 그 안에 신적 섭리로 수립되어진 질서들은 보편적이며 영원하다.

비코는 영원한 법이, 인간의 마음속으로부터 있는 관습들이 국가와 민족들의 법들과 불가분리하고 영원한 신적 정의가 인간의 정의 가운데 있다며, 인류 '보편사'의 '발흥(corso), 쇠퇴(fall), 재 발흥(recorso)'에도 불구하고 '하나의 이상적인 영원한 역사'가 시간 속에 교차하고 있다고 주장한다.

> '우리의 Science'는 동시에 기원과 진행과 성숙과 퇴보와 전락 속에 있는 각 나라의 역사에 의하여 시간 속에서 교차되는 하나의 이상적인 영원한 역사를 묘사할 것이다. 진실로 우리는 누구든지 이 Science를 묵상하는 사람은 그가 그와 같은 역사적 증명에 의하여 '그 이상적인 영원한 역사가 있어야 했고 있어야 하며 있을 것인 한 그 자신들에게 이와같은 이상적인 영원한 역사를 말한다고 주장하는 데에 이른다.[23]

이상과 같은 비코의 '섭리론'에서 우리는 '영원한 법', '하나님의 정의', '영원한 이상적 역사'와 같은 초월적인 차원의 실재가 인류문명의 발전사 속에 함께 하고 있음을 발견한다. 그리고 그의 섭리론은 우연론과 운명론이 아니라 하나님의 뜻(섭리)과 인간의지의 성취의 합작으로 보여진다. 적어도 비코는 성서적 역사(구속사)와 세속사의 확연한 구분(아우구스티누스로부터 보슈에에 이르는)에 의하여 이방의 세계 또는 인류문명의 발전사 속에 있어 온 하나님의 섭리를 결코 도외시하지 않는다. 그렇다고 그가 아우구스티누스의 '두 도성' 사상, 기독교적 제국을 추구했던 콘스탄티누스 황제의 기독교 세계, 교황 중심의 중세적 성속의 종합, 루터와 칼빈의 '두 왕국론' 같은 것을 추구한 것은 아니었다. 물론, 그는 단순히 '계몽주의'의 과학주의 일변도 나가시도 않았다. 그는 이상과 같은 신학적인 역사이해들의 패러다임을 따르지 않으면서, 진지하게 인류 보편사 속에서 발견되는 하나님의 섭리를 알려고 애썼다. 비록 그가 이방 종교들에 반하여 이스라엘의 히브리 종교와 기독교의 기원과

---

23) *Ibid.*

성격의 우월성을 암시하지만,[24] 끝까지 그는 이방 인류문명의 발전사 속에서 하나님의 섭리를 발견하려고 하였다. 그렇다고 비코의 섭리론이 로마가톨리시즘을 위한 변증론도 아니었다.

---

24) Karl Löwith, *op. cit.*, 130.

성서의 '보편사 해석'에 비추어서

비코는 자연과학적 진리와 확실성이 정신과학적 진리와 확실성을 퇴출시키던 모더니즘 시기 동안에 자연과학을 버리지 않으면서도 정신과학 그 중 '역사학'을 살리는 일에 역사적으로 큰 공헌을 하였다. 비코의 『The New Science』야말로 과학과 기술, 산업화와 도시화, 신자유주의로 인한 지구환경과 지구자원의 고갈로 인하여 '역사'와 인문사회과학의 중요성이 매우 약화되고 있고, 이와같은 인류 보편사와 창조세계로부터 기독교가 퇴출 당하는 21세기 상황에 대하여 시사(示唆)하는 바가 크다 하겠다. 『거울로서의 역사』가 말하는 비코에 대한 이해는 매우 설득력이 있다.

계몽주의 역사가들의 딜레마를 해결할 역사역구방법론을 제시한 사람이 바로 비코이다. 그는 역사적 인식도 수학이나 물리학처럼 참다운 지식을 산출할 수 있다고 주장하면서 역사연구의 고유한 방법론을 세우려 하였다. 당시 데카르트, 스피노자, 라이프니츠 등 수학적 방법으로 훈련받은 철학자들은 수학적 적합성과 확실성에 근거한 지식만이 학문적 지식이며, 역사와 같은 분야에서는 입증 가능한 지식을 얻는 것이 불가능하다고 여겼다. … 이들에게 역사적 기술은 환상과 공상의 표명일 뿐이었다. 이러한 비판에 대하여 비코는 수학의 유효성을 인정하면서도 수학적 인식과는 전혀 다른 방식의 앎의 형태 역시 타당성을 갖는다고 역설하였다. (56)

… 비코는 인간본성이 시대에 따라 변한다고 믿었다. 또한 그는 공리와 정의 그리고 가설을 세우고 추론하는 철학, 그리고 언어와 문학에 대한 경험적 연구라고 여겼던 문헌학에서 역사연구의 철저한 방법을 얻으려고 하였다. 특히 그는 언어학과 신화학, 법학을 과거에 대한 연구를 위한 중요한 열쇠로 생각하였다. 그에 의하면, 신화, 전설 등은 단지 무지와 미신이 아니라, 과거의 사람들이 자신에 대해 그리고 우주에서의 자신의 위치에 대해 가지고 있던 개념을 탐구할 수 있는 좋은 수단이다. … (56-57)

더욱이 레슬리 뉴비긴이 그의 저서 대부분에서 주장했듯이, 18세기 '계몽주의' 시기 이래로 유럽과 서양의 교회와 신학이 '공적인 영역들'로 부터 소외되며 주변화되고 사사(私事)화 되고 있는 상황에서, 비코의 주장은 '계몽주의'의 문제점들을 일찍이 잘 파악하였고, 오늘날 우리에게도 훌륭한 길잡이가 되고 있다. 그렇다. 기독교는 21세기의 글로컬(global-local) 이슈들에 직면하여 도덕과 윤리 차원에서 타 종교들, 타 학문들(자연과학과 정신과학), 사회의 각계각층의 사람들과 대화하고 연대하면서 문제들을 공적으로 풀어 나가야 할 것이다.

특히, 비코는 기독교 또는 교회와 신학을 하나님의 섭리의 현장인 공적인 영역의 한 복판으로 끌어 들였음에 틀림없다. 그의 섭리론은 아우구스티누스에서 보슈에에 이르는 기독교적 사관과 달리 하나님께서 '보편사', 무엇보다도 공적인 영역들을 자신의 일터로 삼으시어, 인류역사를 공적인 선과 공적인 정의의 방향으로 인도하신다고 하는 이야기이다. 비록, 그가 성육신, 십자가, 그리고 부활을 중심에 두는 복음과 삼위일체 하나님에 대하여 명시적으로 주장하고 있지는 않지만, 그의 섭리론의 틀은 오늘날 우리에게 큰 교훈이 되고 있다. 그의 하나님은 인류의 '보편사'로부터 초연해 계시면서 그것을 방관하는 하나님이 아니시다. 그의 섭리론은 전통적인 유신론적(theistic) 섭리론이나 범신론적 섭리론과 다르다. 그는 고독한 사상가인 에피쿠루스의 우연론과 수도원적 사상가[25]인 스토아의 운명론 모두를 거부하였다.

그는 인간의 자유의지를 전적으로 인정하면서 인류 문명사 속에 내주하시어 그의 뜻을 실현해 가시는 하나님을 믿고 있었다. 그가 말하는 '영원한 법', '하나님의 정의', 그리고 '영원한 이상적인 역사'란 각각 인간사회의 '공적인 법', '공적인 정의', 그리고 '모순과 문제가 많은 인간의 역사'와 상관관계 속에서 공존하며, 전자(영원)는 후자(시간)를 통해서 있다. 비록 그가 '신인협동론'을 정교하게 신학이론적으로 표현하고 있지는 않으나, 그의 '섭리론'

---

25) Karl Löwith, *op. cit.*, 124.

에는 그와 같은 로마가톨릭전통의 '신인 협동론'이 암시되고 있는 것으로 보인다. 인간의 사적이고 이기적인 의지와 결정이 결국엔 공적인 덕목과 도덕으로 인도된다고 하는 그의 섭리론은 결국 하나님의 의지와 결정이 인간의 그것을 능가한다고 하는 것을 말한다.

비록 비코가 경험한 보편사란 희랍로마세계, 유대교와 초기 기독교의 역사, 고대 기독교 세계, 중세 기독교 세계, 그리고 '계몽주의' 초기역사였지만 (그러니까 중국이나 인도나 일본이나 동남아 등의 역사를 제외한), 이상과 같은 '섭리론'은 '거대담론'으로서 '보편사'를 주장하며 그것에 대한 하나님의 섭리를 이야기하고 있다 하겠다. 따라서 '보편사' 또는 '인류의 세계사'를 '발흥(corso), 쇠퇴(fall), 재 발흥(recorso)'의 나선형적 발전사로 볼 때도, 그의 담론은 한계를 인정해야 할 것이다. 그는 앞으로 논할 다른 근대 시기의 역사철학자들과 마찬가지로 미시사에는 관심이 없고 '서유럽'을 염두에 둔 '보편사'이해에 몰두하였다. 즉, 그의 '거대담론'적 역사이해는 각 개별 나라와 민족의 역사, 나아가서 어떤 특정 문화권 및 어떤 특정 인물이나 사건에 대한 역사를 전혀 고려하지 않았다.

무엇보다도 비코는 '보편사'의 파노라마들을 '십자가와 부활'에의 유비(analogia fidei), 미래 메시아 왕국(몰트만), 그리고 시간 저편의 새 창조의 세계(레슬리 뉴비긴)와의 관계(analogia spei)에서 이해할 수 없었다. 따라서 그는 '보편사' 속에서 일어나는, 십자가에 유비로서 하나님의 심판을 무시하였고, 역사 속에서 발견되는 모든 선하고 의로운 것들 그리고 모든 신앙과 사랑, 그리고 희망 같은 모든 행복한 일들을 역사와 죽음 저편의 새 하늘과 새 땅에 비추어서 볼 수 없었다. 그러나 우리는 비코가 주장하는바, 인류 보편사 속에서 진행되는 하나님의 섭리론에서 특히 공적인 영역에서의 도덕과 덕목의 지속가능성이야 말로 역사와 창조세계 속에 현존하시고 활동하시는 삼위일체 하나님의 사역의 결과요 장차 임할 메시아 왕국과 역사와 죽음 저편에 도래할 하나님의 나라의 징표와 도구임을 인정해야 할 것이다.

비코는 성서의 내러티브가 해석하고 있는 보편사에 대하여 아랑곳하지 않고, 철학적이고 어느 정도 신학적인 보편사 이해를 시도하였다. 일찍이 한스 프라이는 그의 저서 『성서적 내러티브의 일식(日蝕): 18-19세기 해석학에 대한 연구』(1974)[26]에서 성서적 내러티브 신학이 18-19세기 유럽 개신교에서 일식 현상을 보였고, 중세 가톨릭신학과 17세기 개신교 정통주의에서도 그랬다며, 이레네우스(c. 130-c. 200)로부터 아우구스티누스(353-430)에 이르는 '모던 이전 시기'(pre-modern)의 기독교 신학과 16세기 종교개혁 신학에서 그것을 찾았고, 20세기에는 칼 바르트로 비롯되는 '신정통주의' 신학에서 그것을 확인하였다.[27] 비코의 보편사 이해는 어느 정도 중세적인 것과 연결되어 있으나, 더 큰 정도로는 '계몽주의' 시대의 소산으로 보인다. 따라서 비코는 복음서들의 복음 이야기(한스 프라이), 구약에서 신약으로 이어지는 거대담론을 푸는 열쇠로서 '하나님의 선교'(라이트), 인류 구속의 역사뿐만 아니라 창조세계와 새 창조 세계를 아우르는 종말론적인 완성(보캠과 하트), 성서적 내러티브 전체에 따른(성서적 내러티브 전체의 맥락에서 예수 그리스도 그리고 예수 그리스도에 비춰 본 성서적 내러티브 이해) 보편사 해석(뉴비긴), 그리고 창조세계와 함께 어우러지는 보편사 이해 같은 것에 전혀 관심이 없다. 그의 섭리사관이 상당히 미래지향적 역사이해를 지향하고 있는 것으로 보이는 것은 적어도 유대교적 기독교적 역사이해 덕분이지만 말이다.

---

26) Hans Frei, *The Eclipse of Biblical Narrative: A Study in Eighteenth and Nineteenth Centuries Hermeneutics*(New Haven and London: Yale University Press, 1974.

27) 참고: 이형기, 『역사 속의 내러티브 신학』(서울: 한들 출판사, 2005).

볼테르

(Voltaire: 본명 François Marie Arouet, 1694-1778)

영국의 톨랜드(John Toland: 1670)와 틴달(Matthew Tindal: 1655-1733)은 틸롯슨(John Tillotson: 1630-1694)과 로크(John Locke: 1632-1704)와는 달리(이들은 신적 섭리를 어느 정도 인정하였지만) 초자연적인 것을 전적으로 배제하였다. 따라서 이들은 이신론자 (deists)들로서 역사에 대한 하나님의 섭리를 전적으로 부정하였다. 프랑스에 서는, 인류의 보편사를 마치 시계를 만든 사람이 그 안에 내장시킨 법칙대로 돌아가도록 설정한 것처럼 그 자체 안에 있는 법칙들과 질서들을 따라서 진 보할 뿐이라고 본, 볼테르가 디드로, 달랑베르, 루소와 더불어 프랑스의 '백 과사전학파'(encyclopedie) 소속의 '철학자'(philosophe)요 이신론자였다. 독일에 서는 렛씽(Lessing)이 이신론을 대표하였다. 그는 모든 역사적 사건들을 우연 들로 보아, 성서의 모든 사건들과 사실들의 역사성을 인정할 수 없었다. 그 는 경험의 세계를 우연으로 보고 이성의 세세를 필연으로 보아, 영원이 시간 속으로 뚫고 들어올 수 있는 가능성을 전적으로 배제하였다. 그리하여 그는 예언자들과 사도들의 증언에 따른 성서의 구속 사건들과 사실들 모두를 우 연(경험)의 세계라 하여 이것과 이성의 필연적인 진리들 및 도덕들 사이에는 건널 수 없는 심연이 가로 놓였다고 보았다. 볼테르는 이상과 같은 '이신론' (Deism) 시대의 인물이었다.

볼테르는 시인이요 극작가였다. 그는 로마 가톨릭 신자였다가 개신교도가 되었고, 이신론자가 되었다가 생의 말년에 무신론자가 되었다. 그는 정치적 견해를 발표하다가 바스티유 감옥에 투옥되었고, 런던에서 추방되었으며, 스위스에서 여러 해 동안 망명생활을 하였다. 그는 루이 14세의 기독교 박해를 비판하기도 하였다. 그는 1751년까지만 해도 자연종교를 찬양하며 기독교에 대하여 이해하려는 태도를 가졌으나 1751년 이후로는 기독교를 맹공격하기 시작하였다. 그가 기독교를 버리게 된 이유에는 세 가지 중요한 계기가 있다. 첫째는 정부가 '백과사전학파'를 억압하였기 때문이고, 둘째는 신학자들이 1755년 리스본 지진을 피상적인 신학으로 설명했기 때문이며, 셋째는 장 깔라(Jean Calas)가 가톨릭으로 개종한 아들을 살해했다는 누명을 쓰고 처형 당한 일 때문이었다. 그리하여 볼테르는 "불경스러운 것을 박멸하라"(Ecrasez l'infame)고 외치며 미신과 열광주의는 물론 기독교까지도 박멸의 대상으로 삼았다. 그는 기독교가 참 종교를 왜곡하고 부패시켰기 때문에 기독교와 결별하고 새로운 종교인 자연종교(이신론)를 택하였다. 그는 기독교의 모든 교리를 거부하고 오직 하나의 정의로운 하나님만을 믿어야 하고, 이 하나님에 대한 예배는 덕목의 실천이라고 주장하였다. 볼테르는 향후 모더니즘이 추구하는 도덕종교, 자연종교, 그리고 실천이성(칸트)의 종교의 토대를 놓았다. 그런데 그는 그의 생애 말년에 이신론마저도 저버리고 무신론을 지향했다.[28]

스턴은 볼테르의 사관에 대하여 다음과 같이 개괄할 때 위에서 언급한 볼테르의 모습을 생각나게 한다.

그는 초자연적 역사, 협소한 정치사나 전기적 역사, 고대 사가들에 대한 무비판적 수용의 역사와 같은 당대의 지배적인 역사기술의 이상들과 형식들을 반대하여 백성들의 삶과 정신, 그들의 예술, 과학과 정치학을 기술하는 하나의

---

28) 참고: 이형기, 『세계교회사(II)』(서울: 한국장로교출판사, 1994), 267-273.

세속적이고 자연주의적인 역사관을 제안하였고, 산출하였다. 그는 그의 두 주 저인 『루이 14세의 시대』(1752)와 『민족들의 삶의 양식들과 관습들에 대한 논술』(1757)은 인류 보편사를 철학적이고 해석적으로 논하면서 그 동안 서양사회에서 간과되었던 측면들과 비유럽 백성들의 진보를 포함시켰다.[29]

진실로 볼테르의 사관은 아우구스티누스의 『신의 도성』(c. 413-427)에서 보슈에의 『보편사에 대한 담론』(1681)에 이르는 '두 도성'론을 구도로 하는 보편사에 대한 섭리신학, 콘스탄티누스 황제의 기독교 제국, 중세기적인 교황 중심의 기독교 세계, 그리고 루터와 칼빈의 '두 왕국론'은 물론, 심지어 우리가 방금 위에서 논한 비코의 섭리론 마저도 거부하는 새로운 '역사철학'에 입각한 것이었다. '역사철학'이란 말 자체가 볼테르에 의하여 만들어졌으니, "역사철학의 등장은 신학적인 역사해석으로부터의 해방이요 원칙상 반종교적이었다."[30] 따라서, 볼테르의 보편사관이야 말로 비코의 역사관으로부터 '계몽주의' 시대 역사관으로의 패러다임 전환을 보여주고 있다. 이제 이 글은 스턴의 발췌문들을 소개해가면서 볼테르 역사관의 진면목들에 대하여 살펴볼 것이다.

1. 『역사에 대하여: 저널리스트에 대한 충언』

볼테르는 "우리의 저널리스트들이 쓰기를 가장 좋아하는 글은 내러티브의 역사이다. 이야기란 모든 사람들에게 친숙하고 이들의 취향에 가장 알맞

---

29) *The Varieties of History: from Voltaire to the Present*, edited, Selected, and Introduced by Fritz Stern(New York: A Division of Ranndom House, 1973)(제3판)(1956, 1972), 35.

30) Karl Löwith, *op. cit.*, 104.

기 때문이다."³¹⁾라며, "자연의 사실들"(the facts of Nature)과 이야기된 역사의 사실들을 구별한다. 그리고 그는 역사 기술에 있어서 사건들과 사실들의 취사선택을 주장한다. 고대 역사에서 알렉산더와 같은 위대한 왕에 대한 이야기를 이야기하려고 할 때, 역사가는 그가 "희랍의 모든 원수들을 물리치고 인도 까지도 정복하였다고 하는 이야기 보다는 "그가 전쟁 중에도 입법을 하였고, 식민지들을 만들며 무역의 루트를 뚫었고, 오늘날에 이르기까지도 중동 무역의 중심으로 내려오는 알렉산드리아와 스칸다론의 초석을 놓았다." ⑶⑹고 기록할 것을 당부한다. 즉, 이야기로서 역사 기록에 있어서 중요한 것은 관점에 따른 취사 선택적 기록이라고 하는 뜻일 것이다. 그러나 볼테르는 고대 역사보다는 근대를 위한 역사기술을 주장한다. 즉, 고대의 역사보다는 신성로마제국의 황제였던 찰스 5세(1519-1556), 루터 종교개혁 당시의 레오 10세, 그리고 16세기 당시 프랑스의 왕인 프란시스 1세 직전 세기로부터 시작하는 것이 좋다고 본다. 그 이유는, "이 시기에 세계 그 자체에 있어서 뿐만 아니라 인간의 정신 안에서 모든 것을 변혁시킨 하나의 혁명이 일어났기 때문이다."⑶⑺

이는 나침반과 망원경과 항해술 등의 발달로 콜럼버스의 아메리카 대륙 등을 염두에 두고 있는 것으로 보인다. 그리하여 볼테르는 그와 같이 시발된 혁명의 역사가 루이 14세(1638-1715) 때에 와서 완성되었다며, "나는 지난 100년의 역사, 곧 다가 올 세기들을 위한 모델로서 사용될 수 있는 역사를 연구해 왔다. 이 역사 기술에서 나는 루이 14세 치하에서의 인간정신의 진보(progress)와 모든 인문학의 진보를 보여주려고 하였다."⑶⑺고 주장한다. 그의 역사기술은 그 당시 현재를 위한 것이었다. 그의 진보사관에 따르면, 근대 이전의 모든 역사의 의미와 목적은, 계몽되고 문명화되며 국제화되고 도시화된 근대(당시의 볼테르)를 위한 보조 자료에 불과하다 하겠다.

그리고 볼테르는 당대의 역사가들이 기록한 근대 역사들이 모든 고대 역

---

31) The Varieties… , 36.

사들보다 일반적으로 건전하지만, "그것들이 종종 미시적인 것들(the details)에 대해서는 의심하고 있다."며, 그와 같은 자세한 것들을 기록할 때에는 사람의 직업과 신분과 종교 등에 따라서 서로 다른 이야기를 할 수 있다고 본다. 예컨대, 어떤 왕의 궁정목사는 동일한 역사적 사실들을 왕의 총애를 받는 사람들이나 대사관들과는 다르게 이야기하고 다르게 기록할 것이라고 하는 것이다.(38) 하지만 볼테르는 어디까지나 역사 기술의 공정성을 주장한다.

> 이 새로운 역사가가 분명히 옳다고 생각되는 점들에 대해서는 즉시 나의 본문을 고치고, 그것을 공평무사한 독자들에게 맡겨야 한다. 그렇다면, 이 모든 일에 있어서 나의 역할은 무엇인가? 나는, 비록 약하지만 좋은 붓으로 있는 그대로의 인간들을 그려내는 화가와도 같다. 찰스 12세(스웨덴인 정복자)와 피터 대제에 대한 모든 것이 나의 관심을 끄는 것이 아니라, 오직 피터 대제가 인류를 위하여 행했을 선한 것들이 나의 관심을 끈다. 나에게는 그들에게 아첨을 부리거나 그들을 남용할 이유가 없다. 나는 그들을 루이 14세처럼 다룰 것이다. 나는 이미 세상을 떠난 왕들에게 마땅한 존경을 표하고 향후 결코 죽지 않을 진리를 존중할 것이다.(38)

그는 당대의 역사가들이 보편사 기술에만 몰두한 나머지, '미시적인 것들'을 놓친 점을 비판하면서 다양한 역사기술, 그러나 공정한 역사기술을 권장하고 있다 하겠다.

2. 『아베 듀보에게 주는 서한: 루이 14세의 시대에 대하여』

볼테르는 본 편지(1738)에서 자신의 『루이 14세의 시대』를 어떤 자료들을 어떻게 선택하고 어떻게 사용하며 어떻게 기술할 것인가에 대하여 언급하면서 본 저서의 완성을 위한 도움을 듀보에게 정중히 부탁하고 있다. 그는 루이 14세에 대한 역사를 기술하기 위하여 오랫동안 자료들을 수집하여 왔는데, 그 목적이 왕의 생애나 그의 통치에 대한 연대기적 기록이 아니라, "그것은 오히려 가장 큰 영광을 비춘 세기를 통하여 검토되어야 할 인간정신의 역사(the history of the human mind)이다."(38)라고 하여, '계몽주의 시대'의 문화와 문명적 가치를 극대화하고 있다.

그는 그의 저서 중, 20장(章) 정도를 보편사 이야기에 할애하였다며, 이를 100년 동안의 큰 사건들(events)에 대한 20개의 프레스코 화법에 따른 그림들과 같다고 한다. 그는 주된 인물들을 전면에 그리고 군중은 뒷면에 그려 넣었다. 그는 '미시적인 것들에게 저주가 있을 지어다'라고 할 때, 그 이유는 후손들이 이 미시적인 것들을 전혀 염두에 두지 않기 때문이라고 한다. 그리고 그와 같은 미시적인 것들이야 말로 역사에 대한 역작들을 붕괴시키는 일종의 독충과도 같다고 본다. 그런즉, 그가 진정으로 오늘 기술하기로 정한 것은, "무엇이 이 세기를 특징지우고 그것을 붕괴시키고 있으며 향후 100년 동안 무엇이 중요할 것인가"(39)에 대한 것이다. 하지만 그는 '미시적인 것들'까지 포함하는 진정으로 보편적인 '보편사'를 그려 내려고 하였다. 그도 그럴 것이 그는 한 장(章)은 루이 14세의 생애(private life)에, 두 장은 왕국의 상거래와 재정에, 세장과 네장은 낭트 칙령의 철회와 왕권에 대한 관계를 포함하는 교회의 일들에, 그리고 다섯 또는 여섯 장은 데카르트에서 시작하여 라무에 이르는 인문학의 역사에 할애하였기 때문이다.(19) 그리고 이와같은 주제들을 기술할 때, 가능한 가장 충분한 자료(미시적인 것들도 포함하고 어록들과 살아 있는 인물들의 증언들 까지)를 사용하였다고 한다(39). 특히, 그는 인문사회과학들과 자연과학들의 놀라운 발전을 "인간정신의 진보"라며 모든 사람들이 아니라 특정 천재들에 대하여만 기술했다.

인문사회과학과 자연과학에 관하여 내가 필요하다고 생각하는 모든 것은, 철학, 웅변학, 시론(詩論), 그리고 비평에 의한 인간지성의 앞을 향한 행군을 추적하는 것이고, 미술, 조각, 그리고 음악의 진보를 보여주는 것이며, 보석학, 양탄자 기술, 유리공예, 금이 들어간 옷감 짜기, 그리고 시계 기술의 진보를 제시하는 것이다. 이와같은 역사 기술에 있어서 내가 원하는 것은, 그와 같은 이들에 있어서 아주 탁월한 천재들에 대해서만 기술한다. … (39-40)

3. 『루이 14세 시대』의 서론

저자는 이 저서에서 단지 루이 14세 한 사람에 대해서만이 아니라 "가장 계몽된 100년 안에 살았던 사람들의 지성"에 대해서도 논한다. 그는 모든 시대에 영웅들도 있었고 혁명을 일으킨 사람들도 있었으나, '지성사'와 관련하여 네 시기를 논한 다음에 루이 14세에 이르는 100년의 역사를 기술한다.

첫째 시기는 빌립과 알렉산더의 시대, 페리클레스와 데모스테네스, 아리스토텔레스, 플라톤 등의 시대로서 희랍에 집중된 시기이다. 이 시기에 땅의 나머지는 야만적이었다고 본다. 둘째 시기는 루크레티우스, 키케로, 리비, 버질, 호레이스, 오브드, 봐로, 그리고 비트리비우스가 두각을 나타낸, 가이사와 아구스도의 로마제국시대이다. 세 번째 시기는 모하메드 2세가 콘스탄티노플을 장악한 이래의 시기로서 이 시기엔 한 시민 가족인 메디치 가문이 유럽의 왕들이 성취했어야 할 그와 같은 엄청난 업적을 이룩해 냈다. 메디치가(14-16세기)는 터키로부터 추방당한 학자들을 받아들여 문예와 예술에 있어서 이태리의 영광을 일구었다. 이태리의 르네상스 인문주의 운동은 희랍 철학이 추구하는 지혜대신에 "덕목"을 강조하였다.(40-41) 그래서 저자는 이와같은 이태리로부터 유럽의 문화가 계몽되기 시작하였다고 한다. 근대의 역사관도 이 시기로부터 등장하였다고 한다.[32] 그리고 네 번째 시기는 루이

---

32) M. A. Fitzsomons, *The Past Recaptured*(Notre Dame: University of Notre Dame Press, 1983), 119.

14세의 시대로서 그 이전의 모든 성취들과 발견들과 발전들에 힘입어서, 네 시기 가운데 "가장 완전에 근접하는 시기"(41)라고 본다. 볼테르는 100년 전부터 자신이 살 던 시대로의 역사의 진보를 주장하면서, 루이 14세 치하의 프랑스의 문화와 문명이 유럽의 중심이었다고 보아, 그 당시 프랑스의 영광을 극대화하는 역사관을 주장하였다. 그는 이렇게 주장한다.

> … 하나의 건전한 철학은 가장 최근에 시작되었으니, 우리는 추기경 리쉘리유(Richelieu)의 말년으로부터 루이 14세의 사후 이래의 시대에 우리의 문예와 예술, 우리의 지성들, 우리의 정부에 있어서 하나의 혁명이 일어났고 우리는 말할 수 있다. 이 시기야 말로 우리 조국의 진정한 영광을 영원히 표징 할 것이다. 그리고 그것은 영국, 독일, 러시아 등 전 유럽과 심지어 이태리에게도 큰 영향을 미쳤다. … (41-42)

볼테르는 루이 14세 이전 시기까지 프랑스가 얼마나 유럽에서 보잘 것 없는 문화와 문명을 지녀왔는가를 기술하고 난 다음, 이 시기 동안의 모든 미시적인 것들을 기술하지 않고, "역사 속에서 오직 시대들로부터 주목을 받을만한 것만을 다룰 것이니, 사람들의 천재성과 삶의 양태들, 조국과 덕목과 문예에 대한 사랑에 도움을 주는 것들만을 기술할 것이다."(44)라고 한다. 그런데 그는 아래에서 '보편사'를 논하는 맥락에서 교회의 역사 또는 기독교의 역사를 논하고 있는 바, 그는 어디까지나 프랑스의 '계몽주의'라고 하는 '황금기'에 초점을 맞추고 있는 것으로 보인다.

> … 루이 14세의 탄생 이전까지의 프랑스의 상태와 다른 유럽 국가들에 대하여 이미 지적하였다. 이제 우리는 루이 14세의 큼지막한 정치 군사적인 사건들에 대하여 기술할 것이다. 백성들에게 더 중요한 것은 내정이니, 이것을 따로 기술할 것이다. 루이 14세의 사사로운 사생활과 그의 궁정과 통치의 미시적인 것들에 대해선 쪽 수를 많이 할애할 것이다. 다른 섹션들은 프랑스의 인문사회

과학과 자연과학, 그리고 인간지성의 진보를 다룰 것이다. 끝으로 나는 교회가 그렇게나 오랫동안 국가와 연합해 오면서, 때로는 버팀 목으로 때론 하나의 위협으로 행동하였으며 도덕을 가르치기 위하여 수립되었으나 빈번히 정치와 다른 인간적인 욕정들에 내 맡겨져 왔다고 하는 것을 기술할 것이다. (44)

특히, 볼테르는 『루이 14세 시대』의 마지막 장에서 교회에 대하여 논하는데, 중국에 파송된 예수회 선교사들이 중국인들을 개종시키는 과정과 깔라 등의 사건들로 인하여 기성 로마가톨릭교회에 대하여 매우 비판적이었다. 사실, 『나라와 민족들의 삶의 양태들과 정신에 대한 글』(1756)(*Essay on the Manners and Mind of Nations*)의 집필 동기는 이와같은 반기독교정신이었던 것으로 보인다. 다르게 말하면 "본 저서의 역사적인 의미는 기독교 사관을 대치하기 위하여 기획된 하나의 인본주의적 보편사 기술에 있고 그것의 나머지 중요성은 볼테르의 사상을 나타내 보이고 있는 데에 있다."[33] 그는 이 저서에서 아우구스티누스의 전통을 따르는 보슈에의 『보편사에 대한 담론』(1681)을 뒤이으면서도 그것을 허위적이고 유대교 중심적이라고 맹비판을 퍼붓고 있다.[34] 즉, "그는 보편적 기독교 역사를 지배해 왔던 타락, 약속, 구속, 그리고 교회라고 하는 기독교적 가르침을 배격하였다."

4. "역사의 유용성에 대하여"(『루이 14세 시대』의 내용 중에서)

볼테르는 "역사연구를 없애라. 그러면 우리는 프랑스에서 트렌트 공의회를 통하여 가톨릭교회의 개혁에 크게 기여한 하나의 새로운 성 바돌로메오(1514-1590)와 같은 사람과 영국에서 왕정을 파멸시킨 크롬웰(1599-1658)과 같

---

33) *Ibid.*, 117.
34) *Ibid.*, 118.

은 사람을 다시 볼 것이다."(45)라고 하여 과거의 역사를 거울삼아, 현재의 역사를 보아야 한다고 주장하였다. 그는 과거의 과오들, 흉악한 범죄들과 파국들, 폭군 등에 대한 역사적 사건들과 사실들이 오늘의 역사참여와 역사기술을 위하여 유용하다고 말한다.(44) 저자는 앙리 4세, 엘리자베스 여왕 등 많은 예증을 들고 있다.(44-45)

볼테르는 칼 뢰비트의 말 대로 스스로를 '역사철학자'라 하였으나, 근대 시기의 다른 역사철학자들과 달리 지난 과거의 인물들과 사건들과 사실에 대한 이야기를 중요시하였다. 하지만 그의 역사기술은 사가(史家)의 주체가 지니고 있는 현재(당대)의 가치관에 입각한 것이다. 그의 역사기술은 '계몽주의' 시대를 황금기로 보는 가치관에 정초되어 있다. 그의 사관(史觀)은 '계몽주의' 시대정신을 반영한다. 그는 루이 14세 이후부터 자신이 살던 시기(한 세기)에서 절정에 도달하는 진보사관에 입각한 '보편사'를 바라본 것이다. 비록 그가 넓게는 인류의 '보편사'의 진보에 관심을 갖고 있으나, 좁게는 프랑스의 왕정체제 아래 민족주의적(아직 프랑스 혁명 이전) 문화와 문명에 초점을 두었다. 그리고 그는 다른 모더니즘 시기의 역사가들처럼 어디까지나 '보편사'라고 하는 '거대담론'에 관심하고 있으나, '미시적인 것들'에 대한 고려를 놓치지 않고 있다. 물론, 그의 '보편사' 이해는 종전의 역사가들과 당대의 역사가들 보다 훨씬 더 포괄적이었으니, 그는 중국과 인도[35] 등 많은 나라들과 민족들의 문화와 문명에 대한 큰 관심을 보여 주고 있다. 그의 '보편사' 이해는 그 당대의 그 누구보다도 폭 넓은 시야를 확보하였다. 아마도 그의 이와같은 '보편사' 이해가 종전의 아우구스티누스-보슈에적인 기독교 사관의 협소함을 깨닫게 하였을 것이다. 동시에 그는 '미시적인 것들'에 대한 중요성을 주장하였고, 그것에 대한 역사적 이해는 다양하지만, 어디까지나 역사기술의 공정성을 잃지 말아야 할 것을 주장한다.

그는 비코처럼 인문사회과학과 자연과학의 발전사, 그 중에서도 "인간의 지성사"(the history of human mind)를 그의 역사기술에 있어서 매우 중요한 부분으로 여겼다. 이는 그가 '계몽주의'의 가치를 높게 평가한 것과 무관하지 않을 것이다. 물론, 그에게 있어서 정치사와 기타 인간의 삶의 역사도 역사

---

35) 참고: Karl Löwith, *op. cit.*, 105-108.

기술에 있어서 매우 중요하였지만, 그것의 절정은 역시 자신이 살던 당대의 '계몽주의'적 가치였다. 그리고 그는 메디치가의 예증에서 알 수 있듯이 교황이나 제국의 황제에 못지않게 시민들의 문명사적 기여를 그의 역사기술에 포함시켰다. 그리고 여기에 (로마가톨릭)교회 영욕의 역사도 빼놓지 않았다. 비록, 그는 교회의 역사를 '계몽주의'적 가치관에 입각하여 보았지만 말이다. 그에게 있어선 구속사와 기독교의 역사가 '보편사'와 특히 프랑스의 민족주의적 보편사에 봉사하는 것으로 판단된다. 그는 당대의 '계몽주의' 시대의 영광과 그 가치에 올인하고 있다 하겠다. 역사의 유용성 역시 그가 설명 있는 역사의 황금기를 지향하는 것임에 틀림없다. 그의 역사적 사건들과 사실들, 그리고 역사의 미시적인 것들에 대한 역사기록을 위한 선택은 위와 같은 가치관에 입각한 한 주체의 역사기술 작업이외에 아무것도 아니다. 이는 볼테르에게서뿐만 아니라 18세기 역사기술의 새로운 패러다임이기도 하다.

> 역사의 주체로서 인간정신이 18세기 초에 빈번히 언급되기 시작하였다. 인간정신이 전쟁이나 종교 차원에서의 역사적 주체로서 등장한 것은 하나의 변화되고 있었던 전망이었다. 섭리뿐만 아니라 종전의 권위들을 배격하는 사람들은 역사의 방향과 의미가 인간정신 안에서 발견된다고 생각하였다. …[36]

따라서 이상과 같은 그의 역사기술 방법론은 "탈 신학적이요 원칙상 비종교적이다."[37] 이에 반하여 이 글이 앞에서 제시한 '내러티브 신학'은 성서의 이야기 자체가 '보편사'를 해석하고 있고, 선교의 주체이신 삼위일체 하나님 자신이 '보편사'를 해석하신다. 성서의 이야기와 삼위일체 하나님의 선교에 있어서 이스라엘과 사도들과 교회와 인류의 주관적인 참여와 수용에도 불구하고 성서적 이야기와 삼위일체 하나님의 선교는 객관성과 보편성을 유지할 것이기 때문이다. 헨드리쿠스 벨코프가 초안한, 에큐메니칼 공식

---

36) M. A. Fitzsomons, *op. cit.*, 115-116.
37) Karl Löwith, *op. cit.*, 104.

문서는 성경의 내러티브를 존중하면서 구속사와 보편사의 이원론이 아니라 일원론을 주장한다. 우리는 '구속사'를 저버리고 '보편사'에 올인하는 볼테르의 '철학적 역사관'이야 말로 근대주의적 '보편사관'의 전형적인 유형임을 명심하면서 아래의 인용을 읽어야 할 것이다.

> 언약과 약속의 하나님, 그의 자기 계시는 하나의 특정 작은 민족에 초점을 맞추고 있지만, 그것은 이스라엘만을 위해서 의도된 것이 아니었다. 정반대로 이스라엘은 역사의 하나님과의 해후에서 인류 전체의 대표자로 여겨지고 모든 인류를 위해서 고난을 당하였고 행동하였던 것으로 생각된다. 바로 이 특별한 계시(종종 특수주의적이기 까지 한)에서 인류의 통일성이 전제되었고 겨냥된 것이다. 이는 창세기 2-11장이 이야기하고 있는 이스라엘 역사의 보편사적 배경에서, 예언자들(이사야, 제2 이사야, 제2 스가랴, 요나서 등)의 보편사적 전망에서, 특히 신약성서의 전체 트랜드에서 분명하다. 인류는 공통의 기원(하나의 머리로부터 창조된), 공통의 문제들(죄, 고통, 죽음), 공통의 미래(나라들과 민족들과 언어들과 문화들을 포괄하는 하나님 나라 혹은 그리스도 안에서의 만유의 통일), 그리고 공통의 소명(믿음과 사랑과 희망으로의 소명)을 지닌, 하나의 전체로서 이해된다.[38]

이런저런 이유들로 많은 사람들이 이스라엘과 그리스도 안에서 일어난 하나님의 역사와 보편사를 포함하는 '세속사'(profane history) 사이의 그 어떤 관계를 거의 인정하지 않거나 전혀 인정하지 않는다. 그러나 그와 같은 관계는 현존하며 긍정되어야 한다. 역사란 하나요 나뉘어 질 수 없다. 우리는 오늘날 아브라함이 부름 받았고, 이스라엘이 심판을 받았고 구출되었으며, 예수께서 죽으셨고 죽은 자들로부터 부활하셨으며, 성령이 부은바 된 그 동일한 역사에 참여하고 있는 것이다. 근대인들이 삶의 한 복판에서 경험하고 있는 것은 모험들과 우회들, 죄책과 좌절이다. 불투명하고 헤아릴 수 없는 일들이 허다하지만,

---

38) Hendrikus Berkhof, "God in Nature and History", In *God, History, and Historians*, ed. C. T. McIntire(Oxford University Press, 1977), 319.

이는 성경이 이야기하고 있는 하나님의 역사에서도 마찬가지이다. 그것은 반역과 실패의 역사이다. 그럼에도 불구하고 그것은 하나님의 역사이다. 결국, 차이란 이스라엘과 그리스도 안에서 일어난 하나님의 사역은 말씀(the Word)에 의하여 해석되고 있다고 하는 것이고, 우리는 여기에서 가장 고차적인 의미에서의 계시-상황들(disclosure-situations)과 관계하며, 특히 예수 그리스도의 등장을 통하여 하나님의 익명성은 제거되었다는 사실이다. 우리는 이 모든 것을 믿음의 눈으로 보고 이야기하고 있는 것이다. 여기에는 이중적인 계시(disclosure)가 필요하다. 하나는 (모든 인류를 위한 개관적이고 보편적인: 역자 주)사건으로 나타난 계시요 다른 하나는 성령을 통하여 마음에 조명된 계시(교회의 신 · 애 · 망: 역자 주)일 것이다. …[39]

볼테르는 그의 '보편사'적 '거대담론'에 의하여 과거의 다양한 나라와 민족들이 다양한 문화와 문명의 독특성과 다양성을 지니고 있음을 무시하였다. 그가 비록 내러티브적 역사이해를 선호하였지만, 성서의 이야기를 렌즈로 하여 '보편사'를 이해할 수 없었다. 그는 결코 성서의 '거대담론'에는 관심이 없었다. 무엇보다 그는 유대인들의 구약을 전적으로 무시함[40]에 따라서 구약에서 신약에 이르는 '보편사'에 대한 해석을 결코 받아들일 수 없었다. 그는 결코 유대교-기독교적 역사를 역사이해의 중심으로 둘 수 없었다. 그는 비코에게 남아 있었던 '섭리론'에 대한 고려마저 저버렸다. 그리고 그는 계몽주의에 대한 기독교의 공헌에 대하여도 전혀 언급하지 않았다. 그의 역사기술에 있어서 가장 큰 가치가 '계몽주의', 특히 '백과사전학파'의 철학에 있는 한, 그에게 있어서 성서적 내러티브는 전혀 설 자리가 없다. 그의 이와 같은 역사이해는 미국혁명과 프랑스 혁명에 기여했을 것으로 판단된다. 그러나 비코의 경우에도 미래 지향적 사관이 발견된 것처럼 볼테르의 역사관에서도 그것이 발견되었는데, 뢰비트는 이에 관하여 이렇게 언급하였다.

---

39) *Ibid.*, 321.
40) Karl Löwith, *op. cit.*, 106. 110.

그러다 진보의 비 종교는 아직도 일종의 종교이다. 그것은 하나의 미래 목표에 대한 기독교적 신앙으로부터 나온 것으로서 하나의 확정적이고 초월적인 종말(eschaton)을 하나의 한정적이 아니고 내재적인 종말로 대치하고 있는 것에 다름 아니다.[41]

그에겐 절대왕조를 대표하는 전제군주인 루이 14세에 대한 구약과 신약 이야기에 입각한 비판이 전혀 없다. 뿐만 아니라 그에게 있어선 과거 역사의 부정적인 측면들이 단순히 현재의 역사를 위한 유용성 차원에서 평가될 뿐이다. 구약이 보여주는 역사에 대한 하나님의 심판이라든가 신약에서 예수님이 인류 역사를 대신하여 당하신 심판과 그것의 역사적 유추 같은 것이 전혀 없다. 그리고 그는 모더니즘의 적극적인 측면들을 전혀 하나님 나라의 파편이나 징조는 표지판이나 도구로 이해할 수 없었다. 그의 사관은 신학적인 해석으로부터, 특히 성서의 '보편사' 해석으로부터 완전히 벗어났기 때문이다. 그는 결코 보편사와 창조세계 속에서 삼위일체 하나님의 현존과 활동이 진행되고 있다고 하는 사실을 인정할 수 없었다. 모호성과 애매성에도 불구하고, "교회는 그의 몸이니 만물 안에서 만물을 충만케 하는 자의 충만 이니라."(엡 1:23), 그리고 "곧 만유의 아버지시라 만유 위에 계시고 만유를 통일하시고 만유 가운데 계시도다."(엡 4:6)에서 우리는 성령뿐만 아니라 성자와 성부 역시 만유 안에 그리고 보편사 안에 현존하시고 활동하신다고 하는 사실을 믿어야 할 것이다. 물론, 이 하나님은 초월이면서 내재이시지만. 이렇게 볼 때, 볼테르로 비롯되는 '계몽주의' 시기의 역사가들은 보편사 속에서의 신의 부재를 선포하고 있는 것이나 마찬가지이다. 그들의 '이신론'(Deism)은 역사와 창조세계에 대한 하나님의 개입을 무시한 나머지 하나님을 이 세계로부터 은퇴시켜 버렸다.

끝으로 그는 '계몽주의' 시대의 가치를 최고의 가치로 보면서도, '계몽주

---

41) Karl Löwith, *op. cit.*, 114.

의' 가치를 정치 이념화했던 '계몽군주들'(프러시아의 프레데릭 대왕, 러시아의 피터 대제와 캐서린 여제, 신성로마제국의 요셉 2세 등)을 선호하였다. 그도 그럴 것이 이들은 아직 프랑스 혁명 이후 입헌 국민국가들로서 서유럽의 민주화 단계에는 이르지 못하였으나, 각각 비슷한 양태의 변혁과 개혁을 추구하였기 때문이다. 즉, 이들은 농업기술을 합리화하고 법을 다시 제정하며 병원과 요양시설의 건설로 공중위생을 증진시켰다. 그리고 학문을 장려하고 국민의 교육수준을 향상시켰으며 종교적 관용을 확립하였고 가톨릭 국가들로 자국의 교황 영향력을 스스로 억제하게 하였다.[42]

이와같은 맥락에서 프러시아의 대왕 프레데릭이 1740년 오스트리아의 찰스 6세의 사후에 볼테르에게 준 편지는 그 자신이 다니엘이 꿈에서 본 네 금속 우상들을 쳐부수는 "뜨인 돌"(단 2:31-35)이라며, 그 자신을 하나님 나라의 도래와 동일시하였다. (Frederick's letter of june, 1938, to Voltaire)[43] 이와같은 편지에서 우리가 알 수 있는 것은 볼테르 역시 정치적이고 지성사적인('계몽주의) 혁명에 동의하는 계몽주의 '철학자'였음을 짐작할 수 있다. 하지만 그는 적어도 프레데릭 대왕과 더불어 예수 그리스도 안에서 성령을 통하여 인류 역사와 창조세계 속으로 돌입한(breaking-in and break-through) 하나님의 나라와 마지막 때에 도래할, 역사와 창조세계를 변혁시키고 변형시킬 미래 지향적 하나님 나라를 역사와 창조세계의 최고의 가치와 최종적인 목표로 삼을 수 없었다. 그들에게 '계몽주의적 가치'가 '종말'(eschaton)에 다름 아니었을 것이기 때문이다. 그럼에도 불구하고 우리는 몰트만과 더불어 '계몽주의 시기'의 적극적인 측면들 가운데서 하나님의 주권과 하나님 나라를 나타내는, 징표들과 파편들과 도구들을 발견할 수 있어야 할 것이다.

---

42) 이형기, *op. cit.*, 276. 참고: M. A. *Fitzsomons, The Past Recaptured*(Notre Dame: University of Notre Dame Press, 1983), 112-114.

43) Karl Löwith, *op. cit.*, 105-106.

칸트
(Immanuel Kant, 1724-1804)

칸트는 1724년에 쾨니스베르크에서 태어났다. 그는 1740년부터 쾨니스베르크 대학에서 신학생으로 등록 하였으나, 주로 철학과 수학을 공부하였다. 그리고 그는 잠시 가정교사를 하다가 다시 대학으로 돌아와 공부를 마쳤으며, 1770년에 대학교수가 되었다. 그는 형이상학과 논리학뿐만 아니라 자연과학, 지리학, 인간학, 물리학과 수학 등 여러 분야를 폭 넓게 강의하였다. 칸트는 형이상학과 인식론의 문제들, 도덕과 심미학의 문제 등에 관심을 가졌는데, 그는 『순수이성 비판』(1781)에서 수학적이고 자연과학적인 지식과 인식론의 문제를, 『실천이성 비판』(1788)에서 인간의 도덕적 능력에 대한 문제를, 그리고 『이성의 한계 안에서의 종교』에서는 '이신론'(Deism)을 제시하였다. 그런데 필자가 사용하려는 본 발췌문은 칸트가 1784년에 출판한 짧은 글, 곧 『하나의 코스모폴리단직 관점에서 본 하나의 보편사에 대한 이상』이다. 그러니까, 역사에 대한 이 짧은 글은 수학적이고 자연과학적인 지식(『순수이성』)과 도덕적 이상주의(moral idealism)(『실천이성』) 사이에 위치한다. 하지만 이 짧은 글에 실린 그의 역사철학은 자연과학적 인식능력으로서 이성을 다루는 '순수이성', 양심과 의지를 논하는 '실천이성', 그리고 『이성의 한계 안에 있는 종교』까지 포함하는 것으로 보인다.

칸트는 대륙의 합리주의(데카르트 등)와 영국의 경험론을 종합하여 계몽주의 시대에 있어서 좀 더 완숙한 철학사상을 체계화하였다. 우리는 『하나의 코스모폴리탄적 관점에서 본 하나의 보편사에 대한 이상』에 대한 이해를 돕기 위하여 잠시 여기에서 『순수이성 비판』과 『실천이성 비판』과 『이성의 한계 안에서의 종교』를 간단히 소개할 필요가 있다.

1. 『순수이성 비판』

칸트는 시간과 공간이라고 하는 선험적 직관형식과 원인, 관계(실재와 우연/원인성과 상호성/첨부성과 개별적 실재), 실재, 양(통일성/다수성/전체성)과 질(실재/부정/한계), 양태(가능성/실존/필연성) 등 12개의 선험적 범주들을 오성(Verstand)의 구조로 본다. 따라서 감각기관을 통하여 들어오는 잡다한 경험의 데이터는 시간과 공간의 직관형식 및 이 오성의 구조를 통한 통각과정을 통하여 인식되는 것으로 보았다. 그러니까, 이렇게 구성된 지식은 물 자체(Ding-an-sich)가 아니라 '현상적인 지식'(phenomenal knowledge)에 불과한 것이다. 칸트는 선험적 차원을 강조하는 대륙의 합리주의와 감각적인 차원을 강조하는 영국의 경험론을 종합함으로써 그것들의 각각을 극복하였다. 적어도 칸트는 그 동안의 계몽주의 전통이 주장해 온, 우주론적 신 증명, 목적론적 신 증명, 그리고 설계논적 신 증명과 같은 모든 이성에 의한 합리주의적 신 증명을 부정하였다. 그 이유는, 적어도 하나님은 시간과 공간의 직관형식 및 12가지 선험적 범주들에 의하여 인식될 수 없기 때문이다. 칸트의 '순수 이성'은 수학과 자연과학적 지식에 국한된 것 이상을 알 수 없다. 하지만 『하나의 코스모폴리탄적 관점에서 본 하나의 보편사에 대한 이상』에 있어서 '역사'란 시간과 공간 그리고 12범주에 의하여 파악되는 부분을 포함하고 있기 때문에, 이 글은 어느 정도로 '순수이성' 차원의 인식대상이기도 할 것이다.

2. 『실천이성 비판』

칸트는 도덕적 논증 이외의 모든 신 증명 논증을 부정하였다. 본 저서는 인간이 무엇을 행하여야 하나(ought to = sollen)를 자신에게 물을 때 인간은 도덕적 의무감을 의식한다고 한다. 즉, 그는 인간이 자신 안에서 하나의 도덕적 지상명령(categorical imperative)을 느낀다고 하는 것이다. 하늘엔 별들이 번쩍이고 있고(순수이성의 인식대상영역), 내 마음 속엔 양심(의지를 포함하여)의 빛이 있다(실천이성)고 하였다. 그리고 칸트는 이 명령이 보편타당한 도덕률이기 때문에 개인의 행동원리가 여기에 기초해야 한다고 본다. 그에 의하면 인간 안에 있는 이 같은 도덕률은 인간의 소유들 가운데 가장 고상한 부분이기에, 이것이 인간을 기계가 아니라 인격이 되게 한다고 본다. 아마도 칸트는 '실천이성'의 우위성을 먼저 생각하고 『순수이성 비판』을 쓴 것으로 보여진다. 자연과학과 기술 문명이 제 방향을 잘 찾아가려면, '실천이성'의 도움을 받아야 하기 때문이다.

그런데 이 지상명령은 세 가지를 요청한다. 첫째, 의무를 수행하라고 하는 지상명령(양심의 소리)이 인간 안에 있기 때문에 인간은 의무를 수행할 수 있다(can = können). 즉, 인간은 당위 때문에 선을 행할 수 있는 자유가 생긴다고 하는 말이다. 둘째, 지상명령은 영혼불멸을 요청한다. 자아가 지상명령을 충분히 수행하여 최고의 덕에 이르기 위해서는 삶의 연장이라고 하는 충분한 기회가 주어져야 하기 때문이다. 셋째, 도덕적 성취의 결과로 행복이 주어져야 하는데 현실은 그렇지 못하기 때문에 행복을 보장해 줄 수 있는 하나님이 존재해야 한다고 하는 것이다. 즉, 하나님께서 도덕의 실천을 행복으로 갚아 주신다고 하는 것이다. 순수이성에 의하면 하나님은 가설에 불과하지만 실천이성에 의하면 하나님은 하나의 확신이다. 따라서 『하나의 코스모폴리탄적 관점에서 본 하나의 보편사에 대한 이상』는 상당한 정도로 도덕적 이상실현에 관련되어 있는 것으로서 '실천이성'의 대상영역이기도 하다. 아직 『실천이성 비판』을 쓰기 전이었지만 말이다.

끝으로 칸트는 『이성의 한계 안에서의 종교』에서 이미 언급한 대로 '실천이성'의 주된 내용을 도덕성으로 보고, 인간의 심성 안에 깊게 뿌리박힌 '인간의 근본 악'(das radikale Boese)을 이 '실천이성'으로 극복하려고 하였다. 그런데 인간의 '실천이성'(양심과 의지)은 이를 극복하기 위하여 하나님의 존재를 요청한다고 보았다. 즉, 인간이 양심의 지상명령의 지배를 받는 한 하나님을 기쁘시게 하는 하나님의 자녀이지만 악의 원리의 지배를 받는 한은 그렇지 못하다고 하는 것이다. 그런데 예수께서는 '실천이성'의 이상을 실현하여 하나님의 아들 됨을 모범적으로 보여주셨다. 그리고 칸트는 예수에게 나타난 도덕적 성취는 보이는 교회에서가 아니라 도덕법에 순종하는 모든 사람들의 연합체인 하나님의 나라에서 완성된다고 본 것이다. 결국, 은총의 수단인 가시적 교회는 도덕률을 실현하는 중간 단계에 불과하고, 도덕적 의무가 완성되는 코스모폴리탄 공동체야 말로 하나님의 나라에 다름 아니라고 보는 것이다. 그러니까, 『하나의 코스모폴리탄적 관점에서 본 하나의 보편사에 대한 이상』야 말로 '근본 악'이 지속적으로 제거되고, 궁극적으로 악이 없으며, 도덕적 이상이 완전하게 실현되는 코스모폴리탄(세계연방정부적) 도덕 공동체를 희망하는 것이리라. 물론, 아직 칸트는 『이성의 한계 안에서의 종교』를 쓰지 않았지만 말이다.

그리하여 코페르니쿠스, 케플러, 갈릴레오, 베이컨, 존 로크 등 과학혁명은 18세기 말과 19세기 초의 산업혁명으로 이어졌고, 데카르트와 칸트의 철학혁명은 프랑스 혁명으로 이어졌다. 1781년의 『순수이성 비판』과 1788년의 『실천이성 비판』은 1789년의 프랑스 혁명을 예기(豫期)하였다. 특히, 칸트는 신칸트학파의 '존재판단'과 '가치판단'이라고 하는 이분법적인 가치론에 영향을 주었고, 나아가서 19세기 개신교 자유주의 신학자인 릿츨과 하르낙, 라우센부쉬, 그리고 해방신학 등 사회정의(도덕률의 성취)를 강조하는 사회복음주의에 영향을 주었다.

3. 『하나의 코스모폴리탄적 관점에서 본 하나의 보편사에 대한 이상』[44]

본 발췌문은 위 제목에 대한 아홉개의 명제를 선언하기 전에 그것의 서론부분에서 '의지의 자유'(the freedom of the will)에 대한 형이상학 형성에 있어서 공히 진실된 사실은 의지의 행동표출들이 모든 다른 외적인 사건들처럼 보편적인 자연 법들(universal natural laws)에 의하여 규정을 받는다고 하는 것이다. '따라서 역사란 그와 같은 의지표출들을 사실(fact)로 보고 이야기하는 것이다. 비록, 그것들의 원인들이 깊게 은폐되어 있다고 하여도.' 이렇게 볼 때, 칸트는 역사적 사실규정에 있어서 '순수이성'의 대상영역을 포함하면서 '실천이성'의 영역으로 넘어가고 있다 하겠다. 그리고 여기에 더하여 개인들의 의지표출들로서 행동들을 궁극적으로 규제하고 결정하는 것은 "보편적 자연법들"이기 때문에, "우리가 인간 자유의지의 행사를 보편사의 큰 저울에서 검토해 볼 경우 우리는 그것의 운동들에 있어서 하나의 규칙적인 행진을 발견할 수 있고, 개인들의 경우에 있어서 얽히고 꼬이며 규제를 받지 않는 것처럼 보이는 것들조차도 인류 전체의 역사 속에서 그 인류의 근원적인 능력들과 천부의 자질들이 느리지만 지속적으로 발전하는 것으로 인식될 것이다."[22] 칸트는 비록 기후가 변덕스럽고 예측 불허할 때가 많을지라도 결국 전체적으로 '일양적인(uniform), 중단 없는 코스를 따라서 식물들을 성장하게 하고 강물을 흐르게 하며 기타 다른 자연적 과정들을 유지시키는 것처럼' 우리 인간의 역사 역시 '자연의 목적'에 지도를 받아 마땅히 갈 길을 간다고 본다. 여기에서 우리는 칸트가 동일한 자연 법들의 기획과 지배를 받고 있는 자연과 역사의 유비를 발견한다. 아래 인용에서 우리는 칸트가 개인들이나 나라와 민족의 의지들이 결국엔 그들에게 알려지지 않은 자연의 목적에 인

---

44) *Theories of History*, edited with Introductions and Commentary by Patrick Gardiner, New York: The Free Press and A Division of Macmillan Publishing Co., Inc.).

도를 받아 선한 방향으로 발전하는 것으로 본다.

　개인들이나 심지어 나라와 민족 전체가 각각 자기 나름의 목적들을 추구하여 각각이 정반대의 방향으로 나가더라도 결국 무의식적으로 그들에게 알려지지 않은 자연의 목표에 이끌림을 받아서 무의식적으로 전진하고 있다. 비록 이 종말은 그들에게 알려질 경우에도 별로 중요하지 않은 것으로 여겨질 것이지만 결국 종말의 실현을 위하여 애쓰고 힘쓰는 것이다. (23)

　인간은 동물들처럼 본능에 의하여 인도되지 않고 하나의 순수하게 합리적인 세계의 시민들처럼 미리 기획된 계획에 의하여 행동하는 것도 아니다. 칸트는 인간이 그의 모든 역사적 어리석은 짓들과 유치한 헛수고나 파괴의 미친 짓들로 전혀 미래를 가늠할 수 없는 상황에서도, 철학자는 하나의 합리적이고 의식적인 목적이 그들의 행동 전체로서 인류를 결정할 수 없을 것이라고 하는 사실을 인정함에도 불구하고 그와 같은 역설적인 인간사들의 운동 속에서 자연의 하나의 보편적인 목적(a universal purpose of nature)을 발견할 수 있을지를 알려고 할 수 밖에 없고, 이와같은 목적에서 자신의 계획없이도 진행하고 있는 피조물들의 한 역사가 그럼에도 불구하고 자연의 하나, 결정적 계획에 따라서 가능할 수 있다고 하는 사실을 알아 보아야 한다. (23)

정리하면, 칸트의 이상과 주장에서 우리는 개인들과 나라와 민족들의 의지에 의한 행동표출들이 자기 뜻대로 미래를 향하여 발전하는 것이 아니라 그것들의 상호 대립과 갈등 그리고 그것들을 가로 막는 역사 속의 많은 장애들과 부정성들에도 불구하고, 자연(the Nature)의 계획을 따라서 자연의 목적을 향하여 자연의 법들에 따라서 코스모폴리탄(사해 동포주의적 또는 세계적인)도덕 공동체를 향하여 변증법적으로 진보한다고 하는 사실을 확인하였다. 칸트에 있어서 중요한 것은 인류의 보편사가 지향하는 미래에 도래할 코스모폴리탄 도덕 공동체일 것이다. 그에게 있어서 '자연'(the Nature)이란 인류 역사와 자연 속에 내재하는 하나님과 같다. 아마도 이것이 헤겔에 있어서는 '절대정신'일 것이다.

제1 명제

"자연에 의하여 한 피조물 속에 심겨진 모든 능력들은 시간의 경과 속에서 그것들의 목적에 걸맞게 전개되고 발전되도록 되어 있다."(23) 이 명제에서 칸트는 동식물과 인간 등 모든 피조물들이 자체 내에 내장된 능력들을 그것들의 목적에 따라서 전개한다며, 우리가 이와같은 기본 원리로부터 떠난다면, "우연의 음산한 암흑이 이성의 안내하는 빛(the guiding light of reason)을 대치할 것이다."(24)라고 한다. 인류 보편사야 말로 코스모폴리탄 국제적 연방정부 또는 도덕 공동체를 향하여 진보할 것이지만 인간의지의 행동표출들로서 역사적 행동들은 물론, 모든 피조물들이 목적론적인 자기 발전을 하고 있는 것으로 설명하고 있다.

제2 명제

"지구상에서 유일하게 합리적 피조물인 인간 안에서 그의 이성의 사용을 향하여 방향 지워진 그와 같은 자연적 능력들은 개인 안에서가 아니라 인류라고 하는 종(種) 안에서만 완전하게 개발되고 발전되어 질 수 있다."(24) 여기에서 칸트는 '이성'에 주목한다. 일찍이 그는 『계몽주의란 무엇인가?』에서 이렇게 주장하였다.

계몽주의란 인간 스스로가 부과한 노예상태로부터의 해방이다. 이 노예 됨이란 인간이 자기 밖으로부터의 지도 없이는 자신의 이성을 사용하지 못하는

인간의 무능이다. … 당신의 이성을 용감하게 사용하라. 이것이 계몽주의의 슬로건이다.[45]

이처럼 칸트는 인간의 자연적 능력들이 이성을 향하여 방향 지워졌다고 주장한다. 이 이성능력의 특징은 그것의 모든 능력들을 사용함에 있어서 연루된 법들과 목적들을 자연적 본능의 영역을 훨씬 초월하여 확장하는 데에 있다. 그리하여 이 이성은 그것의 노력에 있어서 한계를 모른다. 하지만 이성은 본능에 의하여 그 자신을 개발하고 발전시키는 것이 아니라 한 단계의 통찰로부터 그 다음 단계의 통찰로 점진적으로 발전하도록 실험들과 연습과 교육을 필요로 한다. "그런즉, 한 개인은 그의 모든 천부의 재질을 완전히 사용하기 위해서는 필히 엄청 오래 살아야 한다."[24] 이는 다름 아닌 '실천이성'의 요청으로서 '영혼불멸'일 것이다. 따라서 칸트에 있어선 인간의 모든 천부의 재질이 완전히 개발되고 발전되는 것은 개인의 역사에서가 아니라 인류의 보편사의 미래에서 이다. 아마도 이상(以上)에서 칸트가 의미하는 이성이란 순수이성, 실천이성, 판단력, 심미적인 능력, 이성의 한계 안에 있는 종교 등 광범위한 능력을 의미할 것으로 보인다. 미래에 완성될 코스모폴리탄 국제적 연방부를 향한 인류 보편사란 그와 같은 인류의 이성이 완전하게 개발되고 발전된 상태일 것이기 때문이다.

제3 명제

"자연은, 인간이 그의 동물적 실존의 기계적 구조와 질서를 초월하는 모든 것을 전적으로 그 자신으로부터 생산해내고, 본능을 떠나서 그 자신의 이성으로 스스로의 힘에 의하여 산출해 낸 것 이외에 그 어떤 다른 행복이나

---

45) Immanuel Kant, *What Is Enlightenment?*, tr. and ed. by L. W. Beck(Chicago, 1955), 286.

완전성에 참여해서는 안 된다고 의지(意志)하였다."(24) 칸트는 자연이 부여해 준 것은 '이성과 이 이성에 근거한 자유의지'이기 때문에, 자연이 선사한 그와 같은 인간의 천부의 재질을 보아서 우리는 자연의 목적이 무엇인가를 알 수 있다고 한다. 그래서 개인과 각 세대는 "자신의 삶을 스스로 살만한 삶으로 만들고 웰빙을 이루기 위하여 자신의 '자기 양육'(self-culture)을 실천해야 한다."고 하면서, 한 세대가 이룩한 그와 같은 '자기 양육'을 이어 받아 그 다음 세대가 더 큰 '자기 양육'을 이루고, 또 그 다음 세계가 그것을 이어받아 더 진보해야 하는 것으로 본다.(25)

제4 명제

"자연이 인간들 안에 내장된 모든 능력들의 발전을 이룩해 내기 위하여 사용하는 수단은 사회 속에서 인간들 상호 간의 대립갈등이다. 그러나 이와 같은 대립갈등이 결국에는 법에 의하여 규제된, 그들 사이에서 하나의 질서의 원인이 되는 한에서 그렇다."(25) 칸트는 사회적 대립갈등을 "인간들의 비사회적 사회성"이라며, 인간들은 사회관계 속으로 들어가려는 성향과 함께 지속적으로 이와같은 사회를 해체시키려는 저항을 부대(附帶)하고 있다고 본다.

칸트에 따르면, 인간은 자기 자신을 타인들과 연합함에 의하여 그 자신을 사회화하는 경향을 지닌다. 그 목적은 그와 같은 상태에서 인간은 그의 자연적 능력들의 개발에 있어서 그 자신을 하나의 자연인 이상으로 느끼기 때문이다. 그리고 인간은 타인들로부터 자신을 고립시킴으로써 그 자신을 개인화하는 큰 성향을 지니고 있으나, 이것 역시 모든 것을 자기 마음대로 하고 싶은 비사회적 성향이 인간 안에 있기 때문이다. 칸트는 이와같은 비사회성으로 말미암아 인간이 '야만성으로부터 특히 인간의 사회적 가치를 중심에 두고 있는 문명의 양육'에 이르고, '비사회성의 본성, 그와 같은 질투심이 강한 시기심과 허영, 만족될 수 없는 소유욕과 권력욕'이 없다면, "자연에 의하여 인간 안에 내장된 모든 탁월한 능력들이 영원히 개발되고 발전되지 못하고 졸고 있을 것이다."(26)

칸트에 의하면, 자연은 인간들에게 모순들과 대립갈등과 역경들을 일부러 줌으로써 인간들로 하여금 자신들의 능력들을 개발하고 발전시켜서 행복을 추구하게 만든다고 한다.

> 인간은 화합을 원한다. 그러나 자연은 인류에게 더 좋은 것이 무엇인가를 알기 때문에 그에게 불화를 줄 것이다. 인간은 안락하게 그리고 즐겁게 살고 싶어 한다. 그러나 자연은 게으름과 비활동적 만족을 떨쳐버리고 고생과 고난 속으로 그 자신을 던지고 동시에 그와 같은 고생과 고난에 대한 구제책을 스스로 찾고 그의 삶을 지혜롭게 그와 같은 고생과 고난으로부터 벗어나게 만들기를 원한다. 인간을 이와같은 방향으로 이끄는 자연적 충동들, 즉 그렇게나 많은 악의 근원인 비사회성과 일반적인 대립갈등의 원천은 동시에 인간들로 하여금 그들의 능력을 개발하고 발전시키게 하고, 결과적으로 그의 자연적 능력들을 더욱 더 개발시키게 할 것이다. 이로써 그와 같은 충동들은 분명히 한 지혜로운 창조주의 계획(arrangement)을 나타내고 종종 상상되어지는 것처럼 창조주의 영광스러운 창조세계를 악화시켜 버린 하나의 악령의 손을 드러내는 것이 아니다.(26)

제5 명제

"인류의 가장 큰 실천적 문제는 법을 따라서 정의를 보편적으로 실천하는 시민사회 수립에 있다. 자연은 이와같은 문제를 해결하도록 묵시적으로 우리를 강요한다."(26) 칸트는 "자연의 최고의 목적은 그녀의 모든 능력들을 개발하고 발전시키는 것인데, 이는 인류의 경우에 달성될 수 있다며,"(26) 그와 같은 시민사회란 가장 큰 자유를 소유한 사회가 되어야 하는 것인데, 이와같은 자유가 타자들의 자유와 공존하기 위하여 그 성원들의 철저한 대립 갈등을 인정하면서 그것의 한계를 정확히 규정하고 보장해 주어야 한다고 본다. 따라서 "외적인 법들 안에서 자유가, 가능한 한 가장 큰 정도로 불가항력적인 권력 또는 하나의 완벽하게 정의로운 시민헌장과 조화를 이루는 사회야 말로 인류라고 하는 종(種)에게 주어진 최고의 자연적 문제이다."(26-27)

그런즉, 칸트는 인류가 이 목적을 실현하여야 다른 목적들도 실현할 수 있다고 본다. 칸트에 의하면, 인간은 본성상 야만적이고 무법적인 자유 안에서는 타 시민사회 성원들과 함께 살아 나갈 수 없기 때문에, "시민연합과 같은 완전한 성장"(27)이야 말로 최상의 효과를 창출할 것이라고 한다. 칸트는 이것을 "숲 속에 있는 나무들에 비유한다."(27) 즉, 각 나무는 다른 나무로부터 공기와 태양을 빼앗아가려고 하기 때문에 나무들은 서로가 서로에게 공기와 태양 모두를 찾도록 하지 않으면 안 되고 그렇게해야 나무들은 아름답고 곧게 자란다. 하지만 각 나무가 제멋대로 자라면 성장이 부진하고 휘어지게 자랄 것이다. (27) 칸트는 인간들 안에 있는 비사회성에도 불구하고 그와 같은 비사회성은 결국 인간본성 안에 있는 씨앗을 온전히 키워갈 수 있다고 보았다.

> 인류를 장식하는 모든 문화와 예술 및 가장 공정한 사회질서란 그와 같은 비사회성의 열매들이다. 그도 그럴 것이 인간은 그와 같은 비사회성 때문에 스스로 훈련할 수밖에 없고 강제적 기술에 의하여 자신의 본성의 씨앗을 완전히 개발시키고 발전시킨다.(27)

제6 명제

인간은 다른 동물들과 공유하는 동물성 때문에 한 주인(a master)을 필요로

한다. 그도 그럴 것이 인간은 그의 동료인간들과의 관계에서 자신의 자유를 남용하는 것이 확실하기 때문이다. 인간은 하나의 합리적 피조물로서 모든 사람들의 자유를 제약할 법을 갈망하지만 그 자신의 이기적인 동물적 성향들은 그를 어떻게든지 그와 같은 법으로부터 자신을 제외시키려고 한다. 칸트는 본 명제가 가장 풀기 어려운 문제라며 다음과 같은 명제를 제안하고 있다.

때문에 인간은 자신의 이기적인 의지를 자신으로 하여금 보편적으로 타당하고, 이것과의 관계에선 모든 사람들이 자유로울 그와 같은 보편적으로 타당한 하나의 의지(a will)에 복종하지 않으면 안 되게 하는 한 주인을 필요로 한다. 이 주인은 인류 가운데서가 아니고 다른데서 나올 수 없다. 그런데 이 주인 역시 하나의 동물이다. 때문에 그는 또 다른 하나의 주인을 요청한다. 어떤 식으로든 시작해보시라. 그가 어떻게 본질적으로 정의로울 공적 정의를 감독하는 하나의 최고 권위를 확보할 수 있느냐는 결코 쉽지 않다. 그와 같은 권위를 단한 사람에게서 찾든 뽑혀진 많은 사람들에서 찾든지, 이 최고의 권위는 그 자체에 있어서 정의로워야 하지만 역시 그도 인간임에 틀림없다. … (27)

칸트는 세 가지 요청들 때문에 이상과 같은 '한 주인'의 결정 문제야 말로 인류가 풀어야 할 가장 난해하고 가장 많은 시간이 지나서 실천될 문제로 보았다. 하나는 '가능할 헌법의 본성', '여러 세대들의 축적된 경험', 그리고 '그와 같은 해결책을 수용할 의지'(28)가 요청되기 때문이라고 한다.

제7 명제

"하나의 완전한 시민헌법의 제정(制定)문제는 국가들 사이의 외적인 관계들을 법에 순응하도록 규제하는 것이다. 후자의 문제가 풀리지 않으면 그와 같은 시민헌법은 해결될 수 없다."(28) 칸트는 개인 차원의 '비사회성'의 문제를 국가들 사이의 관계에도 적용한다. 마치 '개인들을 억압하고 이들로 하여금 법에 의해 규제된 한 시민적 연합으로 향하는 동일한 악들'을 한 국가와 타 국가들과의 관계에도 적용한다.

칸트는 "따라서 자연은 인간들의 비사회성과 이것의 산물인 심지어 큰 사회들과 정치형태들의 비사회성을 수단으로 사용하여 그들의 상호 대립갈등을 뚫고 안정과 안전의 상태를 만들어내곤 하였다."(28)라고 주장한다. 심지어 전쟁을 통해서도 그렇다며, "이것은 야만인들의 무법적인 상태로부터의 전진이요 나라와 민족들의 법제정에 따른 국제적 연방정부 형성이외에 다른 것이 아니다."(28)라고 한다.

칸트에 따르면, 이상과 같은 '법에 따른 국제적 연방정부' 수립을 위하여 "자유의지로부터 솟아나는 인접 국가들의 참으로 건전한 대립갈등을 규제하는 균형법(a law of equilibrium)이 필요하고 이 법에 힘을 실어주는 하나의 연합된 권력이 헌장으로 제정되어야 나라와 민족들 사이의 공적인 안전에 대한 하나의 보편적인 조건이 수립된다."(28-29) 그리하여 칸트는 각 나라와 모든 나라들이 고도의 문화와 예술의 발전은 물론, 무엇보다도 한 없이 도덕적인 나라를 추구해야 할 것을 촉구한다. 이로써 칸트는 하나의 헌법으로 규제된 국제적인 연방정부의 수립을 내다보면서, 하나의 코스모폴리탄 도덕적 인류사회를 희망하였다.

우리는 자연과학과 문예에 의하여 최고의 수준으로 문화화 된다. 우리는 지나칠 정도로 온갖 종류의 예의 바름과 단정함과 우아함의 사회적 형태들의 방법으로 문명화된다. 그러나 우리들이 도덕적으로 완전한 사람들로 간주되기 전 까지는 이룩해야 할 일들이 많이 남아있다. … (30)

제8 명제

"인류역사는, 내적으로 그리고 외적으로 완전한 정치적 헌장을 만들어 낼 자연의 은폐된 계획의 실현으로 생각될 수 있다. 이것은 자연에 의하여 인류 안에 내장된 모든 능력들이 충만하게 개발되고 발전될 수 있는 유일한 상태이기 때문이다."(30) 칸트는 이와같은 명제들에서 제시된 것들이 먼 훗날에 실제로 완전히 실현될 것이라고 하는 뜻에서 "환상적 천년왕국론"(이것은 아마도 성경적인 천년왕국론을 가리킬 것이지만)이 아니라 "철학적 천년왕국론"(30)이란 개념이 약간의 도움을 준다고 본다. 그런즉, 그는 "그와 같은 미래 시기의 근접에 대한 아주 미약한 현재의 징표들이라도 우리들에겐 대단히 중요하다."(31)고 보면서, 그와 같은 네 가지 징표들을 당대에서 찾는다. 첫째는 현재 국가들이 상호 간에 그와 같은 친밀한 관계로 돌입하였고, 둘째는 무역과 산업과 상거래에 있어서 시민적 자유가 확보되었으며, 셋째는 계몽주의 정신이 국가의 통치자들에게 스며들어 이기적인 통치를 삼가고 있고, 넷째는 나라와 민족들이 전쟁을 준비하고 전쟁으로 인한 피해와 전쟁 후 고통을 알고 있으나, 그럼에도 불구하고 나라와 민족들 사이에 새로운 징표들이 보인다고 한다.

즉, 그렇게 함으로써 그들은 세상이 일찍이 알지 못했던 하나의 위대한 미래 정부를 준비하고 있는 것이다. 비록 이와같은 정부가 아직 대략적인 개념으로라도 실존하는 것이 아니지만, 그럼에도 불구하고 사실상 그와 같은 느낌이 모든 성원 국가와 민족들 안에서 일기 시작하고 있으니, 그 성원들의 각각은 전체를 유지하는 일에 대하여 하나의 공통의 관심을 가지고 있다. 그리고 이로 인하여 우리는, 수많은 정치적 혁명들과 변혁들을 통과한 후에 자연의 최종적 목표가 결국 하나의 보편적인 코스모폴리탄 제도의 수립에서 실현될 것을 희망할 수 있다. 인류의 모든 근원적인 능력들과 천부의 재질들은 그와 같은 제도의 품속에서 펼쳐지고 개발되며 발전될 것이다.(32)

제9 명제

"하나의 완전한 시민연합을 목표로 하는 자연의 계획에 따른 세계 보편사를 만들어 내려는 하나의 철학적인 시도는 가능한 것으로 간주되지 않으면 안 되고, 심지어 자연의 목표를 성취하는 일에 도움을 줄 수 있는 것으로 여겨져야 할 것이다."(32)

칸트가 그와 같은 코스모폴리탄 연방정부를 향한 보편사에 대한 이상이 실현 가능한 것으로 보는 이유는, "자연이 인간의 자유의지 행사에도 불구하고 계획과 설계 없이 역사를 이끌어 가지 않기 때문이다."(32) 그리하여, 칸트는 "그와 같은 보편사에 대한 이상이야 말로 우리로 하여금 인간행동들 전체의 계획 없어 보이는 집합체 속을 꽤 뚫어 보게 하고 그와 같은 무질서한 집합체를 하나의 체계로 표현할 수 있게 하는 단서로서 사용될 수 있다." (32)며, 희랍과 로마제국의 역사로부터 계몽주의 시대에 이르는 역사를 그와 같은 보편사에 대한 이상의 예증으로 보았다(32-33). 동시에 그와 같은 이상은 그와 같은 과거역사에 의한 실증뿐만 아니라 "인류가 먼 훗날에 결국 자연에 의하여 내포된 모든 씨앗들을 완전히 결실하고 여기 땅 위에서의 그것의 목표가 달성되는 그와 같은 미래에 대한 하나의 위안이 되는 견해에 대한 새로운 근거를 우리들에게 제공한다."(33)고 본다. 그리고 칸트는 이와같은 보편사에 대한 이상의 예증적 정당화를 "자연의 정당화 혹은 섭리의 정당화"(33)로 본다.

끝으로 칸트는 위에서 언급한 "보편사에 대한 이상을 어느 정도로 선험직인 싱걱"으로 보지만, 그렇다고 그가 "역사의 경험적인 양육" 또는 "실질적인 경험적 역사적 사실들에 대한 담론"을 밀어내리는 것은 아니다. 하지만 칸트가 보편사에 대한 철학적인 지성의 선험적 이상을 중요시하는 이유는, 과거가 역사적으로 실증하기 어려운 점이 있기 때문에, 오히려 이상에서 제시한 보편사에 대한 선험적 이상에 입각하여 미래가 나가야 할 방향을 제시하는 것이 더 중요한 것으로 보는 입장인 것 같다.

성서의 '보편사 해석'에 비추어서

아우구스티누스에서 보슈에에 이르는 신학적인 역사이해와는 다르지만, 우리는 비코에게 어느 정도로 '섭리'에 대한 이야기가 남아 있었던 것을 확인한 바 있다. 그러나 그것이 볼테르에게서는 전혀 발견되지 않았다. 이제 칸트에게서도 마찬가지이다.

칸트는 하나님의 섭리라는 말 대신의 '자연의 섭리'라는 말을 사용할 정도이다. 칸트는 창조세계와 역사 속에 현존하시고 활동하시는 성령(몰트만, 『생명의 영: 보편적 긍정』)은 물론, 아버지 하나님(엡 4:6)과 그의 아들 예수 그리스도(엡 1:23)를 창조세계와 역사로부터 완전히 은퇴시키고, 그 대신 "자연"을 선택하였다. 이는 그가 '계몽주의'의 '이신론' 전통의 아들임을 말해주고 있다. 따라서 이 전통은 교회를 공적인 영역들로부터 주변 화시키고 소외시켰다.

칸트는 역사와 창조세계 속에 현존하시고 활동하시는 성서적 하나님을 믿지 않았다. 사도행전 17장 23절 -31절 말씀에 따르면, 희랍 신전에 기록된 "알지 못하는 신"(23)은 결국 창조주 하나님 아버지이신바 이 아버지 하나님께서는 그의 아들 예수 그리스도의 십자가와 부활을 통하여 모든 사람들에게 믿을 만한 증거를 주셨고 심판의 날을 확정하시어, 모든 사람들에게 회개를 명령하셨다.(17:31) 적어도 칸트는 다음과 같은 '창조주' 하나님을 명시적으로 주장하지 않았다.

우주 만물과 그 가운데 있는 만유를 지으신 신께서는 천지의 주재시니 손으로 지은 전에 계시지 아니하시고 … 만민에게 생명과 호흡과 만물을 친히 주시는 자이심이라 인류의 모든 족속을 한 혈통으로 만드사 온 땅에 거하게 하시고 저희의 년대를 정하시며 거주의 경계를 한 하셨으니 이는 사람으로 하나님을 더듬어 찾아 발견하게 하려 하심이라 그는 우리 각 사람에게서 멀리 떠나 계시지 아니하도다 우리가 그를 힘입어 살며 기동하며 있느니라 너희 시인 중에도 어떤 사람들의 말과 같이 우리가 그의 소생이라 하니.(24-28)

레슬리 뉴비긴은 이렇게 주장한다.

예수님은 하나님의 통치를 선포하셨다. 하나님께서는 이스라엘을 출애굽시키심으로써 그분의 통치를 알리셨다. 하나님께서는 비록 열방들이 모를지라도 진실로 모든 땅에 대한 주권을 가지고 계신다. 세대를 이어오면서 이스라엘은 '야훼께서 다스리신다.'고 '열방들 사이에서 말하도록'(시 96:10) 부름 받았다. 파국적 실패와 수모를 겪으면서도 이스라엘의 남은 자들은 주권적 야훼께서 결국 자신의 감추어진 왕권을 계시하실 것이고, 악행들의 배후를 없애버리실 것이며, 우상들을 보좌로부터 끌어 내리고, 끝내는 열방들을 정의로 다스리시게 되실 것이라고 믿었다.[46]

칸트는 부활 승천하시어 아버지 하나님 우편으로 승귀(exaltation)하신, 교회의 머리시오 역사의 주님이시오 만유의 주재이신 예수 그리스도의 주권과 그의 성령을 통한 교회와 역사와 우주만물에 대한 주권(통치)을 인정하지 않았다. 이 예수 그리스도의 주권(통치)은 정치 경제 사회 문화 그리고 창조세계를 사랑과 진로(the wrath of God)로 그리고 진로와 사랑으로 다스리신다. 때문에 그와 같은 인류역사와 창조세계에서 일어나는 모든 것은 삼위일체 하나님의 선교로 이해되어야 할 것이다.

역사와 창조세계의 주님이신 아버지 하나님께서는 '이방인의 충만한 수가 들어오기 까지' 이스라엘의 백성을 완악하게 하시고(롬 11:25), 결국 온 이스라엘 백성들을 구원하신다.(롬 11:26) 이미 아버지 하나님께서는 예수님을 부활시키시어 "하늘에 있는 자들과 땅에 있는 자들과 땅 아래 있는 자들로 모두 무릎을 예수의 이름아래 꿇게 하시고 모든 입으로 예수 그리스도를 주라 시인하여 하나님 아버지께 영광을 돌리게 하셨느라."(빌 2:10-11) 그리고 마지막 때에 아버지께서 성령을 통하여 사단 마귀를 완전히 제압하실 때 까

---

46) Lesslie Newbigin, *The Open Secret*(Grand Rapids, Michigan: William B. Eerdmans Publishing Company, 1995)(초판, 1978), 21-22.

지, 승리하신 주님이 자신의 전권을 맡아 교회와 역사와 창조세계를 다스리실 것을 원하셨다. "내가 네 원수를 네 발등상이 되게 하기까지 너는 내 우편에 앉아 있으라 하셨도다 하였으니(행 2:35)라고 했기 때문이다. 이는 성서 이야기가 해석하고 있는 보편사에 다름 아니다. 그리고 이와같은 그리스도의 주권은 하나님의 통치 또는 하나님 나라일 것이다. 복음서들이 증언하는, 예수의 말씀과 행동에 나타난 '하나님 나라'(예수님 = autobasileia)는 그리스도 예수께서 아버지 우편에 앉으신 후, 아버지의 전권을 위임 받으시어 교회와 역사와 창조세계를 성령을 통하여 다스리시는 '하나님 나라'로 이어졌다. 따라서 '이미'와 '아직' 사이에서 교회는 하나님 나라의 복음을 선포하고 행동으로 실천하며 역사와 창조세계 역시 '삼위일체 하나님의 선교'(missio trinitatis)에 동참할 것이다. '복음 전도'(Evangelism) 역시 이와같은 '삼위일체 하나님의 선교'의 안에서 일어나야 할 것이다.

그리고 그의 "철학적 천년왕국론"은 역사 속에서 완성될 국제적 연방정부로서 역사와 죽음 저편에서 도래할 하나님 나라(몰트만과 뉴비긴)를 인정하지 않는다. 그의 "철학적 천년왕국론"은 그리스도의 재림(adventus)에 의하여 도래할 "종말론적 천년왕국"이 아니라 "역사적 천년왕국"[47]에 다름 아니다. 오히려 우리는 국제적 연방정부를 향한 또는 그런 의미에서의 도덕적 왕국을 향한 그의 보편사에 대한 한 이상이야 말로 유대교-기독교적 메시아 왕국 또는 평화의 왕국의 세속화로 이해하여야 할 것이다. 비코와 볼테르에게 있어서처럼 칸트의 미래 지향적 보편사 이해는 유대 기독교 전통에서 온 것으로 보인다.

따라서 칸트는 하나님 나라의 '이미'와 '아직'을 알지 못하고 역사와 창조세계 속에서 발견될, 미래에 도래할 하나님 나라(das Novum)를 보여주고 담보하는 '파편', '징표', '표지판', 그리고 '도구'를 알지 못한다. 즉, 그는 역사와

---

47) Jürgen Moltmann, *The Coming of God*(Minneaplois: Fortress Press, 1996)(독일어 초판, 1995), 129 이하, 특히 192-194.

창조세계의 지평 속에서 역사와 죽음 저편에 도래할 하나님 나라와의 '유비'(analogia)로서 그 어떤 연속성도 찾고 있지 않고 있다는 말이다. 그의 '보편사' 이해야 말로 '이성의 한계 안에서의 보편사'이해인 것으로 보인다. 적어도 그것은 이스라엘의 역사와 예수 그리스도의 역사를 통한 하나님의 계시에 입각한 '보편사'이해가 아니다.

무엇보다도 칸트는 성서가 해석하고 있는 보편사에 전혀 관심이 없다. 하나님께서는 보편사의 구원과 창조세계의 회복을 위하여 이스라엘과 예수 그리스도와 교회라고 하는 특수한 역사를 택하시어, 경세하시며, 보편사와 창조세계에 대한 변혁(transformation)과 변형(transfiguration)과 종말론적 완성(consummation)을 계시하시고 약속하셨지만, 칸트는 역사와 창조세계 안에 내재하고 있는 '자연의 섭리', '자연의 자기 정당화', '자연의 계획', '자연의 목적', '자연의 법들' 이외에 그 어떤 초월적 하나님의 역사, 창조세계 내적인 사역에 대해서는 전혀 인정하지 않는다. 그에겐 역사와 창조세계 속에서 일어나는 하나님의 심판 같은 것도 없다. 헤겔에서처럼 모든 역사 내적이고 창조세계 내적인 '부정성'(the negative)은 발전을 위한 전 단계에 다름 아니다. 즉, 칸트에게는 사단 마귀 또는 '무의 권세'(das Nichtige)와 같은 그 무엇도 언급되지 않는다. 그에겐 '구조 악'("정사와 권세")속에서 역사하는 악의 권세 또는 사단 마귀 같은 것이 역사의 장으로부터 퇴출되어 있다.

우리는 신학의 역사를 통해서, 세계 제1, 2차 대전 이후 모더니즘의 낙관론이 더 이상 설득력을 잃었다고 하는 사실을 잘 알고 있다. 1960년대 이후 포스트모더니즘은 그것을 더 이상 용납하지 않는다. 칼 바르트, 몰트만, 성서적 내러티브 신학자들, 뉴비긴 등도 그것을 인정하지 않는다. 특히, 칸트에게서 우리는 근대인들의 진리와 확실성의 근거가 위에서 언급한 계시에 대한 신앙과 종말론적인 희망의 내용들이 아니라 '이성', 특히 칸트에게 있어선 '순수이성'과 '실천이성'이었음을 확인하였다. 이는 '보편사' 이해에 있어서도 마찬가지였다. 칸트는 인간에게 천부적으로 부여된 모든 능력들이 국제적 연방정부가 완성되는 "철학적 천년왕국"에서 완전히 꽃피어 날 것으로 보았다. 이와같은 미래 지향적인 완성을 내다보면서 그는 그 이전의 모든 '부정성들'이야 말로 발전을 위한 계기들이라고 하였다. 만약에 칸트가 '자연' 대신 삼위일체 하나님을 주장하도록 허락하고, 역사의 비극을 일으키는 모든 것을 사단 마귀의 역사로 볼 것을 허락했다며, '보편사'의 완성을 새 하늘과 새 땅으로 보는 것을 허락했다면, 우리는 그에게서 많은 것을 인정할 수 있을 것이다.

대체로 포스트모던 사상은 칸트의 '이성'에 대한 이론을 '토대주의' (foundationalism)라고 비판한다. 그도 그럴 것이 칸트는 대륙의 '합리주의'(데카르트)와 영국의 '경험론'이라고 하는 두 토대를 바탕으로 한 '토대' 위에 모든 경험적 세계에 대한 인식을 시도하였기 때문이다. 적어도 칸트는 이와같은 인식이론에 근거하여 모든 자연과학, 도덕과 윤리, 그리고 문화와 문예를 이해하였고, 그와 같은 인식론에 근거한 진리와 확실성의 보편타당성과 객관성을 주장한 나머지, 그와 같은 '보편주의'와 '객관주의'로 다양한 나라와 민족들의 다양한 문화와 문예를 배제시켰던 것이다. 칸트의 '국제적인 연방정부를 향한 보편사에 대한 이상' 역시 그와 같은 '이성'에 대한 이론에 입각한 희랍과 로마문화, 기독교 문화전통, 그리고 중세와 종교개혁 문화전통을 염두에 둔 '보편사'이해일 것이다.

칸트는 볼테르처럼 신대륙과 중국과 인도 등 유럽 밖의 세계를 감안하지 않고 있는 것으로 보인다. 그의 '이성'이해는 적어도 유럽의 계몽주의 전통이 돌이켜 본 서구의 '전 역사'(Vor-geschichte)임에 틀림없을 것이다. 그러니까, 칸트는 그와 같은 서양 사회문화 전통의 소산으로서(알스데어 맥킨타이어) '이성' 이해를 하고 있는 것이리라. 그의 이성이해가 영향 받은 세계는 지극히 '로컬'차원의 문화와 문명이요, 결국 그의 '보편사'이해 역시 '로컬'차원의 유럽 역사일 것이다.

그가 만약에 '토대주의'를 포기한다면, 그의 '미래 지향적 보편사 이해'는 일말의 가치가 있어 보인다. 세계 대전에 의한 근대주의의 좌절에도 불구하고, 유엔, 나토, EU, 나프타, ILO, 기타 국제적인 금융기구들, 심지어 WCC 까지 어느 정도 칸트의 '미래 지향적 보편주의'에 영향을 받지 않은 것이 없는 것 같다. 그리고 '토대주의'만 아니라면 도덕적 이상을 추구하는 그의 문화와 문예, 자연과학과 기술사회에 대한 미래에 대한 비전은 미래 지향적 '하나님 나라'(das Novum)의 '파편'과 '표지판'과 '징표'와 '도구'가 될 수 있을 것이다.

하지만 중요한 것은 우리가 오늘 세계문화의 지구화를 '다양한 문화적 공동체들의 인류 공동체'(the human Community of the diverse cultural communities)라 보면서, 경제 세계화의 상황에서 '다양한 주권국가들의 세계 정부적 정치경제' (the cosmopolitan federal political economy of the diverse sovereign states)를 주장할 경우에도, 우리는 각 문화와 각 주권국가의 정체성과 독특성, 다양성을 잊지 말아야 할 것이다.

과연 칸트의 '보편사에 대한 이상'이 억압적이거나 폭력적이 아니라 그와 같은 정체성과 독특성과 다양성을 보장할 수 있겠는가? 칸트는 헤겔과 더불어 훗날의 '제국주의'를 정당화하는 말미를 준 것은 아닌가? 진정한 '보편주의'는 창조세계 까지 포함하는 '샬롬의 생명공동체'(참고: 총결론)로서 모든 성원들의 정체성과 독특성, 다양성을 보장해주는 미래에 완전히 실현될 '하나님 나라'일 것이다(엡 1:10; 골 1:15-22). 이는 이미 성육신 하신 하나님의 아들 예수 그리스도를 통하여 계시되었고 약속되었다. 그는 참 인간인 동시에 참 하나님으로서 인류와 하나님, 창조세계와 하나님, 그리고 인류와 창조세계의 화해를 실현하셨기 때문이다.

헤르더
(Johann Gottfried Herder, 1744-1803)

헤르더는 1744년 아주 작은 동프러시아의 모룽겐 마을에서 태어났다. 어릴 때 루터교 분위기에서 양육 받았고, 칸트가 교수하던 쾨닉스베르크 대학에 다니면서 칸트의 철학강의를 들었다. 그는 '이성'의 자기계발과 자기발전 이외에 기후와 지리가 인류 발전에 영향을 주었다고 하는 칸트의 주장에 큰 인상을 받았다. 그는 목사로서 1767년 라가의 두 교회를 섬기다가 1769년에 사임하였다. 그는 잠시 프랑스에 머물다가 다시 독일로 돌아와, 뷰커부르크의 샤움부르크-립페 주에서 주임 목사로서 봉직하였다. 그는 여기에서 괴테를 만났고 이 두 사람 사이의 우정은 그들의 미래 작품에 영향을 주었다. 그리고 1776년 그는 바이마르로 가서, 칼 아우구스트 백작 밑에서 매우 중요한 종교 관료직을 수행하였다.

헤르더는 역사, 신학, 문학, 언어학 등 다양한 분야에 대한 글들과 저서들을 남겼다. 그 중 가장 중요한 저서들 가운데 하나인, 우리가 다룰 『인류역사 철학에 대한 이상들』(1784-91) 이외에, 『독일 문학과 예술』(셰익스피어와 고대 시에 대한 글들, 1773), 『민요들』(민요 모음집, 1779), 그리고 『하나님』(슈피노자에 대한 담론, 1787)이 있다. 이들 가운데 마지막 두 권은 칸트 철학에 대한 비판이다.

헤르더는 자기 자신의 성취들과 그가 살고 있던 시대에 만족할 수 없었던, 열정적이고 끊임없이 활동하는 사람이었다. 그러나 그의 사상들은 낭만주의 운동(1780-1830)의 발전과 관련하여 매우 중요하다. 그가 칸트의 『코스모폴리탄 관점에서 본 보편사에 대한 이상』을 극복한 것이, 상당한 정도로 그에게서 싹트고 있었던 낭만주의 사상인 한, 이 낭만주의에 대한 개괄적 이해야 말로 칸트의 '보편사관'을 넘어선 헤르더의 사관이해에 크게 도움을 줄 것으로 보인다.

대체로 낭만주의는 바이론(Byron), 블레이크(Blake), 워즈워스(Wordsworth), 코울리지(Coleridge), 베토벤(Beethoven), 쇼팽(Chopin), 발자크(Balzac), 괴테(Goethe), 휄더린(Hoelderin), 노발리스(Novalis) 등에 의하여 대표되었다. 대체로 그 사상적 특징을 살펴보면 이렇다. 낭만주의는 칸트의 '순수이성'을 토대로 하는 과학주의와 '실천이성'을 토대로 하는 도덕주의에 의하여 한계 지워지지 않는, 예술과 문화와 역사와 종교로 표출되는 개인과 인류의 능력(직관, 감수성, 상상력, 양심과 의지, 그리고 천재성 등) 또는 인간의 '무한한 것에 대한 동경'(Sehnsucht nach dem Unendlichen)을 역설하였다. 따라서 이들은 자연을 대할 때, 자연과학적 분석과 법칙성을 가지고 대하지 않고 살아 움직이는 생명체 또는 신의 창조적 다양화와 개별화의 과정으로 들여다보면서 시적이고 예술적인 세계로 넘어갔다. 인류역사와 문화사, 문명사와 종교사에 대한 태도 역시 그러했다. 따라서 헤르더의 '보편사관'은 '국제적 연방정부를 향한 보편사'에 대하여 비판적일 것이다. 그도 그럴 것이, 포스트모더니즘의 '보편주의', '보편타당성', 그리고 '객관주의'가 개별자들의 정체성과 독특성과 다양성을 억압한다고 보는 것처럼, 낭만주의로 진입한 헤르더 역사관은 칸트의 역사관의 맹점이 그와 같은 무리한 '보편주의', '보편타당성', 그리고 '객관주의'에 있는 것으로 볼 것이다.

그리하여 낭만주의적 생의 풍요로운 전체성과 무한한 가능성에 대한 느낌과 추구는 과거의 역사를 다시 추구하게 하였고, 특히 프랑스 백과사전학파의 '철학자들'(philosophes)이 경멸하는 기독교 전통까지도 다시 찾게 하였다. 낭만주의는 렛씽의 『인류의 교육』에서 비롯되는 근세의 역사의식을 불러 일으켰고, 중세기를 비롯해 풍부한 기독교 전통의 회복을 가져왔고, 일반 종교들(종교들의 역사와 비교 종교학)에 대한 탐구도 촉진시켰다.

낭만주의자들은 자연과 인생의 다양성과 개별성을 강조함에도 불구하고 근원적인 통일성에 대한 심오하고도 신비적인 느낌을 중요시하였다. 하지만 신플라톤주의자들은 '일자'(oneness)와 '다자'(manyness)의 관계에서 후자보다 전자를 더 강조하였으나, 낭만주의자들은 전자보다 후자를 더 강조하였다. 낭만주의자들은 데카르트와 칸트처럼 인간과 자연(대상)을 대립시켜 놓고 인간이 자연을 자연과학적으로 분석하고 통제하는 입장이 아니라 오히려 이 둘은 '하나의 무한한 전체'(one infinite whole)의 표현에 불과한 것으로 보았다. 낭만주의자들은 어떤 정신 또는 생명의 힘이 인간과 자연 배후에 존재하는 것을 직관으로 느낀다. 따라서 이들은 계몽주의의 이신론이 세계가 이미 내장된 법칙성에 의하여 움직이도록 설계되어 있다고 하면서, 신은 이에 전혀 개입하지 않는다고 하는 주장한 것과 달리, 인간과 자연 속에 에로스적인 움직임을 일으키는 내재적인 힘이 있다고 보았다. 그리하여 이들은 이 '무한한 정신'(an infinite Spirit)에 대한 직관과 느낌과 동경이 인간을 종교의 경지로 이끈다고 보았다. 이는 인간을 계몽주의의 이성의 한계를 넘어 무한한 것의 세계로 인도한다고 본 것이다. 가디너는 이상과 같은 낭만주의가 헤르더의 역사관에 다음과 같이 영향을 주었다고 주장한다.

… 예컨대, 한 민족의 문학은 그 민족의 내적인 성격과 전통들에 신실하지 않으면 안 된다고 하는 헤르더의 신념과 그의 자연에 대한 태도. 그러나 아마도 그의 역사관에 있어서 그는 낭만주의적 사고양태 형성에 가장 크게 영향을 주었을 것이다. 이는 인간의 사고와 행동이 여러 다양한 역사적 시기들을 하나의 획일적인 패턴에 억지로 갖다 맞추는 것으로 해석될 수 있다고 하는 전제를 떨쳐버리는 것을 포함한다. 그리고 그것은 또한 당대(계몽주의 시대)의 도덕적 또는 문화적 입장들로부터 과거 역사적 시기들에 대한 판단을 배격하는 것을 함축한다. 즉, 전체적으로 헤르더의 역사적인 사고는 여러 다양한 민족들에 의하

여 표출된 다양성과 개별성이라고 하는 확신에 의하여 충만해 있다. 바로 이것을 역사의 가장 두드러진 특징으로 보는 것이다. 따라서 역사를 마치 인간본성의 대단히 일반적인(보편적인) 특징들의 현현들로 보는 것은 잘못된 역사 토론일 것이다. ... [48]

1. 『인류 역사철학을 향한 이상』

헤르더는 세 가지 역사철학에 대한 기본 원리를 제시하기에 앞서 '역사의 주된 법칙'에 대하여 언급한다. 그는 역사적 사건들을 통해서 실증될 수 있는 '역사의 법칙'을 제시한다. 그는 그것을 이렇게 명제화하였다. "우리의 땅 어디에서든 존재할 수 있는 것은 무엇이든지 존재해 왔다. 장소의 상황과 필요들, 시대의 환경들과 기회들, 그리고 사람들(people)의 토착적인 또는 타고난 성격에 따라서." 칸트는 '순수이성'과 '실천이성'이론에 따른 인간능력들을 언급하였고, '선험적 이성'을 우위에 두면서 그것을 경험적 역사적 사건들과 연결시켰으나, 헤르더는 칸트적인 '토대주의'를 벗어나 단순한 인간의 능력들과 '시공의 환경 및 상황들'과의 좀 더 역동적인 관계 속에서 인류 역사가 전개되어 왔다고 본다. 그는 칸트와 달리 한 민족이나 종족의 타고난 성격을 힘주어 언급함으로써, 인종주의적이고 종족주의적이며 민족주의적인 주장을 암시하고 있다.

독일의 민족주의, 특히 히틀러의 인종주의(Aryans = 비유대계백인종주의)는 국가사회주의의 원조일 수도 있다. 그리고 칸트가 국제적 연방정부를 향한 인류 보편사의 미래지향적인 발전을 언급한데 반하여, 헤르더는 나라들의 흥망성쇠를 주장한다. 후론하겠거니와, 인간 본성(human nature)에 기초하여 인

---

48) Patrick Gardiner, *Theories of History*, 34-35.

간본성(humanity)을 추구하는 인류역사가 '망'과 '쇠'로 끝나는 것은 아니지만 말이다. 그는 이렇게 언급한다. "왕국들과 국가들이 여기에서 형성되고 저기에선 해체되며 또 다른 형태들을 취한다."(35)

그리하여 헤르더는 이상과 같은 대략적인 "역사의 법칙성"을 제시하면서 이제 세 가지 원칙을 제안한다. 첫째는 인간의 능력들에 대한 것이요, 둘째는 환경에 대한 것이요, 셋째는 흥망성쇠에 대한 이야기이다.

① "활동적인 인간능력들(active human powers)은 인류역사의 원천이다. 인간은 한 인종으로부터 그리고 한 인종 안에서 기원하기 때문에, 그의 외적인 모습, 교육, 그리고 사고방식은 유전적이다. 이 때문에 가장 고대에 살던 사람들에 크게 영향을 준 두드러진 민족적인 성격이야 말로 땅 위에서의 그들의 모든 사역들(operations)에서 돌이킬 수 없이 노출된다."(36)

② "한 왕국의 양상이 주로 그것이 기원한 시간과 장소, 그것을 구성하고 있는 부분들, 그리고 그것이 둘려 쌓여 있는 외적인 주변 환경들에 의존하고 있다면, 우리는 그 왕국의 운명의 주된 부분 역시 그와 같은 요인들로부터 발생한다고 하는 사실을 파악한다."(37)

③ "끝으로 우리는 우리가 섭렵한 전 지역으로부터 모든 인간의 구조들이 얼마나 무상하고(transitory), 아니 최선의 제도들마저도 단 몇 세대들을 지나면서도 얼마나 억압적인가를 파악한다. 식물은 꽃을 피우고 시들어 버린다. 너희 조상들은 죽었고 먼지로 변형되었다. 너희 성전은 무너졌다. 너희 장막도 너희 법 돌비도 더 이상 존재하지 않는다. 인류의 끈인 언어도 마찬가지이다. 이와 같은 것들 위에 건설된 하나의 정치적 헌장과 한 정부나 한 종교의 체제가 과연 영원할 수 있겠는가?"(38)

저자는 이상과 같은 인류역사의 어떤 법칙성을 역사적 실증을 통하여 주장한 다음에, 특히 희랍역사를 집중 연구하면서 그것을 예증하고 있다. 그는 앞의 대원칙들에 걸 맞는 네 가지 원칙을 제시하는데, 첫째 원칙은 "시간과 공간과 민족이라고 하는 주어진 환경 안에서 인류에게 발생할 수 있는 모든 것이 실제로 발생하는 것이다. 이것에 대하여 희랍이야 말로 가장 풍요롭고 가장 아름다운 증거들을 보여주고 있다."(39)

둘째 원칙은 "한 백성에게 진실인 것은 여러 백성들의 연합체에 관하여도 꼭 같이 진실이다. 이들은 동일한 시간과 공간 안에 있을 때 연합된다. 이들은 활동적인 능력들의 결합의 인도함을 받을 때에 상호 간에 작용한다."(40) 예컨대, 희랍 사람들은 아시아 사람들에 의하여 영향을 받았고 아시아 사람들은 희랍 사람들에 의하여 다시 영향을 받았다. 희랍인들은 로마, 고트족, 기독교인들, 그리고 터키족에 의하여 정복을 당했고, 로마인들과 고트족들과 기독교인들은 그들로부터 여러 개선의 수단들을 가져 왔다. 이와같은 것들이 어떻게 일관성이 있을까? 장소와 시간과 활동적인 능력들의 자연적인 사역을 통해서 그렇다.(40)

세째 원칙은 "한 백성의 문화와 문명(cultivation)은 그것의 실존의 꽃이다. 그것의 나타남은 진실로 사람들을 기쁘게 한다. 그러나 그것은 잠시잠깐이다."(40) 네째 원칙은 "한 국가의 건강과 지속은 그것이 성취해 낸 문화의 절정에 의존하는 것이 아니라 그것의 활동적이고 살아있는 권력들의 지혜롭고 다행스러운 균형에 달렸다. 그 국가의 무게 중심이 이와같은 살아있는 권력균형을 향한 노력에 깊이 뿌리 내리면 내릴수록, 그것은 더욱 견고하고 지속가능하게 된다."(41-42) 헤르더는 "희랍의 현자들은 국가를 지속가능하게 한 원리가 전적으로 자연으로부터 주어진 인간의 지혜였다."(42)고 한다. "희랍의 모든 영광은 많은 도시국가들과 살아있는 에너지들의 활동적인 역사(役事)에 의하여 창조되었다."(42)고 할 때, 그와 같은 "제도들의 성공이야 말로 그와 같은 것들이 이성과 정의라고 하는 인간성(humanity)에 근거하고 있으면 있을수록 한결같이 고상하고 영구적이었다."(42)고 한다.

그럼에도 불구하고, 헤르더는 "역사의 난국과 파국들"의 변증법을 주장한다.

역사 안에 있는 모든 것은 덧없다. 역사의 성전에 비문은 살아짐과 썩어짐이다. 우리는 조상들의 재를 밟고 인간의 제도들과 왕국들의 매장된 잔해들 위를 활보한다. 애굽, 페르샤, 희랍, 로마는 우리 앞에서 그림자들처럼 지나간다. 그들은 유령처럼 무덤으로부터 일어나서 역사의 장 속에서 우리들에게 나타난다. (42)

… 시간이 만든 현자는 무덤 속으로 떨어진다. 그의 후계자 역시 아이로서 그의 과정을 시작하면서 아마도 그의 조상의 행업을 광적으로 파괴하고 그와 동일한 헛된 수고를 그의 아들에게 물려준다. 그리하여 그 아들 역시 인생을 낭비한다.

저자는 앞에 언급한 '이성과 정의라고 하는 인간성'(humanity)의 대립개념으로 '욕정'(passions)을 말하면서 이로 인하여 이상과 같은 비극의 역사가 생겨난다고 힘주어 말하고 있다.(43) 하지만 저자는 이상과 같은 역사의 비극에도 불구하고, "인간 안에 신이 있다면, 그는 역사 안에도 있다."(44)면서, 전자(이성과 정의라고 하는 인간성 = a god)는 '극단적인 야만성과 욕정들' 속에서도 자연의 '법들'에 순종하지 않으면 안 된다고 한다. 그는 이렇게 주장한다.

이제 내가 인간은 뭔가 알 수 있고 모든 것에 대한 지식에 도달하도록 되어 있기 때문에 인간은 알지 않으면 안 된다고 하는 사실을 확신하기 때문에 나는 우리 인류가 그 동안 방황해 온 역사적 현장들로부터 자유롭게 그리고 확신 있게 빠져 나와서 인간들의 역사를 지배해 온 아름답고 고상한 자연 법들을 조사해야 한다.(44)

그리하여 저자는 '역사의 난국과 파국들'을 논한 다음에 '인간성은 인간

본성의 목적이다.'에 대하여 언급한다. 저자는 역사의 부정성을 야기(惹起)시키는 인간의 그 어떤 본성(욕정 등)에도 불구하고, "인간이 타고난 고유한 자연 법들을 따르면, 인간 안에서 그 무엇도 그의 인간성보다 더 우월하지 않다."고 본다. "우리의 섬세한 감수성과 본능, 우리의 이성과 자유, 우리의 미묘한 그러나 지속가능한 건강, 우리의 언어, 예술, 그리고 종교"(44)와 같은 인간의 본성이 '인간성'함양을 위하여 천부적으로 부여되었다. 성(性)의 제도와 삶의 여러 다른 시기들이 자연에 의하여 만들어진 목적은, 어린 시절이 오래 지속되어서 우리가 교육을 통하여 인간성에 대하여 많이 배우게 하려는 데에 있다. 그리고 이 인간성 교육을 위하여 온누리와 역사를 통하여 삶의 다양한 양태가 수립되어 왔고 모든 형태의 사회가 등장되었다. 사냥꾼이든 어부이든 목자이든 농부이든 각 나라에서 인간은 먹거리를 분별하고 자신과 가족을 위하여 삶의 터전을 마련하며 옷을 입고 성기를 치장하며 그의 가정경제를 규제해 나간다. 또한 인간은 여러 가지 법들과 여려 형태의 정부들을 창안해 내고, 이 목적을 위하여 재산이 확보되고 노동, 문예, 무역, 그리고 인간들 사이의 광범위한 교류가 일어난다. 그리고 악을 행한 사람들에 대한 형벌제도와 선을 행한 사람들에 대한 포상제도가 만들어 졌다.(45)

그런즉, 헤르더는 칸트와 같은 '이성'에 대한 이론(理論) 없이 또는 '탈 토대주의적 이성 이해'에 따라서 이상과 같은 역사와 문화전통과 삶의 드넓은 현상들을 통하여 "인간의 본성"이 지향하는 또는 성취해 내려고 하는 "인간성"을 주장한다. 아래의 인용에서 헤르더는 자신의 역사관을 압축적으로 정의한다.

이처럼, 역사를 통하여 성취되어진 모든 좋은 것이 무엇이든지 간에, 그것은 인간성 성취에 기여하는 것이다. 영속화 있는, 어리석고 사악하거나 가증스러운 것은 무엇이든지 인간성에 거슬리는 것이다. 따라서 인간은 그의 모든 지상적인 제도들에 있어서 신이 부여하신 그 자신 안에, 즉 연약하거나 강한 그의 본성, 또는 저열하거나 고상한 그의 본성 안에 있는 것 이외에 그 어떤 다른 목적도 잉태할 수 없다. 이제 만약에 우리가 우리의 전 창조세계를 통하여 이 창조세계의 본성과 그것의 결과를 제외하고는 아무 것도 알지 못한다면, 땅 위에서 인간의 목적은 그의 본성과 역사에 의하여 매우 분명한 증거들에 의하여 우리들에게 증시(證示)된다.(45)

헤르더는 이와같은 '인간의 본성과 역사'에 의하여 증시되는 인류의 적극적인 목적을 나라와 민족들의 문화와 문명의 성취로 증명한 다음에(47), 하나님께서 인간에게 신성을 부여하시어 환경과의 관계에서 그리고 모든 역경들에도 불구하고 인간은 그것을 활용하고 개발하며 발전시킬 수 있다고 한다. 그 어떤 역경들 속에서도 인간은 그에게 주어진 "자기 활동원리"(the principle of self-activity), 곧 이성을 사용하면서 수많은 과오들과 시행착오들에 대한 해결책을 찾아냈다. 동시에 이런 것들을 통하여 인간은 그의 이성을 더 잘 사용할 수 있는 더 분명한 길을 발견할 수 있다.(46)

그리하여 헤르더는 이와같은 인간 능력들에 대한 활동에 이어서 "나라들과 민족들의 역사는 우리들의 학교로서 인간성의 사랑스러운 목표와 가치에 도달할 수 있도록 우리를 가리 친다."(46)며, "하나님은 오직 우리의 근면을 수단으로 즉 우리의 이해력과 우리 자신의 능력들을 통하여서만 우리를 도울 수 있다."고 하는 18-19세기 기독교의 펠라기우스주의를 공유하고 있다.

헤르더는 '역사에 대한 가장 고상한 사용'에 대하여 언급한다. 그 어떤 부정성에서 불구하고 인간은 "어떤 미래시기에 합리적이고 정의로우며 행복할 것인데, 그들 자신의 이성을 통해서만 그런 것이 아니라 그들의 형제 인류(fraternal race)의 공동 이성을 통하여 그렇다."(47)고 한다. 그리고 무생물과 생물과 인류를 형성하고 지속시키는 "자연의 계획"(48)과 인간의 본성과 역사를 '대립하고 갈등하는 권력들의 균형'으로 인도하는 '신적인 조화의 질서'를 언급한다. 그리고 이어서 헤르더는 빌립보에서 브루투스 같은 장군이 그것의 필요를 절규했던 '덕목'을 강조하고 있다. 이는 칸트의 '실천이성'에 해당하는 것으로서 이미 헤르더는 '합리성과 정의'라고 하는 언급에서 '덕목' 부분을 언급한 셈이다. 다음의 인용을 읽어보자.

빌립보의 부르투수 같은 사람처럼 우리들 가운데 덕목을 지닌 사람들이 종종 자신의 노고가 헛되고 야수적인 힘과 억압이 이 땅을 지배하고 있고 인류는 정욕과 어리석음에 희생물로 주어졌음을 불평할 경우에, 인간의 이해력의 천재성을 발휘하여 그 자신의 덕목이 올바른 종류의 것인지 또는 그것이 그 지성과 연결된 것인지 - 이것만이 덕목의 이름에 합당하다 - 그 자신에게 친절하게 물어보아라. … 야수적인 능력들은 이성에 의해서만 규제된다. 하지만 그것들은 평형을 가져오는 반대급부를 요청한다. 그것은 분별력(prudence)과 열심과 선의 전 세력(the whole force of goodness)이다. 이것만이 그와 같은 야수적 능력들을 질서로 환원시키고 그것들을 건강한 제어로써 그 덕목들 안에서 유지시킨다.(48)

끝으로 헤르더는 우리가 칸트에게 발견했던 "철학적 천년왕국"을 주장하면서 지금 여기 '역사' 속에서도 그것을 미리 경험한다고 주장 한다.

우리가 인류의 유익을 위하여 일찍이 활동하였고 지금은 성취된 업적들에 대한 달콤한 보상을 받고 저 높은 곳으로 옮겨가버린, 현자들과 선한 사람들과 거기에서 우정의 교제를 누릴 것이라고 하는 것은 하나의 아름다운 미래의 꿈이다. 하지만 역사는 모든 시대들의 지성적이고 정의로운 사람들과의 즐거운 대화와 친밀감의 숲을 열어 보여준다. 여기에 플라톤이 내 앞에 서 있고 저기에선 나는 소크라테스의 우정어린 질문들을 귀담아 들으며 그의 마지막 운명에 동참한다. 마루쿠스 안토니우스가 아무도 모르게 그 자신의 마음(heart)과 속삭일 때 그는 또한 나하고도 이야기하고 있는 것이다. 가련한 에픽테투스가 한 왕의 명령들보다 더 권세 있는 명령들을 발할 때에도 그것은 나에게도 그렇게 하는 것이다. 환란을 당한 털리(Tully)가 또는 불행한 보에티우스가 나에게도 그들의 삶의 환경들과 슬픔들과 위로들을 은밀하게 보여주고 있는 것이다.(48)

성서의 '보편사 해석'에 비추어서

칸트는 '실천이성'을 주장하여 데카르트의 '합리주의적' 환원주의와 버클리 등의 경험주의적 '환원주의'를 극복하였다. 칸트는 이 두 전통을 종합하여 초기 계몽주의의 일방주의를 넘어서 새로운 지평을 열었다. 하지만 헤르더는 칸트처럼 인류역사에 대한 이해를 주로 '실천이성'에 국한시키지 않고 '탈 토대주의적' 인간능력들(active human powers)의 역사적 표출들로 보아, 낭만주의가 지향하게 될, 보다 확장된 인간본성 이해에 정향되어 있고, '국제적 연방정부를 향한 보편적 역사'에 대한 칸트의 낙관론에 일격을 가했다. 그는 나라와 민족들의 '흥망성쇠'를 역사적 예증을 통하여 실증함으로써, 역사의 덧없음과 타락과 쇠퇴를 남김없이 드러냈기 때문이다. 그는 각 나라와 민족의 인종성과 유전성과 고유하고 특수한 능력들이 시간과 장소와 환경과의 상호작용 속에서 다양한 문화와 문명사를 전개하였다고 함으로써, 칸트 식의 보편주의에 의한 개별자들에 대한 억압과 무시를 극복하였다. 따라서 헤르더에게 있어서 역사의 '흥망성쇠'도 나라와 민족별 지역문화별 인종과 종족문화별 '흥망성쇠'이다. 따라서 헤르더는 칸트처럼 모든 나라와 민족과 지역과 인종의 문화와 문명들이 모두 '국제적 연방정부를 지향하는 보편주의'에서 합류하는 것이 아니다. 헤르더에게 있어서는 개인들의 천재성과 정체성, 다양성도 중요했다. 그의 역사관은 단순하고 어리숙한 '보편사' 추구가 아니었다.

그런데 헤르더는 결코 역사의 '흥망성쇠'에서 역사가 결코 '쇠'와 '망'로 끝나는 것이 아님을 역설한 점에서는 칸트가 "비사회성"에 해당하는 역사의 모든 '부정성'에도 불구하고 제도와 법적 장치의 한계 안에서 인간의 실천이성이 결국엔 도덕적 왕국(국제적 연방정부를 향한 인류의 보편사)을 실현할 것으로 본 것에 상응하기 때문이다. 헤르더 역시 '쇠'와 '망'에도 불구하고, 인간 본성(합리성, 그리고 분별력, 열심, 선의 전 세력, 정의 등의 덕목들)이야 말로 그것들을 극복할 것이라고 주장한다.

헤르더는 하나님께서는 인간의 최선의 성취에 대하여 그와 같은 밝은 미래를 허락하신다고 주장하면서, 칸트의 "철학적 천년왕국"과 꼭 같은 미래지향적 왕국을 역설하였다.

헤르더가 주장하는 '지성과 연결된 덕목'이란 합리성과 덕목의 결합을 뜻하는 것으로 보인다. 이는 희랍로마 문화의 부활을 부르짖는 르네상스 인문주의와 희랍로마문화로부터 내려오는 유럽의 유산일 것이다. 데카르트, 비코, 볼테르, 칸트, 그리고 지금 우리가 논한 헤르더 역시 이와같은 인간론 전통을 물려받았다. 이와같은 인간론은 결국 '영혼 vs 육체'의 이분법 전통에서 온 것으로 인간을 전인적으로 이해하기 보다는 이분법적으로 이해하여 '몸'보다는 '지성과 양심 및 의지'를 더 고상한 것으로 보았다. 이와같은 이원론적 인간 이해와 역사이해, 사회와 세계이해는 기독교의 전인적 인간 이해와 다르다. 그런데 결국 이와같은 '지성과 의지'의 인간주체는 삐꼬 델리 미란돌라에게서 두드러지고 콜럼버스에게서 신대륙의 정복으로 나타나며, 마키아벨리에게선 권력을 위해 수단과 방법을 가리지 않는 권력욕으로 나타난다. 그리고 바로 이와같은 주체는 근대 유럽의 역사를 통하여 하나님의 자리에 인간을 올려놓았다. 19세기 자본주의와 제국주의가 그러하였던 것이다. 이것이 다름 아닌 '포스트모더니즘'이 비판하는 모더니즘의 '주체'이다.

루터와 칼빈은 영혼의 특질들과 몸의 특질들이 서로 교류한다면서 영혼만도 인간이 아니요 몸만도 인간이 아니라 하였다. 전인(the whole person)이 참 인간이란 말이다. 또한 구약과 신약에서 영혼이 전인을 가리키고 몸 역시 전인을 가리킨다. '내 영혼이 주를 앙망하나이다.'라고 말할 때 여기에서 영혼이란 말은 '전인'을 가리키는 것이요, 바울에게 있어서도 성령의 열매들을 맺는 영적인 사람이 다만 인간의 영혼을 가리키는 것이 아니라 '전인'(whole person)을 가리키고 있다 하겠다. 바울은 "사랑과 희락과 화평과 오래 참음과 자비와 양선과 충성과 온유와 절제"(갈 5:22-24)와 같은 성령의 열매를 맺고 사는 사람들을 가리켜, "그리스도 예수의 사람들은 육체와 함께 그 정과 욕심을 십자가에 못 박았느니라."(갈 5:24)고 할 때, 분명이 그들이 영적인 사람이지만 그들의 이와같은 성령으로 말미암는 행위들은 몸을 통하지 않고는 표현될 수 없는 것들이다. 그래서 바울은 자신이 히브리인들 가운데 히브리인이요 가말리엘 문하생이요 바리세 사람들 가운데 열심이 특심하다고 할 때, 이는 '육체'에 대한 자랑이라 하였다. 이 경우에도 '육체'란 다만 고깃덩어리가 아닐 것이다. 바울은 "혈과 육은 하나님 나라를 유업으로 받을 수 없고"(고전 15:50) 라고 하였고, 갈라디아서(5:19-21)가 열거하고 있는 '육체의 일'은 다만 고깃덩어리의 일들이 아니라 '전인'의 일들(the works of the whole person)이다.

물론, 우리 인간은 영혼과 육체로 구성되어 있다. 마음(cor = heart = 의지와 정서)과 지성 그리고 몸으로 구성되어 있다. 그런데 이 둘은 플라톤적 이분법으로 이해될 수 없다. 몸이 약해지면 마음과 지성도 약해지고 마음이 튼튼해지면 영혼도 튼튼해지는 것이다. 그리고 영혼이 튼튼해지면 몸도 튼튼해질 것이다. 마음(heart = 양심과 의지와 정서)과 지성이 육체로부터 전적으로 분리될 수 없다. 따라서 항상 우리는 인간을 전인적으로 이해하려고 해야 할 것이다.

소크라테스는 감옥에서 '독배야 어서 오라! 나는 죽음이 두렵지 않다.'고 하였으나, 예수님은 십자가에서 인류의 모든 죄와 죽음과 흑암의 권세를 짊어지신 "육체" 까지를 포함하는 그의 전인의 죽음으로 심한 고통을 경험하셨다. 그는 "엘리 엘리 라마사막다니, … 나의 하나님 나의 하나님 어찌하여 나를 버리시나이까?"(막 15:34)라고 절규하였다. 그는 영혼의 불멸(immortality of the soul)이 아니라 죽음을 죽은 후 일어날 몸의 부활(resurrection of the body)을 기대하셨다.[49] '몸이 다시 사는 것과 영원히 사는 것'(사도신경) 그리고 '죽은 자들의 부활과 장차 도래할 나라에서의 삶'(니케아-콘스탄티노플 신조)은 현 보편사와 창조세계 안에서의 삶을 의미 있게 만든다.

---

49) 참고: Moltmann, *The Coming of God*, 58-63: 여기에서 몰트만은 '영혼을 초월적 주체'로 본 피히테로 대표되는 데카르트 이래의 모더니즘 전통의 '주체'와 '몸'의 이분법이 플라톤의 이분법에서 기원한 것으로 본다. 그래서 몰트만은 65쪽 이하에선 '몸의 부활과 영생'에 대하여 논하였다.

좀 더 신학적인 역사이해로부터 헤르더의 역사이해에 대한 비판을 시도해 본다. 물론, 이미 필자가 칸트의 역사이해에 대하여 신학적으로 비판한 모든 것은 헤르더의 그것에 대한 비판에도 해당할 것이다. 헤르더 역시 삼위일체 하나님의 자연과 역사개입에 대하여 회의적인 바, 그도 역시 '이신론'의 전통을 잇고 있다. 헤르더에게 있어서도 역시 삼위일체 하나님은 자연과 역사의 현직으로부터 은퇴하고 '자연과 자연의 보편적인 계획', '한 신'(a god), '신적인 조화'같은 이신론적 내재적 실재가 등장하였다.

이에 반하여, 우리는 신약성서의 '영-그리스도론'(Spirit-Christology)에 근거한 삼위일체 하나님의 현존과 선교를 대안으로 제시한다. 선재(先在)하시던 하나님의 아들이, 이스라엘과 인류를 '대신하여' 마리아의 몸에 성령으로 잉태하사, 참 인간이 되셨고, 요단강에서 성령을 통하여 이들의 죄와 죽음과 흑암의 권세를 대신 짊어지시고 세례를 받으셨으며, 성령을 통하여 광야에서 시험을 받으셨고, 성령으로 갈릴리에서 하나님 나라의 복음을 선포하시며(막 1:15), 그것을 비유들과 행동으로 앞당겨 보여주셨고, 성령으로 십자가에 달리셨다가 성령으로 부활하셨다. 그리고 부활하신 주님은 하나님 나라(새 하늘과 새 땅 = 우주적 생명공동체)를 계시하시고 약속하시기 위해서 40일 동안 사도들에게 나타나셨으며, 사도들에게 하나님 나라 사역을 위임하셨다.(눅 24:45-48) 그리고 하나님 나라 건설을 위해서 이 땅위에 아버지께로부터의 성령 파송을 약속하신 주님께서 오순절에 성령을 파송하심으로 교회가 탄생하였다. 바로 이와같은 교회 공동체야말로 하나님 나라의 미리 맛봄이요 징표요 그 도구일 것이다.[50] 그런즉, 이 '영-그리스도론'에 근거한 삼위일체 하나님께서 교회 안에서뿐만 아니라 인류보편사와 창조세계 안에서도 그의 선교(missio trinitatis)를 펼치신다고 하는 것이다. 이는 신약성서의 증언에 대한 신앙의 지식추구 또는 '신앙의 유비'(analogia fidei)에 해당한다 하겠다.

---

50) 필자가 이 글에서 사용하는 '하나님 나라'(basileia tou teou)는 예수 그리스도의 위격과 사역을 '하나님 나라 그 자체'(autobasileia), 부활하신 주님의 성령을 통한 통치 및 삼위일체 하나님의 통치(reigning)로 보며, 특히 미래에 완성될 이스라엘과 교회, 인류 공동체와 창조세계의 재 창조의 세계를 뜻한다.

그러나 헤르더의 역사관에 있어서, 성경과 교회의 가르침 역시 공적인 영역으로부터 퇴출당하였고, 교회 역시 공적인 영역들로부터 주변화되고 소외되며 사사(私事)화 되었다. 무엇보다도 역사 속에서 인간이 그 모든 역사적 환란들과 역경들에도 불구하고 인간의 지성과 덕목들이 역사의 많은 교훈을 건설적으로 사용하여 밝은 미래를 만들어 간다고 할 때, 삼위일체 하나님의 역사와 창조세계 개입은 전혀 고려되고 있는 것이 아니다.

따라서 그는 교회 역시 그와 같은 공적인 영역들로부터 퇴거시켰다. 더욱이 헤르더는 "신은 스스로 돕는 자를 돕는다"고 하는 르네상스 휴머니즘 전통편에 서 있다. 자연과 역사 속에는 자율적인 인간만이 날개를 펼치고 있다 하겠다(칸트의 역사관에 대한 신학적 비판을 참고).

그리고 헤르더의 종말론 역시 칸트의 그것과 대동소이하다. 그러나 헤르더는 현 역사 지평에서 그리고 지난 모든 과거 인류 역사에서 "철학적 천년왕국"에서 성취될 것의 '파편들'과 '징표들'과 '도구들'을 분별하여 찾아내야 한다고 하는 점에서만 칸트와 다르다 하겠다. 물론, 그에게 전적으로 '새로운 것'(das Novum)으로서 '새 창조의 세계'의 도래는 전혀 없지만 말이다.

우리는 헤르더에게서 역시 기독교 종말론의 '세속화' 또는 '보편화'를 발견한다. 이미 언급한 대로 헤르더 역시 하나님께서 이스라엘과 예수님을 택정하시어, 보편사의 구원과 그것의 미래 종말론적인 완성을 가능하게 하셨다고 하는 사실을 믿을 수 없었다(엡 1:3-14). 그는 '이성의 시대'의 아들이었기 때문이다. 그는 창조 이야기에서 발견되는 창조주의 주권이 인류의 역사를 펼치셨으며 보듬어 주셨으며 나아가 인류의 구원을 위하여 이스라엘을 출애굽시킨 구속주 하나님의 주권과 동일한 하나님의 주권임을 믿지 않는다. 그리고 이 하나님의 주권이 또한 부활하시고 승천 승귀하신 예수 그리스도의 주권과 같은 것을 인정하지 않는다. 헤르더는 '인간본성'과 '역사'의 진보는 믿었으나, 특수를 통한 보편의 구원은 믿지 않았다. "… 특수는 보편을 위하여 택정되었다."[51]

헤르더는 또한 '쇠'와 '망'을 예수 그리스도와 하나님의 백성 이스라엘을 통하여 계시된 하나님의 심판(죄와 죽음과 흑암의 권세에 대한)으로 보지 않았고, '흥' 역시 마지막 때에 완성될 '하나님의 나라'(뉴비긴과 스택하우스)의 '표지판', '파편', '징표', 그리고 '도구'로 이해할 수 없었다. 그리고 헤르더는 과거 나라와 민족들의 고유하고 다양한 역사의 고상한 성취들을 하나님의 섭리로 보지 않았다.

---

51) 참고: : Lesslie Newbigin, *The Open Secret*(Grand Rapids: William B. Eerdmans, 1995(초판, 1978년, 67 이하.

5장
콩도르세
(Antoine-Ncolas De Condorcet, 1743-1994)

 콩도르세는 1743년 삐카르디에서 태어났다. 그는 예수회 학교에서 교육을 받은 후, 수학과 과학을 연구 하였다. 그리하여 22세에 그는『통합 계산론』을 저술하였다. 그 다음 4년 동안에는 수학과 과학에 대한 주제들에 대한 글들을 출판하였고, 동시에 중농주의(重農主義)자로부터 정치적 경제에 대한 새로운 사상들을 흡수하였으며 헬베티우스(Helvetius)와 뚜르고(Turgot)와 같은 사람들과 학문적인 교류를 하였다. 26세(1773)에 그는 '과학 아카데미'에서 총무로 선출되었다. 그리고 9년 후에는 '아카데미 프랑세즈'에 책임자로 선출되었다. 그는 프랑스 혁명에 적극 동참하여 1791년에 입법 의회의 의장이 되었고 훗날 '공안 위원회의 산하 위원회 회원이 되었다. 그러나 그는 자코뱅 당에 속하지 않았기 때문에, 그리고 국회에서 채택된 새로운 자코뱅 헌법에 항의한 결과 결국 몸을 숨기지 않으면 안 되었다. 바로 이때에 콩도르세는『인간정신의 진보에 대한 하나의 역사적인 그림 그려보기』(Sketch for a Historical Picture of the Progress of the Human Mind)를 저술하였다. 그리하여 그는 1794년에 체포되고 투옥되었으며 그 다음 날 그는 비좁은 감방에서 독배를 마시고 죽었다.

1. 『인간정신의 진보에 대한 하나의 역사적인 그림 그려보기』

저자는 인간의 능력이 미래 지향적으로 진보하는 것으로 본다. 그는 "그 동안 인간이 어떠하였고 지금은 어떤가에 대한 관찰들이야 말로 그의 본성이 그로 하여금 희망하도록 허락하는 미래 지향적 진보를 확실하게 하고 빠르게 하지 않으면 안 되는 수단들에 대하야 우리에게 가르쳐 준다."(Gardiner, 52)며, '자연은 인간능력들의 완전(perfection)에 그 어떤 제한도 두지 않고 인간의 완전 가능성(perfectibility)은 진실로 한이 없다.'고 한다. 이 관점에서 콩도르세는 '인간의 능력들'을 정의하고 그것들의 미래 지향적인 완전에로의 진보를 역사적 증거에 의하여 실증한다. 이제 필자는 저자가 말하는 '인간의 능력들'(인간 본성)과 인류역사에 의한 예증(과거와 미래, 그리고 역사와 인류대중), 그리고 '인간정신의 미래 지향적 진보'를 소개하려고 한다.

1) "인간 본성"

저자는 "인간이 객체들에 대한 감각 능력들을 타고 났기 때문에, 감각되어진 객체들을 지각하고 감각되어진 객체들을 구별하며 그것들을 기억하고 인식하며 조합시키고 그와 같은 것들의 공통점과 다름을 파악하며, 그와 같은 것들을 좀 더 쉽게 인식하기 위하여 그 모든 것들에게 표식들을 달아 주고 그것들에 대한 새로운 조합들을 곧바로 산출하도록 한다."(51)고 한다. 그런데 저자에게선 위와같은 감각능력들에서 출발하는 인간 본성은 "감각하는 인간과는 독립적으로 있는 외부적인 객체들, 타 인간들, 그리고 이와같은 첫 발전들로 창조되는 여러 인위적인 방법들을 통하여 영향을 받는다."(51-52) 따라서 역사에 대한 이해는 '외부적인 객체들과 타 인간들'(역사적 사건들과 역사적 사실들)과의 상호작용에서 일어나는 것으로 보인다.

그리고 그와 같은 감각들은 기쁨과 고통으로 특징 지워진다며, 인간은 어떤 순간적인 인상들을 기쁘거나 고통스러운 영구적인 감정들로 바꾸는 능력을 지니고 있다고 한다. 그리하여 인간은 다른 감각적 존재들의 기쁨과 고통을 관찰하거나 회상할 때 그와 같은 느낌들을 경험하는 능력을 지니고 있다는 것이다.(52) 그리하여 결국, "인간과 동료 인간들의 관심과 의무의 끈이 생기는 것은 이상들을 형성하고 조합시키는 인간의 능력의 결과"(52)라고 하는 것이다. 그러니까, 저자는 객체들에 대한 감각에서 출발하여 이상 형성과 조합, 그리고 인간들 사이의 관심과 의무에 대한 이야기, 곧 역사적 차원에 이른다.

따라서 저자는 "우리가 그와 같은 인간의 능력들의 발전이 일정한 시기에 일정한 장소의 거주민들에게서 나타났고 그것들을 세대로부터 세대로 추적하는 연구를 할진데, 우리는 인간정신의 진보에 대한 그림을 가지고 있다."(52)고 한다. 즉, 그는 역사발전을 통해서 실증될 수 있는 '인간정신의 진보'를 이야기하고 있는 것이다. 그는 '인간정신의 진보'에 관하여 개인 능력들의 발전 법칙들과 개인의 집합인 사회의 그것들의 발전법칙을 동일시한다.(52) 그래서 저자는 인간사회들을, 그것들의 상이한 발전단계들과 한 사회의 발전이 다른 사회의 발전에 주는 영향을 관찰한다. 그런즉, 저자는 이와 같은 인간 본성론에 근거하여, 특히 인간능력들의 발전 단계에 주목하면서, 객관적인 실재들인 인간 사회들의 발전사(이것이 인간의 이상 형성과정과 사람들에 대한 '관심'과 '의무'와 상호 작용 속에 있지만)를 말한다. 그는 인간정신의 진보에 대한 믿음과 희망에 근거하여 인류역사의 미래 지향적인 진보를 주장한다.

2) "과거와 미래"

저자는 이상에서 언급한 '인간 능력들의 발전단계들'에 따른 역사의 진보단계들에 대하여 주장한다. 즉, 원시사회로 소급하면 할수록 인간은 감각적이고, '계몽주의' 시대에 이르면, 사람들이 '지성과 도덕적 능력들'을 발휘하면서 살아가고 있다고 하는 말이다. 우선 저자는 역사기록을 가지고 있는 모든 백성들을 염두에 두면서 '계몽주의' 당대와 까마득하게 먼 역사 속에서 살았던 야만족들 사이를 비교한다. 하지만 역사기록을 갖지 않은 원시시대와 그 후 역사기록을 지닌 시대 사람들 사이에는 연결고리가 분명하지 않기 때문에, 저자는 '백성들의 보편사'를 일별하면서 그들의 파란곡절과 흥망성쇠에도 불구하고 "역사적 시간의 시작과 당대 유럽의 계몽주의 시기 사이에 간단(間斷)없는 고리"(chain)가 있다고 보았다. 저자는 '계몽주의' 이상을 향한 발전사관 또는 진보사관에 따라서 "지성과 도덕적 능력들"(our intellectual and moral faculties)에 걸맞게 살았던 나라들과 민족들만이 파란곡절과 흥망성쇠에도 불구하고 살아남았다고 한다.

저자는 언어를 사용하기 이전의 원시인들에 대한 이야기로부터 시작한다. 하지만 이들에 대한 역사기록이 충분하지 않아서, 저자는 희랍에 대한 이야기로부터 당대 '계몽주의' 유럽에 대한 이야기에 이르는 '계몽주의' 가치에 따른 인간 능력 발전과정과 인류역사의 진보과정을 주장한다. 적어도 희랍의 경우, 어떤 예술을 창출하였고 과학과 학문들에 대한 지식으로 계몽되었으며 무역들로 나라들이 교류하였고 알파벳이 발명되었기 때문에, 저자는 희랍으로부터 시작하여 유럽 '계몽주의'시대 사이의 연결고리들을 역사적으로 추적하고 실증한다. 그런즉, 저자는 "이 점에서 인간정신의 행진과 진보에 대한 그림이야 말로 참으로 역사적이다."(53)고 주장한다.

그리고 저자는 과거 역사가 어떻게 '계몽주의' 시대에 도달하였는가에 대해서만이 아니라, "자연의 법칙들의 항구성 때문에 인류에게 확실한 것으로 보이는, 미래 세대들을 위하여 유보된 진보"(54), 곧 인류의 미래에 대한 그림을 그린다. 지난 과거 역사 속에서 철학자들의 편견들과 정부들과 백성들의 부패들에도 불구하고 "진리는 지속가능한 승리를 얻을 것이다."(54)라며, 역사의 진보란 결국 "지식의 진보와 자유와 덕목과 인간의 자연적 권리들에 대한 존중의 진보"에 달렸다고 주장한다. 다음의 인용을 읽어보자.

… 우리는 자연이 지식의 진보와, 자유, 덕목 및 인간의 자연적 권리들에 대한 존중의 진보를 불가분리하게 함께 묶어 놓았고, 이것들이 - 우리가 소유하고 있는 정말 좋은 것들이지만 - 종종 분리됨으로써 상호 양립 불가능한 것이 되어 버리지만 결국 '계몽'으로 인하여 여러 나라와 민족들이 어떤 수준의 발전단계에 도달하고 보편적으로 알려진 언어를 지니고 무역과 상거래를 통하여 지구 전역을 포괄할 즈음엔 역으로 불가분리하게 됨에 틀림없을 것이다. 일단 그와 같은 긴밀한 일치가 희랍 시대로부터 지금에 이르는 모든 계몽된 사람들 사이에 수립되고 나면, 모두가 인류의 친구들이 될 것이고 모두가 인류의 완전 (perfection)과 인류의 행복을 위하여 합작할 것이다.(54)

적어도 저자는 위 인용문에서 "지식의 진보와, 자유, 덕목 및 인간의 자연적 권리들에 대한 존중의 진보"의 결합을 '계몽주의의 이상'으로 보는바, 이는 르네상스 인문주의의 인간론(intellectus +voluntas)의 전통을 잇는 칸트의 '순수이성'과 '실천이성'의 결합인 것으로 보인다. 이와같은 '인간 본성론'은 데카르트를 제외한 볼테르, 헤르더, 그리고 콩도르세에게서도 발견되었으니, 이는 고대 희랍로마문명으로부터 물려받은 인간론 전통이리라.

3) "역사와 인류대중"

콩도르세는 그 동안 정치사는 철학사나 과학사처럼 몇몇 개인들만의 역사라며, "사가들의 눈을 사로잡은 것은 오직 지도자들이었다."(56)고 본다. 그도 그럴 것이 "진정으로 인류역사와, 대부분 그 몇몇 개인들의 열매들을 먹고 살아가는 그 거대한 가정 군들을 구축하는 역사와, 공직을 수행하고 자신들을 위해서가 아니라 사회를 위하여 살고 있는 사람들의 역사는 망각되었기 때문이다. 그리고 개인들의 역사를 기록함에 있어서는 사실들을 수집하는 것으로 충분하지만, 한 집단의 인간들의 역사란 관찰들에 의하여 지지

받지 않으면 안 된다며, "그와 같은 관찰들을 취사선택하고 그것들의 본질적 특징들에 집중하기 위해서는 개화(enlightenment)가 필요하고 그것들을 좋은 결과로 인도하려면 동일한 정도로 철학이 필요하다."(56)고 한다.

그리고 저자는 이와같이 인간역사에 있어서 매우 중요한 한 장(章)에 대한 기술(記述)이 허락되지 않는 이유를 주로 왕국들의 공식적인 사가들의 노예근성 때문이라며, "그와 같은 기록들, 법체계, 정치의 실천적인 원칙들과 공적인 경제, 그리고 종교와 미신 일반에 대한 연구를 통하여 비록 불완전하지만 일방적인 사관을 보완할 수 있다."(56)고 한다. 즉, 실제로 기록상의 법과 적용되어진 법, 통치자들의 원칙들과 신민들의 의지에 의하여 변모되어진 그것들의 실천, 이념 속에 있는 사회제도들과 실천 속에 있는 그것들, 책들의 종교와 인민의 종교 등 이와같은 두 가지 사이에는 큰 차이가 있기 때문에, 우리는 인류 대중에 관심을 가져야 한다고 한다.(56)

따라서 저자의 역사관은 가장 은폐되고 소홀히 여겨진 인류 역사의 한 장을 부각시키려 한다. "우리의 관심이 하나의 발견, 하나의 중요한 이론, 하나의 새로운 체계, 또는 하나의 정치적 혁명에 있든지 아니든지 간에, 우리는 그것이 한 사회의 다수에게 어떤 영향을 주는가를 규정하려는 노력을 아끼지 않는다."(56)고 한다. 결국 저자의 이와같은 포괄적 역사이해는 인류 보편사의 미래 지향적 완성을 푯대로 하고 있다 하겠다. 저자는 이렇게 언급하고 있기 때문이다.

역사적 사건들에 대한 우리의 명상과 우리에게 일어나는 숙고들은 오직 우리들이 체인의 최종적 고리에 도달할 경우에만 진정으로 유용하다. 그럴 경우에만 우리는 인간들 자신들의 명성에 대한 주장들을 인정할 수 있고 그럴 경우에만 우리는 인류의 이성의 진보에 대한 진정한 기쁨을 지닐 수 있으며, 오직 그럴 때에만 우리는 인류의 완전(the perfection of the human race)을 판단할 수 있다.(57)

아마도 저자는 이와같은 역사관 때문에 또는 '계몽주의 이상'에 따른 "법체계와 정치의 실천적인 원칙들과 공적인 경제, 그리고 종교" 등이 인민의 삶에 미칠 지대한 영향을 예견했기 때문에 프랑스 혁명에 참여한 것으로 보인다.

4) "인류정신의 미래 지향적 진보"

저자는 "인간의 (과거)역사에 근거하여 인간의 미래의 운명을 내다볼 수 있는 것은 자연과학이 자연현상들에서 발견한 법칙들에 근거하여 미래의 자연현상을 내다보는 것과 다르지 않다."(57)고 한다. 저자는 자연과 역사 모두 지니고 있는 합리성에 호소하면서 우리는 두 가지 모두의 미래를 예측할 수 있는 것으로 본 것이다. 그는 인류의 희망을 위한 세 가지 미래 조건을 언급한다. 하나는 나라들 사이의 불평등의 해소요, 둘째는 각 나라 안에 있는 평등의 진보요, 셋째는 인류의 진정한 완전이다.(57) 그리고 저자는 프랑스인들과 앵글로 아메리카 사람들과 같이 가장 계몽되고 자유로우며 편견들로부터 가장 크게 벗어난 사람들에 의하여 성취한 문명이 "왕정 밑에 있는 나라들의 노예생활, 아프리카 종족들의 야만성, 그리고 야만인들의 무지를 점점 살아지게 할 것이라고 믿고 희망하고 있다. 그리하여 위에서 제기한 세 가지 조건이 만족될 수밖에 없는 이유를 세 가지로 본다. 즉, "…. 학문들과 문명이 이미 성취해 낸 진보에 대한 관찰에서, 인간정신과 그것의 능력들의 발전에 대한 분석에서 즉, 과거에 대한 관찰과 분석에서 그 대답을 찾고, 그렇게 믿을 수 있는 가장 강한 이유들은 자연이 우리의 희망실현에 그 어떤 제약도 가하지 않기 때문이다."(58)라고 한다.

저자는 인간의 능력과 역사가 상호 작용 속에서 각각 진보하는 것으로 생각한다. 다시 말하면, 인간의 감각능력과 이상 형성능력과 도덕적 능력은 인간 밖에 있고 인간 밖으로부터 오는 역사적 사건과 사실들(객체들)과의 상호 작용 속에서 각각 진보한다. 저자는 데카르트처럼 선험적 이상들에 기초하거나 칸트처럼 선험적 이상과 경험적 소요들의 정교한 종합이론 등 어떤 인식론적 토대주의를 추구하기 보다는 감각에서 출발하여 지식, 나아가서 도덕에 이르는 인간능력 그 자체(지·정·의)에 주목하면서 이 같은 개인의 주체와 이와같은 주체들의 회집인 사회가 객체들의 세계와 어떻게 상호 작용하는가를 생각하면서, 인간 능력들의 진보와 역사의 진보를 주장하고 있다. 비록 그의 인식론이 근대주의적인 '주·객'이분법을 벗어날 수 없었으나, 상당한 정도로 그 이전의 토대주의적인 인식론을 극복하고 있다 하겠다. 영국의 경험론자들처럼 경험에서 출발하면서도 그것에만 머물지 않는다. 그에게 있어서 경험적인 객관적 실재들에 대한 주목은 자연히 '역사적 실증'을 중요시하게 만드는 인간론적 요소일 것이다.

대체로 포스트모더니즘과 폴라니와 동방정교회 신학은 이와같은 모더니즘 전통의 '영 대 육', '주체 대 객체', '사실과 가치'의 이분법을 극복하려고 하였다. 전인으로서 인간은 태어나자 마자 주어진 사회의 문화언어 전통 속에서 자신을 발견하고 부모와 이웃과의 관계 속에서 이들이 가르쳐 주는 문화언어 전통 속에서 성장하는 한, 그의 '지·정·의'는 이미 그와 같은 문화언어 전통의 규정을 받는 것이다. 그러니까, 데카르트와 칸트의 인간본성 역시 성경과 교회의 가르침이라고 하는 기독교 전통으로부터 해방되어 이성의 시대를 맞이한 그 당시 유럽의 '계몽주의' 문화전통(희랍로마문화의 부활인 '르네상스 인문주의'를 조모로 하는)의 소산임에 틀림없다고 하는 말이다. 그리고 그와 같은 문화언어의 전통은 글로벌이 아니라 '서유럽'이라고 하는 로컬 차원의 이야기일 것이다.

맥킨타이어의 사상을 배경으로 하는 린드벡은 유대교와 이슬람과 기독교의 근원을 이야기로 보면서, 이 종교에 속한 사람들은 '영 대 육', '주체 vs 객체', 그리고 '사실 vs 가치'의 이분법을 주장하는 데카르트 이래의 근대주의의 주장을 따르지 않는 것으로 본다. 우리가 지적한 내러티브 신학 전체가 그렇다. 예컨대 기독교 내러티브 신학은 인간의 주체와 이 주체의 사고와 의지와 양심이 다름 아닌 성서의 이야기에 의하여 규정 받는다고 하기 때문이다. 마치 개인이 주어진 사회의 문화언어에 의하여 만들어졌고 만들어져 가는 것처럼 말이다. 폴라니는 "인격적(참여적) 지식"(personal knowledge)[52]을 주장하였다. 그는 객관적 지식의 세계로 알려진 과학적 지식 역시 과학전통에 대한 과학자 개인의 주관적 수용과 과학자 개인의 직관과 통찰과 전망에서 출발된 것이고, 모든 과학적 지식은 주관적인 개입과 참여에도 불구하고 그것의 보편타당성과 객관성을 유지할 수 있다고 보는 것이다.

끝으로 정교회 신학은 기독론과 삼위일체론과 교회론에 근거하여 '공동체 속의 개인 인격'을 주장한다. 예수님의 인성과 신성은 삼위일체의 제2 위격이신 하나님 아들 안에서 조화로운 관계 속에 있다. 인성과 신성이라고 하는 다양성이 인정되면서도 하나의 공동체성을 추구한다. 성부, 성자, 성령 역시 각 위격의 정체성과 특수성을 말하면서도 셋이 하나를 이루는 공동체성을 추구한다. 그리스도의 몸, 성령의 전, 그리고 하나님의 백성으로서의 교회도 마찬 가지이다. 이들 세 가지 신학적인 주제들에 있어서 개인은 공동체 속에 있는 개인이다. 즉, 공동체를 떠난 개인은 결코 가능하지 않다. 이는 모더니즘의 모든 인간 본성론(개인주의와 인간론적 이분법과 토대주의)을 부정한다.

콩도르세는 헤르더에게 보다는 볼테르와 뚜르고(Turgot)에 근접한다. 그도 그럴 것이 헤르더는 나라들과 민족들과 문화들과 문명들 각각의 '흥망성쇠'의 이야기가 상이하고 다양한 것으로 보고, 인류 역사가 '쇠'와 '망'으로 끝나는 것이 아니라고 할 경우에도, 인류의 보편사 차원이 아니라 로컬 차원

---

52) Michael Polanyi, *Personal Knowledge*(Chicago: The University of Chicago, 1958), 49-65.

에서 그렇다고 하였기 때문이다. 그러나 이미 우리기 지적한 대로 볼테르는 '계몽주의' 이상(理想)과 가치의 관점에서 문화와 문명의 발전사를 보았고 그 것의 미래 발전을 보았으니, 콩도르세 역시 '계몽주의' 이상과 가치에서 희 랍에서 그 당시 서유럽에 이르는 역사적 진보를 주장하였다. 이와같은 콩도 르세의 관점은 '계몽주의' 이전 중국, 인도, 아랍권, 중남미미, 동남아시아 등 비유럽 지역의 문화와 문명의 정체성과 특수성과 다양성을 억압하였던 것 으로 보인다. 말하자면 볼테르와 칸트와 콩도르세의 '거대담론'이야말로 서 유럽과 북미의 우월성과 제국주의와 지리적 확장주의의 근원으로서 비유럽 과 비 북미의 문화와 문명들의 이야기들을 배제시키고 무시한다.

콩도르세는 '계몽주의' 이상이 특수한 분야의 유수한 지도자들의 전유물 이 아니라 '인류대중' 속으로 침투해 들어가야 하고, 특히 향후 국제간 불평 등의 해소와 각 나라의 평등의 진보와 인류정신의 진보(계몽주의 이상의 구현)가 미래에 실현가능하다고 하면서, 밝은 미래를 내다보았다. 아마도 이와같은 역사관에 따라서 그는 프랑스 혁명에 동참하였을 것으로 보인다. 하지만 그 의 낙관론적인 역사관은 세계1, 2차 대전, 히틀러와 파시즘, 군국주의와 원 자탄 사용, 그리고 생명공동체의 파괴 등 20세기의 역사적 비극을 경험한 포스트모던 사람들에게 그렇게 큰 설득력을 가질 수는 없다.

기독교 신학적인 관점에서 콩도르세의 역사철학에 대한 비판은 볼테르 와 칸트와 헤르더의 역사철학에 대한 신학적인 비판과 대동소이할 것이다. 이들 계몽주의 전통의 역사관들은 대체로 성경과 교회의 가르침의 전통으 로부터 해방된 '계몽주의'의 '이신론'에 따른 것일 것이다. 즉, 그들의 신론, 창조론, 인간론, 기독론, 교회론, 종말론 등에 있어서 그들은 17세기 개신교 정통주의와 18세기 복음주의 각성운동 전통의 기독교 신학과는 전혀 다른 전통(희랍로마 문화 및 그것의 부활인 르네상스 인문주의)을 잇고 있다 하겠다.

6장
헤겔
(Georg Wilhelm Friedrich Hegel, 1770-1831)

헤겔은 1770년 세무 공무원의 아들로서 슈투트가르트에서 태어났다. 그는 1788년과 1793년 사이에 튜빙겐 대학에서 신학을 공부하면서 루소와 칸트와 사귐을 가졌다. 특히, 칸트의 저서들이 그에게 큰 영향을 주었다. 그리고 그는 이 신학수업 시기에 횔더린 및 쉘링과 같은 낭만주의자들과도 친분을 가졌는데, 결국 헤겔은 그의 철학체계 안에서 계몽주의와 낭만주의 모두를 극복하려 하였다. 우리는 칸트가 그의 『코스모폴리탄 관점에서 본 보편사에 대한 이상』에서 그 어떤 부정성에도 불구하고 인류역사는 국제연방정부를 향하여 발전한다고 하는 보편사에 대한 주장을 소개하였거니와, 헤겔은 인류역사의 변증법적 발전을 주장하였다. 그는 베른과 프랑크푸르트에서 가정교사로 지내면서, 종교와 기독교에 대한 첫 소논문들을 썼다(1907년 Herman Nohl의 「*Hegel's Early Theological Writings*」에 실려 있음). 이 초기 신학논문들은 훗날 헤겔의 변증법적 철학에 대한 단서들을 제공한 것으로 보인다.

1801년과 1806년 사이에 예나 대학의 교수가 되었다. 그리고 그는 나폴레옹의 승리로 잠시 예나 대학의 휴업으로 바바리로 가서 신문편집에 종사하였고(Bamber Zeitung, 1807-8), 그 다음엔 뉴른베르크 라틴학교의 교장이 되었다. 헤겔은 1812년에 결혼하였고, 5년 후, 하이델베르크 대학에서 교수하였다.

헤겔은 1818년에 베를린 대학에서 피히테의 자리를 이어받아 교수가 되었으니, 세상 떠나는 날 까지(1831) 이곳에서 가르쳤다. 바로 이 시기 동안에 그의 명성이 세상에 알려졌다. 그는 사후에 놀라운 칭송의 대상인 동시에 비난과 공격의 대상이기도 했다. 하지만 우리가 부정할 수 없는 것은, 철학과 사회 및 정치이론, 심지어 신학에 있어서도 19세기 사상 발전에 끼친 그의 영향력의 범위와 깊이에 관한 것이다.[53]

『정신 현상학』(1807), 『논리학』(1812-16), 『정의와 법의 철학』(1821), 그리고 아주 말년의 『역사철학 강의』(1831) 등을 통하여 헤겔은 거대한 모양으로 하나의 정교한 형이상학적 체계를 건축하였다. 비록 『정신 현상학』에서 헤겔의 본격적인 철학체계에 대한 주장이 나오기 시작하지만, 필자는 잠시 초기 1790년대의 '신학논문들'을 살펴 볼 것이다. 헤겔의 『민족종교와 기독교』는 낭만주의 시각에서 17세기 개신교정통주의와 18세기 계몽주의의 이신론 모두를, 머리에만 와 닿는, 밖으로부터 부과된 종교라 하여 비판한 후, 희랍의 민족종교가 지향하는 한 민족의 정신과 천재성을 강조하면서 가슴과 태도와 행동의 종교를 내세운다. 헤겔은 훗날에 '소외'를 가리켜 '불행한 의식' (unhappy consciousness)라 하였거니와, 기독교는 희랍종교에 비하여 소외되었다고 보았다. 민족의 정신과 천재성을 무시하고 야훼 앞에서 자신을 죽을 죄인으로 보는 유대교는 심히 소외된 인간의 모습을 보여주었기 때문이다. 헤겔은 인간의 초라한 모습이 아니라 인간정신의 풍요로움을 추구하였기 때문이다.

헤겔의 『예수의 생애』는 예수님의 삶과 가르침을 칸트의 실천이성의 눈으로 보았다. 그는 양심의 지상명령이 예수님의 생애와 가르침에서는 현실과의 그 어떤 갈등이나 간격을 보이지 않았다고 하는 사실을 보았다. 하지만 교회사시대에 나타난 교회의 객관적 법칙들이나 제도화된 기독교 윤리는 이 양심의 지상명령과 대립갈등 속에 있다 하였다. 헤겔은 이와같은 대립갈

---

53) *Theories of History*, ed. Patrick Gardiner, *op. cit.*, 58-59.

등의 모순이 예수님에게서는 문제되지 않음을 보았다. 그의 『기독교 종교의 실정성(positivity)』은 고대희랍의 자율적 종교가 도그마와 제도를 지닌 기독교 실정 종교에 의하여 대치된 것을 안타까워 한다. 그는 기독교가 진정한 자율적 도덕을 상실한 이유는, 멀리 떨어져 있는 초월자 때문으로 보았다. 기독교인은 자신 안에 있는 도덕적 가능성을 무시하고 무턱대고 초월자 앞에서 초라해지고 초월자에 의존함으로써 자신의 소외를 노출시킨다.

예수님은 그 당시 유대인들의 타율적인 성향 때문에 자신을 초월적 하나님으로부터 와서 하나님의 뜻을 전했다고 하는 것이다. 이것은 사실상 예수께서 칸트의 실천이성의 실천자였다고 하는 것을 말한다. 그런즉, 헤겔은 그 당대의 기독교인들 역시 유대인들처럼 자율적 윤리를 상실한 채 타율적 율법의 노예가 되었다고 하는 것이다.

헤겔이 칸트를 극복하고 넘어선 것은 『기독교 정신과 그것의 운명』에서 였다. 그는 이 저서에서 히브리 종교의 초월성과 타율성으로 인하여 양심의 지상명령(칸트)과 현실 사이의 소외가 일어난다며, 아브라함에게서 인간의 소외의 극치를 보았다고 한다. 그는 공동체적 삶과 사랑의 유대관계로부터 소외되었기 때문이다. 이는 인간의 문화와 사회로부터의 소외를 뜻한다. 그런즉, 헤겔은 자율적 인간 정신의 풍요로움과 민족의 정신과 천재성을 강조하였으니, 그는 히브리 민족이 아니라 희랍의 도시국가들의 민족들을 칭송하였다. 그는 히브리인들의 의식이야 말로 '불행한 의식'(an unhappy consciousness)이었다고 본다. 하지만 예수님에게선 당위와 존재(sollen und Sein) 사이의 갈등과 대립이 없었다는 것이다. 그가 설교한 사랑은 이와같은 대립 갈등을 극복하는 바, 이 사랑이 곧바로 생명이라고 보았다. 그런즉, 이러한 사랑, 곧 생명은 자기 분열을 치유한다. 이렇게 하여 그의 철학은 모든 대립 갈등을 극복하는 변증법적 화해를 추구하게 된다.

그런데 헤겔이 이와같이 1790년대에 해결하려고 했던 것은 대립갈등, 주체와 객체, 유한과 무한, 일자와 다자의 양극화에 대한 극복이었지만, 그는 아직 보편적 사고의 세계와 철학체계가 아니라 종교적 단계에 머물러 있었다. 또한 헤겔은 종교적 차원의 제한성을 문제 삼았다. 그는 '사랑'과 같은 기독교의 덕목들이 보편적인 세계로 나가지 못하고 세상의 삶과 무관하며 예배가 보편적인 삶과 무관하고, 교회가 일반사회나 국가와 무관하다고 하는 점을 주장했다. 그는 기독교적 사랑이 객관적 세계 또는 보편적 세계를 상실한 채 주관적 개념에 머물고 있다고 본 것이다. 이 사랑은 '거룩한 천진난만'일 뿐이라 하였다.

헤겔에게 큰 사상적 변화가 일어난 것은 1800-1807년 사이에서였다. 그는 이 시기 동안에 그 유명한 『정신 현상학』을 저술하였다. 그는 이 저서에서 종교적 사고와 신학적 사고로부터 보편적 철학적 사고로 넘어갔고, 궁극적으로는 절대적인 철학적 '지'(wissen)를 추구하였다. 헤겔은 이 작품에서 감성과 사고 그리고 사고와 삶의 발전적 통일성을 추구하면서 실재에 대한 인식론적 구체성에서 출발하여 종교와 신학을 넘어서는 '철학적 절대 지(知)(absolutes Wissen)'에 도달하려고 한다. 그는 성경적 표현들을, 시적이고 그림 같고 영상적이며 표상적인 초보적 진리 내용으로 보고, 그것이 신학적으로 발전하며 나아가 철학적 지식으로 발전해야 하는 것으로 보았다. 예컨대, 타락, 십자가와 부활, 그리고 삼위일체와 같은 종교적 단계의 진리들은 신학적 단계를 거쳐 철학적 단계로 발전하여 보편적 사고의 세계와 삶의 세계로 나가야 한다고 하는 것이다. 헤겔은 이미 1800년의 『기독교의 실정성』에서 과거의 모든 기독교 신학 전통이 넌센스가 아니라 새로운 변증법적 지식체계 속으로 지양(aufgehoben: 없애서 가짐)되어야 할 것을 강조하였다. 이는 그의 초기 저서들에서 발견되는 기독교에 대한 경멸이 수정된 것으로 보인다.

우리는 헤겔의 '역사철학'을 논하기에 앞서 그의 『종교철학』에 나타난 그의 기독교 신학에 대한 이해를 소개할 필요가 있다. 그도 그럴 것이 그것이 그의 성숙한 시기의 철학체계와 그의 생애 말년에 쓴 『역사철학』(1931)의 근본이기 때문이다. 헤겔은 창세기의 아담 이야기가, 보편적인 차원서 일어나는 인간의식 속에서의 지적 분열과 도덕적 분열, 그리고 일반 역사 속에서의 육체와 정신의 분열과, 무한하고 자유한 자아와 유연하고 노예적인 자아의 갈등을 시적인 표상 내지는 감각적 표상으로 이야기하고 있다고 보았다. 여기에서 헤겔은 화해를 추구한다. 그에게 있어서 사단의 유혹인 '하나님처럼 되는 것'(Sein wie Gott)(창 3:5)은 결국 인간은 갈등상황으로부터 신적인 경지(창 3:22)로 발전할 수 있다고 하는 것을 뜻하는 것이다. 헤겔에게 있어서 아담 이야기는 보편사에 대한 특수한 이야기가 아니라 보편사 해석을 위한 하나의 수단으로 보인다.

이어서 헤겔은 첫 아담은 두 번째 아담인 예수 그리스도를 가리킨다며, 전자의 소외와 갈등이 후자의 성육신과 십자가에 의한 화해를 통하여 해결되고 발전되었다고 주장한다. 인류는 첫 아담의 이야기에서처럼 소외와 갈등 속에서 그것의 극복을 위한 새로운 정신을 갈망하고 고대하였는데, 순수정신이 이를 위하여 예수님 안에 성육신하셨다고 하는 말이다. 이스라엘 백성은 인류가 경험하는 신과 인간, 주체와 객체, 유한자와 무한자의 대립갈등을 예증하였고, 때가 차 매(kairos) 화해를 지향하는 순수정신으로서의 신이 인간이 되었다고 하는 것이다. 이것이 다름 아닌 헤겔이 추구하는 절대정신의 체현 혹은 절대 진리의 체현을 예기(豫期)하지만 아직은 그것이 감각적 표상으로 표현되었을 뿐이라고 본다.[54] 여기에서 중요한 것은, 아담 이야기를 구속사 이야기 전체의 틀 거리와 예수 그리스도에 비추어서 본 것이 아니라 그것을 보편사 해석의 하나의 수단으로 보았듯이, 복음서들이 제시하는 예수 그리스도의 성육신과 십자가 역시 보편사 해석을 위한 성경 이야기 전체에 비추어진 특수 구원의 이야기가 아니라 보편사(subject) 이해를 위한 서술어(predicate)라고 하는 점일 것이다. 우리는 이상과 같은 헤겔의 주장에서 특수에서 보편을 보는 입장이 아니라 보편으로부터 특수를 보는 입장을 발견한다. 이는 성서적 내러티브의 특수성을 무시하고 그것을 단순히 보편사 이해를 위한 수단으로 삼았다고 하는 사실을 말한다. 그런즉, 헤겔에 있어선

---

54) 참고: James C. Livingstone, Modern Christian Thought(MacMillan, 1971), 143-156. 필자는 이 부분을 바탕으로 평소 때 알고 있는 헤겔에 대한 이해를 덧 붙여, 이상과 같은 헤겔이해를 위한 서론을 소개하였다.

'구속사' 이야기가 '보편사'를 해석하는 것이 아니라 '보편사'가 '구속사'를 해석한다.

1. 『역사철학』[55]

1) "세계정신과 역사"

헤겔은 '세계'가 '물리적이고 혼적인 본성'(both physical and psychical Nature)으로서 '세계의 역사'를 위해서 그것의 몫을 한다면, '역사', 곧 '보편사는 정신(Geist)의 영역에 속 한다.'(60-61)며, '정신의 본성'을 '물질'(the Matter)과 대립하는 '자유'로 본다.

> 정신이란 그 어떤 특성들보다도 자유를 부여받았다고 하는 가르침에 대하여 모두가 흔쾌히 수긍할 것이다. 철학은 정신의 모든 특질들은 오직 자유를 통해서만 실존한다고 가르친다. 때문에 그 모든 것은 자유에 도달하기 위한 수단에 불과하다. 그런즉, 모든 것은 오직 이 자유만을 추구하고 산출한다. 자유가 정신의 유일무이한 진리라고 하는 것은 사변(변증법적으로 깊은 진리를 탐구하는: 필자 주)철학의 연구결과이다.(61)

헤겔은 개인, 가정, 사회, 그리고 국가는 물론, 민족들과 세계의 보편사를 '정신의 자기 현현과 발전'으로 보았다. 자유는 역사 자체의 현상을 통하여 스스로 발전한다.(61) 이것은 역사 속에서 우리의 감각적 비전 안에 들어오는 것이다. 겉보기에 역사란 "열정들, 사사로운 목적들, 이기적인 욕망들의 만

---

55) 본 장의 모든 발췌문은 헤겔의 The Philosophy of History(trans. by J. Sibree)의 서론으로부터 온 것이다. *Theories of History, ed. Patrick Gardiner, op. cit.*, 60-73.

족"에 의하여 결정되는 것 같지만, 이와같은 것들에도 불구하고 그것을 통하여 '이성의 이상'(the Ideal of Reason)이 구현되고 적극적인 차원에서 개인들의 '광범위한 의지들과 관심들과 활동들'은 세계와 인류를 지배하는 세계정신의 '이성의 이상'을 실현하는 도구요 수단인 것이다. 이것이 다름 아닌 역사 속에서 발견되는 자유를 향한 몸부림일 것이다.

개인의 정신 역시 어떤 실재(여기에선 역사적 실재)에 대한 '의식'(consciousness)을 다시 대상화하여 '자기의식'으로 삼음으로써 첫 번째 단계의 의식내용을 좀 더 구체화하는 것처럼(그리고 이와같은 변증법적 발전을 거듭하는 것처럼), "세계정신" 역시 "이성의 이상"이라고 하는 그것의 목적에 도달하기 위하여 그와 같은 변증법적 발전과정을 거친다. 그는 이렇게 말한다. "… 결국 이성(Vernunft)이 세계를 지배하고 그것의 결과로 세계의 역사를 지배해 왔다. 바로 이와같은 독립적으로 실존하는 보편적이고 본질적인 세계정신의 이성의 이상을 향한 변증법적 운동에 비하면, 그 외의 모든 것들은 그것에 종속하고 그것의 발전을 위한 수단들이다."(62)

헤겔은 세계정신의 자유의 발전사를, 세계사로써 예증하고 있다. 그는 중국과 인도와 페르시아와 같은 동양의 역사로부터 서유럽의 역사로의 발전에서 자유를 관찰한다. 동양에서는 통치자 한 사람만이 인위적인 의미에서 자유를 누렸으나, 페르시아를 정복한 희랍과 로마에서는 소수의 사람들(노예가 아니라 시민들)이 그것을 누렸으며, 기독교의 영향을 받은 독일에 이르면 인간 그 자체가 자유롭다. 그리하여 그는 동양인들은 세계의 어린 시절로, 희랍로마인들을 세계의 청년시기로, 그리고 기독교인들을 세계의 성숙기로 보았다.[56] 이와같은 '세계정신'의 '이성의 이상'추구의 발전사 역시 변증법적 단계들을 거쳤다고 보는 것이다. 즉, 세계정신은 동양의 자유 단계에 대한 의식내용을, 다시 자기의식의 대상으로 삼아 희랍로마의 자유 단계에 도달하며, 다시 그것을 자기의식의 대상으로 삼아 기독교적 자유의 단계에 도달

---

56) Karl Löwith, *op. cit.*, 56.

하였다고 보는 것이다.

2) "세계사적 개인들"

시저와 같은 전 로마제국에 대한 성공적인 정복은 그 개인의 '자리와 영예와 안전'을 갖다 준 것이 사실이지만, "그것은 동시에 로마와 세계의 역사에 있어서 하나의 독립적으로 필연적인 특징이었다."(62)며, "그것은 단순히 그의 사사로운 이득이 아니라 시대가 무르익어서 그와 같은 것을 성취하게 한 하나의 무의식적인 추동이었다."(62)고 본다. 그런즉, "모든 위대한 역사적 인물들은 그들의 특수한 목적들 안에 그와 같이 세계정신의 의지에 다름 아닌 그와 같이 큰 이슈들을 구현하고 있다."(63)고 하는 것이다. 결국, 세계사적 개인들은 모든 은폐성에도 불구하고 '그들의 목적과 소명'을 '그와 같은 내적인 정신의 샘터'로부터 퍼 오는 것이다. 따라서 그와 같은 세계사적 개인들은 자신의 기대와 달리 세계정신의 자기발전에 봉사하고 있다 하겠다.

이상과 같은 세계사적 개인들은 각자의 목적을 실현하면서 자신들이 펼치고 있는 '보편적인 이상'를 의식하지 못하지만 동시에 "이들은 그 시대의 요청들에 대한 통찰을 지닌 사고하는 사람들로서 자신들의 시대가 그 다음 시대로의 발전을 위하여 무르익었음을 볼 줄 아는 사람들이다."(63) 이들은 바로 그것이 그들의 시대, 곧 그들의 세계를 위한 진리 그 자체임을 아는 사람들이다. 즉, "그들의 행동들과 말들은 그 시대의 최선이다."(63)라고 하는 말이다. 헤겔은 세계정신이 이와같은 세계사적 개인들의 영혼들의 가장 깊숙한 곳에 자리 잡고 있고 그들의 영혼들을 통하여 체현된다고 본다.

그들이 아무리 불행하여 고난을 당한다고 해도 그렇다는 말이다. 세계사적 개인들의 불행과 고통 등 그 모든 부정성을 포함하여 모든 개인들(나라와 민족들)의 그것에도 불구하고, 세계정신은 그것의 이성의 이상을 변증법적으로 발전시켜 나간다고 본다. 이것이 다름 '이성의 간계'(the cunning of reason)이다. 겉보기에 덕목과 도덕과 경건의 사람들과 선한 사람들이 슬픔과 고통을 당하며 악하고 사악한 사람들이 번영하는 것으로 보이지만, 결국 "선하고 도덕적이며 의로운 목적이 구현됨으로써 "세계 실존의 거대목적"이 이루어 진다고 하는 것이다. 여기에서 중요한 것은 사사로운 관심이나 정렬이 아니라 "이성과 정의와 자유"(65) 그리고 "종교와 도덕과 윤리"(66)같은 것이다. 그러니까, '이성(the Reason)과 선한 것(the Good)과 진실 된 것'(the True)의 이상은 결국 그 어떤 개개인의 사사로운 일들이나 개인들과 나라와 민족들의 그 어떤 부정성에도 불구하고 세계의 역사 속에서 실현되어 간다고 하는 것이다. 헤겔은 '이성의 이상'을 추구하는 '세계정신'의 자기정당화 혹은 '신정'(theodicy)을 주장한다. 모든 개인들과 나라와 민족들의 모든 불행과 고통(the negative)은 세계사의 목적성취에 의해서 정당화될 수밖에 없다고 보는 것이나 마찬가지이다.

> 우리의 이성은 우리의 영원한 지혜에 의하여 의도되어진 바가 단순히 자연의 영역 안에서뿐만 아니라 실제로 현존하면서 활동하는 정신의 영역 안에서 성취된다고 하는 확신을 깨달으려는 목적들을 끊임없이 추구한다. 이 측면에서 이 주제는 하나님의 길들에 대한 정당화, 곧 하나의 신정(a theodicy)의 문제이다. … 그런즉, 세계 안에서 발견되는 부정성은 포용되고 사고하는 정신은 악의 실재와 화해될 수 있다. 진실로, 그 어디에서보다도 그와 같은 조화가 가장 크게 요청되는 것은 보편사(Universal History)에서 이다.[57]

따라서 헤겔은 이미 언급한 '이성의 간계'와 그 어떤 '부정성'에도 불구하고 세계사 속에서 자신을 변증법적으로 실현하고 있는 '세계정신의 이성의 이상'추구(적극적인 측면들)를 잘 분별하고 붙들어야 한다고 할 때, 그는 이것을 하나님의 섭리에 대한 신앙으로 보는 것 같다. 특히, 그와 같은 분별과 파악

---

57) *Hegel, Lectures on the Philosophy of History*, trans. J. Sibtree(London, 1900), 16; 참고: 477, in Karl Löwith, *op. cit.*, 55.

은 그의 사변철학의 임무라고 한다.

　이 신, 곧 이성은 그것의 가장 구체적인 형태에 있어서 신이다. 이 신은 세계를 통치한다. 신의 통치의 실제적인 성취 — 그의 계획의 실현 — 는 세계의 역사이다. 철학은 바로 이와같은 신의 계획을 파악하려고 애쓴다. 그도 그럴 것이 그와 같은 계획의 결과로서 발전되어 온 바는 선의의 실재를 소유하기 때문이다. 그리하여 그것과 일치하지 않는 것은 부정적이고 가치가 없는 실존이고, 그와 같은 신적 이상의 순수한 빛 앞에서 — 이것은 단순히 이상적인 그 무엇이 아니지만 — 우연적인 환경들의 뒤죽박죽된 집합의 성격을 지닌 이 세계의 사건들은 전적으로 살아져 버린다. 철학은 신적 이상의 진면목인 실재적인 의도를 발견해 내고, 그렇게나 경멸을 받고 있는 사태들의 실재를 정당화하기를 원한다. 이성(Reason)은 신적 사역을 파악하기 때문이다. … (67)[58]

3) "역사의 목적으로서 국가"

　위와같은 논의 중에서 첫째는 "정신의 본성의 추상적인 성격들"에 대한 것이었고, 둘째는 정신이 자신의 이상을 실현하기 위하여 사용하는 수단들에 대한 것이라면, 이제 세 번째는 정신의 완전한 체현이 취할 형태, 곧 국가에 대한 이야기이다.

　헤겔에 있어서 '이성의 이상'을 구현하는 질료는 '인격자체, 인간의 욕망들, 주체성 그 자체'이다. 하지만 인간은 이와같은 주관적 차원에 머무는 것이 아니라, '주관적 의지와 합리적 의지(the rational Will)의 결합단계'로 발전한다. 그런즉, 헤겔에게 있어서 "개인이 그 안에서 그의 자유를 소유하고 누리는 실재의 형태는 국가인바 국가는 도덕적 전체성이다. 그러나 이것의 조건은 그 개인이 전체에게 공통적인 바를 인정하고 믿으며 의지(意志)하는 것이

---

58)　*Theories of History, op. cit.*, 67.

다."(67) 하지만 개인들 혹은 공동체들 또는 그 어떤 국가 산하 제도들도 단순히 국가의 도구는 아니다. 중요한 것은 법, 도덕성, 정부이다. 오직 이것들만이 자유의 적극적인 실재요 완성이라고 하는 사실이다.

그런데 헤겔은 이상에서 개인 차원으로부터 국가 차원으로의 발전을 논하였으나, 이제는 역으로 국가를 자유의 실현체로 보고 이제 국가로부터 출발하여 인간은 모든 가치들 또는 "정신적인 실재들"(all spiritual reality)을 소유한다고 할 때, 이 정신적 실재란 다름 아닌 "이성"(Reason)이라고 한다. 그리하여 개인은 국가에 참여함으로써 주관적 의지에 머물지 아니하고 그 자신에 대한 성숙한 의식을 갖는 것이다. 그리하여 헤겔은 개인 또 주관적 단계로부터 국가의 보편적이고 객관적 차원으로 나가야 한다고 본다.

> 그도 그럴 것이 진리(Truth)란 보편적인 의지(Will)와 주관적인 의지(Will)의 통일(Unity)이다. 보편적인 것은 국가 안에서, 곧 그것의 법들과 그것의 보편적이고 합리적인 제도들 안에서 발견된다. 국가란 땅 위에 현존하는바 신적 이상이다. 그래서 우리는 그 국가 안에서 역사의 대상을 이전보다 좀 더 확정적인 형태로 지니고 있는 것이다. 자유(Freedom)는 국가 안에서 객관성을 획득하고 이와같은 객관성을 누리면서 살아가고 있는 것이다. 그도 그럴 것이 법은 정신의 객관성이고 정신의 참된 형태에 있어서 의지이다. 오직 법에 순종하는 의지만이 자유하다. 그것은 그 자신에게 순종하는 바, 독립적이어서 그렇게나 자유롭다. … (68)

헤겔은 국가 그 자체를 아래와 같이 정의한다.

> 국가의 원리는 그 성원들 개개인들을 도덕적으로 활성화시키는 것이다. 국가, 그것의 법들, 그리고 그것의 제도들은 그 성원들의 권리를 구축한다. 그것의 자연환경, 그것의 산, 공기, 그리고 물은 그들의 나라(their country)요, 조국이요, 그리고 그들의 외적인 자산이다. 그리고 이 국가의 역사와 행동들, 그리고

그 조상들이 성취해 낸 모든 것은 그들의 것이고 그들의 기억 속에 있다. 모든 것이 그들의 소유이다. 마치 그들이 그것에 의하여 소유되어 진 것처럼. 그도 그럴 것이 국가는 그들의 실존과 그들의 존재를 구축하기 때문이다. (68)

이어서 헤겔은 개인으로부터 국가로, 그리고 국가로부터 국가들의 보편사로 이동한다. 그는 특수 민족적 천재성은 보편사의 과정에서는 오직 한 개인이라고 본다. 헤겔에게 있어서 이 보편사란 정신의 신적이고 절대적인 발전인데, 정신은 여러 단계들에 의하여 보편사의 진리에 도달하고 다시 그것에 대한 의식을 대상화하여 의식하면서 좀 더 성숙한 단계로 나간다. 이 여러 형태의 단계들이란 다름 아니라 도덕적 삶, 정부, 예술, 종교, 그리고 과학과 같은 특징적인 민족정신들("National Spirits" of History)이다. 그리고 이와같은 여러 형태의 단계들을 실현시키는 것은 세계정신의 한이 없는 추동력이요 그것의 불가항력적인 몰아침의 목적이다. 나아가서 국가의 여러 분야들을 세분화하여 그것의 유기적인 관계를 추구하게 하고 각각의 분야의 완전한 발전을 도모하는 것은 다름 아닌 이 세계정신의 이상이다. 끝으로 이 보편사는 마치 개인의 정신이 어떤 진리에 도달하고 이를 다시 대상화하여 의식하며 또 다시 의식한 것을 다시 의식하여 성숙한 진리파악에 도달하듯이 정신이 어떻게 나라와 민족들의 어떤 진리들에 대하여 그와 같이 의식의 변증법적 발전을 통하여 성숙한 진리파악에 도달하는가에 관심한다.(68-69)

4) "변화와 발전"

헤겔은 자연의 생명체들과 세계사적 정신(Spirit) 모두가 어떤 씨앗(잠재적 존재)으로부터 발전하여 구체적 형태를 취하게 되는데, 전자는 유기적인 원리에 의하여 그렇게 발전하지만 후자는 "그것의 노력에 의하여 그것에 도달하는바, 그것은 그것의 잠재적인 것을 현실적인 것으로 만든다."(69)고 한다. 그리고 전자에게 있어서 그와 같은 발전(자연에게 주어진 이상의 실현)은 "하나의 직선적이고 반대를 받지 않으며 방해를 받지 않는 양태로" 일어나지만, 정신에게 주어진 이상의 발전은 전혀 다른 양상이라고 본다. 우선 헤겔은 자연 속에 침잠해 있는 즉자적(an sich = thesis) 정신으로부터 '의식과 의지'를 통한 투쟁(für sich = anti-thesis 그리고 an-und-für sich = synthesis)으로 이어지는 변증법적 발전에 의하여 어떻게 '자유'라고 하는 보다 성숙한 단계로 발전하는가를 논하는 것으로 시작한다. 즉, "정신이 도달하려고 투쟁하고 있는 것은 그것의 이상적 존재(자유)의 실현이다."(70) 때문에, 정신이 "자연" 속에 침잠해 있는 것은 정신의 소외이다. 헤겔은 "우리가 출발부터 확정한 도달목표는 본질적 본성에 있어서 완전한 자유 그것이다."(70) 다시 말하면, 헤겔에게 있어서 '역사'란 정신의 자유의 쟁취 역사이다. 한 개인, 공동체들, 국가, 국가들의 역사들도 그와 같은 정신의 자유의 쟁취사이다.

그리하여 헤겔에게 있어서 정신은 보편사의 자유를 향한 발전을 통하여 자신의 자유를 향한 변증법적 본성을 보여주고 있다. 이 발전과정에서 여러 상이한 단계들은 정신의 이상에 기원하는 자유의 점증적으로 적절한 표현들 또는 현현들인데, 이 정신의 이상은 변증법적이다. 이 변증법적 발전에 있어서 전 단계는 초월되고 새로운 단계가 등장한다. 이는 없애가짐(aufgehoben)을 통한 발전일 것이다. 그런데 헤겔은 어떤 한 민족의 천재성이나 특수성을 묵과하지 않으면서 보편사의 자유를 향한 변증법적 발전을 주장한다.

… 발전과정에 있어서 각 단계는 그 어떤 다른 단계와도 다르면서 그것의 특수원리를 지니고 있다. 역사 속에서 이 원칙은 정신의 특이성이다. 그것은 특수한 민족적 천재성이다. 구체적으로 체현되는 한 민족의 정신이 그것의 의식과 의지의 모든 측면을 표출시키는 것(그것의 실현의 전 순환)은 이와같은 민족적 특이성의 한계 안에서 이다. 그것의 종교, 정치, 윤리, 입법체계, 그리고 심지어는 그것의 과학과 예술과 기술까지고 그 민족의 특성을 보여주고 있는 것이다. … (70)

그리고 헤겔에게 있어서 변증법적 발전의 성격은 전 단계의 죽음을 전제하는 새 단계의 부활이다.

> 정신은 - 그것의 실존의 외투를 불사르고 - 단순히 또 다른 하나의 외투로 바뀌는 것이 아니고 전 단계의 잿더미로부터 회춘하는 것도 아니다. 그것은 승귀되고 영화롭게 되는 순수 정신이 된다. 확실히 그것은 그 자신과의 전쟁을 벌여서 그 자신의 실존을 불태워 버린다. 그럼에도 불구하고 바로 그와 같은 파괴 안에서 새로운 형태의 실존을 낳는다. 그런즉, 각 승계적 단계들은 하나의 전 단계가 되어, 이것을 질료로 하여 새로운 단계가 탄생하는 것이다.(71)

그리하여 헤겔에 있어서 이상과 같은 자유를 향한 정신의 발전은 결국 하나의 보편적인 정신의 보편사를 지향한다.

> 하나의 필연화 된 단계들을 지닌 민족들에게 생명을 불어넣는 정신의 승계적 국면들의 원리들은 그 자체로서 하나의 보편적인 정신의 발전을 위한 단계에 불과한 것이다. 이 정신은 그와 같은 민족들을 통해서 자신을 고양시키고 변증법적 발전을 통한 전체성이라고 하는 완전에 도달한다. (72)

끝으로 보편사의 모든 것을 정신의 이상의 현현으로 보는 헤겔은 그와 같은 정신의 이상이 보편사의 모든 발전 단계들 안에 현존한다며 과거 역사의 발전단계들을 가로 지르면서도 우리의 관심사는 현재라고 한다. 그도 그럴 것이 "진실(the True)을 다루는 철학은 항상 영원한 현재(the eternally present)를 논하기 때문이다."(72) 그래서 헤겔은 이 정신의 이상은 역사의 모든 발전 단계들 안에 항존하였다고 본다.

> … 과거의 그 무엇도 영원한 현재를 위하여 상실되지 않는다. 정신의 이상이 항존하기 때문이다. 정신은 불멸한다. 그것에겐 과거도 없고 미래도 없으며 본

질적 현재만이 있다. 이것은 필연적으로 정신의 현재적인 형태가 그 안에 모든 전 단계들을 포용하고 있다고 하는 사실을 함축한다. 이와같은 단계들은 각각 독립성을 가지고 승계적으로 자신을 전개시킨다. 하지만 중요한 것은 항존하는 정신과 그것의 이상요 단계의 구별과 차이들은 정신의 본질적 본성의 발전에 불과하다고 하는 것이다. 항존하는 정신의 삶은 진보하는 체현들의 한 순환이다. 한 측면에 보면 그와 같은 체현들은 서로가 서로 옆에 실존하고 있는 것이고 또 다른 측면에서 보면 과거로 나타나 보이는 것이다. 정신은 자신이 뒤에 남기는 것으로 보이는 단계들을 여전히 그것의 현재의 심연 속에 소유하고 있다.(72)

'계몽주의'의 극복(?)

17세기 개신교정통주의는 '하나님 vs 세상', '주일 예배와 나머지 6일, '초월적 삼위일체 하나님과 자연 및 역사 내적 삼위일체 하나님'의 관계, 그리고 '우주적 성령론'과 '우주적 기독론'에 대하여 논하지 않았다. 그리고 '계몽주의의 이신론'(Deism)은 자연과 역사로부터 동떨어져 있는 하나님을 주장한 나머지, 하나님께서 전혀 자연과 역사에 개입하시지 않는 것으로 보았다. 반면, 낭만주의는 초자연을 자연화하였고, 자연을 초자연화하였고, 자연과 역사의 배후에 정신 (Geist) 또는 생명(Leben)이 꿈틀거리고 있는 것으로 보았으니, 이와같은 맥락에서 자연과 역사를 유기체적 생명체 같은 무엇으로 보았다. 우리는 특히 헤겔의 『역사철학』에서 17세기 개신교 정통주의와 18세기 계몽주의의 약점이, '이성의 이상'을 실현하기 위하여 스스로 변증법적 발전을 거듭하는 정신의 운동에서 극복되고 있음을 발견하였다. 헤겔은 낭만주의가 '계몽주의'를 극복하려고 한 것 이상으로 그것을 극복하려 하였던 것으로 보인다.

인간능력과 민족의 천재성(도덕적 삶, 정부, 예술, 종교, 그리고 과학 등)에 대해서도 헤겔은 낭만주의보다 과격하였다. 인간능력에 대하여 '무한한 것들에 대한 동경'(Sehnsucht nach dem Unendlichen)을 슬로건으로 하는 낭만주의로부터 영향을 받은 헤겔은 인간이 '순수이성과 실천이성'을 넘어서 어떤 신적능력까지도 지닌 것으로 보아, 인간의 능력을 최대한 확장하였고 극대화하였으며 신격화하였다. 무엇보다도 인간 본성과 역사의 변증법적 발전개념은 "고정된 능력들과 필요들을 지닌 불변하는 인간성을 주장하는 17-18세기 근대주의적 인간 본성론에 대한 신앙과는 전혀 다른 것"[59]으로 보이고, 그의 '세계정신'과 '절대정신'과 그것의 변증법적 발전개념 역시 심지어 낭만주의의 영

---

59) *Theories of History*, 73.

향을 받은 헤르더(『The Progress of Human Mind』)의 '인류정신의 진보'와도 큰 차이를 보인다. 때문에 '절대정신', '세계정신', '민족정신들', '이성', '이성의 이상', '이성의 간계' 등과 같은 그의 용어들은 '계몽주의'의 인간능력을 극대화시킨 나머지 그것의 신격화에 이르고 있다. 그는 '정신의 이상'이 역사의 모든 시기들에서 항상 '영원한 현재'로 항존 하면서 늘 미래를 향하여 운동하고 있는 것으로 보았고, 역사의 처음과 끝이 맞물려 있는 순환 속에서 영존하는 삶을 누리고 있는 것이라 하였다.

그는 기본적으로 유대 기독교(Judaeo-Christian)의 '전인적인 인간론'(참고: 칸트의 결론부분)이 아니라 신플라톤적인 삼분법(spirit-soul-body)에 따른 인간론을 기본으로 하여 계몽주의적 '의식철학'(의식 - 자아의식 - 성숙하고 구체화된 의식)을 추구하면서 이를 어디까지나 외적인 실재(예컨대, 역사)와 통일시켰다. 그도 그럴 것이 헤겔은 정신이 "열정들, 사사로운 목적들, 이기적인 욕망들의 만족"에 의해서 결정되는 것이 아니라 '이성의 이상'을 따라서 자유를 향하여 스스로 변증법적 발전을 한다고 할 때, 그것은 역사의 변증법적 발전과 분리되어 있는 것이 아니기 때문이다.

그에게 있어서 '이성'은 칸트적인 이성과 성격을 달리한다. 헤겔이 주장하는 '이성'은 '변증법적 성격'을 지니고 있기에, 그에게 있어선 '이성적인 것'(das Vernünftige)만이 항상 '실제적인 것'(das Wirkliche)이다. 그는 "이성은 그것의 가장 구체적인 형태에 있어서 신이다. 이 신은 세계를 통치한다. 신의 통치의 실제적인 성취 ─ 그의 계획의 실현 ─ 는 세계의 역사이다. 철학은 바로 이와같은 신의 계획을 파악하려고 애쓴다. … 이성(Reason)은 신적 사역을 파악(comprehending)하기 때문이다."라고 하였거니와, 민족정신들, 세계정신, 그리고 절대정신은 이와같은 이성의 이념과 이상을 추구하는 객관적이며 보편적이며 집단인격적인 변증법적 발전의 주체이다. 그는 초기 저서인 『정신현상』에서 개인의 정신에 대하여 논하지만 『역사철학』에선 대체로 민족의 정신들과 세계정신에 대하여 논한다. 그의 『역사철학』은 『종교철학』에서처럼 결코 성서적 담론의 시적이고 그림적인 초보적 진리표상 단계나 신학적인 단계의 특수한 진리들에 머물러 있는 것이 아니라 전적으로 보편적인 세계에서 일어나는 국가와 민족들의 정신과 세계정신과 같은 것들에 대하여 논하였다. 이처럼 헤겔에 있어서 인간의 능력은 신격화되는 경향을 보여주고 있다.

키에르케고르의 헤겔비판

키에르케고르는 그의 초기 저서인 『이것이냐 저것이냐?』에서 세 가지 실존 단계들을 말한다. 제1단계는 '심미적인 단계', 제2단계는 '윤리적인 단계', 그리고 제3단계는 종교적인 단계인데, 첫째는 '낭만주의', 둘째는 칸트의 '도덕주의', 셋째는 '19세기 기독교'에 대한 비판이었다. 그는 이 3단계가 변증법적으로 발전하는 것이 아니라 오직 결단에 의하여만 한 단계로부터 그 다음 단계로 '비약'(a leap)하는 것이고, 최고 단계로부터 최하의 단계로 추락할 수 있다고 보았다. 풀어서 말한다면 한 남성이 여성과의 낭만적인 관계로부터 가정을 이루는 결혼의 단계(도덕)로 올라가려면 결단이 필요하고, 가정생활에서 죄책의 문제에 직면할 경우에 하나님을 찾는 것 역시 결단에 의한 것이라고 하는 것이다. 그런데 중요한 것은 '종교적인 단계'이다. 그는 '종교 A'와 '종교 B'를 언급하면서 전자는 19세기 기독교요, 후자는 자신이 제시하는 기독교인데, 전자는 내재적 종교요 후자는 절대역설(성육신 = God-man = 영원과 시간의 교차 혹은 참 하나님이시면서 참 인간의 만남)에 대한 신앙을 요청하는 신약성서의 종교라 하였으니, 전자는 '소크라테스의 종교'요 후자는 '그리스도의 종교'라 하였다. 전자는 절대적 진리란 결국엔 인간 안에 내재하고 있는 것이어서, 그것이 끄집어내어져야 하는 그 무엇으로 그리고 후자는 그것이 인간의 능력들과 가능성 밖으로부터 오는 그 무엇으로 보았다. 이와같은 입장은 '계몽주의'의 인간론과 특히 낭만주의와 헤겔의 인간이해에 기초한, 예수 그리스도를 통한 은혜를 배제한 하나님과의 만남을 거부할 것이다.

또한 키에르케고르는 그의 『철학적 단편』에서 '교사'와 '생도'의 관계를 가지고 '종교 A'와 '종교 B'를 설명한다. 즉, 소크라테스는 생도 안에 내재하고 있는 진리를 생도 스스로 알게 하는 교사라면, 예수님은 생도 밖으로부터 생도 안으로 도래하는 진리를 알게 하는 교사라고 하는 이야기이다. 전자의 경우 교사는 생도 스스로가 진리를 찾도록 도와주는 바, 시간의 모든 순간이 생도 스스로가 진리를 찾을 수 있는 계기들(moments)이지만, 후자의 경우는 스승이 생도 안에 있는 진리를 찾도록 돕는 것이 아니라 스승 자신이 진리요 스승 자신이 진리를 깨닫게 해주는 주체인 것이다. 우리의 구세주(아버지 하나님도 인간의 능력들과 가능성의 소산이 아니고 성령도 그렇다)이신 예수 그리스도는 때가 찼을 때에 생도를 찾아오신 진리이시다. 생도는 진리를 모르는 가운데 오류 속에 있다. 예수 그리스도께서는 영원의 차원으로부터 그의 때에(kairos) 또는 그 '순간'(der Augenblick)에 시간의 차원을 뚫고 들어오신 것이다. 예수 그리스도는 영원과 시간의 교차지점이시고 생도는 이 교차로에서만 진리를 만난다고 하는 것이다. 영원은 특별한 역사적 순간에 시간을 뚫고 들어왔다. 그런즉, 모든 시간은 하나님께서(영원) 오직 은혜로 우리에게(시간) 임하실 수 있는 가능성을 갖게 된 것이다. 여기에서 우리는 비코로부터 콩도르세에 이르는 18세기의 '역사철학'을 전제하고 있는 헤겔이 낭만주의자들과 더불어 인간 능력들을 극대화하고 있음을 발견하거니와, 이는 콩트와 칼 마르크스 등 19세기 '역사철학'의 인간론적 전제임을 알 수 있다. 예수님은 아버지 하나님께서 하나님 나라의 비밀을 "지혜롭고 슬기 있는 자들에게는 숨기시고 어린 아이들에게는 나타내심을 감사하니이다."(마 11:25)라고 하셨다.

칼 바르트에 있어서 변증법적 신학으로부터 '유비'(analogia fidei)의 신학으로
칼 바르트는 『로마서 강해』 제2판(1922)에서 키에르케고르의 영향 하에 구약의 초월적인 하나님에 다름아닌 하나님께서(야훼 = 영원)(전적 타자 = the wholly Other) 오직 예수 그리스도를 통해서 인간(시간)과 탄젠트적으로 교차하였다고 한다. 즉, 참 하나님이시오 참 인간이신 예수 그리스도 안에서만 하나님(영원)과 인간(시간)의 접촉 사건이 일어났다고 하는 말이다. 이는 변증법적 신학으로 알려진 칼 바르트의 초기 신학에 관한 것이다. 바로 이와같은 변증법적인 신학은 헤겔의 내재주의(키에르케고르의 '종교 A')를 위기로 내몰았다. 그도 그럴 것이 예수 그리스도의 십자가에선(그리스도의 대속의 죽음 앞에선) 인간의 그 어떤 가장 고상한 종교적 문화적 성취라도 아무 것도 아닌 것으로 심판을 받기 때문이다. 이에 비추어 볼 때 헤겔의 『역사철학』이 제시하는 정신의 그 모든 역사적 성취도 십자가 앞에서는 설 자리를 잃고 마는 것이다. 여기에 더하여 칼 바르트는 『로마서』(1922)와 『죽은 자들의 부활』(1924)에서 미래의 초월적인 하나님 나라에 대한 희망을 제시함으로써, 18-19세기 유럽의 세속화된 종말론 혹은 '철학적 천년왕국'을 여지없이 비판한 셈이다.

그렇다면 우리는 비코로부터 콩도르세에 이르는 '역사철학'과 특히 헤겔이 그의 철학체계에 따라 제시하는 보편사에 대한 모든 이야기를 전부 버려야 하는가? 우선 우리는 이들의 역사'철학'을 인정하지 않는다 하여도 이들이 적어도 성경과 교회의 가르침 혹은 우리 기독교가 공적인 삶의 영역으로 부름을 받고 있는 것을 말하고 있다고 본다. 이들의 보편적인 세계에 대한 보편적인 철학적 주장들은 그것이 기독교 신학입장에서 크게 잘못되었다고 하여도, 우리는 그것이 게토(ghetto)화되어진 기독교(17-19세기 기독교)를 보편적인 세계에서의 공적인 책임수행으로 부르고 있다고 보아야 한다.

적어도 칼 바르트는 1938년의 『칭의와 정의』[60]로부터, 아니 좀 더 본격적으론 1946년 『기독교인들의 공동체와 시민들의 공동체』[61]로부터 하나님 나라의 관점에서 '교회'와 '국가'(세상)를 내다보았다. 그는 하나님 나라에 비추어서 두 개의 동심원을 생각하였다. 그는 미래 지향적인 하나님 나라에 대한 희망 속에서 예수 그리스도를 중심에 두는 두 개의 동심원을 생각하였다. 물론, 이것은 어디까지나 '신앙의 유비'에 속한다. 바르트에게 있어서 유비와 상응은 "지식을 추구하는 신앙"(fides quaerens intellectum)과 "신앙의 유비"(annalogia fidei vs. analogia entis)의 연장선상에 있다. 즉, 그것은 계시와 이에 대한

---

60) "Church and State"(Justification and Justice), In *Community, State, and Church*(Gloucester, Mass.: Peter Smith, 1968), 101 이하.

61) "The Christian Community and The Civil Community", In *Ibid.*, 149-189.

신앙으로부터 국가와 세상으로 나아가는 운동이다. 그 반대의 운동이 아니다. 이런 의미에서 유비와 상응은 갑과 을 사이에 어떤 유사점이 있다고 하는 것을 말하지만, 그 출발점이 갑에 있다. 이것은 하나님 나라와 교회와 국가를 혼동하게 하지 아니하고, 각각의 실재와 정체성을 인정하면서 이들 상호 간의 관계성, 곧 어떤 유비 또는 상응을 말하려고 하는 것이다.[62] 이와같은 입장은 국가교회도 분리주의적인 교회도 모두 거부하고, 하나님 나라의 빛에서 그 둘과 그 둘의 관계를 생각한다. 비록 바르트가 하나님 나라의 빛에서 '교회'와 '국가'(세상)의 관계를 논할 때 몰트만보다는 '교회'에 역점을 두고 있지만 말이다.

그러면 바르트의 『기독교인들의 공동체와 시민들의 공동체』가 제시하고 있는 유비와 상응의 11가지 예들 가운데 세 가지만을 요약 정리해 보자. 첫째로 영원하신 하나님께서 성육신하시어, 긍휼을 가지고 사람을 대하시는 그와 같은 사람을 위한 한 이웃이 되신 것에 유비하여 "정치적 영역 안에서 교회 역시 항상 그리고 모든 상황에서 우선적으로 인간들에게 관심을 가져야 한다고 한다. 국가라든지 자본이라든지 나라의 명예라든지 문명과 문화의 발전이라든지 인류의 역사적 발전에 대한 이념이라든지 등과 같은 추상적인 대의(cause)보다 인간에 대한 관심이 결정적으로 앞선다. (171)

둘째로 교회는 하나님의 예수 그리스도를 통한 보편적인 칭의에 대한 증인들이다. 하나님께서는 예수 그리스도 안에서 인간에 대한 근원적인 권리(Recht)와 인간을 죄와 죽음으로부터 막아주는 권리(Recht)를 수립하시고 확인하시는 칭의 행동을 하셨고(『복음과 율법』을 참고), 교회가 기다리는 미래는 이와 같은 신적 칭의의 결정적인 계시이다. 바르트는 이와같은 하나님의 예수 그리스도 안에서의 인간 칭의(Rechtfertigung)에 뒤 따라야 할 정의(Recht)에 유비하여 교회와 국가의 관계를 논한다. 따라서 교회는 결코 '무정부주의'나 '폭군'

---

62) 본디, "유비"(analogia)란 A가 단일 의미(unequivocal)로서 B인 경우도 아니고, A가 이런 의미도 저런 의미도 갖고 있다고 하는 의미(equivocal)로서 B도 아닌, 그 중간에 위치하고 있는 의미이다.

편에 설수 없고, '항상 시민 공동체로 하여금 법의 추구'에 의해서 그리고 '법의 확립'을 위하여 '인간을 제약하고 보존하는, 국가의 근본적인 존재목적을 진지하게 여기도록 해야 할 것이다.' 그래서 교회는 국가의 질서가 공정한 법에 근거하고 있고, 모든 정치적인 활동이 이 법에 의하여 이루어지며, 헌법에 근거한 국가이기를 멈추지 아니하는 한 이와같은 국가를 위해서 실존할 것이다.(172)

셋째로 교회는 인자가 잃어버린 자들을 찾아오신 사실에 대한 증인이다. 이것에 유비하여, 교회는 모든 거짓된 편파성을 버리고 무엇보다도 인간사회 가운데 더 낮은 자들과 더 낮은 층의 사람들을 긍휼히 여겨야 할 것이다. "가난하고 사회경제적으로 약하고 위협을 받는 사람들이 항상 교회의 우선적이고 특별한 관심사이고, 교회는 사회의 이와같은 약한 지체들을 돌봐야 할 국가의 특별한 책임을 주장할 것이다."(173) 바르트는 국가가 이와같은 사람들에 대한 긍휼을 제도화할 것을 주장하고 있다. 그리고 교회는 항상 정치적 영역에서 사회정의를 위해서 헌신하고 투쟁(in Einsatz und Kampf für die soziale Gerechtigkeit)에 몰입하지 않으면 안 된다고 하면서(173), 다름과 같이 말한다.

그리고 교회는 여러 가지 사회주의적 가능성들(사회적 자유주의, 협력주의, 노동조합주의, 자유무역, 온건한 혹은 과격한 마르크스주의) 가운데서 항상 사회정의를 최대한도로 기대할 수 있게 하는 운동을 선택할 것이다(다른 모든 고려들은 접어두고).
(173)

바르트는 복음(보편적인 칭의: 역자 주)과 하나님 나라(보편적인 만유의 완성)야 말로 정의에 따른 정치적 활동을 요구한다고 본다. 따라서 교회는 이와같은 복음과 하나님 나라의 요구 때문에 모든 정치활동들에 동참해야 한다는 말이다.

하나님의 은혜의 온전한 복음(the whole Gospel)에 대한 설교는 정치적 인간을 포함하는 전인(the whole man)의 온전한 칭의(the whole justification)이다. 왕을 선포하는 복음과, 현재는 감추어져 있으나 어느 날 계시될 하나님의 나라는 애초부터 정치적이다. 만약에 그것이 성경에 대한 바른 해석에 근거하여 진정한 인간(기독교인이든 비기독교인이든)에게 설교된다면, 그것은 필연적으로 예언자적으로 정치적일 것이다. 그 복음의 정치적 내용을 올바른 방향에서 해석하고 적용한다고 하는 것은 기독교 공동체가 이 복음을 섬기기 위하여 함께 회집된 곳에서 (그 때 그 때의 정치적 문제들을 직접적으로 조명하든지 아니면 간접적으로 조명하든지 간에) 불가피하게 일어날 것이다. (184-185)

그리고 바르트는 1956년 『하나님의 인간성』[63]에서 그가 『로마서강해』 제2판에서 주장했던 '전적 타자'로서의 하나님, 바로 그 하나님의 '인간성'(His humanity)을 주장 한다. 그는 초기 개혁교회의 '위격적 연합'(hypostatic union) 전통의 기독론에 근거하여 복음서들이 제시하고 있는 성육신하신 하나님 아들의 인간성을 주장 한다. 바르트는 전적으로 기독론 차원에서 객관적이고(우리의 수용과 관계없이) 보편적으로(모든 인류를 위하여 그리고 모든 인류를 대신하여) 일어난 '하나님의 인간과 함께 하는 역사와 대화, 하나님의 인간과의 함께 하심' 또는 '하나님의 절대적으로 우월하신 동반자 되심'을 주장한다. '위격적 연합' 차원에서 "예수 그리스도의 실존에 있어서 하나님의 말씀하심, 내어 주심, 그리고 명령하심이 우선이고 인간의 들음, 수용, 그리고 순종은 그 다음이다. 예수 그리스도 안에 있는 인간의 자유는 전적으로 하나님의 자유 안에 내포되었다."(39) 그런즉, "하나님께서 예수 그리스도 안에서 인류를 사랑하시기로, 다름아닌 인류의 하나님이 되시기로, 그의 주님이 되시기로, 그의 동정자가 되시기로, 영생을 약속하시는 그의 지탱 자와 구원자가 되시기로, 그리고 그로부터 찬양과 예배를 받으시기로 결의(決意)하셨다."(41) 이것은 객관적으로 그리고 보편적으로 일어났다.

바르트는 탕자의 비유에서 '아버지', 선한 사마리아 비유에서 '사마리아

---

63) Karl Barth, "The Humanity of God", In *Karl Barth, God, Grace and Gospel*, Scottish Journal of Theology Occasional Paper No. 8(Edinburgh: Oliver and Boyd, 1966).

사람', 그리고 파산자들과 왕의 비유에서 '왕'이야 말로 하나님 나라의 비유들이요 다름 아닌 하나님의 인간성으로 보고, 이 하나님께서 인간의 죄와 죽음을 짊어지심으로 온 인류를 위한 희생제사(십자가)가 되신 것이야말로 하나님의 인간성의 절정으로 보고 있다(40-41). 바로 "하나님의 인간성이야 말로 이 예수 그리스도의 인간성을 통하여 반사되었는데, 이것은 그분의 신성에 포함되어 있다."(42)고 하는 것이다.

바르트는 이와같은 예수 그리스도 안에서 발견되는 하나님의 인간성에 대한 신앙에서 출발하는 신앙의 '지식추구' 차원에서 "그것의 결과들", "그것의 상응들", 또는 "그것의 유비"(analogia)를 주장한다. 바르트는 이 관점에서 전인(몸과 합리적 사고, 의지 및 언어)과 전인의 사회적 존재, 인류의 문명과 역사적 활동 속에서 '하나님의 인간성'을 찾는다. 그는 "우리 각자는 각자의 역사 속에서 그의 자리와 기능을 지니고 있다."(44)고 주장하였다. 따라서 그는 18-19세기 신학에서도 '진리의 파편들'(particula veri)이 있을 수 있다고 본다. 바르트의 이와같은 관점에서 우리는 '계몽주의의 역사철학', 낭만주의의 역사철학, 그리고 헤겔의 역사철학의 '인간적인 것'(the human)(종교와 도덕, 정의와 자유, 예술과 모든 학문들, 법체계, 과학기술 등 = all the spiritual reality, the Good and the True)을 인정해야 할 것이다. 또한 보편사 속에서 분별되어야 할 가난한 자, 병든 자, 소외된 자 등 사회적 약자들에 대한 긍휼과 정의 평화 창조세계의 보전에 대한 파편들과 징표들 역시 바르트가 주장하는 (특히 복음서들이 제시하고 있는)기독론 중심의 '하나님의 인간성'(His humanity)에 대한 신앙의 시각에서 보여져야 할 것이다.

우리가 모더니즘 전통 역사철학의 '철학'이론을 거부할 지라도 그들의 주장에 나타난 '인간적인 것'을 찾아 인정해야 할 것이다. 그것이 인류역사 속에 연연히 나타나고 있다고 하는 말이다. 창조주 아버지 하나님께서는 타락에도 불구하고 창조세계 속에 '진 선 미'와 같은 창조세계의 본연의 좋음을 남겨두시지 않은 것이 아니고, "참되고 경건하며 옳은 것은 무엇이든지"(빌 4:8) 성령의 현존과 사역으로부터 온 것이다. 끝으로 바르트에게 있어서 교회는 이와같은 '하나님의 인간성'을 대표하고 증언하며 행동으로 보여주는 특수한 공동체이다. 온 인류의 화해자시오 구속주이신 예수 그리스도께서 믿음과 사랑과 희망의 공동체인 교회 공동체의 주님이시오 왕이시요 이 몸의 머리이시다.(51) 따라서 "사사로운 기독교란 있을 수 없다."(52)[64] 기독교는 공적인 차원으로 내던져져 있다.

필자가 이미 언급한 내러티브 신학은 대체로 위와같은 칼 바르트의 입장[65]을 물려받고 있는 바, 필자는 『성경의 내러티브 신학과 교회의 공적인 책임』의 제8장에서 아더톤의 주장들을 소개한 바 있다. 아더톤은 삼위일체론과 기독론(성육신과 화해론) 등이 성경의 내러티브 신학에 근거한 것으로 보면서 그것의 '유비'를 자본주의 극복과 같은 경제문제에 적용하였다.[66] 그리고 내러티브 신학의 종말론(특히 뉴비긴)과 몰트만의 종말론은 그와 같은 '인간적인 것'을 장차 완성될 하나님 나라의 표지판과 징표와 도구로 본다. 성부 성자 성령의 자연과 역사 내적 현존과 활동을 주장할 경우에도 우리는 이상과 같은 주장들을 견지해야 할 것이다. 우리는 특수 역사(성서적 내러티브)를 렌즈로 하여 항상 모든 역사철학이 설명하고 있는 보편사에 대한 이해를 해야 하기 때문이다. 즉, 계시를 떠나서 우리는 보편사에서 진행되고 있는 삼위일체 하나님의 현존과 활동을 인식할 수 없기 때문이다. 하나님 나라는 '신비'이기 때문에, "비유들'로 설명되었고, 믿음의 눈을 지닌 제자들에게 알려졌으며, 사도들의 증언을 뒤이는 교회에게 알려진 것일 것이다. 결국, 택함을 받은 사람들에게 하나님 나라의 '비밀'이 알려 졌다는 말이다. 교회는 이 '비밀'을 맡은 자들이다. 그 '비밀'은 결국 자연과 역사의 궁극적인 비밀일 것이다.

---

64) 참고: 바르트에게 있어서 "continuum"과 "analogia fidei" 및 1959년 CD Ⅳ/3-1과 CD Ⅳ/3-2에서 논의되는 역사 속에서의 Light-lights, Truth-truths, 그리고 Word-words에 관하여는 이형기, 『성경의 내러티브 신학과 교회의 공적책임』(서울: 한들 출판사, 2010), 88 이하.

65) 참고: 이형기, 『역사 속의 내러티브 신학』(서울: 한들 출판사, 2005), 제9장 칼 바르트(309쪽 이하).

66) 참고: 이형기, 『성경의 내러티브 신학과 교회의 공적책임』(서울: 한들 출판사, 2010), 233-292.

내러티브 신학의 보편사 해석과 헤겔의 보편사 해석

헤겔의 『역사철학』은 성서적 내러티브 신학과 전통적인 신학을 완전히 뒤로 하고(초기 신학적인 글들과 『종교철학』에선 아직 그렇지 않았으나), 보편적인 세계를 보편적인 개념들(정신, 이성 등)로 설명하였다. 하지만, 내러티브 신학은 성서의 고유하고 특수한 이야기가 다름아닌 보편사에 대한 설명이라고 보는 것이다. 창조 이야기, 타락 이야기, 인류의 타락 이야기, 아브라함과 모세 이야기로 시작되는 이스라엘의 이야기, 그리고 예수님에 대한 이야기는 그 이야기 자체가 창조세계와 보편사의 기원과 타락과 의미와 목적(완성)에 대한 이야기이다. 이 특수한 이야기는 보편적이고 공적인 차원에서 일어난 이야기이기 때문에, 이스라엘과 교회는 보편적이고 공적인 차원에서 그 이야기를 회상하고 선포되고 해석하여 삶으로 옮겨져야 할 것이다.

변증법적 발전은 기독교적인가?

우리의 의식과 실재에 있어서 자기 부정과 그 부정된 것을 '없애가짐'(aufgehoben)에 의한 자기 긍정은 기독교적인가? 헤겔은 옛 것의 죽음과 새 것의 탄생의 계기를 통한 변증법적 발전을 주장하기 까지 하였다. 두 번째 아담은 첫 번째 아담의 모든 죄와 죽음 그리고 옛 창조세계에 깃들여 있는 허무함을 없애버리고 그것의 배후에 있는 '무성'(das Nichtigkeit)을 극복하기 위하여 십자가에서 죽으셨다가 부활을 통하여 옛 아담과 옛 창조세계의 새 창조를 계시하시고 약속하셨다(롬 5; 엡 1:10; 골 1:15-20; 빌 2:4-11). 그런즉, 틀림없이 십자가는 모든 '부정성'(the negative)에 대한 노출이요 그 모든 부정성에 대한 부정이요, 부활은 부정된 모든 것의 긍정, 곧 새 창조(das Novum)이다. 하지만 과연 헤겔의 '부정'과 '긍정'에서 이와같은 신약성서의 십자가와 부활에 대한 증언에서 발견되는 것을 발견할 수 있는지? 적어도 키에르케고르, 칼 바르트, 내러티브 신학에선 개인 차원의 부정과 긍정(롬 6장)에 있어서든 자연과 역사 차원의 부정과 긍정에 있어서든 그것은 전적으로 초월적인 차원과 자연 및 역사적 차원과의 관계이지만, 헤겔과 칼 마르크스에게 있어선 그것이 자연과 역사 내적인 '갑'과 '을'의 변증법적인 관계요 변증법적인 발전일 것이다.

헤겔의 '변증법'이 민족들의 역사들과 보편사 속에서 매우 부분적으로만 신약성서의 이야기에 대한 '유비'로 사용될 수 있는 것으로 보이지만, 헤겔 변증법의 문제점에는 두 가지이다. 첫째는 갑의 부정(죽음)과 을의 긍정(부활)이라고 할 때, 그것이 의식 안에서든 실제 역사경험 속에서든 그것이 과연 전적 타자(하나님)의 은혜에 의한 것인지 아니면 전적으로 '의식철학'전통에 따른 개인들의 정신과 민족들의 정신들과 세계정신의 자율적인 운동인가가 하는 문제요, 둘째는 국가와 법체계와 같은 자유의 성취형태에 있어서 과연 가난한 자, 병든 자, 소외된 자, 억압받는 자와 같은 사회적 약자들이 포용되고 있는가 하는 문제이다. 변증법적 발전사관에 따른 진보사관은 결국 제국주의와 식민주의를 정당화하고 국가주의를 지지할 것으로 보이기 때문이다. 그리고 헤겔의 변증법적 발전사관은 다만 지상 혹은 보편사 속에서 실현되는 '하나님 나라'에만 관심한 나머지 모든 사회적 약자들을 포용할, 초월적 미래 지향적 하나님 나라(das Novum)에 대하여는 전혀 아랑곳하지 않는다. 다시 언급하거니와, 그의 정신사적 변증법적 사관은 마르크스의 유물론적 변증법적 사관과 마찬 가지로 내재주의적 혹은 역사내적인 변증법(vs 키에르케고르의 '역설적 변증법')에 불과 하다.

우리는 헤겔식의 변증법적 발전사관에 따라서 보편사를 해석하기 보다는 '자연과 역사' 속에서 예수님의 십자가(인류와 창조세계를 위한 대속의 죽음 그리고 인류를 대신하는 심판주의 심판)에 유비하여 하나님의 심판을 발견하고 새 창조의 첫 열매인 예수님의 부활에 유비하여 자연과 역사에 대한 하나님의 은혜로 말미암는 새롭게 하심을 분별해야 할 것이다. 또한 '회심'에 유비하여 우리는 보편사 속에서 어떤 나라가 자신들의 이전 역사 속에서의 잘못을 철저히 뉘우치고 새로운 나라로 전환하는 사건을 발견할 수 있을 것이고, 사회적 약자들을 보듬는 유기체적 공동체로서 이스라엘과 교회 공동체에 유비하여 우리는 나라와 민족 공동체들의 역사 속에서 그와 같은 모습을 발견할 뿐만 아니라 실천해야 할 것이다.

뿐만 아니라 내재적 삼위일체 하나님의 자체 내의 코이노니아와 역사 속에서의 삼위일체 하나님의 경세적 코이노니아에 '유비'하여 우리는 교회 공동체, 인류 공동체, 그리고 생태공동체 안에서 일어나고 있는 다양성과 통일성, 상호 존중과 사랑, 상호 연대와 나눔 그리고 '공동체 속의 인격'(person-in-community)을 분별할 줄 알아야 하고 실천해야 할 것이다. 교회들은 역사 속에서 그와 같은 '유비들'(analogues)을 실천으로 옮겨야 할 것이다. 삼위일체 하나님은 자연 생태계의 생명체들과 인류역사 속에 현존하시고 그 안에서 활동하신다.

성령께서는 자연생태계와 인류역사 속에서 일하시고(몰트만의 『생명의 영: 보편적인 것에 대한 긍정』), 그리스도 예수는 "만물을 충만케 하는 자"(엡 1:23)로서 교회의 머리시며, 창조주 아버지께서는 "만유 위에 계시고 만유를 통일하시고 만유 가운데 계시니라."(엡 4:6) 예수 그리스도의 아버지 하나님께서 자연과 역사를 통치하시고, 이 아버지께로부터 아들을 통하여 나오신 성령께서 자연과 역사 속에 현존하시고 활동하신다.

삼위일체 하나님의 형상을 따라 지음 받은 아담과 하와는 '사랑의 관계 속에 있는 실존'으로서 자녀를 낳고 땀 흘려 노동(정신노동이든 육체노동이든)하며 이웃과 더불어 동식물과 창조세계를 관리하는 책임을 수행하면서 문화활동을 통하여 하나님의 창조사역에 동참하도록 되어 있었다. 그런즉, 예수 그리스도를 통한 구원과 성령을 통한 성화와 영원한 도성에서도 이와같은 관계 속에 있는 인간실재와 창조세계에 대한 인간의 관계구도는 변함이 없을 것이다. 결국, 관계 속에 있는 인간실존과 창조세계는 상호 페리코레시스 속에 계신 삼위일체 하나님과의 관계(요 17) 속에 있고 있어야 하지만 말이다. 하지만 헤겔은 일자(절대 정신)의 자기분열과 자기 통합의 변증법적 발전을 주장하는 한, 그는 삼위일체 하나님이 아니라 결국 형이상학적 단일원리(monadology)를 주장한 셈이다.

한 걸음 더 나아가서 우리는 이상과 같은 '신앙의 유비'(analogia fidei)에 더

하여 장차 완성될 새 창조의 구조안에서 하나님 나라에 대한 '희망의 유비'
(몰트만과 뉴비긴과 스텍하우스)에 따라서 자연과 인류 역사 속에 하나님 나라의
'표지판들', '파편들', '징표들'을 분별하고 동시에 그것들을 세워나가고, 하
나님의 나라의 '도구들'을 발견하여 미래에 도래할 하나님 나라를 이 땅 위
에 세워 나가야 할 것이다. WCC의 '삶과 봉사'운동이야 말로 그 역사 전체를
통하여 보편사 속에서 하나님 나라의 '표지판들'을 세워나가는, 하나님 나라
의 실현 '도구들'일 것이다.

하지만 레슬리 뉴비긴은 가장 캄캄한 자연과 역사의 상황조차도 새 창조
를 위한 해산의 고통으로서 그리고 성령의 증언의 기회로서 엄청나게 큰 종
말론적인 의미를 갖는다고 본다.

    … '난리와 난리 소문'은 새로운 시대의 탄생이 시작되었음을 알리는 증거가
    될 것이다(막 13:7-8). 세상 그 자체는 하나의 새로운 세계투쟁들로서 메시아적
    환난들을 경험할 것이다(막 13:9), 그러나 이와같은 고난 그 자체는 성령의 증언
    의 기회가 될 것이고 이 증언은 모든 나라와 민족들에게 주어질 것이다(막 13:10-
    13; 참고: 요 15:18 그리고 16:7-15).

    이와같은 시나리오 다음은 더욱 더 무시무시한 위기이다. 즉, 악이 거룩한
    도성의 보좌에 앉고(막 13:14-23) 자연 질서의 해체를 통하여 하나님의 최후 승리
    가 올 것이다. 그것은 순수한 주권적 권세와 은혜의 행동일 것이다. 하나님께
    서는 그분의 시간과 그분의 방법대로 그분의 목적을 이루신다. 때문에, 하나님
    나라의 비밀을 알게 된 사람들은 자신들이 위탁받은 임무에 신실하면서 항상
    깨어있으면서 대비해야 할 것이다(막 13:32-37).[67]

신정의 문제

하나님은 선하시고 정의로우신데, 선하고 정의로운 사람들은 왜 불행과

---

67) Kesslie Newbigin, *The Open Secret*, 38-39.

고통을 당하고, 악하고 부정의한 사람들은 행복과 기쁨을 누리는가? 히틀러의 유대인 학살에 왜 하나님께서는 침묵하시는가? 지구상의 최빈국의 사람들은 특별히 악하고 부정의한가? 왜 역사 속엔 비극과 파국이 있고, 비합리성과 운명 같은 것이 인간의 갈 길을 가로 막는가? 바로 이와같은 질문들은 하나님은 과연 선하시고 의로우신가 하는 물음을 묻게 한다. 이것이 다름 아닌 '신정'(therodicy, 신정론(神正論))의 문제이다.

헤겔에게 있어서 우리 인간의 이성은 "영원한 지혜에 의하여 의도되어진 바"가 "자연"과 "정신"의 영역 안에서 정당화된다고 하는 사실, 다시 말하면 이성은 자연과 역사(정신의 영역) 속에서 발생하는 그 어떤 부정성에도 불구하고 그 자연과 역사의 영역 안에서 자기를 정당화한다고 하는 사실을 계속해서 알아간다. 그는 특히 사고하는 정신은 역사의 영역, 그것도 보편사의 영역 안에서 "발견되는 부정성을 포용하고, 악의 실재와 화해될 수 있다고 본다. 진실로, 그 어디에서 보다도 그와 같은 조화가 가장 크게 요청되는 것은 보편사(Universal History)에서 이다."라고 하여, '신정론'을 주장하였다. 환언하면 민족정신들(Volkgeister)과 나아가서 세계정신(Weltgeist)은 그 어떤 부정성에도 불구하고 역사의 목적인 국가와 국가들 안에서 종교와 도덕, 자유와 법체계, 예술과 학문, 과학과 기술 등 "선한 것"(the Good)과 "참된 것"(the True)을 통하여 정당화된다고 하는 말이다. 이와같은 것들은 "모든 정신적인 실재들"(all the spiritual reality)로서 "이성"(the Reason)인데, 정신은 이와같은 '이성의 이상'을 추구함으로써 역사의 변증법적 발전과정 속에서 항상 자신을 정당화한다는 말이다. 인류역사(보편사)는 그 어떤 부정성에도 불구하고, 민족정신들과 세계정신의 그와 같은 이성의 이상을 힘차게 실현해 간다고 하는 것이다.

따라서 보편사는 다름아닌 세계정신의 변증법적 자기발전인 바, 후자는 전자의 구체성을 통하여 '구체적 보편정신'(the concrete Universal Spirit)이 되어 가는 것이다. 세계정신 속에는 민족의 정신들이 "없애가짐"(aufgehoben)을 통하여 포용되어 있는 것이고, 각 나라와 민족 속에는 개인들과 문화들과 사회

제도들에 관련된 모든 것들이 "없애가짐"을 통하여 포용되어 있는 것이다. 이상과 같은 모든 변증법적 발전과정, 특히 보편사의 그것에 있어서 "이성의 간계"는 '신정'을 정당화하는 계기에 불과한 것이다.

그러나 성서는 "이 예수를 하나님이 그의 피로 인하여 믿음으로 말미암는 화목 제물로 세우셨으니 이는 하나님께서 길이 참으시는 중에 전에 지은 죄를 간과하심으로 자기의 의로우심을 나타내려 하심이라. 곧 이 때에 자기의 의로우심을 나타내사 자기도 의로우시며 예수 믿는 자를 의롭다 하려 하심이니라."(롬 3:35-26)라고 한다. 아버지 하나님께서는 온 창조세계와 온 인류의 보편사를 위하여 그의 아들 예수 그리스도를 십자가에서 화목제물이 되게 하시어, 스스로를 의롭다 하시고, 성령을 통하여 그것을 믿는 모든 사람들을 의롭다하셨다. 가룻 유다로 대표되는 모든 이스라엘 백성과 빌라도로 대표되는 모든 이방세계 사람들이 예수 그리스도를 십자가에 못 박아 죽였으나, 아버지 하나님께서는 성령에 의하여 그를 다시 살리셨다. 아버지는 아들을 통하여 성령의 사역으로 창조세계와 인류 공동체를 새 창조의 세계로 변혁(transformation)시키시고 변형시키시며(transfiguration) 완성시키실(consummation)것을 계시하시고 약속하셨다. 이것이 다름아닌 삼위일체 하나님의 자기 정당화이다. 이것이 성경이 주장하는 '신정'(神正)이다. 교회 공동체란 이것을 믿고 이웃을 사랑하며 이것을 희망하는 가운데, 역사의 지평 속에서 창조세계와 보편사의 변혁을 위하여 실존하는 특수 공동체일 것이다.

한스 프라이의 복음서들의 '하나님 나라 복음 이야기', 라이트의 '성서의 거대담론을 푸는 열쇠로서 하나님의 선교', 보캠과 하트의 '창조와 새 창조'로서 성서의 거대담론, 그리고 레슬리 뉴비긴의 '보편사의 해석으로서 내러티브 신학'은 모두 헤겔처럼 인류의 보편사를 통한 하나님의 자기 정당화를 추구한 것이 아니라 성서의 고유한 '거대담론'에서 하나님의 자기 정당화를 찾았다. 프라이는 복음서들의 이야기야 말로 하나님께서 그의 아들(vere Deus et vere Homo)을 통하여 인류를 구속하셨다고 하였고, 라이트는 하나님께서 인류 구원을 위하여 아브라함과 나아가서 이스라엘 백성을 선택하시고 부르셨다고 하였으며, 보캠과 하트는 '새 창조'를 겨냥하여 창세기의 이야기와 계시록의 이야기를 연결시켰고, 뉴비긴은 성서의 이야기에서 보편사 해석을 위한 렌즈를 발견하였다. 이들 내러티브 신학자들은 모두 한결같이 이스라엘의 특수역사(구속사)와 예수 그리스도의 특수역사(구속사)를 통하여 객관적이고 보편적이며 종말론적으로 일어났고, 일어나야 할 창조세계와 인류 역사의 구원을 주장하였고, 이스라엘과 교회는 이를 믿음으로 받아들여 사랑(정의)과 희망 가운데 사는 공동체로서, 결국 이들은 창조세계와 인류 보편사를 위하여 실존하는 '타자를 위한 존재'(being for others)인 것이다. 이상과 같은 뜻에서 내러티브 신학은 성서의 고유한 이야기에 근거하는 '신정'을 주장한다.

이것에 더하여 예수 그리스도의 고난은 이상에서처럼 모든 인류를 위한 '희생제사'의 의미 이외에 타자를 위하여 고난을 당하는 모든 사람들과 집단들과 국가와 세계의 고난과 연대(solidarity)한다. 예수님은 가난한 자, 병든 자, 소외된 자, 그리고 억압을 당하는 자 등 사회적 약자들 편에 서 계시고, 이들에게 따뜻한 사랑을 베풀어 주셨고, 하나님 나라를 약속하셨으니, 이 또한 '신정'에 대한 대답의 일부가 될 수 있을 것이다.

'헤겔의 거대담론 vs. 성서적 거대담론'

헤겔의 역사철학은 근대주의의 전형적인 거대담론에 속한다. 하지만 그가 주장하는 '인류의 보편사'는 과연 진정으로 보편적이고, 그의 그 역사에 대한 '철학' 역시 과연 진정으로 보편 타당(universal validity)한가? 모든 근대 역사가들의 역사기록방법론은 다음과 같은 질문들을 피할 수 없었을 것이다.

이야기의 원천은 무엇인가? 그것이 목격자들 또는 제2차 자료로부터 왔는가? 그 이야기를 보았고 설명하였으며 또는 다시 이야기한 사람들의 신빙성은 어떠한가? 그 이야기를 함에 있어서 그들의 목적은 무엇인가? 어떤 관심들과 영향들이 그들의 이야기하기를 형성한 것으로 보이는가? 우리는 동일한 사건들에 대한 다른 자료들로부터 무슨 부수적인 정보를 갖고 있는가? 그리하여 사가들은 이와같은 질문들과 이와 유사한 질문들을 묻기 위하여 계속해서 자신의 도구들을 날카롭게 갈고 그 이야기에 관련된 더 많은 정보를 축적하고 조직한다.[68]

아마도 헤겔은 구약의 히브리인들의 이야기, 희랍로마의 이야기, 그리고 신약성경의 기독교로부터 '계몽주의' 시대를 거쳐 19세기 서유럽 시기에 이르는(특히, 프러시아 제국에 이르는) 특정 지역 나라와 민족들의 이야기를 포함하여 '인류 보편사'라고 하였을 것이고(중국과 인도와 이슬람권, 그리고 동남아시아와 아프리카와 라틴아메리카를 제외한), '자유'를 향한, 곧 국가의 법체계 안에서 '자유'를 향한 세계정신의 변증법적 발전에 대한 그의 역사기술방법론은 서유럽 사회문화와 언어문화의 소산임(포스트모더니트들 가운데 후기 비트겐슈타인과 맥킨타이어)에 틀림없을 것이다. 따라서 그의 보편주의는 '로컬' 차원의 이야기에 불과한 것으로 보인다.

반면에 성서의 '거대담론'은 창조세계 까지도 아우르는 모든 가족들과 종족들과 민족들과 인류를 포함하는 구원 이야기이다. 창세기로부터 성서는 역사와 창조세계의 끝과 전체를 이야기하기 시작하며, 그 끝과 전체가 예수 그리스도의 이야기에서 '계시'되었으니, 성서의 '거대담론'은 진정으로 '끝'을 보면서 '전체'를 말하고 전체를 보면서 부분을 이야기하고 있는 것이다. 성서적 '거대담론'은 역사의 '끝'과 '전체'를 알면서 그것의 처음과 과정들을 이야기한다. 예컨대, 우리가 길을 가다가 누가 집을 짓고 있는 것을 보고, 그것이 무엇을 위한 어떤 집이 될 것인가에 대하여 호기심을 갖게 되는데, 우리는 건축가의 계획과 목적에 대한 이야기를 듣고 비로소 그 집이 무슨 집인가를 알 수 있다. 마찬가지로 우리가 창조세계를 아우르는 인류역사에 대하여 이야기할 수 있는 것은 역사의 처음과 끝이 예수 그리스도를 통

---

68) Lesslie Newbigin, The Open Secret, 83.

하여 계시되었기 때문이다. 우리는 첫 목격자들(사도들과 사도적 공동체)의 증언들을 통하여 이 이야기를 들으며, 구약의 역사에 대한 이야기로 소급하기도 하고 구약의 보편사 이야기로부터 신약성서의 보편사 이야기로 내려오기도 한다. 예언자들과 사도들로 대표되는 모든 성서의 원초적 증인들 역시 당대의 사회문화와 언어문화에 의하여 규정되지만 말이다.

뉴비긴은 선택의 방법으로 인류와 관계하시는 하나님 이야기와 근대 세계사에서 이야기되어 있는 인류 역사에 대한 이야기 사이의 관계를 다음과 같이 주장 한다.

성서의 이야기는 하나의 고립된 이야기가 아니다. 그것은 인류역사 전체와 동떨어진 하나의 특수 역사('구속사')가 아니다. 인류에 대한 전체적 이야기는 상호 연계되어진 단 하나의 직물이다. 그리고 성서는 그것의 일부이다. 구약연구는 메소포타미아 팔레스타인 애급의 초기 문명들에 대해서 연구하는 고고학자들과 역사학자들의 몫이다. …[69]

끝으로 뉴비긴은 "하나님의 선택의 역사를 그 중심에 두고 있는 성서적 이야기와 세속 역사가들에 의하여 이야기되어 지고 있는 인류의 역사" 사이의 관계에 대하여 기독교인들의 입장을 다음과 같이 정리하였다.

① 기독교인의 신앙고백은 인류 이야기 전체의 의미와 목적(끝)에 대한 신앙 고백이다. 이과 같은 신앙고백은 예수님 안에서 노정(露呈)된 목적 이외의 다른 목적을 바라보는 인류에 대한 모든 이해에 도전한다.
② 기독교인들은 성서적 이야기가 인간의 삶이 그것의 한 부분인 전 역사의 일부라고 하는 것을 믿기 때문에, 성서적 이야기가 모든 역사기록들에 적용되는 모든 비판적인 연구로부터 배제되는 것을 거부한다. 기독교인들은 '정말 무엇이 일어났는지'에 대하여 꼭 알아야 한다. 그러나 기독교인

---

69) Newbigin, *op. cit.*, 87.

들은 모든 역사 연구들 밑에 자리하고 있는 은폐된 전제들을 기꺼이 탐구하고 문제를 삼아야 할 것이다.

③ 기독교인들이 성서의 이야기에 접근하는 전제들은 첫 제자들 이래로 믿는 자들의 공동체를 형성해 온 그런 것들이다. 기독교인들은 그와 같은 전제들을, 공동체의 삶과 예배와 순종을 함께 나눔으로부터 얻는다. 이 공동체 안에서 여러 다양한 문화들과 시간들과 인간적 상황들의 사람들이 그들의 다양성에도 불구하고, 예수님은 알파와 오메가로 고백함에 있어서 하나가 되는 것이야 말로 기독교 공동체의 본질에 속한다.

④ 기독교 신앙이란 인류 역사 전체의 의미와 목적에 관한 신앙이기 때문에, 이 신앙은 현 시점의 실질적인 세속사의 맥락을 떠나서는 고백될 수 없다. 좀 더 상세하게 말한다면, 이것은 현 세속사건들의 의미와(시대의 징표들을 분별하기) 인류와 세계의 창조의 참 목적을 향하여 정향되어 있는 세속적인 삶의 여러 분야들에서 일어나는 구체적인 행동(공동의 삶에 있어서 기독교적 순종)에 대한 하나의 잠정적인 해석임에 틀림없다. 환언하면, 인류 이야기 전체에 대한 성서적 이야기의 관계는 행동으로 대답되어져야 할 문제이다. … [70]

그리하여 뉴비긴은 이어서 "하나님의 정의를 위한 행동으로서 선교"(90-120)에 대하여 논한다.

---

[70] Newbigin, *op. cit.*, 89-90.

콩트
(Auguste Comte, 1798-1857)

콩트는 1798년 세입 징수관의 아들로 몽펠리에에서 태어났다. 그의 아버지는 프랑스 혁명 때에 부르봉 왕조 옹호자였고 가톨릭주의자였다. 콩트는 수학을 배우고 난 다음에 파리에 있는 폴리테크닉 학교에 입학하였으며 1817년엔 생시몽의 비서가 되어, 1825년 생시몽이 죽기 직전 언쟁을 버리기 전 까지는 여러 책들을 출판하는 일에 그를 도와주었다. 몽테스큐와 콩도르세의 저서들을 섭렵한 콩트는 생시몽의 사상을 수용할 수 있었고 그의 진보사관과 과학자들과 예술가들과 기업가들 엘리트 그룹 주도로 사회를 재조직하려는 그의 프로젝트를 거침없이 수용하였다. 콩트는 한동안 경제적이고 심리적인 어려움을 겪은 다음, 가정교사와 간간히 저널리즘 활동에 의하여 생계를 꾸려가면서, 1830년 그의 첫 저술인 『실증철학』(Cours de philosophe positive)을 출판하였고, 12년이 지나서는 그것의 제6판과 마지막 판을 출간하였다. 이 시기 동안에 콩트는 밀(John Stuart Mill)과 긴 서신 왕래를 하였다. 밀은 콩트의 사회학적 사상과 역사관에 큰 인상을 받아, 그와 같은 것을 '웨스트민스터 리뷰지'를 통하여 영국 사회에 많이 알렸다. 밀은 콩트에게 가능한 많이 경제적으로 도움을 주었으나, 콩트는 밀이 큰 인물로서 그와 같은 지원을 하는 것은 그렇게 큰 일이 아니라고 생각하며 밀과 관계하는 동안 은혜를 크게 느끼지 않았다. 1852년과 1854년 사이에 콩트는 그의 마지막 책인 『실증 정치학』(Systeme de politique positive)을 4권으로 출판하였는데, 마지막 권은 그가 세상 떠나기 3년 전에 나왔다.

1. 『실증철학과 사회연구』[71]

1) "인간진보의 3단계"

콩트의 '실증철학'에 따르면 인간정신과 인류역사는 3단계를 거쳐서 진보하였다. 신학적인 단계(픽션의 단계), 형이상학적인 단계(추상적 단계), 그리고 과학적 단계(실증적 단계)가 그것인데, 그는 이를 인간정신과 인류역사 진보의 "하나의 훌륭한 근본적인 법칙" 또는 "세 가지 상이한 이론적 조건들"이라 부른다. 이는 또한 "세 가지 철학하기(philosophizing)로서 상호 간에 본질적으로 다르고 심지어는 과격하게 대립되기도 한다."(75)고 보았다. 이 셋은 각각 철학하는 방법으로서 첫째 단계는 인간의 이해의 출발점이요 세 번째 단계는 그 이해의 고정되고 확정된 상태요 두 번째 단계는 과도기 상태라 하였다.(75) 이 셋에 대한 좀 더 자세한 설명은 아래와 같다.

신학적인 상태에서 인간정신은 존재자들(beings)의 본질적 본성 또는 모든 결과들의 원초적 원인과 최종적인 목적들, 줄여서 말하면 절대적인 지식을 추구하면서 모든 현상들이 초자연적인 존재들의 직접적인 행동에 의하여 산출된다고 상상하였다.

---

71) 본 발췌문은 하리엣 마르티노의 『아우구스트 콩트의 실증철학』(The Positive Philosophy of Auguste Comte)의 제1권의 제1장과 제3권의 제3장으로부터 온 것이다. 프랑스 원본의 책명은 *Cours de philosophe positive*이다. *Theories of History*, 75-79.

첫 번째 단계의 변형에 불과한 형이상학적 상태에서 인간정신은, 모든 존재자들 안에 초자연적인 존재들(supernatural beings) 대신에 추상적 세력들 또는 인격화된 존재들이 있고 그것들이 모든 현상들을 생산해 낸다고 상상하였다. 이 단계에서 소위 말하는 현상들에 대한 설명은 각 현상을 그것의 고유한 추상적 실재에 조화시키는 것이다.

마지막 단계, 곧 실증적 상태에서 인간정신은 절대적 지식, 우주의 기원과 종착점, 그리고 현상들의 원인들에 대한 탐구를 포기하고 그와 같은 현상들의 법칙들, 곧 그것들의 순차적 연계성(succession)과 유사한 것들의 공존성(resemblance)에 대하여 집중적으로 연구한다. 이성과 관찰 그리고 그것의 조합이야말로 이 같은 지식의 수단이다. … (75)

콩트의 실증철학은 지식의 영역을 현상들과 현상들의 '순차적 연계성'과 '유사한 것들의 공존성'과 같은 법칙성에 국한시켰기 때문에, 바로 이와같은 관점에서 그는 초경험적이고 관찰을 불허하는 '본질들'과 '궁극적인 원인들'에 대한 신학적인 또는 형이상학적인 주장에 따른 지식영역은 전적으로 포기하였다. 즉, 그는 어른의 단계(실증적 단계)로부터 청년기의 단계(형이상학적 단계)와 어린아이의 단계(신학적 단계)로 소급하는 이해의 틀을 보여주었다. 독일의 이신론자요 계몽주의자였던 레싱(Lessing) 역시 그의 저서 『인류의 교육』(The Education of Human Race, 1777)에서 '계몽주의시기'를 대학교 단계로, 기독교 역사 시기를 고등학교 단계로, 그리고 구약과 신약시기를 초등학교시기로 보았다.[72]

---

72) 이형기, 『세계교회사 (II), 272-273.

2) "사회적 물리학"

콩트는 경험 과학적 방법론을 인류 역사이해에서 뿐만 아니라 인류사회 이해에도 적용하였다. 그는 '천문학, 물리학, 화학, 그리고 생리학이라고 하는 네 가지 현상들'을 '실증과학들'의 역사적 순차적 연계성의 발전과정으로 보고 이것의 절정이 다름아닌 "사회적 물리학"(76)이라고 하였다. 가르디너에 의하면 그는 적어도 "과학적인 방법으로 사회현상들을 해석하는 자신의 프로젝트를 역사 그 자체에 의하여 정당화한다. 즉, 그것은 하나의 필연적인 역사적 법칙의 불가피한 결과이다."[73] 아마도 그는 자신이 살고 있는 '계몽주의' 시대가 다름 아닌 '과학적 단계' 또는 '실증적 단계'로 보아 이 단계의 사회학은 필연적으로 '사회적 물리학'이라고 본 것일 것이다. 콩트는 이렇게 말했다.

사회적 현상들은 비록 생리학과 겹치고 있지만 그것들의 중요성과 난점 때문에 독립된 분야로 구분되어야 한다. 그와 같은 현상들은 가장 개인적이고 가장 복합적이며 모든 다른 분야들에 가장 많이 의존적이기 때문이다. 때문에 사회물리학은 가장 늦게 등장하였다.(77)

그리하여 콩트는 결국 네 가지 범주의 자연현상들에 대한 '실증철학'의 주장을 '사회학'에게 획일적으로 적용하였기에, 그것을 "사회적 물리학"이라 불렀던 것으로 보인다. 결국, 콩트는 자연현상들에 대한 해석방법을 곧바로 사회현상들에 적용하였다.

… 그러나 네 가지 범주들을 각인시킨 동일한 실증성의 성격이 이와같은 사회물리학에도 그대로 적용된다. 이 분야에 대한 작업이 완성된다면 근대인들의

---

73) Theories of History, 74.

철학적 체계는 사실상 완결될 것이다. 그리하여 이상의 다섯 가지 범주에 자연적으로 편입되지 않는 그 어떤 현상도 없을 것이다. 우리의 모든 근본적인 개념들이 동질화되어 버린 후, 실증적 상태는 충만하게 수립되는 것일 것이다. … (77)

3) "정태적인 법칙과 역동적인 법칙"

칼 뢰비트에 따르면,[74] 헤겔과 콩트는 모두 프랑스 혁명 직후의 역사철학자들로서 역사진보의 '역동성' 못지않게 안정성을 감안하였다. 그도 그럴 것이 전자는 항상 '대립갈등'을 넘어서는 세계정신의 지배를, 그리고 후자는 '질서'와 함께 가는 '진보'를 주장하였기 때문이다. 콩트는 '질서'와 '진보'를 "두 부류의 사실들"이라기보다는 '사회물리학'이라고 하는 하나의 실증철학 이론의 두 측면으로 보았다. 우선 이 둘의 구분에 대한 콩트의 주장을 들어 보자.

> … 그 하나의 이론은 질서와 진보라고 하는 이중 개념에 상응한다. 그도 그럴 것이 질서란 사회적 실존의 조건들 사이의 영구적 조화에 있고, 진보란 사회적 발전에 있다. 한편 사회적 실존의 조건들이 그리고 다른 한편 사회적 발전 법칙들이 하나의 사회물리학의 정태성과 역동성을 구성하고 있는 것이다.(78)

'질서'와 '진보'에 대한 좀 더 자세한 콩트의 설명을 들어 보자. 콩트는 전자에 대하여 '해부학'에 비유하여 설명한다. 즉, 그는 그것이 "어떤 사회체제의 여러 상이한 부분들의 작용과 반작용의 법칙들에 대한 연구"(78)라며, 그것을 이와같은 법칙들을 바탕으로 점진적으로 진보하는 운동으로부터 구별

---

74) Karl Löwith, *op. cit.*, 68.

하였다. 콩트는 이와같은 자신의 입장을, 그 당시 사회의 여러 요소들을 독립적으로 연구하는 입장과 차별화시켰으니, "오히려 우리는 그와 같은 여러 사회적 요소들을 상호관계 속에 있는 것으로 이해함으로써 그것들을 조합 속에 있는 것으로 취급하지 않으면 안 되는 하나의 전제(a whole)를 형성하는 것으로 보아야 한다."(78)고 하였다. 그는 사회체제를 유기체로 보고, 생물학의 대상인 살아있는 몸들에 대한 연구와 같다고 보기 때문이다. 그런즉, 콩트에게 있어서 이와같은 상호 관계성 속에서 전체를 보는 방법론은 모든 현상들에 대한 연구에 공히 적용된다. 하지만 사회물리학에 있어선 그것이 강도와 다양성에 있어서 다른 분야들과 사뭇 다르다는 것이다. 식물보다는 동물에 있어서 동물보다는 인간에 있어서 개인보다는 인간사회에 있어서 그와 같은 상호 유기적인 관계성의 강도와 다양성은 더욱 짙어지기 때문일 것이다. 물론, 무기체보다는 유기체가 더욱 복잡한 상호 관계 속에 있다.

콩트는 후자(역동성)에 대하여 "그와 같은 연속적인 사회적 상태들 각각을 그 이전 사회적 상태의 필연적인 결과로 그리고 그 다음 사회적 상태의 필수불가결한 동인으로 이해하는 데 에 있다."(79)고 한다. 콩트에게 있어서 과학들에 적용되는 방법론을, 사회학에도 그대로 적용할 때, 사회의 진보(역동성)는 예측될 수 있고 예언될 수 있는 것으로 보인다.

이 관심에서 과학의 대상은 이와같은 연속성(continuity)을 지배하는 법칙들을 발견해 내는 것이요 그와 같은 법칙들의 집합은 인간발달의 과정을 결정한다. 간단히 말하면, 사회적 역동성 연구는 순차적 연계성(succession)의 법칙들을 연구하고 사회적 정태성은 공존(co-existence)의 법칙들을 연구한다. 그리하여 첫 번째 것의 사용은 정치적 실천을 향한 진보이론을 제공하고 두 번째 것의 사용은 질서에 대하여 동일한 서비스를 하는 것이다. 따라서 근대사회의 필요에 대한 이와같은 적합성은 그와 같은 조합의 철학적 성격에 대한 하나의 강한 확인이다.(79)

성서의 '보편사 해석'에 비추어서

데카르트는 인문사회과학(특히, 역사학)과 예술 등의 분야를 수학과 자연과학으로 축소시키는 환원주의(reductionism)의 장본인이었다. 콩트는 베이컨과 갈릴레오와 데카르트로부터 시발되어진 과학주의 전통을 물려받았다.[75] 이미 우리가 논한 대로 이를 극복하려 애쓴 최초의 역사학자는 비코(Vico)였다. 이제 우리는 이와같은 콩트의 주장에 대하여도 비코의 발언이 꼭 필요한 것으로 보아야 한다. 콩트는 탈 신학과 탈 형이상학을 내세우면서, '계몽주의' 시대와 향후 과학의 시대 혹은 실증주의 시대로 나가야 한다고 하는 '실증철학'에 입각한 '역사철학'을 주장하였기 때문이다. 그는 모더니즘 시기의 모든 '역사철학'의 경우처럼 '진보사관을 주장한 것에 다름 아니지만, 그의 역사관은 모든 기독교적 유산과 희랍 로마적 고전(the Graeco-Roman antiquity)의 유산을 완전히 폐기처분하고, 제3의 시대를 추구하였고, 내다보았다. 그의 '진보'개념은 인류의 정신과 인류문명의 진보를 주장한 콩도르세와 달리 자연과학 혹은 실증주의 시대로의 환언을 주장한 것이고, '자유'가 정신의 변증법적 자기발전을 통하여 국가와 그 안에 있는 법체계와 문화의 형태로 실현된다고 하는 헤겔의 『역사철학』과는 달리 실증적 '사회물리학'을 주장하였다.

심지어 그는 자연현상들에 대한 연구방법론(succession and co-existence)을 사회현상들에도 적용하여 '사회물리학'에 대한 주장을 펼친 것이다. 그는 과학들의 진화론적 과정을 중요시하면서 그것의 필연적인 단계로서 '사회물리학'을 주장한 것이다. 그의 '질서'와 '진보'의 조합 역시 자연과학적 방법론으로부터 온 것이다. 문제는 그의 '환언주의'에 있다. 우리는 창조세계의 각 영역의 상대적 영역주권들을 인정하면서도 낮은 단계로부터 높은 단계로의 목적지향적인 이동을 보아야 하고, 그것들이 인간사회의 영역에서 어떤 역할과 몫을 해야 할 것인가를 생각해야 할 것이다. 가장 중요한 것은 창조세

---

75) Karl Löwith, *op. cit.*, 69.

계와 인류사회와 역사의 존재근원과 존재목적과 존재의미이다. 기독교는 창조세계와 역사 속에 내주하시는 성령과 구속주 예수 그리스도와 창조주 하나님에 대한 신앙과, 창조와 역사의 종말론적인 완성에 대한 희망에 대하여 이야기 한다. 창조세계의 모든 무생물들과 생물들과 동물들과 인간들이 결국 누구에 의하여 창조되었고, 무엇을 위하여 창조되었으며, 타락과 부패에도 불구하고 어떻게 구속되었고, 장차 그것의 완성은 어떠한가에 대한 것이 중요하다. 창조주 하나님이 성령 안에서 그의 아들 예수 그리스도를 통하여 창조하시고, 타락에도 불구하고 구원하시며, 마지막 때에 그것을 완성하실 것이라고 하는 것이 결정적으로 중요하다고 하는 것이다. 바로 이 과정 속에서 창조세계와 인류사회와 역사는 그것의 의미를 찾는다. 창조세계와 인류사회와 역사는 사랑과 정의와 평화와 기쁨이 넘치는 하나의 생명공동체로서 새 하늘 새 땅에서의 '샬롬'의 생명공동체의 표지판들이요 징표요 파편이요 그것을 일구는 도구들이다.

콩트는 레싱, 헤겔, 그리고 칼 마르크스와 함께 '기독교 후기시대'(the post-Christianity)라고 하는 제3의 시대를 추구하였다. 레싱은 신구약성서 시대를 초등학생들을 위한 교본으로, 기독교 역사를 고등학생을 위한 교본으로, 그리고 '계몽주의'와 향후 이성(주로 실천이성)의 시대를 대학생을 위한 교본으로 보았고, 헤겔은 그의 초기 저서들(신학적인 저서들)과 『종교철학』에 포함되어 있는 기독교적 요소들을 뒤로 하고, 세계정신이 어떻게 보편사 속에서 변증법적 자기발전을 통하여 '자유'에 이르는 가를 주장하였으며, 칼 마르크스는 기독교 종말론의 세속화 버전을 주장하여 향후 프로레타리아 천국을 바라보았기 때문이다. 결국, 콩트가 희망했던 과학주의 시대 혹은 실증주의 시대란 과학과 기술 지배의 사회였다. 그는 실증철학자들과 과학자들과 정치가들의 통치를 받을 기술지배의 사회야말로 가장 행복한 사회일 것으로 기대하였다. 그는 산업사회 이후 전쟁의 비극들과 지구환경 파괴를 전혀 바라 볼 수 없었다.[76] 비록, 그가 다른 모든 모더니즘 시기의 '역사철학자들'과, 낙관적인 역사관을 함께 공유하고 있지만 말이다.

이와같은 콩트의 실증주의적 역사철학은 '거대담론'임에 틀림없다. 그는 과학과 기술에 있어서 가장 앞서갔던 서유럽의 역사발전을 염두에 두는 '보편주의'와 '보편타당성'과 '객관주의'를 모든 비서유럽의 역사에도 적용하는 과오를 범한 것이다. 즉, 그의 실증철학적 역사관은 과학과 기술에 있어서 뒤쳐진 비서유럽의 많은 나라들의 역사들뿐만 아니라 기독교를 포함한 수많은 종교들의 역사들과 민족문화들과 학문들의 다양한 역사들을 배제시킬 것이다. 그리고 경험 가능하고 관찰 가능한 자연과 역사, 사회현상들 모두에 자연과학적 법칙들을 적용하다보면, 역시 자연과학 이외의 모든 문화들과 학문들을 억압하고 말 것이다. 콩트의 '역사'이해에 있어서는 실존철학이 중요시하는 죄와 죽음, 불안과 절망과 운명 같은 것은 없을 것이다.

콩트는 기독교와 형이상학에 기초한 모든 도덕과 윤리체계를 거부하였다. 그는 사회도덕이란 누구나 이의없이 받아들이는 일치된 표준, 곧 동의에 의존한다고 보기 때문이다. 모든 도덕은 상대적이고 절대적인 것은 아무 것도 없다. 그것은 인간의 지식과 마찬 가지로 수 세기를 통하여 발전되어 온 것이다. 그런데 이 표준들은 과거로부터 물려받은 선하고 항구적인 것을 보존하기는 하지만 새로운 환경, 새로운 이해, 그리고 보다 나은 정보에 의하여 변형되어야 한다. 콩트의 윤리학이 많은 비판을 받았다 해도 그것은 적어도 19세기 서유럽 중산층이 성취해 낸 일반적이고 상식적인 윤리이론이었다. 성경과 교회의 가르침에 의해서가 아니라 지식의 축적과 가정과 사회에 의하여 인간은 비이기적이 될 수 있고, 이렇게 되는 것이 행복으로 인도하는 길이라고 하는 것이다. 이와같은 윤리는 인간과 사회에 대한 관찰에서 나온 검증 가능한 실증주의적 도덕성에 기초하고 있다.[77] 따라서 신학적으로

---

76) Karl Löwith, *op. cit.*, 86 이하.
77) 이형기, 『세계교회사』(II), 388-390.

보면, 콩트는 은혜의 언약 백성인 이스라엘에게 주어진 모세 5경의 언약의 무와 예언자들의 목소리를 전적으로 배제하고 있고, 나아가서 은혜의 복음을 통하여 믿음으로 구원받은 교회 공동체에게 주어진 산상수훈과 모든 사도들의 훈령들에 대하여도 아랑곳하지 않는다. 그는 모든 인류를 위하여 모든 율법을 완성하신 예수 그리스도의 신적인 명령들에 대하여 아는 바가 없다. 다시 말하면, 출애굽 공동체인 이스라엘은 과격한 은혜의 언약에 응답하는 언약 공동체의 상호 의존적인 지체들로서 '언약 법'(출 2:22-23:33)과 '신명기 법'(신 12-26)과 '성화의 법'(레 17-26)을 기쁜 마음으로 준수해야 했다. 그리고 예수 그리스도를 통한 출애굽 공동체인 교회 역시 복음서들에 나타난 예수님의 말씀들과 행동들 그리고 사도들의 훈령들을 따라 은혜의 새 언약에 응답하는 삶을 살아야 하는 상호 의존적인 부분들의 공동체였다.

끝으로 우리가 이미 제시한 성서적 내러티브 신학에 비추어서 콩트의 '역사철학'을 검토해 보자. 그의 과학주의 또는 실증주의에 입각한 '역사철학'은 인간의 이성에 의하여 관찰될 수 있고 실험 가능한 자연현상들과 역사와 사회현상들의 세계에 국한하고 있기 때문에, 창세기 내러티브가 이야기하고 있는 인간과 만유의 근원과 의미와 목적, 노아와 아브라함과 이스라엘의 선택을 통한 하나님의 보편주의적 구원 이야기, 복음서의 '하나의 하나님 나라 이야기'(한스 프라이), 그리고 종말론적 기독론 또는 기독론적 종말론에 입각하여 이해된 요한 계시록 21-22장이 이야기하고 있는 종말론적 완성에 대하여 전혀 인정할 수 없었을 것이다. 우리는 '창조', '출애굽', '십자가', 또는 '부활'에 대하여 실증주의적 또는 과학주의적 사실과 사건이 아니라 이미 기억되고 이야기되었으며 해석된 사실과 사건을 성경에서 발견하는 것이기 때문에, 실증주의 및 과학주의는 이와같은 성경이해에 근접할 수 없을 것이다. 그렇다고 우리는 '사실'과 '의미'(가치)를 결코 이분화시켜서는 안 된다. 후기 비트겐슈타인과 맥킨타이어의 포스트모더니즘은 성경의 이야기를 중요시하는 내러티브 신학을 가능하게 하였다. 이와같은 이야기 신학은 나무보다 숲을 더 중요시한다. 즉, 성경의 명제들보다도 그 명제들이 지향하고 구축하고 있는 성경 전체를 통해서 흐르고 있는 이야기를 중요시한다고 하는 말이다. 실증철학은 기본적으로 영원(하나님 나라)이 시간 속으로 뚫고 들어왔고, 현재 시간과 함께 있으며, 마지막 때에 시간 속으로 도래할 것을 믿지 않고 희망하지 않는다. 이것은 사도들이 증언하고 있는 신약 성서 안에서 결정적으로 일어난 것이다.

8장
랑케
(Leopold von Ranke, 1795-1886)

랑케는 근대 역사학의 스승이자 아버지이다. 역사가들 가운데 노장인 그가 유명하게 된 것은 60권 이상의 저서들을 저작했을 뿐만 아니라 역사방법론을 정립함으로써 유럽 역사의 통일성과 다양성을 함께 보려고 한 데 있다. 그는 여러 해 동안 언어학을 가르친 경험을 바탕으로 1820년대에 역사연구를 본격적으로 시작하였고, 1824년엔 베를린 대학의 역사학 교수가 되었다. 그는 이곳에서 역사학 세미나를 처음으로 시작하면서, 대학원 학생들에게 역사적 자료비평(Quellenkritik = the critical study of the sources)을 가르쳤다. 그는 유럽 여러 나라들을 여행하면서 근대 국가들의 역사를 쓰려고 수많은 '기록 보관소의 자료들'(the archival sources)을 섭렵하였다. 그가 이처럼 '기록 보관서의 자료'를 귀하게 여기는 이유는, 역사가들의 그 어떤 사관(史觀)들에 의하여 매개된 사건들이나 사실들이 아니라 전적으로 '목격자들의 설명들'(eyewitness reports)과 '가장 순수하고 가장 직접적인 문서들'이 보여주고 있는 사건들과 사실들이 무엇을 말하고 있는가에 관심하였기 때문이다.

그는 초기에 낭만주의자로서 종교적이고 철학적인 성향에도 불구하고 역사학을 종교와 철학으로부터 분리시켜 독립적인 학문으로 확립하려고 애썼다. 무엇보다도 그는 각 시대와 각 시대의 사건들이 하나의 독특하고 유일무이한 것으로 이해되어야 한다고 보았다. 그와 같은 것들은 그것을 형성하시는 '하나님께 직결되어 있기'(was immediate to God) 때문이다. 즉, 우선 중요한 것은 그 어떤 사관들에 의해서도 매개되지 않은 각 시대의 사건들과 사실들 그 자체요, 그 다음은 그것들이 하나님의 관여하심과 인도하심 아래에 있다고 하는 것이다. 그래서 랑케는 각 시대와 각 시대의 사건들과 사실들을 철저한 공정성을 가지고 다루어야 한다고 보았다. 그러나 랑케에게 있어서 특수는 보편사의 일부로서 파악되었으니, 그는 86세의 노년에『세계사』를 집필하였다. 그러나 무엇보다도 그가 베를린 대학에서 두 세대의 역사가들을 교육시키면서 그의 저서들 가운데 가장 유명한 두 권의 책을 출판하였다. 하나는『교황들의 역사』(1834-1836)이요 다른 하나는『종교개혁 시기의 독일의 역사』(1839-1843)[78]였다.

피치몬스(M. A. Fitzsimons)는 랑케의 저서들에서 그의 역사기술방법론(his historiography)이 어떻게 입증되고 있는가를 밝히기 위하여 다음과 같은 물음들을 제기하였는데, 그것은 전적으로 타당하다.

악명 높게도 역사는 두 가지 주된 의미를 지니고 있다. 하나는 과거 그 자체요 다른 하나는 그 과거에 대한 역사가의 탐구의 결과들에 대한 역사가의 기술이다. 우리는 후자의 의미에 있어서 역사가의 지식에 대한 물음에 봉착한다. 역사가는 그의 자료들(sources)을 어떻게 그리고 왜 취사 선택하는가? 그의 설명은 얼마나 타당성이 있고 진실 된가? 사실과 일반화 사이의 관계는 무엇인가? 역사가의 동기 — 그가 의식적이든 무의식적이든 — 가 역사가의 탐구와 취사선택과 기술(記述)에 영향을 주는 것은 아닌지? 그의 역사기술방법론이 역사가의 사실들에 대한 사용과 그것에 대한 그의 판단에 영향을 주는 것이 아닌지?[79]

---

78) *The Varieties of History from Voltaire to the Present*, ed. and intro. by Fritz Stern(New York: A Division of Random House, 1973)(제3판), 54.

79) M. A. Fitzsimons, "Ranke: History as Worship", in *The Past Recaptured*(Notre Dame, Indiana: University of Notre Dame Press, 1983), 148.

랑케는 영미계통에서 주로 '특수에 집착하면서 실제로 과거에 어떤 일이 일어났는가'(wie es eigentlich gewesen = what actually happened)라고 하는 실증주의적 '역사주의'(historicism)에 집중한 나머지 역사가의 주관적 가치판단을 무시하는 역사학자로 알려졌으나,[80] 사실은 그렇지 않았다고 하는 사실을 우리는 피치몬스의 연구에서 알 수 있다. 그러니까, 그의 위 질문들에서 알 수 있듯이 역사연구의 두 개 축이 역사의 해석과 의미에 있어서 필수 불가결하다고 하는 말이다.

그리하여 피치몬스는 랑케의 역사철학을 전기적으로 몇가지로 구분하여 추적하였다. 첫째, 랑케는 그의 가정교육과 어린 시절의 교육에 있어서 전적으로 경건주의적 루터교로부터 영향을 받았다며, "랑케는 이 세상이 하나님의 계획(God's design)을 가리키는 특징들과 단서들을 보여주고 있다. 이와 같은 영향은 한 젊은이로 하여금 카이사르와 인간사를 받아들이는 성향을 갖게 하였고, 그것들을 과격하게 변혁시키기 보다는 설명하는 성향을 갖게 하였다."(149) 이와같은 보수적인 성향은 그가 살던 라이프치히가 나폴레옹의 패배 후 프러시아에 병합되자, 별 어려움 없이 한 프러시아 신민이 된 사실에서도 발견된다. 이 전쟁으로 라이프치히 인구의 10퍼센트가 죽었고, 색슨의 왕은 투옥되었다. 그리고 러시아 군인들이 도시를 활보하였고 그 도시의 모든 교회들은 병원이나 군수창고로 사용되었음에도 불구하고, 그는 보수적인 태도를 취했다.(149)

둘째, 이와같은 어려움 속에서도 그는 1817년에 박사학위를 마쳤다. 그는 그의 대학 생활 첫 1년이 되던 해에 일종의 회심 경험을 하였으니, 그것은 라이프치히 신학자들의 합리주의와 절대자에 대한 타협주의를 넘어서는 경험이었다. 그리하여 그는 17세기 루터교 정통주의가 아니라 루터 자신의 전기들로부터 출발하여 루터의 삶의 원천에 도달하였다. 그는 종교개혁자의 언어에 매력을 느꼈고, 루터의 삶과 가르침과 경험의 절대적인 전후 연관

성을 발견하고 기뻐하였다. 랑케는 루터에게서 한 소종파나 한 교회를 넘어서는 통전성을 경험하였다. 그러나 그는 이미 그의 아버지가 그의 가문을 통하여 대대로 이어지는 루터교 목회자가 되지 않고 법률가가 되면서 랑케로 하여금 루터교 목사가 되기를 원하였으나, 그는 학자의 길을 걸었다. (150)

셋째, 피치몬스는 초월적 관념론자인 피히테(Johann Gottlieb Fichte: 1762-1814)로부터 루터에 대한 비전을 갖게 되었고 학자의 소명을 갖게 되었다고 한다. 피히테는 두 가지를 랑케에게 영향 주었으니, 하나는 랑케가 루터 자신의 반교황투쟁에서 이미 보여 진 프랑스의 허울 좋은 보편주의에 반대하는 독일인들의 정신적 알맹이에 대한 것이고, 둘째는 이 세상에서 발견되는 신적인 이상들에 대한 것이다. 여기에서 피치몬스는 랑케의 민족주의와 원초적 자료에 입각한 객관적 역사관(historicism)에서 발견되는 하나님의 손길을 보았다. 특히, 랑케의 역사연구는 피히테뿐만 아니라 다른 관념철학자들의 영향으로 나폴레옹의 이상들의 절대통치에 대한 독일인들의 반대로부터 동기 지워졌다. 또한 랑케의 종교적 역사관은 "세상의 궁극적인 실재들인 신적 이상들에 의하여 이 세상을 알려고 하는 관념론적 탐구와 일맥상통한다.(150)

넷째, 랑케는 '고전적 언어학적 비판'으로부터 본문 비평과 순수 자료에 대한 탐구를 배웠다. 그 영향력이 가장 큰 인물은 니버(Barthold Georg Niebuhr: 1776-1831)였다. 랑케는 니버의 『로마 역사』로부터 자기 시대의 역사연구가 "하나의 영혼 없는 입문서가 될 필요가 없고, 하나의 가치있는 문학적 노력이 될 수 있다."고 하는 것을 배웠다. 그리고 랑케는 자신이 박사학위 과정을 위해서 연구한 투키디데스를 모델로 삼았다. 그는 희랍역사가의 정치적 가르침에 대한 라틴인의 저서에 관심하였다. 다섯째, 랑케는 프랑크푸르트의 어느 고등학교에서 기존 교과과정에 덧붙여서 고전과 역사를 가르쳤는데, 그는 후자를 위하여 이 학교에서 가르치게 된 것이다. 아마도 그는 투키디데스와 희랍로마의 역사에 대한 내러티브적 기술을 배웠을 것으로 보인다. (151)

그리고 그는 1818년부터 가르치면서, 고대 시대의 교육과 당대 독일의 교육을 비교하면서 희랍과 로마의 선생들은 "공적인 관심사, 곧 국가를 섬기는 일"을 위하여 학생들을 가르쳤다며, 교육과 정치적 삶은 함께 가야 할 것을 힘주어 주장하였다. 랑케는 이와같은 교육의 강조를 통하여 "하나의 자유롭고 책임적인 개인의 내적 양육과 기능 활성화"를 도모하였다. 그는 고전에 대한 교육이 인간의 자기교육과 정신적 성장을 가져온다고 하였다.(151) 바로 프랑크푸르트 시기 동안에 랑케는 특수 역사들에 대한 세심한 연구에 몰입하는 것으로 만족하지 않고, 그것을 보편사와 관련시킴으로써, 역사 속에서 하나님의 손길을 찾았다.

> … 그는 자신의 역사의 가장 큰 보화야 말로 세계역사이고, 이 세계사는 각 특수 역사에게 의미를 부여한다고 믿었다. 그런데 젊은 역사가인 랑케의 편지들은 세계사를 강조하다가도 종종 열광적으로 특수 역사에 몰두하기도 한다. 하지만 랑케는 전체가 가시권 안에 들어 올 수 있기 전에 파편들의 신비 속으로 진입함으로써 경험적으로 역사연구를 해야 한다고 하는 사실도 인정하였다. 이와같은 것들이 진실일진데, 역사가는 하나님에 대한 어떤 느낌을 지닐 수 있을 것을 희망할 수 있다. 진실로 이 세상엔 전적으로 세상적이고 무신적인 것(godless)이라곤 하나도 없다. … (152)

이와같은 피치몬스의 주장에서 우리는 랑케의 역사철학에서 두 축을 발견한다. 하나는 객관적인 축이요 둘은 주관적인 축이다. 전자는 '목격자들의 보고들'(eyewitness reports)과 '가장 순수하고 가장 직접적인 문서들'에 근거한 과거 그 자체에 대한 것이요, 후자는 신학적이고 형이상학적인 차원에 입각한 내러티브적 역사기술일 것이다. 말하자면 전자는 객관적 데이터요 후자는 그와 같은 데이터에 근거한 주관적 이야기이다. 하지만 랑케는 후자를 그렇게 쉽게 '주관적 가치관'이라고 보지 않을 것이다. 그도 그럴 것이 그것은 '하나님의 손길'에 해당할 것이기 때문이다. 그러다보니 랑케는 실증주의적 '역사주의' 입장을 추구한다고 하는 비판을 받을만 하다.

1. 『서언: 1494-1514년까지의 라틴 및 게르만 사람들의 역사들』

랑케는 1824년 베를린 대학의 역사학 교수가 될 즈음 저술한 『라틴 및 게르만 민족들』 직전에 위의 제목과 같은 프린트 물을 내놓았다. 그는 "유럽의 보편주의적인 권력들, 교황주의, 그리고 제국이 무너지고 있었던 시기인 근대초기[81]'에 대한 연구를 위해서 1494-1535년까지의 특수역사(the particulars)를 선택하였으나"(Fitzsmons, 152), 실제로 그는 1494-1514년까지의 특수역사(라틴 및 게르만 사람들의 역사들)를 연구하는 데 그쳤다. 이제 필자는 스턴(Fritz Stern)의 위 발췌문을 사용하여 랑케의 초기 역사기술방법론에 대하여 소개하려고 한다. 본 발췌문은 "역사가의 목적이란 그의 사관(his point of view)에 달렸다며 이를 두 가지로 본다. 그가 "하나는 라틴 및 게르만 민족들을 통일체로 보는 것이다. … 그리고 둘은 역사의 내용 그 자체로부터 직접 오는 것이다."(The Varieties, 55-56)라고 할 때, 우리는 랑케가 얼마나 역사의 객관성을 강조하고 있는가를 발견한다. 더욱이 랑케는 객관적이고 정확한 데이터에 근거한 특수역사(histories)('보편사'는 그 다음이고)에 대한 이해와 기술을 역사가의 우선 과제로 삼았다.

> 본 저서는 이와같은 라틴 및 게르만 민족들의 역사들(histories, not history)과 이들의 통일에 관련된 역사를 보려고 시도한다. 지금 까지 과거를 판단하는 직무, 그리고 그와 같은 과거를 현재 사람들에게 교육하여 보다 좋은 미래 세대를 만드는 직무가 역사에게 위탁되었다. 하지만 본 저서는 그와 같은 높은 직무를 갈망하지 않는다. 역사기술이 오직 원하는 것은, 실제로 무엇이 일어났는가(wie es eigentlich gewesen = what actually happened)를 보여주려고 하는 것이기 때문이다. (56-57)

---

81) 근대시기(modern period)가 언제부터 시작되었는가에 대하여 의견이 다양하지만, 랑케는 적어도 그 것이 15세기 말과 16세기 초에 시작된 것으로 본다. 참고: 이형기, 『세계교회사』(II), 255-260.

다시 언급하거니와, 랑케는 이와같은 주장에서 역사기술에 있어서 객관적인 축을 강조하면서, 동시에 주관적인 축을 배제하지 않고 있다 하겠다. 아마도 '주관적 축'이란 신학과 형이상학을 통합한 낭만주의 계통의 자연의 초자연화와 초자연의 자연화에 맞먹는 하나님의 손길에 대한 믿음일 것이다.

랑케는 보편적인 기독교세계, 유럽의 통일성, 그리고 라틴 기독교 세계와 같은 보편성이 아니라 특수성, 곧 '라틴 및 게르만 민족들의 통일성'[82]에 대해서만 연구한다. 그는 이 역사를 '모든 근대역사의 알맹이'(The Varieties, 56)로 보기 때문이다. 그런즉, 랑케는 본 저서에서 한편 스페인 왕국의 수립과 이탈리아의 멸망 그리고 다른 한편 이중적 적대세력, 곧 프랑스에서 기원하는 정치적 적대세력과 종교개혁을 통한 적대관계라고 하는 이중적 적대세력형성에 대하여 이야기한다. 랑케는 교황의 좌가 있고 아직 자체 내에서 평화와 외적인 자유를 누리고 있는 이탈리아에 대한 역사 이야기로 시작하여, 이탈리아가 어떻게 분열하였고 어떻게 스페인과 프랑스에 의하여 침략을 받았으며, 이탈리아 안의 모든 나라들의 자유와 자결권이 어떻게 파괴되었고, 결국 스페인에게 정복되어 이들의 통치가 시작되었다고 하는 이야기를 한다. 그리고 이 스페인이 모든 왕국들을 통일하고 이교도들을 막아, 기독교 신앙을 진척시켰고 결국 신대륙을 발견하여 그곳에 있는 큰 제국들을 정복하였다고 하는 이야기이다. 더 중요한 것은 스페인이 기독교 신앙을 위한 투쟁을 내걸고 이탈리아와 독일과 저지대 나라들(네덜란드와 벨기에 등)에서 헤게모니를 잡았다고 본다.(56) 그리고 본 저서에서 랑케는 독일 안에서 일어난 황제에 대한 정치적 반기의 기원들과 유럽 안에서의 교황에 대한 교회적인 반기의 기원들을 연구함에 의하여 종교개혁으로 야기된 대 분열에 대한 좀

---

82) 사전적인 뜻으로 보면, 대체로 라틴인들이란 라틴어에서 발달한 언어를 사용하는 스페인, 포르투갈, 이탈리아, 그리고 프랑스인들의 문화권을 가리키고, 게르만인이란 스웨덴, 덴마크, 노르웨이, 아이스란드, 앵글로 섹슨, 그리고 독일 문화권을 가리킨다. 랑케는 서유럽을 근대문명의 시발자로 설명, 그것의 가치를 역사이해와 역사기술의 지배적인 가치로 설명 있다.

더 포괄적인 견해를 위한 길을 마련하였다.(56) 하지만 랑케는 이와같은 특수 역사들에 대한 연구를 통하여 "모든 근대 역사의 알맹이"인 라틴 및 게르만 민족들의 통일성을 추구하였다. 우리는 이와같은 랑케의 객관적인 데이터에 근거한 내러티브에서 그의 사관이 이미 전제되어 있고 암시되어 있음을 발견한다. 그에게 근대 서유럽 문화에 대한 우월감과 독일에 대한 민족주의가 전제되어 있다. 특수역사에 대한 객관적 데이터에 근거한 이야기는 결국 하나님의 손길이라고 하는 주관적 사관에 의하여 지배를 받고 있는 것이다.

랑케는 자신의 역사기술이 "문학에서 기대되는 것만큼 그렇게 자유롭게 주제를 발전시키는 것은 아니다"(57)라고 하면서 자신의 역사기술이 위대한 희랍로마의 스승들의 작품들에서 연원한 것도 아니라고 한다. 여기에서 우리는 랑케가 역사기술이란 엄격한 데이터에 근거해야 한다고 보면서도 그와 같은 데이터를 엮어서 이야기하지 않으면 안 된다고 하는 것을 인정한다. 물론, 그의 역사기술방법이 희랍로마의 고전적인 역사기술방법과는 구별되지만 말이다. 여기에서 우리는 그가 다음과 같이 엄격한 자료비평과 특수에 대한 연구를 강조하고 있다고 하는 점에 다시 주목해야 한다.

본 저서의 기초 또는 그것의 자료의 원천은 실록들(memoirs), 일기들, 편지들, 외교 설명서들, 그리고 목격자들의 오리지널 이야기들이고, 다른 자료들을 사용할 경우에 그것들은 위에 언급한 자료들로부터 직접 유래한 것이거나 오리지널리티에 있어서 그것에 버금가는 것들이다. … (57)

사실들에 대한 엄격한 기술이 비록 우발적이고 매우 매력이 없다고 하여도 그것은 틀림없는 지고(至高)의 법칙이다. 이것 다음에 오는 것이 통일성과 사건들의 진보에 대한 해석(exposition)이다. 만약에 그것들이 하나의 탁월하게 활동적이거나 지배적인 역할을 전제한다면 나는 유럽의 정치적 제도 일반에 대한 기술 대신에 각 민족, 각 권력, 그리고 각 개인을 자세히 논할 것을 선호한다. (57)

하지만 랑케는 역사기술에 있어서 이상과 같은 객관적 데이터와 특수 (particulars)를 강조함에도 불구하고, 다음과 같은 신학적이고 형이상학적인 통일성을 확고하게 붙들고 있다.

하나의 숭고한 이상(a sublime ideal)이 실존한다. 사건은 그와 같은 이상(理想) 에 대한 인간의 이해와 통일성과 다양성 속에서 일어나는 것이다. 나는 내가 본 저서에서 그와 같은 이상에 얼마나 미치지 못하고 있는가를 알고 있다. … 하지 만 항상 가장 중요한 것은 우리들이 야고비의 말 대로 설명 가능하든 설명 불가 능하든 인간성(humanity)을 다룬다고 하는 것이다. 즉, 그것은 개인의 삶, 세대들 의 삶, 민족들의 삶, 그리고 종종 이들에 대한 하나님의 손길을 다룬다.(57-58)

우리는 이상의 서술에서 랑케가 객관적 축과 짝을 이루는 주관적 축을 주장하고 있음을 발견한다. 그는 객관적 데이터를 확보한 후, '이것 다음에 오는 것이 통일성과 사건들의 진보에 대한 해석(exposition)이다.'라고 하였기 때문이다.

2. 『1830년대로부터의 한 단편』

랑케는 이 발췌문에서 "선험적 이상들"(apriori ideas)이 세계사에 반영되어 있다고 보고, 이와같은 이상들을 확인해 주는 것으로 보이는 역사적 사실들 과 사건들을 찾아내는 칸트 이래의 역사철학을 거부한다. 이들의 역사철학 은 인류역사가 한결같이 완전을 향해 꾸준하게 발전해 온 것으로 보았기 때 문이다. 그는 피히테 역사철학의 다섯 시기에 대한 전제를 받아들이지 않는 다. 즉, "첫째는 세계계획"(a world plan)으로서 이성의 지배요, 둘째는 외적인 권위로서 이성의 지배요, 셋째는 이성의 외적인 지배로부터의 해방이요, 넷째는 과학으로서의 이성 또는 기술로서 이성의 지배이다. 죄의 시작, 죄의 완성, 칭의(稱義)의 시작, 그리고 칭의의 완성이 그것이다. (58) 그러나 랑케가 이를 반대하는 이유는, 그와 같은 주장들에 대한 학자들의 주장들이 너무나 다양하고, 그와 같은 주장은 너무나 소수의 나라들에게만 적용될 수 있기 때문이라 하면서, "처음부터 현재까지 세계의 민족들은 가장 다양한 양태로 발전해 왔다."(58)고 주장한다.

랑케는 인간사에 대한 지식을 둘로 나누어 본다. 첫째는 특수에 대한 인지요 둘째는 추상을 통한 인지이다. 전자는 역사적 지식이요 후자는 철학적 방법이다. 하지만 그는 역사기술이 단순히 우리의 기억에 의한 사실들의 모듬이나 축적이 아니며 어떤 일반적인 도덕적 원칙에 의한 그것들에 대한 해석도 아니라고 한다. 그럼에도 불구하고 랑케는 역사가는 "특수들에 대한 연구와 관찰로부터 사건들의 보편적인 관점으로 즉 객관적으로 실존하는 관계되어짐(the objectively existing relatedness)에 대한 지식에 도달한다."(59)고 주장한다.

부연하면, 랑케는 역사가란 특수에 참여하고 그것에 대하여 지대한 관심을 가지면서도 보편을 향하여 나가야 한다고 힘주어 말한다. 그는 이렇게 말한다.

아직 이것으로는 충분하지 못하다. 역사가는 사태들에 대한 보편적 측면에 주목하지 않으면 안 된다. 하지만 그는 철학자처럼 그 어떤 선입견도 (preconceived ideas) 지녀서는 안 될 것이다. 그가 특수에 대하여 숙고하는 동안 세계의 발전 일반이 그에게 분명해 질 것이다. 하지만 그와 같은 발전은 한 시대 또는 다른 시대를 지배하는 보편적 개념들이 아니라 완전히 상이한 요인들에 관련되어 있다.(59)

랑케는 독특하고 고유한 한 나라가 다른 나라와의 외교적 관계를 통하여 진입하는 보편적 세계사를 중요시한다. 즉, 보편사는 민족들과 나라들 상호

간의 관계에 초점을 가진다. 그는 보편사 또는 세계정치라고 하는 '거대담론'이 아니라 "역사 속에서 하나의 탁월하고 활동적인 역할을 하고 있는 그와 같은 민족들과 나라들"(60)에 주목해야 한다고 한다. 그리고 랑케는 역사적 투쟁들 속에는 야수적인 권력들의 역사들만이 있거나 역사적 현상 속에는 하루살이 같은 요소만이 있는 것이 아니라고 한다. 그는 그것의 모든 부정성에도 불구하고 역사 속에는 어떤 정신적인 것(이미 랑케는 이를 "인간성"과 이 것에 대한 "하나님의 손길"에 대하여 언급하였지만)이 밑에 깔려 있다고 본다.

그 어떤 국가도 하나의 정신적인 초석과 하나의 정신적인 실재가 없이 존립한 적은 없었다. 권력 그 자체 안에도 하나의 정신적 실재 혹은 오리지널한 천재성이 있으니, 이는 그것 자체의 생명을 지니고 있고 다소간에 그것 자체의 고유한 조건들을 성취하며 그 자신을 위하여 그것 자체의 영역을 창조한다. 역사의 과제는 하나의 사상이나 하나의 말로 특징 지워질 수 없는 이와같은 생명에 대한 관찰이다. 세계 속에서 그 자신을 나타내는 그와 같은 정신은 그렇게 세계의 어느 한 곳에 국한되지 않는다. 그 정신의 현존은 세계 도처로 확산되어 있고 그것 안에는 그 어떤 것도 우연한 것이 없으며 그것의 현현은 만유 안에서 그것의 근거를 가진다.(60)

이상에서, 우리는 랑케가 특수들(the particulars)에 대한 이야기로부터 보편적 차원으로 진입하면서 "인간성" 또는 "정신" 및 "정신적 실재", 나아가서 "하나님의 손길" 같은 것에 호소하는 것을 발견하였다. 낭만주의자들과 헤겔에 있어서처럼 랑케에 있어서도 신과 정신과 인간성이 서로 넘나드는 개념인 것으로 보이지만, 적어도 우리는 랑케가 이와같은 신앙을 역사이해와 역사기술의 주관적인 축으로 하고 있음을 알 수 있다.

3. 『1860년대로부터의 한 단편』

랑케는 "역사란 결코 하나의 철학적인 체계의 통일성을 지닐 수가 없고 그 자체의 내적인 연계성을 지닐" 뿐이라며 "하나가 다른 하나에 의하여 조건 지워지는, 하나가 다른 하나에 따라오는 일련의 사건들"(60)이 있을 뿐이라고 한다. 역시 랑케는 역사이해와 역사기술에 있어서 객관성을 힘주어 말하고 있다. 역사 '그 자체의 한 연계성'이나 하나가 다른 하나에 의하여 '조건 지워지는 일련의 사건들' 역시 역사의 객관적 축에 대한 이야기이다. 그런데 여기에서 '조건 되어진다'고 하는 말은 역사의 필연성이 아니라 인간의 자유의지에 의한 조건을 뜻한다. 그는 역사란 "이와같은 자유의 장면들을 다룬다."(60)고 본 것이다. 그러나 랑케는 이와같은 자유와 필연성이 서로 연접하여 있으니, 필연이 없는 자유는 없고 자유 없이는 필연도 없다고 한다. 랑케는 역사의 진보를, 과거의 필연에도 불구하고 자유에 의한 현재 만들기로 보고, 특수 역사들과 보편사의 관계도 필연과 자유의 역동적 관계로 본다. 랑케는 필연과 자유의 관계를, 특수 역사들과 보편사의 관계에도 적용한다. 그리고 그는 특수 역사들의 각각의 본질과 고유성을 역사해석과 역사기술의 목적에 포함시키면서도 보편사를 추구한다.

　… 필연성은 이미 성취되어진 것, 즉, 현재 다시 바꿀 수 없는 모든 것들 속에 있다. 바로 이것이 모든 새로운 활동의 기초이다. 과거에 발전되어 진 것이 현재 떠오르는 것과의 연계를 구축한다. … 이것 역시 지식의 한 고유한 대상이다. 그와 같은 관계로 서로 연계된, 동시적으로 발생하고 시간적 연계성을 지닌 사건들의 좀 긴 연속이야 말로 한 세기, 곧 한 시기를 형성한다. 시기들의 불일치는 자유와 필연이라고 하는 대립적인 원리들의 충돌이 새로운 시대들과 새로운 조건들을 발생시킨다고 하는 사실에 기인하는 것이다. 만약에 우리가 각 세기가 그것의 유일무이한 본질을 지니고 있는, 세기들의 그와 같은 연쇄는 모두 함께 연결되어 있다고 본다면, 우리는 아주 처음으로부터 현금에 이르는

보편사에 도달한 것일 것이다. 보편사란 인류의 과거를 포함하지만 그것의 특수 관계들과 경향들에 있어서가 아니라 그것의 충만성과 전체성에 있어서 그렇다. (61)

그런데 랑케는 특수 역사를 항상 그것보다는 광범위한 역사 속에서 이해하고 기술하여야 하고 결국 인류의 보편사 이해와 기술이야말로 역사 연구의 최종 목표라고 한다.

그러나 이와같은 특정 역사연구 역시 항상 하나의 보다 더 넓은 맥락과 관계되어야 한다. 심지어 지역 역사라도 나라 전체의 역사와 관계되어야 하고 전기(傳記)라도 교회와 국가 안에서 일어나는 주요 사건과 관계되어야 하며, 민족적 혹은 보편적인 역사와 관계되어야 한다. 그러나 우리가 지적한 이 모든 역사적 시기들 그 자체는 우리가 보편사라고 부르는 전체에 속하는 것이다. 이와같은 시기들을 하나의 광범위한 맥락에서 연구하는 것은 상응적으로 더 큰 가치를 지닌다. 최종적 목표는 항상 인류의 한 역사에 대한 개념과 구성으로 남아 있는 것이다. (61)

그리고 이상과 같은 역사연구는 단순한 아카데믹한 주제가 아니라 인류 역사에 대한 지식이야 말로 인류의 공동 재산이어야 하고, 무엇보다도 우리 자신의 나라에 유익을 주어야 한다고 한다. 그리고 끝으로 랑케는 특수한 역사들과 보편사에 대한 이해와 기술은 서로 불가분리하다고 하는 사실을 다시한번 강조하고 있다.

… 나의 견해로는 우리가 두 가지 방향으로 연구 하지 않으면 안 된다. 하나는 역사적 사건들 안에 있는 효율적인 요인들에 대한 연구요 다른 하나는 그것들의 보편적인 관계성에 대한 이해이다.

정확한 탐구의 명령들에 순종하면서도 전체를 파악하는 것은 물론 항상 하나의 이상적인 목표로 남아있다. 그도 그럴 것이 그것은 인간의 전 역사에 대하여 확고한 근거를 가진 이해를 포함할 것이기 때문이다. 단 하나의 상세한 역사에 대한 연구도 항상 심오하고 매우 깊게 침투하는 연구를 요청한다. 그러나 현재로서 우리 모두는 비판적인 방법, 객관적인 탐구, 그리고 종합적인 구성이 모두 함께 가지 않으면 안 된다고 하는 사실에 동의한다. 역사적 탐구는 그것이 보편적인 것과 관계를 맺는다고 해서 손해를 보는 것이 아니다. 이와같은 연계가 없으면 역사 탐구는 취약해지고 정확한 탐구없이는 보편적인 것에 대한 개념이 하나의 환상으로 전락하고 말 것이다. (62)

성서의 '보편사 해석'에 비추어서

헤겔과 콩트의 사관에 비추어서

랑케는 주로 '과연 과거에 무슨 일이 일어났는가?'(wie es eigentlich gewesen = What actually happened?)에 주목하였다. 그리고 이것에 대한 이해와 기술(記述)을 위하여 정확하고 자세하고 객관적이며 근원적이고, 직접적인 자료 확보를 중요시한 나머지 콩트가 추구했던 '실증주의' 또는 '과학주의' — 이런 의미에서 '사실주의' — 에 가까이 다가갔다. 이것 역시 근대주의의 한 측면(주관에 대립하는 객관주의)일 것이다. 그러나 그의 역사기술방법론은 향후 역사학에 큰 영향을 미쳤다. 역사연구에 있어서 이미 어떤 '사관'에 의하여 매개되지 않은 원 자료에 대한 확보가 매우 중요하게 되었다고 하는 말이다. 그러나 우리는 랑케가 독일의 경건주의적 루터교 전통과 칸트 이래의 관념론 전통을 이어서 '인간성'과 '정신' 위에 있는 하나님 영역과 '인간성'과 '정신'의 세계인 형이상학적 영역을 근원적 사실들과 사건들에 대한 이해와 이야기 하기의 비전과 방향으로 삼았다고 하는 사실도 포착해야 할 것이다. 이는 그의 역사 연구의 두 축이다.

우리는 피치몬스의 글 제목("History as Worship")에서 랑케가 '역사주의'(historicism)[83]와 신학 및 형이상학을 얼마나 긴밀하게 연결시켰나를 알 수 있다. 그러니까, 랑케의 '실증주의'는 콩트의 그것처럼 결코 신학적이고 형이상학적 축을 그것으로부터 배제시키지 않았다. 그리고 랑케가 칸트, 헤르더, 그리고 헤겔과 다른 점은 역사적 사건들과 사실들의 근원적 자료와 '특수역사들'에 대한 강조일 것이다. 그럼에도 불구하고 랑케는 기성(旣成)의 국가질

---

[83] '역사주의'란 '실존주의'가 강조하는 주체의 죄와 죽음, 불안과 절망 등과 전혀 무관하게 객관적이고 사실주의적으로 움직이고 있는 역사 그 자체의 자기논리를 중요시한다. '실증주의' 시대의 도래를 예고한 콩트와 역사란 보편적인 법칙들에 의하여 진행된다고 본 버클(Henry Thomas Buckle: 1821-1862), 그리고 유물주의적 변증법에 의한 필연적 역사발전을 주장한 칼 마르크스 역시 '역사주의' 범주에 속하는 것으로 보인다. 이들에게 있어서 개인의 실존적 판단과 행동보다 역사발전 그 자체의 객관성과 사실성이 중요할 것이다.

서, 기성의 인류역사, 서유럽의 새로운 질서, 특히 독일 민족주의에서 하나님의 계획과 뜻의 현현을 읽어냈으니, 그는 역사에 대한 예언자적 비판이나 창조와 역사 차원의 묵시적인 재난과 환란의 징조들(마 24:3-31)을 볼 수 없었고, 보편사를 향한 교회의 특별한 사명수행에 대하여도 아랑곳하지 않았다. 그는 결과적으로 극히 보수적인 '신정'(theocracy)을 주장한 것이나 마찬가지이다. 피치몬스는 이렇게 그의 논지를 밝혔다.

> 원 자료들에 대한 탐구, 그것들에 대한 비판적인 성서의 '보편사 해석'에 비추어서, 비평학으로 훈련받음, 그리고 세미나에서의 비판적인 분위기 마련은 … 과거의 하나님의 손길의 정확한 표현을 하기 위한 것이었다. 때문에 역사란 하나의 자기 정당화 혹은 하나님에 의하여 정당화되는 연구에 다름 아니다. 역사학은 도덕이나 그 어떤 지혜로운 분별력을 교육하기 위한 것이 아니라 그 자체가 일종의 예배요 이 예배가 다름 아닌 역사연구의 목적 그 자체이다.[84]

역사이해와 역사기술의 두 축에 대하여

우리는 가능한 한 어떤 역사적 사건과 사실들에 대하여 정확하고 자세하며 객관적이고 근원적인 자료를 확보해야 할 것이다. 그러나 역사 연구가 과연 어느 정도로 자연과학적 또는 실증주의적인 정확성과 객관성에 입각한 자료를 확보할 수 있을가를 질문해 본다. 이미 랑케가 제시한 원 자료라고 하는 것이 어떤 사회문화적인 또는 정치적인 맥락에서 기억되고 기록되었으며 전해지는 것은 아닌지? 그리고 주관적 축에 대하여 역시 과연 랑케의 주장이 올바른가? 랑케 역시 19세기 서유럽의 우월성과 독일의 민족주의와 근대시기에 대한 가치절상에 따른 주관적 축이 아니겠는가? 그러니까, 첫 번째 축 역시 주체의 어떤 참여가 개입될 것일 수 있고, 두 번째 축은 말할 것도 없이 역사가의 사회문화적, 문화 언어적, 정치경제적, 민족주의적 전제

---

84) Fitzsimons, *op. cit.*, 157.

에 의하여 조건지워 질 수 있다고 하는 말이다. 따라서 필자 생각에는 원 자료 확보에 있어서든 "직관적 통찰"(Ahnen)[85]에 의한 신학적이고 형이상학적인 주관적 축에 대한 주장에 있어서든 역사가가 '공동체 안에 있는 개인인격'(person-in-community)인 한, 그 원 자료와 그의 주관적 사관이 무엇에 의하여 조건 지워졌는가를 최대 한도로 밝히는 것이 중요한 것으로 보인다. 비록 그의 형이상학적이고 신학적인 '주관적 축'(믿음)은 신의 섭리의 객관성에 상응하는, 가능한 한 역사가의 '주관'을 배제하려는 '주관'인 것이 확실하지만 말이다.

스콧 라투렛의 교회사관과의 관계에서

라투렛 교회사는 랑케의 역사이해와 역사기술방법론을 따라서 교회사 이해와 교회사기술을 시도하였다. 즉, 그는 두 축을 존중하면서, 두 번째 축을 기독교 신앙으로 보았다. 그리하여 그는 교회사 이해와 기술(記述)을 위하여 가능한 한 정확하고 근원적인 원 자료를 확보하였다. 그러나 그의 두 번째 축이 기독교 신앙이요, 특히 그의 기독교 사관이 선교사관이다 보니까, 역시 이와같은 두 번째 축이 그의 원 자료의 취사 선택과 이해와 이야기하기에 영향을 주었을 것이 당연하다. 그는 기독교 신앙의 눈으로 기독교의 역사와 인류 보편사를 본 것이다. 이제 필자는 라투렛의 '신앙'의 축을 아래와 같이 소개함으로써, 랑케의 '형이상학적이고 신학적인 축'에 대한 대안(代案)으로 제시하려고 한다. 물론, 라투렛은 에큐메니칼 운동이 제시하는 기독교 신앙에 대하여 열려 있다.[86]

기독교인들은 신앙의 상이성에도 불구하고 하나님께서 우주만물의 창조자

---

85) Ernst Breisach, *Historiography: Ancient, Medival, and Modern*(Chicago: The University of Chicago Press, 1983), 233.

86) 참고: 이형기, 『하나님 나라와 교회』(서울: 한들 출판사, 2005), 397 이하(제 11장: 하나님 나라에 대한 비전과 에큐메니칼 역사기술방법론).

시요 인간과 만물의 모든 것을 통치하시는 섭리 주이심을 믿는다. 따라서 인간은 우주 속에서 살며, 이 우주 속에서 인간의 역사가 전개된다. 모든 실재는 하나님의 통치 아래 있고 인간의 드라마는 보다 넓은 하나님의 창조세계의 한 부분이다. 하나님은 인간의 주권자이시다. 기독교인들은 육체의 연약성에도 불구하고 인간이 하나님의 형상으로 지음을 받아 하나님과의 사귐에 들어 갈 수 있었다고 믿는다. 그러나 하나님께서는 인간을 그의 형상으로 지으시고 그에게 자유의지를 주셨다. … 그리하여 하나님의 심판이 인류에게 임했다. 그러나 하나님께서는 인간이 회개하기를 원하시고 인간이 회개하는 즉시 - 그것이 개인이든 집단들이든 간에 - 이들로 하여금 하나님이 이들을 위하여 의도하신 본래의 목적을 향하여 성장케 하신다. 궁극적으로 하나님이 승리 할 것이다. 역사는 완성을 향하여 움직여 간다. 시간 안에서든 시간 넘어서든 하나님의 뜻은 성취되고 말 것이고 그것의 완전한 주권이 승리할 것이다.[87]

라투렛은 이와같은 기독교의 기본신앙에 더하여 하나님의 뜻의 실현으로서 '하나님 나라'에 대하여, 하나님의 영원하신 말씀의 성육신이신 나사렛 예수를 기점으로 나뉜 B.C와 A.D.에 대하여, 이 예수 그리스도 안에 나타난 하나님의 아가페 사랑과 오순절 성령의 강림에 대하여, 그리고 모든 인간을 향한 하나님의 사랑의 실현 등에 대하여 언급한다.[88] 그리고 라투렛은 신앙으로 본 기독교 역사와 인류보편사의 관계를 이렇게 규명한다.

기독교의 과정은 그것의 가장 초기에서부터 전 인류를 배경으로 하여 기술되어야 한다. 기독교인들은 그리스도를 보편사 이해의 열쇠로 믿고, 기독교의 시야 자체가 전우주의 인류를 포함하고, 처음부터 기독교의 이상이 모든 인간을 예수님의 제자로 삼는 것인 까닭에, 역사가는 이와같은 이해와 꿈이 지금까지 어떻게 실현되어 왔는지를 기술해야 한다. … 기독교 역사는 각 시대를 기

---

87) Kenneth Scott Lattourette, "The Christian Understanding of History", in *American Historical Review*, LIV(1949), 259.

88) *Ibid.*, 259-276.

술함에 있어서 그 시대의 전 인류적인 배경을 생각해야 한다.[89]

이상에 비추어 볼 때, 우리는 랑케의 '신' 개념과 이 '신'에 대한 믿음이
얼마나 추상적인 것인가를 짐작할 수 있다.

89) Kenneth Scott Lattourette, *A History of the Expansion of Christianity*, Vols. I-Ⅶ(Harper & Row, 1937-45),
xiv-xvi.

4. 랑케의 사실주의와 내러티브 신학

1) 사실과 문학 사이에 자리한 내러티브 신학

근대 실증주의적 또는 과학주의적인 사실주의에 입각한 역사이해와 역사기술은 문학과 '언어적 전환'으로서의 역사이해와 대조를 이룬다. 비록 랑케가 역사이해와 역사기술의 '두 축'을 주장하였다고 해도, 그는 객관주의적 사실주의에 가깝기 때문에, '언어적 전환'(linguistic turn)을 주장하는 포스트모던 역사관(특히 Hayden White)과 큰 대조를 이루고 있는 것으로 보인다. 언어는 단순히 물품명세서나 객관적 세계에 대한 묘사도 아니다. 언어는 사사로운 것이 아니요 사회적 현상이요 사회적 삶의 형식으로서 사회적 작용 속에서 그것의 의미를 획득하기 때문에, 어떤 사실이나 사건이 언어적 전환을 할때, 그것은 랑케가 생각하는 것만큼 그렇게 객관적 사실과 사건으로 남아 있지 않다고 하는 말이다.[90]

이미 논한 대로 내러티브 신학은 객관주의적 사실주의에 다름 아닌 17세기 개신교 정통주의의 '명제주의'(literalism 또는 propositionalism)를 반대하고 성경을 기록자들의 주관적 경험의 표현들(experiential expressivism)로 보는 19세기 개신교자유주의 입장도 반대하였다. 즉, 내러티브 신학은 사실주의도, 경험을 바탕으로 하는 표현주의도, 그리고 문학(픽션)으로서의 역사이해와 역사기술도 반대한다. 내러티브 신학은 '무슨 일이 실제로 일어났는가?'(wie es eigentlich gewesen = what actually happened)를 중요시하면서 성경의 역사적 배경과 역사적 비평을 인정하지만, 이와같은 객관적 사실주의에 입각하여 성서적 내러티브로 표현된 모든 이야기들을 재구성하는 것이 아니라, 최종 본문에 나타난 이미 기억되고 증언된 사실들과 사건들에 대한 이야기, 다시 말하면 이미 해석된 사실들과 사건들에 대한 이야기를 존중하는 입장을 취한다. 즉,

---

90) 참고: 이형기, 『포스트모던 시대의 성경읽기』(서울: 한들 출판사, 2006), 41-43.

성서의 이야기들은 사실판단과 가치판단의 이분법을 넘어서, 사실판단 속에 가치판단이 들어 있고 가치판단 속에 사실판단이 들어 있음을 주장한다. 이미 언급한 대로 언어 그 자체가 한 전통의 사회문화적인 것이기 때문이다. 따라서 내러티브 신학은 신, 구약성경의 '역사와 같은 이야기들'(the realistic or history-like stories of the Bible)이 보여주고 있는 '신학적 연관성'(theological coherence)에 관심을 집중한다.[91]

2) 내러티브 신학에 비추어서

우리는 인류의 보편사와 창조세계의 역사에 대한 이해와 이야기하기(기술)를 위하여 가능하면 그 어떤 세속적인 사관들에 의하여도 매개되지 않은 사건들과 사실들을 추적하여 재구성해야 한다. 그리고 라투렛 교회사가처럼 기독교 신앙과 희망의 눈(어거스틴의 '알기 위하여 믿는다.', 안셀름의 '지식을 추구하는 신앙', 칼 바르트의 '신앙의 유추', 본회퍼의 '관계의 유추', 그리고 몰트만의 '희망의 유추')으로 보아야 한다. 이에 관하여 우리는 헤겔의 성서의 '보편사 해석'에 비추어서 부분과 내러티브 신학부분에서 충분히 언급하였거니와, 라투렛의 교회사 기술과 내러티브 신학이야말로 인류의 보편사를 신앙과 희망의 눈으로 읽어내고 있다 하겠다.

우리가 정확하고 객관적이며 근원적인 자세한 원 자료를 확보하면서 그것을 이해하고 기술(이야기)하려고 할 때, 신앙과 희망과 사랑의 눈이 필요하다. 즉, 우리는 역사와 창조세계의 그 모든 부정성(the Negative), 특히 인류와 창조세계의 타락과 부패에도 불구하고 지탱보전하시며 급기야 완성하시는' (Creator, Sustainer, Consummator) 창조주를 역사와 창조세계 속에서 읽어내야 하고, 죄와 죽음과 흑암의 권세(무성 = Nichtigkeit)를 한 몸에 짊어지시고 그것을

---

91) 참고: 이형기, 『포스트모던 시대의 성경읽기』(서울: 한들 출판사, 2006), 33-39, 65-70.

십자가에서 극복하시며, 부활을 통하여 새 창조의 첫 열매를 계시하시고 약속하신 하나님의 아들 예수 그리스도의 주권을 볼 수 있어야 하며, 항상 역사와 창조세계에게 상호 의존 속에서 살도록 생명을 부여하시면서 모든 것을 완성해가시는 성령의 사역을 보아야 할 것이다. 물론, 이 셋은 각각이 삼위일체 하나님의 존재와 사역을 떠나서는 존재할 수 없고 사역할 수 없다. 따라서 랑케는 이와같은 삼위일체 하나님의 놀라운 존재와 사역을 믿고 희망하는 가운데 사랑과 정의를 구현하는 교회 공동체의 신망애의 눈이 아니라 인류의 역사 속에 직접적으로 그 자신을 나타내시는 '하나님의 손길'을 주장한 셈이다. 랑케는 구약의 이스라엘과 신약의 예수 그리스도를 '통하여 매개된' 신망애의 눈으로 역사를 본 것이 아니었다고 하는 말이다.

내러티브 신학은 구약에서 발견되는 '이스라엘'의 특수역사와 신약에서 발견되는 '예수 그리스도의 특수역사'에 대한 특별히 택정함을 받은 증인들의 기억과 보고와 이야기하기에 나타난 '보편사' 이해와 기술을 말한다. 하나님께서는 보편사와 창조세계를 사랑하셔서 '이스라엘'을 선택하셨고, '예수 그리스도'와 '교회'를 선택하셨다. 때문에 우리는 성경에 증언된 이 특수 증언 공동체를 통하여 매개된 신망애를 따라서 보편사와 창조세계를 이해하고 기술해야 할 것이다. 예컨대, 우리는 이미 제시한 창조주와 구속주와 완성자이신 삼위일체 하나님이 역사와 창조세계의 그 모든 부정성 속에 현존하시고 활동하신다고 하는 믿음 때문에, 만유가 무(Nothingness)로 돌아가는 것이 아니라 지탱 보전된다고 믿어야 하고, 특히 예수 그리스도의 부활을 통하여 보여지고 약속된 새 하늘 새 땅에 대한 희망을 가지고 사랑과 정의로 살면서 인류역사와 창조세계를 믿음과 희망과 사랑과 정의의 눈으로 보아야 할 것이다. 따라서 우리는 이와같은 신망애의 눈으로 역사를 이해하고 이야기하면서, 그것에 대한 분별과 비판도 할 수 있을 것이다. 우리는 이와같은 신앙과 희망과 사랑과 정의의 눈으로 원 자료를 재구성하고 이해하며 이야기해야 한다. 각 원 자료에 대한 그 어떤 사관(史觀)도 이상과 같은 기독교적 계시와 이 계시에 대한 수용 차원인 믿음과 희망과 사랑과 정의에 의하여 대체되어야 할 것이다. '공중에 권세 잡은 자들'(엡 6:12-18; 엡 3:10) 또는 사단 마귀에 대한 신앙 역시 역사해석과 기술에서 마땅한 자리를 차지해야 할 것이다.

3) '거대담론'의 문제 또는 특수사들과 보편사의 관계

랑케는 각 시대의 각 나라와 각 문화의 특수 역사를 중요시 여겼다. 그것이 하나님과 직접 관계되어 있기("was immediate to God") 때문이다. 『거울로서의 역사』는 이렇게 주장한다.

> … 이러한 개별에 대한 그의 생각은 각 역사적 시대 역시 독자적인 성격과 의의를 함의하는 완결된 것으로 본 것이다. 이것은 역사는 하나의 중단 없는 직선적 과정으로 본 계몽주의적 진보사관이나 낮은 단계에서 높은 단계로의 발전으로 이해한 헤겔의 변증사관을 거부하는 것이다. 역사의 최후의 시기가 훌륭한 것이고 그에 앞선 시기는 단지 디딤돌에 불과한 것이라는 역사이해는 하나님의 역사 섭리를 오해한 것이라고 랑케는 생각하였으며, 모든 시대와 모든 존재는 그 자체대로 하나님에게 직결되어 있으므로 개별적 시대와 개별적 존재는 그 자체로의 의의를 가진다고 주장하였다.[92]

랑케는 특수역사들에 대한 이해와 기술을 크게 부각시킴으로써 그의 역사이해와 역사기술의 특징을 잘 나타내 보였다. 그는 상당 부분 특수 담론을 무시하는 '거대담론'의 약점을 잘 지적한 것이다. 랑케는 칸트, 헤르더, 콩도르세, 헤겔 등에게서 발견되는 인류 보편사 이해의 약점을 크게 보완하였다. 하지만 우리는 칸트 이래의 역사철학들에서 발견되는 '인류 보편사'의 보편

---

92) 연구홍 · 랜디 워커, *op. cit.*, 91.

성이 사실인즉 '계몽주의 서유럽' 세계를 염두에 둔 것이라고 하는 사실을 여러 번 밝혔고, 이제 랑케의 '인류 보편사'의 보편성 역시 동일한 우를 범하고 있으며, 랑케의 '특수 역사들' 역시 그것이 과연 진정으로 모든 특수 역사("was immediate to God")의 정체성과 고유성, 특수성, 다양성을 감안하면서 그것을 진정한 '보편성'으로 편입시키고 있는가를 의심할 수 있다. 우리는 중국과 인도와 동아시아와 라틴아메리카 등 모든 민족과 나라의 진정으로 특수한 역사를 연구하고 그것들의 정체성과 고유성과 특수성과 다양성을 인정하면서 인류 보편사 이야기로 발전해 나가야 할 것이다.

그러나 과연 인류 역사와 창조세계는 어디에서 와서 어디로 가며 그 도중에 그것의 존재이유와 존재목적은 무엇인가라고 '거대담론적' 질문에 대한 대답을 우리는 내러티브 신학의 '거대담론'에서 찾아야 할 것이다. 사실 성서는 인류 보편사와 창조세계에 대한 '거대담론' 안에서 특수 역사를 이해하고 이야기하는 경향을 보여주고 있는 바, 우리는 각 민족과 나라의 역사를 '원 자료'로부터 재구성하여 이야기하려고 할 때, 성서적 내러티브가 해석하고 있는 '인류 보편사와 창조세계'에 대한 '거대담론'에 비추어서 그것을 이해하고 기술해야 할 것이다. 랑케는 특수 역사연구로부터 보편사 연구로 전진할 것을 제한하고 있지만, 성서는 그 반대의 진행과정을 말하고 있다.

랑케가 한 지역의 역사를 보다 넓은 그 민족과 나라의 역사에 비추어서 (그것의 맥락에서) 이해하고 이야기해야 한다고 할 때, 그리고 그렇게 하지 않는 특수역사 이해와 기술은 결코 있을 수 없다고 할 때, 성서는 전적으로 '거대담론'으로부터 '미시담론'으로 이행하고 있는 것으로 보인다. 우리는 성서적 내러티브에 의한 '인류 역사'와 '창조세계'의 기원과 목적과 완성과 의미(신앙의 지식)에 대하여 먼저 알고, 그 다음에 '미시담론'으로 이행해야 할 것이다.

4) 국가에 대한 중요성

헤겔에 있어서 세계정신은 인류역사 속에서 변증법적 발전을 통하여 자유에 이른다. 이 때에 자유는 국가 안에 있는 법체계 등 제도들과 문화를 통하여 구현되는 것이다. 아마도 헤겔은 프러시아 제국을 바라보면서 그와 같은 이야기를 하고 있는 것으로 보인다. 여하튼(prussia) 랑케는 헤겔처럼 그의 역사철학에서 '국가'를 매우 중요시 여긴다. 그는 다양한 국가들이 권력투쟁들에도 불구하고 다양성 속에서 통일성을 추구하고 있는 것으로 보았다. 역시 '특수 역사'에도 불구하고 '보편사'로의 이행을 의미하는 것으로 보인다. 브라이색(Ernst Breisach)은 랑케의 역사철학에서 국가의 중요성을 다음과 같이 정리하였다.

헤르더는 여전히 하나의 문화적 단위로서 민족(das Volk)을 강제력의 소산인 국가보다 우위에 두었다. 헤르더는 랑케와 달리 칼의 권력과 외교의 힘이 어떻게 유럽을 재형성하였는가를 증언하지 않았다. 헤르더는 나폴레옹을 물리치는 데에 있어서 꼭 있어야 했던 프러시아 제국에 대한 랑케 세대의 신뢰를 경험할 수 없었다.

랑케는 그의 '하나님의 손길' 안에 국가가 있는 것으로 보았다. 특수 국가들은 문명화하는 인류를 겨냥하는 영적인 실재들(Gedanken Gottes = spiritual entities)이었기 때문에, 그 국가들은 역사가들의 중심적인 관심사였다. 국가들 각각은 독특한 법과 정치와 관습의 특징적인 윤곽을 지니고 있고 인류의 진보든 헤겔의 정신의 발전이든 단순한 진보를 위한 전 단계가 아니다. 그리고 다양한 국가들은 혼란스러운 관심들과 권력들의 충돌을 증언하는 것이 아니라 하나님 안에 있는 궁극적인 통일성을 증언한다. 이처럼 랑케는 그의 모든 저서들에서 근대 유럽 국가들은 국가에 대한 보편적인 이상에 의하여 매개된 하나님의 의지의 다양한 표현들이요 특히 그들은 라틴 및 게르만 민족들의 융합으로부터 성장하였다고 하는 점을 강조하였다. 이 때문에 랑케가 역사가들에게 국가들의 외교정책들을 우선 염두에 두라고 할 때, 그는 권력정치를 높이 평가하려는 것이 아니라 하나의 문명된 인류의 삶을 향한 국가들의 공존의 중요성을 강조하고 싶어한 것이다. 그와 같은 국가관 때문에 랑케의 학생들은 국가 문서들을 찾아 국가기록보관소로 순례를 아끼지 않았으니, 랑케 자신의 역사는 우선적으로 정치사에 속한다. 대부분의 랑케의 저서들은 우선적으로 전쟁과 외교와 정치인들의 행동들에 대한 내러티브였다. 비록 그는 신앙과 지성이 탁월한 영웅들에 대해서 까지도 매우 묘하게 그려내고 있지만 말이다.[93]

『거울로서의 역사』는 왜 랑케가 그렇게 국가 별 정치를 중요시하였는지에 이렇게 주장한다.

> 그는 각 국가의 배후에 하나님이 있으며, 각 국가는 국가마다에 내재된 고유한 하나님의 뜻의 발현이라고 보았다. 따라서 그는 국가권력을 신성시하였고 정치가의 행위에 존엄성이 내재한다고 보았다. 특별히 그는 프로이센을 최선의 국가로 믿었기 때문에 모든 국가의 성원은 국가에 복종해야 한다고 생각하였다. 랑케의 이러한 생각은 국가 내의 혁명을 규칙적이고 지속적인 역사발전을 방해하는 것이라고 부정적으로 이해하여 프랑스 혁명의 정신과 공화제 등의 제도가 프로이센에 이식되어서는 안 된다는 인식으로 이어졌다. 또한 그는 국가 간 전쟁을 정당하게 여기기도 하였다. … (98)

적어도 랑케는, 1930년대의 히틀러의 국가사회주의, 무솔리니와 프랑코의 파시즘, 일본의 군국주의 등 국가지상주의에 대한 반응으로 작성된 1937년 '옥스포드 삶과 봉사 세계대회'가 선포한 '교회와 국가'관계에 주목해야 할 것이다.

우리는 종종 국가가 그것의 권력남용과 강제력의 수단의 독점으로 말미암

---

93) Breisach, *op. cit.*, 234.

아 악의 도구가 되는 것을 인정한다. 국가는 이 죄악세상 속에 있는 인간의 삶의 특수 표현이요 인간의 특수 통치수단이다. 우리는 거룩하신 하나님이 의의 근원이라고 믿기 때문에, 우리는 국가가 법의 궁극적 근원이 아니라 보증인이라고 생각한다. 그것은 의의 주인이 아니라 그것의 종이다. 기독교인에게는 하나님 자신 이외에는 그 어떤 궁극적인 권위도 없다.[94]

우리는 이와같은 랑케의 정치사로서의 역사이해와 역사기술에 대해서 내러티브 신학의 '거대담론'에 따라서 특수 국가들의 역사를 이해하고 이야기해야 할 것이다. 하나님께서 구약의 특수 역사인 이스라엘의 역사를 통하여 보편사를 해석하셨으니, 하나님께서는 이스라엘로 하여금 보편사(아수르와 바벨론과 페르시아와 희랍로마제국 등) 속에서 심판받게 하시고 동시에 해방(고레스) 받게 하셨다.

하나님께서는 세상(보편사)을 이처럼 사랑하시어 이스라엘을 택정하셨던 것이다. 그리고 신약성서 중 역사와 창조세계 속에서 일어날 묵시적 재난과 환란들 역시 나라들에 의한 나라들의 패망을 말하고 있다. 비록 그것이 '새 창조'(보편사와 창조세계를 넘어선)를 향한 해산의 고통이지만 말이다. 그리고 세계 제2차 대전 당시 유엔군은 독일과 일본을 무너트리고 한국 등 많은 나라들을 해방시켰다. 물론, 유엔이나 북대서양 동맹 역시 죄악과 부정부패를 보이거나 교만해질 경우, 이들 역시 다른 나라들에 의하여 제압될 것이지만 말이다. 여하튼 우리는 이스라엘의 특수 역사와 신약의 구속사에 입각하여 국가들의 역사와 이들이 지향하는 보편사를 읽어내야 한다고 하는 말이다. 그리고 하나님께서는 이 세상(보편사)을 이처럼 사랑하시어 그의 독생자를 보내셨다. 교회는 보편사와 창조세계를 위하여 선택받은 신망애의 공동체이다. 모든 국가들은 예수 그리스도의 주권 아래에서 그 질서를 유지해 가는 것이다. 국가는 기본적으로 로마서 13장에서처럼 사랑의 성취로서 정의구현을

---

94) Ans van der Bent, *Committment to God's World: A Concise Critical Survey of Ecumenical Social Thought*(Geneva: WCC, 1995), 118.

추구해야 하고(이 세상의 모든 제도들도 그래야 하지만), 또한 계시록에서처럼 그것이 바벨론과 음녀와 같이 될 경우에는 모든 시민과 시민단체들로부터 사랑과 정의에 입각한 항거를 받아야 할 것이다. 따라서 랑케의 국가지상주의에는 문제가 많다.

칼 마르크스
(Karl Marx, 1818-1883)

마르크스(Karl Heinrich Marx)는 독일 라인란트의 트리에르에서 한 법률가의 아들로 태어났다. 그는 17세에 본 대학에서 법률을 공부하였고, 1년 후 헤겔철학이 지배적이었던 베를린 대학으로 옮겨서 법률연구를 포기하고 철학연구에 몰두하였다. 그는 그의 부친이 세상을 떠나자 한 동안 과격파 잡지 '라인 신문'의 기자로 일하였는데, 1843년에 이 신문이 정부의 억압을 받았다. 같은 해에 그는 프랑스 파리로 옮겨 갔는데, 이곳에서 프랑스와 영국적인 사상의 영향을 받아서 헤겔철학의 형이상학적 전제들을 재검토하였다. 바로 이곳에서 사회와 역사의 본성에 대한 마르크스 자신의 입장이 확정되었다. 그리하여 1844년에 그는 프리드리히 엥겔스를 만나 1883년 세상을 떠날 때 까지 하나의 체계적인 사회경제적인 이론을 발전시켰다.

『The German Ideology』(1845-46), 『The poverty of philosophy』(1847), 『The Communist Manifesto』(1848), 그리고 『A Contribution the Critique Political Economy』(1859)에 대한 '서론'에서 우리는 칼 마르크스 사관들의 상이한 면모들을 발견할 수 있다.

우리는 마르크스의 역사관에 영향을 끼친 철학자들 가운데 헤겔이외에 포이에르바하(Feuerbach)와 생 시몽(Saint-Simon)에 대하여 언급해야 한다. 그도 그럴 것이 전자는 인간이 창출하고 믿는 이념들 가운데 많은 것들이 그것들이 처해 있는 물질적 조건들과의 관계로부터 결과하는 것이라고 주장했고, 후자는 역사변혁의 결정요인들로서 경제관계와 계급투쟁에 큰 의미를 부여했기 때문이다. 비록 마르크스가 역사해석의 여러 측면들에 있어서 헤겔에게 빚지고 있는 것은 사실이지만, 양자 사이의 유사성만큼이나 그들의 차이역시 우리에게 큰 인상을 남겼다. 마르크스에게서 발견되는, 하나의 역동적이고 진보적인 운동, 변증법적 '법칙들'에 의하여 진행되는 운동, 그리고 역사발전의 상이한 단계들의 '필연적인' 발생이야 말로 역사의 사건들을 이해하려는 궁극적인 방법이었으니, 이는 모두 헤겔에게서 온 이상들일 것이다.

그러나 마르크스 사상의 모든 측면들에서 혁명적 목적이 깔려있는 것이 감지되고 있다 하겠다. 그런즉, 마르크스는 역사결정론에 있어서 헤겔과 사뭇 다른 견해를 보였다. 마르크스의 역사관으로부터 도출되는 모럴은 헤겔이 함축하고 있는 필연적인 바를 받아들여야 하는 것이 아니라 앞으로 필연적으로 되어질 바를 속히 도래하게 하는 필요가 있다. 그리고 마르크스 역시 헤겔처럼 인간의 가치들과 표현양식들이 그 양태에 있어서 시대마다 다르다고 하는 사실을 의식하고 있지만, 그렇다고 마르크스는 이로써 신비적인 '원리들' 또는 '정신들'의 작용에 대하여 이야기하도록 인도함을 받지 않는다. 따라서 마르크스의 사상에는 하나의 강렬한 물질적 실증주의 요소가 포함되어 있기 때문에 그는 형이상학적 개념들을 배격하게 되는 것이고 그 반대로 삶과 경험의 엄연하고 구체적인 사실에 집중한다.[95]

---

95) *Theories of History*, 124-125. 참고: 마르크스의 사상발전사에 관하여는, 이형기, 『세계교회사 II』(서울: 한국장로교출판사, 1994), 399-404. 본 저서에서 필자는 Owen Chadwick, *The Secularization of European Mind in the Nineteenth Century*(Cambridge University Press, 1975), 47-87쪽.

1. 물질주의적 역사관[96]

1) 역사의 실재적 바탕

대체로 헤겔에 있어서 역사를 결정하는 주요 요인은 '민족정신'(Volksgeist), '세계정신'(Weltgeist), 그리고 '절대정신'(das absolute Geist)과 같은 '정신적 세력들' (헤겔에 있어서 자연과 물질은 '정신'의 소외에 다름 아니지만)인데, 마르크스는 이를 "참 인간 위에 있고 참 인간 너머에 있는 인류의 추상적 정신"[97]이라며, 자신의 역사관의 출발점과 전제는 "진정한 개인들, 이 개인들의 활동과 물질적 삶의 조건들"(126)로 본다. 이는 전적으로 경험적인 것들이다. 그래서 마르크스는 헤겔의 입장과 정반대되는 입장을 정립하였다. 그는 인간이 동물과 구별되게 하는 것은 "의식, 종교, 또는 그가 좋아하는 그 어떤 것"이 아니라 "자신들의 생존수단들을 생산하기 시작함"이라며, "인간들은 그들 자신의 생존수단들을 생산함에 있어서 간접적으로 자신들의 실제적인 물질적 삶을 생산한다고 한다.(126) 그런즉 "개인이 무엇인가는 전적으로 그들의 생산의 물질적 조건들에 달렸다."(126)는 것이다. 마르크스는 '정신적 세력'이 아니라 '물질적 생산'이 개인의 역사를 결정한다며, 이를 출발점으로 하여 역사적 물질주의에 입각한 역사관을 펼친다.

따라서, 이와같은 역사관은 생산의 실제적인 과정에 대한 해석과 이와같은 생산양식과 연계되어 있고 이와같은 생산양식에 의하여 창조되는 거래형태에 대한 파악에 달려있다. 즉, 그것은 모든 역사의 바탕으로서 여러 상이한 단계들을 지니고 있는 시민사회, 곧 국가로서 행동하는 시민사회에 대한 파악에 달

---

96) 본 발췌문의 모든 단락들은 *Karl Marx: Selected Writings in Sociology and Social Philosophy*(ed. by T. B. Bottomore and M. Rubel)로부터 온 것이다. 그리고 Bottomore가 이를 번역하였다. *Theories of History*, 126-132.

97) 이 단락은 *The Holy Family*(1845)로부터 왔다. *Theories of History*, 126.

려 있다. 그리고 이와같은 출발점으로부터 그것은 의식과 종교와 철학과 윤리 등의 모든 상이한 이론적 소산들을 설명하고 그것의 기원들과 성장을 물질에서 찾는다. (127)

그런즉, 마르크스는 의식 종교 철학 윤리 등의 해체는 "지성적인 비판"에 의해서가 아니라 '이념적인 헛소리를 만들어 내는 실질적인 사회적 관계들의 전복'에 의해서 가능하다며, "혁명이야 말로 종교와 철학 등 모든 다른 유형의 이론들뿐만 아니라 역사의 추동적인 세력이다."(127)라고 힘주어 말한다. 이 맥락에서 그는 헤겔의 역사관이야 말로 모든 독일의 역사기술방법론의 마지막 결과로서, "그것은 역사의 바탕과 심지어 정치적 관심들이 아니라 순수사고들에만 관심하였으니, 이는 불가피하게도 … 의식 속에서 서로서로를 삼켜버리고 결국은 '자아의식' 속으로 사라지고 마는 일련의 사상들에 머문다."(128)고 하였다. 마르크스는 독일 관념론을 전복시켰다.

2) 물질적 삶의 과정의 이념적 반사체들

여기에서 마르크스는 이미 위에서 주장한 내용을 좀 더 상론하고 계급투쟁에로의 발전을 논한다. 그는 "이상들, 개념들, 그리고 의식이 처음에는 인간들의 물질적 활동과 물질적 거래, 곧 실질적 삶의 언어와 직접적으로 짜여져 있고 이 단계에서 인간들의 표현과 사고, 곧 정신적 거래 역시 그들의 물질적 행동으로부터 직접 나온 것이다."(128)라고 다시 한번 주장한다. 그리하여 "의식이란 결코 의식적인 실존 이외에 아무 것도 아니고 인간들의 실존이야 말로 그들의 실제적 삶의 과정 그 자체이다."(128) 즉, 헤겔 등 독일철학은 하늘로부터 땅으로 내려왔지만 자신은 땅으로부터 하늘로 올라간다고 한다. 따라서 도덕 종교 형이상학 그리고 기타 이념들은 독립적인 실존이 아니라 물질적 선 조건들에 의존하고 있다고 한다. 그런즉, 마르크스는 역사관의 "진정한 전제들은 인간들인데, 이 인간들은 성취나 안정이라고 하는 어떤 상상적 조건 안에 있는 인간들이 아니요, 특정 조건들 아래에서 경험적으로 관찰 가능한 이들의 실질적인 발전과정 안에 있는 인간들이다."(129)

이와같은 역사에 대한 유물주의적 이해를 가지고 이제 마르크스는 계급투쟁에 대한 이야기로 나간다. "각 시대에 있어서 지배계급의 이상들이 지배적 이상들인데, 실은 사회 안에서 지배적인 물질적 세력을 행사하는 계급이 동시에 그것의 지성적 세력을 장악한다. 물질적 생산수단들을 손 안에 넣은 계급이 동시에 정신적 생산수단들을 제어한다. …"(129) 즉, 지배계급의 물질적 힘이 결국엔 지배당하는 계급의 정신(도덕과 종교와 형이상학 등)을 결정한다고 하는 것이다. 그리하여 그와 같은 지배계급에 속한 개인들 역시 이상의 생산자들이요 사고와 의식의 생산자들이라고 하는 것이다. 예컨대, 권력의 분립과 균형이론은 왕정주의와 귀족주의와 부르주아 사이의 지배투쟁의 결과요 분업이론이 지배계급 안에서 생김으로써 정신적 노동과 육체적(물질적) 노동으로 나뉘어서 이 지배계급 안에 한 부분이 그 계층의 사고와 의식과 정신으로 나타나는 것이다. 그리하여 하나의 지배계급 안에서 하나는 주체적인 정신의 생산자들이요 다른 하나는 이에 종속하는 사람들이다. 이와같이 지배계급 안에서 갈등의 상황이 발전하여 한 계급 안에서 둘의 대립과 적대감이 생기는 것이다. 그리하여 이같은 상황에서 피지배 계층이 혁명적인 계층으로 등장하니, "하나의 특정 시대에 있어서 혁명적 이상들의 실존은 하나의 혁명적인 계층의 실존을 전제한다."(130)

다음의 긴 인용에서 마르크스는 역사란 끊임없는 계급투쟁, 곧 권력투쟁의 연쇄라고 하는 사실을 주장하는 것이나 마찬 가지이다. 결국, 모든 사회는 그 안에 대립갈등의 씨앗을 배태하고 있는 것이고, 이로써 혁명의 가능성을 그 안에 항상 품고 있는 것이다.

혁명을 일으키는 계층은 처음부터 하나의 계층으로 등장하지 않고 사회전체의 대표격으로 등장한다. 그 이유는 간단하다. 즉, 그것은 하나의 지배계층에 대항하기 때문이다. 그것은 단 하나의 지배계층에 직면하는 사회전체로 나타난다. … 따라서 그것의 승리는 하나의 지배적인 위치를 획득하고 있지 않는 다른 계급들의 많은 개인들에게 유익을 준다. 그것은 이 개인들로 하여금 그 자신들을 지배계급으로 신분상승을 가능하게 하는 한 그렇다. 프랑스 혁명 당시 부르주아가 귀족들을 뒤엎었을 때 그들은 그로써 많은 무산대중(프롤레타리아)으로 하여금 그 자신들을 무산대중 위로 상승시킬 수 있었다. 그들이 부르주아가 되는 한에 있어서 말이다. 그러므로 모든 새로운 계급은 그 이전 지배계급의 기반보다는 더 넓은 기반 위에서만 자신의 지배를 성취한다. 다른 한편 새로운 지배계급에 대한 피지배계급의 대항은 후에 더욱 더 날카롭고 심오하게 발전한다. 그리하여 이와같은 두 가지 특징은 다음의 결과를 낳는다. 즉, 이 새로운 계급에 대항하는 투쟁은 지배를 갈망했던 종전의 모든 계급들에 의하여 성취될 수 있었던 것보다 종전의 사회 상태에 대한 하나의 좀 더 결정적이고 과격한 부정을 그것의 목표로 한다. (130-131)

3) 역사적 발전과 생산의 물질적 세력[98]

그래서 마르크스는 "국가의 형태뿐만 아니라 법적인 관계들이란 그 자체로써 이해될 수 있는 것이 아니고 헤겔식으로 인간정신의 일반적인 발전에 의해서 이해되는 것도 아니며 삶의 물질적 조건들 안에 뿌리를 내리고 있다."(131)고 힘주어 말했다. 그리하여 국가와 사회와 문화의 상부구조는 그 하부구조에 의하여 결정된다고 한다.

이와같은 생산관계의 전체성이 사회의 경제구조를 구성한다. 그리고 이것을 바탕으로 법적이고 정치적인 상부구조들이 생기고 일정한 형태의 사회의식

---

98) 본 발췌문은 마르크스의 *Preface to A Contribution to the Critique of Political Economy*로부터 온 것이다. *Theories of History*, 131이하.

이 이것에 상응한다. 물질적 삶의 생산양식이 삶의 사회적, 정치적, 그리고 정신적인 과정들을 결정한다. 그들의 존재를 결정하는 것은 그들의 의식이 아니라 반대로 그들의 사회적 존재가 그들의 의식을 결정한다. (131)

그러나 마르크스는 생산의 물질적 세력들이 일정한 발전과정에 도달하면 기존의 생산관계들과 갈등으로 돌입한다며, "사회적 혁명의 시기"(131)가 나타난다고 본다. 그리고 "경제적 기반의 변화와 함께 방대한 상부구조 전체가 다소간에 급격하게 변혁된다."(131)고 하면서, 이에 대한 역사적 전거(典據)를 제시하고 있다.

　　우리는 아시아적 생산 양태, 고대적인 생산 양태, 봉건주의적인 생산 양태, 그리고 근대의 부르주아적 생산 양태를, 사회의 경제적 형성에 기반을 둔 점진적인 시기들로 지적할 수 있다. 하지만 생산의 부르주아적 관계가 생산의 사회적 과정의 마지막 적대적 형태이다. 이는 개인적 적대감들의 의미에서가 아니라 사회 안에서 개인들의 삶을 둘러싼 조건들로부터 발생하는 갈등의 의미에서 그렇다. 동시에 부르주아 사회의 태속에서 자라고 있는 생산세력들은 그와 같은 적대관계의 해결을 위한 물질적인 조건들을 창조한다. 그리하여 이와같은 사회적 형성과 더불어 인간사회의 전(前) 역사는 종언을 고한다. (132)

2. 프롤레타리아트의 불가피한 승리[99]

위의 인용문에서 "부르주아 사회의 태속에 자라고 있는 생산세력들"은

---

99) 본 발췌문은 엥겔스와 더불어 칼 마르크스에 의하여 작성된 팸플릿인 공산당 선언으로부터 왔다. 여기에서 사용된 본문은 *Karl Marx: Selected Works*(ed. by V. Adoratsky and published by Lawrence and Wishart Ltd., London)에서 온 것이다. Theories of History, 132 이하.

부르주아 계급 안에 있는 피지배계급에게 힘을 실어줌으로써, 프롤레타리아트 혁명으로 발전한다. 마르크스는 "생산과 교환과 재산의 관계들을 지니고 있는 근대 부르주아 사회야 말로 그와 같이 거대한 생산수단을 출현시킨 사회로서"(133) 자신의 힘으로 제어할 수 없는 피지배계급(노동자)을 낳았다고 한다. 마르크스에 의한 즉, 지난 10년 동안의 산업과 상거래의 역사를 보면, 근대 생산세력들이 부르주아 사회의 생산조건과 재산관계에 대한 항거의 역사가 있었다. 그리하여 이와같은 경제적 위기는 주기적으로 기존 생산품들과 종전에 창조된 생산세력들의 아주 큰 부분을 파괴하는 결과를 가져왔다. 그리하여 이와같은 상황은 전염병 혹은 큰 전쟁과도 같아서 사회전체를 순간적인 야만성으로 전락시킨다. 산업과 상거래는 무너지고 생계 수단들마저 마비되고 만다. 그 이유는 "너무 과한 물질문명, 너무 많은 생계수단들, 그리고 너무도 많은 상거래 때문이다."(133) 그런즉, 이로 인하여 결국 부르주아 사회는 큰 위기를 맞이하는 것이다.

> 사회의 재량에 맡겨진 생산세력들은 더 이상 부르주아 재산의 조건들의 발전을 진척시키지 못한다. 반대로 그것들은 이와같은 부르주아에게 감당키 어려운 것이 되고 만다. 부르주아는 이와같은 세력들에 의하여 족쇄가 채워지고 이들이 그와 같은 족쇄를 극복하자마자 그들은 부르주아 사회 전체 속으로 무질서를 초래하고 부르주아 재산의 기득권을 위태롭게 만든다. …(133)

그리하여 마르크스는 부르주아 사회의 태속에서 잉태되고 성장하는 프롤레타리아, 곧 근대 노동 계급(the modern working class) 또는 노동자들의 계층(a class of labourers)은 부르주아지, 곧 자본의 크기의 증가에 비례하여 발전한다고 보았다. 그는 하나의 부르주아 사회 안에서 대립갈등이 항상 도사리고 있다고 하는 사실을 통찰하였다. 무엇보다도 그는 산업혁명과 더불어 비인간화되고 주변화되고 소외된 노동자들의 모습을 예리하게 드려다 보았다. 마르크스에 의하면, 산업혁명으로 노동자들은 기계의 부속품이 되었고, 매우 따분한 일을 하게 되었으며, 상품화되었고, 아무리 많은 노동을 하여도 생계를 유지하기 어렵게 되었다. 그리고 노동자들은 다음과 같은 기계화되고 전체주의화된 노동 구조 속에 놓여지게 되었다.

근대 산업은 가부장적인 주인의 작은 가계를 산업자본가의 거대한 공장으로 만들었다. 그리하여 그와 같은 공장으로 떼를 지어 몰려드는 노동자 무리들은 군인들처럼 조직되었다. 그들은 산업군대의 개인 용병들로서 완벽한 계층질서의 장교들의 명령대로 움직인다. 그들은 부르주아 계급과 부르주아 국가의 노예들이일 뿐만 아니라 매일 매시간 기계에 의하여, 감독자에 의하여 무엇보다도 개인 부르주아 제조업자 그 자신에 의하여 노예로 사는 것이다. 그리하여 이와같은 독재가 공개적으로 이윤 추구를 그것의 목적과 목표로 삼으면 삼을수록 노동자들은 더 큰 고통을 감수해야 한다.(134)

이와같은 역사적 전거(典據)를 가지고 마르크스는 한 나라 안에서 노동조합이 생기고, 전국 차원의 노조연맹이 생기며, 노동당이 탄생하고, 나아가서 국제적인 노동조직체들이 형성되었다고 보았다.(135-136) 그리고 그는 기존의 부르주아 계급사회 안에 여러 계급들이 갈등을 겪으면서 점차 프롤레타리아로 넘어가고 결과적으로 후자는 전자로부터 정치적 교육과 일반 교육에 있어서 덕을 보며 결국 이는 정치적 현장으로 나아가, 결국 혁명의 때가 무르익게 된다고 본 것이다.

결국, 계급투쟁이 결정적인 시점에 근접하는 시기들에 있어서 지배계급 안에서 진행되고 있는 와해의 과정 — 사실상 그것은 옛 사회의 모든 범위 안에서 일어나지만 — 은 그토록 난폭하고 눈에 띠게 됨으로써 지배계급의 아주 작은 부분이 떨어져 나가 표류하다가 미래를 한 손에 장악하고 있는 혁명계급에 합류하게 된다. (136)

그리고 역사적으로 보면, 이와같은 계급투쟁의 과정을 거쳐서, 오직 프롤레타리아 계급이 살아남아 혁명을 주도한다고 하는 말이다.

오늘날 부르주아지에 대립했던 모든 계급들 가운데 오직 프롤레타리아만이 하나의 진정으로 혁명적인 계급이다. 다른 계급들은 근대 산업에 직면하여 몰락하고 결국 사라져 버렸다. 오직 프롤레타리아만이 그것의 특별하고도 본질적인 소산이다.(136)

끝으로 마르크스는 혁명적 계급으로서의 프롤레타리아가 혁명을 성공으로 이끄는 방법은 오직 옛 사회의 폭력적 전복에 있다고 보았다.

… 프롤레타리아는 그들의 기존 양태의 사유재산과 과거의 모든 다른 형태의 사유재산도 철폐시킴으로써 사회의 생산세력들의 주인들이 될 수 있는 것이다. 그들은 자신들을 위한 그 어떤 안전판도 그 어떤 요새도 소유하고 있지 않다. 오직 그들의 미션은 개인 재산을 위한 모든 종전의 안전판들과 담보들을 파괴해 버리는 것이다. (137)

성서의 '보편사 해석'에 비추어서

발췌문의 발췌자의 의도와 목적은 마르크스가 물질적 역사관 또는 '역사적 물질주의'(historical materialism)에 근거하여 프롤레타리아 계급혁명의 역사적 필연성과 불가피한 승리에 대하여 주장하고 있다고 하는 사실을 보여 주는 데에 있는 것으로 보인다. 즉, 본 발췌문은 헤겔의 '정신적 세력들'의 안티테제(반정립, 反定立)로서 물질의 철학에 근거한 경제가 역사를 결정하는 가장 중요한 요인으로 보고 있는 있다 하겠다. 칼 뢰비트에 의하면 칼 마르크스는 『공산당 선언』과 『자본』에 있어서 보다 그의 역사연구서들(『1848년부터 1850년까지 프랑스의 계급투쟁들』, 『프랑스 시민전쟁』, 그리고 『나폴레옹 보나파르트의 열여덟 번째 부르메르』)에 있어서 오히려 덜 역사적이라고 하면서, 마르크스는 "계급투쟁과 노동과 자본의 관계에 대한 교조적인 강조가 아니라 얼마나 이 모든 범주들을 하나의 포괄적인 역사패턴 속으로 흡수시켜버리고 있는지"[100]를 보여주고 있다고 한다. 이 글이 본문에서 소개한 대로 뢰비트 역시 "헤겔과 더불어 이 세상은 철학적, 곧 정신의 영역이 되었으나, 이제 마르크스와 더불어 철학은 세상적인, 정치적 경제, 곧 마르크스주의가 되었다."(35)고 한다. 그리하여 마르크스는 경제적 관점에서 19세기 서구의 역사적 현실로부터 혁명을 통하여 실현될 아주 새로운 미래 역사를 제시한 것이다. 즉, 그는 "부르주아 자본주의적 사회란 인류사회의 전 역사적 단계의 마지막 종결 장(章)이다."(35)라 하면서, 1865년의 한 논문에서 산업혁명 이후 19세기 서유럽의 자본주의 상황에서 자생한 프롤레타리아 혁명의 필연성을 역설하고 있다. 헤겔과 마찬가지로 마르크스 역시 '하나'로부터 '양자의 대립갈등'이 기원하고 발전하는 것으로 보았으나, 전자는 양자가 지양(Aufhebung)을 통하여 제3의 종합으로의 변증법적인 발전을 주장하였고, 후자는 양자 중 일자가 타자를 괴멸시키는 제3의 단계로 그리고 최종의 세 단계로 발전하고 종결될 것을 내다보았다.

---

100) Karl Löwith, *Meaning in History*(Chicago: The University of Chicago Press, 1949), 33.

그 누구도 거부할 수 없는 19세기를 특징짓는 큰 사실이 여기에 있다. 한편 종전의 역사적 시기들이 감히 꿈도 꿀 수 없었던 산업과 과학의 세력들이 발전하였고, 다른 한편 로마제국 말기의 그 어떤 잘 알려진 테러들까지도 능가하는 사회경제의 붕괴의 조짐들이 나타났다. 우리 시대에도 이와같은 대조로 충일한 것 같다. 기계는 노동을 단축시키고 노동을 더욱 더 이윤추구와 연결시키는 놀라운 힘을 타고 났다. 그러나 우리가 발견하는 것은, 그것이 얼마나 배고픔과 과잉노동을 초래하였는가에 대한 것이다. 새롭게 해방된 자본의 권력은 이상의 운명의 장난으로 궁핍과 결핍의 원천이 되고 … 인류는 자연에 대한 주인이 되지만 그러나 인간은 인간의 노예가 된다. … (36)[101]

뢰비트에 의하면, 마르크스의 프롤레타리아는 "기존 사회의 변두리에 살면서 기존 사회에 대하여 하나의 예외자"요 "하나의 절대적이고 계급이 없는 사회의 잠재력"으로서 "그 자체 안에 규범적(normative)이 될 수 있는 잠재력을 가지고 있다."(37) 이로써 프롤레타리아는 "하나의 보편적인 미션과 하나의 구속적인 의미를 가지고 있다." 그것은 "세계혁명에 의한 모든 역사의 종말론적 목표를 수행하는 도구"이다. 그것은 "사회전체를 자본주의로부터 해방시키지 않고는 그 자신을 자본주의에의 노예 됨으로부터 해방시킬 수 없다."(37) 뢰비트에 따르면, 마르크스의 『자본론』은 프롤레타리아를, 세계의 해방을 위한 선민으로서 그것의 틀에 있어서 종말론적이고 그것의 태도에 있어서 예언자적이라 하는 바(38), 다음과 같은 문장으로 시작한다고 한다. "지금까지의 기존사회의 역사란 계급투쟁의 역사이다."[102] 즉, 자유인과 노예, 귀족과 서민, 지주와 농노, 동업조합장과 날품팔이일꾼, 곧 마르크스는 '억압자와 피억압자' 사이의 사회적 대립갈등으로 요약하였다.(38) 결국, 프롤레타리아는 이와같은 해방을 통하여 이 지상에 하나님 없는 천국을 건설

---

101) Die Revolution von 1848 und das Proletariat, in K. Marx als Denker, Mensch und Revoutionaer(Berlin, 1928), 41.

102) 뢰비트가 여기에서 인용한 글은 『공산당선언』("Modern Library"의 영역, 321 이하)으로부터 왔다.

하려는 집단 이외에 아무 것도 아니다. "이는 마르크스의 역사적 메시아주의의 궁극적 목표요 이상이다."(42)

그래서 뢰비트는 『자본론』의 비밀이 "그것의 의식적인 물질주의와 그것에 대한 마르크스 자신의 견해가 아니라 예언자주의의 종교적 정신에 있다."(43)며, 여러가지 측면들을 제시하고 있다. 첫재는 "착취"를 "윤리적 판단"으로, 그리고 "보편사"를 "'전 역사'의 근본악에 다름 아닌 원죄"로 보아, 이것이 "인간의 도덕과 지성"을 심하게 오염시켰다고 하는 것이요(43), 둘째는 본문에서 지적한 바, 역사 속에서 항상 발견되는 계급투쟁 또는 "억압자와 피억압자"의 대립갈등을 "어둠의 자녀들과 빛의 자녀들의 적대관계"(44)로, 그리고 "부르주아 자본주의의 최종적 위기"를 "역사의 과정의 무정한 법칙성에 의하여 미리 예고된 최후심판"(44)이라고 보았다. 마르크스에게 있어서 역사는 대립갈등 또는 계급투쟁의 역사로서 그 배후에 '하나의 투명한 메시아주의'가 숨어있고, 결국 선민 프롤레타리아 계급을 메시아 왕국을 매개시키는 공동체요 그것을 실현하는 하나님의 도구로 본 것이다. 이 맥락에서 유대교 전통에 따라서 마르크스는 프롤레타리아 계급에게 "절대적인 의"(44)를 부여한다. 그래서 다음 인용에서 뢰비트는 마르크스가 전적으로 유대-기독교적 종말론을 세속화시킴으로써 그의 역사적 물질주의를 전개하였다고 본다.

> 부르주아와 프롤레타리아라고 하는 두 적대적인 진영 사이의 '최후' 적대관계가 역사의 마지막 시기에 있을 그리스도와 적그리스도 사이의 최종적인 싸움에 대한 유대-기독교적 신앙에 상응하고, 프롤레타리아의 과업이 선민의 세계사적 미션에 상응하며, 가장 하부에 놓여있는 계급의 구속적이고 보편적인 기능이 십자가와 부활의 종교적 패턴에 따라서 개념 잡혀 있고, 필연의 영역으로부터 자유의 영역으로의 궁극적인 변형이 지상의 도성(civitas terrena)의 신의 도성(civitas Dei)으로의 변형에 상응하며, 『공산당 선언』에 요약된 역사의 전 과정이 역사란 의미 있는 마지막 목표를 향한 섭리적 행보에 대한 도식에 상응하

고 있는 것은 우연이 아니다. … (44-45)

이제 우리는 이와같은 마르크스의 역사적 물질주의를 성서적 내러티브 신학에 비추어서 다섯 가지 문제로 나누어 숙고해보려고 한다. 특히, 첫째, 하나님의 형상으로서의 신학적 '인간론'의 문제, 둘째, 구속의 역사로서 보편사와, 선민 이스라엘 및 교회의 관계, 세째, 사랑과 정의 그리고 사회적 약자에 대한 문제, 네째, 수평적 변증법과 수직적 변증법의 문제, 다섯째, 말씀과 행동의 문제, 그리고 여섯째, 역사주의와 역사적 사실과 사건의 '언어적 전환' 또는 '문학화', '텍스트화'의 문제에 대하여 논한다.

인간론

마르크스는 헤겔로 대표되는 독일 관념론이 결국은 사회경제적 상황 속에 있는 구체적인 '인간', 그것도 '개인들'을 백안시하고 무시해 버리는 '거대담론'이 되어 버렸다고 본 것이나 마찬가지이다. 마르크스는 서유럽 정신사에서 소홀히 여겨졌던 부분을 강화시킨 것이 분명하다. 독일의 관념론은 인간의 정신을 마르크스는 인간의 몸과 몸적인 사회경제와 문화를 강조하였으니 말이다. 하지만 마르크스는 헤겔의 '유심론'에 대한 안티테제를 제시하려다가 전인(a whole person)의 소산인 종교, 형이상학, 문예 등을 전적으로 역사의 물질적 바탕에서 해석해 버렸다. 마르크스는 역사적 물질주의로의 환원주의를 택한 것이다. 창세기의 창조 내러티브는 인간이 하나님의 형상으로서 결혼하여 자녀를 낳고 가정을 이루고 공동체를 형성하며 정신노동이든 육체노동이든 땀 흘려 일을 하며 우주 만물과 그 가운데 있는 모든 것을 관리하면서 창조주 아버지 하나님의 계속적인 창조에 협력하여 그것을 가꾸고 일구며 새롭게 만들어야 하는 문화적 위임(co-reator)을 위탁받았다고 본다. 그리고 아들을 통하여 성령으로 우주만물과 그 가운데 생물체들과 인간을 지으신 하나님께서는 창조사역을 마치신 후 "모든 것이 좋다"고 하시며 안식하셨으며, 이 안식일을 복되게 하시고 거룩하게 하셨으니, 인류 역사와 창조세계의 역사 속에서 창조주 아버지 하나님의 뜻과 목적에 따라사는 우리 인간들 역시 이 땅에서 뿐만 아니라 장차 새 하늘과 새 땅에서 삼위일체 하나님의 안식에 동참할 것을 바라보는 것이다.

하나님의 형상이란 영혼의 특성들과 육체의 특성들이 상호 교류하면서도(칼빈) 상호 조화를 이루고 있는 전인으로서 다른 인격체들의 정체성, 특성과 다름을 인정하고 존중하면서 상호 간의 코이노니아를 추구한다. 예수님의 두 본성이 각각의 정체성, 특성과 다름을 확보하면서 그것의 다양성의 조화를 이루고 있듯이(신성+전인) 그리고 삼위일체 하나님께서 서로 간에 위격의 정체성과 특성과 다름을 인정하고 존중하면서 코이노니아 속에 있는 것처럼 말이다.

예수님께서 삼위일체 하나님의 제2 위격이신 하나님의 아들의 성육신으로서 그의 몸(인성: 합리적 이성과 몸)(칼세돈 정통 기독론)은 그의 아들 되심 또는 그의 로고스의 주권에 의하여 주장되어지고 있고, 동방정교회의 삼위일체론에서 성부께서 아들과 성령의 동일기원(a monarchy of the Father)이심이 강조되고 있는 것처럼, 우리는 어느 정도로 성령(말씀)-영혼-몸의 계층질서를 인정하고 다른 인격체들과의 전인적인 관계에 있어서도 다양성 속에서 통일성을 유지해야 할 것이다. 그도 그럴 것이 '영혼의 특성들'과 '육체의 특성들'을 단순히 대등한 것으로 이해할 경우, 우리는 플라톤주의나 신플라톤주의와 기독교의 수도원주의적 이원론이나 마르크스주의적 물질적 환원주의로 기울어질 가능성을 배제할 수 없기 때문이다. 아나스타시오는 하나님 아들의 성육신(hypostatic union)[103]에서 전인을 보았다.

물질과 정신의 절대적인 분리는 — 고대 희랍이나 인도의 철인들의 주장처

---

103) 위격적 연합이란 3위1체의 제2 위격이신 하나님의 아들의 성육신에 있어서 그리고 그의 사역에 있어서 그 주권이 아들(로고스)에게 있고, 나사렛 예수님의 인성(그 합리적 지성과 의지 그리고 몸)은 로고스 혹은 하나님의 아들의 주권에 전적으로 순응한다고 하는 것이니, 두 본성의 교류에도 불구하고, 하나님의 아들이 그 주권을 행사하신다고 하는 것이다. 따라서 인간의 영혼/정신과 몸은 하나님의 아들(로고스)과 성령의 인도를 받아 마땅할 것이다.

럼 — 배격된다. 그리스도는 전인으로 성육신하셨다. 예수 그리스도는 영혼의
구원자 일뿐만 아니라 전인과 물질적-영적 피조물 전체의 구원자이시다.[104]

따라서 우리는 독일의 관념론과 마르크스의 유물주의가 각각 전인의 일
부만을 부각시키고 있다고 볼 수 있다. 예수님은 하나님의 아들로서 참 인간
이요 참 하나님으로서 각각의 다름을 유지하면서 상호 간의 공동체성 혹은
코이노니아를 유지하고 있고, 나아가서 성부와 성령과도 정체성과 특성과
다름을 확보하면서 상호 간에 공동체성 또는 코이노니아를 이루고 있는 것
이다. 예수 그리스도는 참 하나님의 형상이시고 삼위일체 하나님 역시 인간
사회의 참 하나님 형상이다. 교회의 역사를 통하여 플라톤과 신플라톤주의
그리고 수도원주의의 이분법적 인간이해와 '교회 대 세상'의 이분법으로 인
하여 서양 기독교가 마르크스가 부각시킨 사회경제적 '인간', 특히 '개인들'
에 대한 구체적인 배려를 무시하다가 1970년대의 해방신학을 등장시켰던
것으로 보인다. 그러니까, 1960년대 말 이전 까지만 해도 서양의 기독교는
성서, 교회, 영성은 강조하지만 '세상을 이처럼 사랑하사 독생자를 주신' 하
나님의 세상에 대한 사랑과 정의 그리고 복음서의 예수님의 사회적 약자들
에 대한 '긍휼의 정의'에 대하여는 너무 소홀히 여겼던 것은 아닌지 생각해
보아야 한다.

구속의 역사로서 보편사와 선민 이스라엘과 교회의 관계

성서적 내러티브 신학은 인류 역사를 대립갈등 또는 계급투쟁의 역사로
보지 않는다. 그것은 아브라함 이야기로 시작되는 바, 이스라엘의 선택과 출
애굽과 언약의 역사를 통하여 보편사의 구속을 약속하고 있고, 예수 그리스
도를 통하여 이를 완성하셨고, 특히 그의 부활을 통하여 장차 완성될 하나님
의 나라를 미리 보여주셨고, 약속하신 것이다. 성령의 은혜로 이를 믿고 희

---

104) *The San Antonio Report: Your Will Be Done: Mission in Christ's Way*, ed. by Frederick R. Wilson(Geneva: WCC, 1990), 104.

망하는 교회 역시 이스라엘과 마찬 가지로 인류와 창조세계에 대한 하나님의 구원경세를 위하여 실존하고 있는 것이다. 인류역사는 인류역사와 창조세계에 대한 삼위일체 하나님의 보편주의적 구원경세를 믿고 희망하는 사람들과 그것을 믿지 않는 사람들로 나뉘어져 있다. 일종의 두 나라 사람들의 모습이다. 아우구스티누스 식으로 말한다면, 하나는 '땅의 도성'이요 다른 하나는 '신의 도성'일 것이다.

그럼에도 불구하고 이는 결코 부르주아와 프롤레타리아의 대립갈등 또는 계급투쟁과 같은 것이 아니다. 그렇다고 이것이 아우구스티누스, 루터, 칼빈, 그리고 17세기 개신교 정통주의가 주장하는 것처럼 믿는 사람들을 부활과 영생으로, 불신자들을 영원한 불로 멸절시킨다고 보는 입장도 아니다. 다분히 칼 뢰비트는 아우구스티누스적인 '두 도성 사상'에 머물러 있는 것으로 보이지만 말이다. 하나님께서는 그의 아들을 이 세상에 파송하시어 십자가에 달려 속죄의 죽음을 죽게 하실 정도로 인류와 창조세계를 사랑하셨고 지금도 그리고 최후심판에도 불구하고 그 다음에도 그렇게 사랑하실 것이다. 장차 오실 '심판주'는 우리 인류를 대신하여 심판을 받으신 심판주'(the Judge as Judged in our Place)(칼 바르트)이시다. 하나님의 사랑은 그의 정의에도 불구하고 어제나 오늘이나 내일에도 변함이 없으실 것이다. 우리는 믿지 않는 사람들을 마치 마르크스가 부르주아를 바라보는 시각으로 바라볼 것이 아니라 하나님의 사랑하신 사람들의 관점으로 바르게 보아야 할 것이다.

선민 이스라엘과 선민 교회 공동체는 메시아적 공동체로서 예수 그리스도의 길(십자가와 부활의 길 그리고 복음서에서 발견되는 예수님의 '긍휼의 정의')을 따라가면서 삼위일체 하나님의 인류역사와 창조세계의 완성과정에 동참하고 협동한다. 물론, 하나님께서는 이스라엘과 교회 밖에서도 은혜와 사랑과 정의의 사역을 하시지만, 특별히 그의 선민을 통하여 일하신다. 물론, 예수 그리스도의 몸, 하나님의 백성, 그리고 성령의 전으로서 교회는 특별한 존재로서 특별한 사명을 위탁받았지만 말이다(이에 대하여는 '하나님 나라와 교회'에 대하여 논한 총 결론부분을 참고할 것).

사랑과 정의 그리고 사회적 약자에 대한 문제

이방 사람인 노아와 은혜의 무지개 언약을 맺으시어 인류와 창조세계를 구원하시기를 갈망하시는 야훼께서는 역시 이방 사람인 아브라함을 택하시고 부르시어 그의 후손(이스라엘과 예수님)을 통한 인류와 창조세계에 대한 구원을 약속하셨다. 이스라엘이 애굽 제국의 구조적인 부정의(정치사회경제문화적인 노예생활)에 항거하여 하나님께서 그들의 부르짖음에 귀를 기울이시어 그들을 출애굽시키신 것은 이미 노아를 통하여, 아니 그 이전 아브라함의 선택과 부르심을 통하여 시작하신 인류 및 창조세계 구원경세를 위한 여정이었다.

출애굽 20장 2절이 "나는 너를 애굽 땅, 종 되었던 집에서 인도하여 낸 너의 하나님 여호와로라"고 할 때, 그것은 십계명의 대 전제가 애굽 제국 아래에서의 이스라엘의 노예적 삶과 해방의 삶에 대한 내러티브라고 하는 것을 말한다. 그리하여 하나님의 인류에 대한 사랑과 은혜가 십계명의 모든 명령들에 선행한다. 출애굽의 경험, 곧 하나님의 은혜의 언약에 따른 하나님의 이스라엘에 대한 사랑과 은혜 그리고 이에 대한 이스라엘의 경험(믿음 사랑 희망)은 이스라엘에게 요구된 하나님의 모든 명령들에 선행한다. 애굽에서 구조적 부정의(노예생활)를 경험한 이스라엘은 자신들의 지난 과거의 노예생활과 출애굽을 동시에 기억하면서 구조적 부정의를 바로잡는 삶을 살아야 했다. 하나님의 사랑과 은혜가 다름 아닌 이스라엘이 자체 내에서 그리고 이방인들에게 사랑과 정의를 따라 살지 않으면 안 되는 이유였다. 이스라엘은 출애굽 이야기와 같은 내러티브들을 통하여 하나님과 이스라엘의 기본관계를 회상하였고, 이를 추동력으로 이웃에게 사랑과 정의를 실천해야 했다.(참고: 호 13:4; 레 19:33-34; 출 23:9; 출 21-23)

신약에서도 마찬가지이다. 하나님 아버지께서는 이스라엘을 대표로 하는 인류 공동체가 하나님의 사랑과 은혜에 대하여 제대로 반응할 수 없었기 때문에, 그의 아들을 성육신시키시어 새로운 출애굽을 수행하셨다. 아들의 십자가를 통한 인류 및 창조세계의 구속과 그의 부활을 통한 새 하늘 새 땅에 대한 계시와 약속은 인류 및 창조세계에 대한 하나님의 새로운 출애굽이었다. 이스라엘의 출애굽처럼 이것 역시 하나님의 아가페 사랑과 과격한 은혜에 의한 구원 행동이었다. 그런즉, 신약에서도 사도들과 초기 사도적 공동체를 잇는 교회의 산상수훈과 모든 사도적 훈령들에 대한 순종 역시 예수 그리스도를 통한 하나님의 구원 사건에 대한, 내러티브를 통한 기억에 따른 기독교적 도덕과 윤리의 기초인 것이다. 이같은 내러티브들 역시 사도들과 사도적 공동체의 기억에 의하여 이야기된 이야기였지만 말이다. 구약과 신약에서 이스라엘과 교회 공동체의 도덕과 윤리는 이와같이 하나님의 사랑과 은혜(하나님과 이스라엘 및 교회 공동체의 기본적인 관계)에 대한 경험에서 비롯된 것이다. 이와같은 경험에서 솟아나는 도덕과 윤리는 이성이 만들어 낸 도덕과 윤리와 그 출발점에 있어서 상이하다.

교회 공동체는 하나님의 아가페 사랑과 은혜에 대한 감사하는 삶을 살아야 한다. 아가페 사랑에 대한 반응으로서 이웃 사랑을 토대로 하는 제도 또는 구조를 통한 정의구현(라인홀드 니버)이 교회에게 요청된다. 교회는 자체 내의 고아와 과부와 나그네와 같은 사회경제적 약자들을 보듬어 안아야 한다. 마치 몸의 더 약한 지체들이 돌봄을 받아야 하는 것처럼 말이다. 개 교회 안에서든 전체 교회 안에서든지, 우리는 이를 어찌 교회 안에서의 문제로만 생각될 수 있겠는가? 하나님께서는 교회 밖의 나머지 인류 사회 역시 그것의 정치형태나 경제체제에 상관없이 그와 같은 사랑과 정의의 삶을 우리에게 요구하실 것이다. 우리는 각 나라 안에서 이슈가 되고 있는 노동자의 문제, 실직자들의 문제, 빈익빈 부익부의 문제, 여성과 장애인의 문제, 기타 사회적 약자들의 문제, 그리고 창조세계에 대한 문제에 대한 법적이고 제도적인 장치들을 통하여 '긍휼의 정의'가 구현되어야 할 것이다. 뿐만 아니라 글로벌 차원에서 동남아시아, 아프리카, 라틴 아메리카 등이 돌봄을 받아야 할 것이다. 교회의 주님이시고 머리이신 예수 그리스도께서는 하나님과 만유의 화해자로서 역사의 주님이시요 창조세계의 지탱자이시며, 교회와 국가들과 모든 문화권들은 하나의 인류 공동체의 상호의존적인 부분들이기 때문일 것이다.

그리고 교회는 죄와 죽음, 흑암의 권세로부터의 해방에 힘입어 공동체 차원에서 애굽의 제국주의적 구조악과 같은 오늘의 제국주의적 구조 악(예컨대, '신자유주의' 시장경제의 글로벌화에 따른 정치적 경제)으로부터의 해방을 위하여 힘써야 할 것이다. 이스라엘의 애굽 노예생활과 출애굽에 대한 경험이야말로 하나님의 보편주의적 구원경세와 하나님 나라 구현과정에 있어서 매우 중요한 표지판이 되어야 할 것이다. 죄와 죽음, 흑암의 권세로부터의 해방경험과 이스라엘의 정치 경제 사회 문화적 해방경험은 상호 간에 보완되어야 할 해방경험이리라. 따라서 마르크스의 프롤레타리아 혁명이 정의의 일면을 암시하고 있는 것이 확실하지만, 그것의 반 기독교적 신앙과 희망(기독교 신앙과 희망의 '세속화')이야 말로 그것의 프락시스를 결코 정당화시킬 수 없는 것으로 보인다. 그런즉, 해방신학 전통의 프락시스 역시 일면 정의를 암시고 있으나, 이상에서 필자가 주장한 내러티브 신학에 비추어 볼 때, 그것은 신학적으로 큰 문제를 안고 있는 것으로 보인다.

수평적 변증법과 수직적 변증법의 문제

마르크스는 역사 속에서 부르주아와 프롤레타리아의 대립갈등 또는 계급투쟁이 항존 하고 있고, 끊임없이 변증법적 운동으로 추동되고 있는 것으로 보았다. 이는 역사적 물질주의에 입각한 수평적 유물 변증법에 해당한다. 결국, 객관적으로 그리고 보편적으로 인류의 투쟁의 역사는 궁극적으로 프롤레타리아 편이라고 하는 말이다. 헤겔 역시 수평적 변증법을 주장하는 것으로 보인다. 그도 그럴 것이 자연과 인류역사 속에 항존 하고 있는 테제와 안티테제는 정신의 변증법적 자기발전의 계기들로서 역사의 지평 안에서 수평적 운동을 통하여 제3의 종합단계로 나가기 때문이다. 마르크스는 종합이 아니라 부르주아가 영원히 멸망하고 프롤레타리아는 영원히 승리할 것이라고 보았지만 말이다.

키에르케고르의 뒤를 이은 칼 바르트는 역사 지평 속에서 진행되는 수평적 변증법이 아니라 예수 그리스도의 위격과 사역에 있어서 영원이 시간과 교차했다고 보아, 헤겔과 마르크스가 전혀 알지 못하는 차원을 제시했다 (헤겔의 "성서의 '보편사 해석'에 비추어서" 부분을 참고할 것). 우리 믿는 사람들은 성령을 통하여 사도들과 사도적 공동체의 증언들(신약성서 가운데)로 인도되어, 영원의 차원(하나님 아버지, 예수 그리스도, 하나님 나라)과 수직적인 변증법의 관계를 갖게 되는 것이다. 그리고 교회는 인류보편사와 창조세계 속에서 은혜로 주어지는 이와같은 영원과 순간의 교차 속에서 새 하늘과 새 땅에 대한 비전을 가지고 이 땅위에서 하나님 나라를 구현해 나가야 할 것이다. 그리고 하나님의 카이로스(das Moment = the eternal Now)에 성령을 통하여 실현되는 영원과의 만남에 따른 수직적인 변증법을 통하여 우리는 성부, 성자, 성령 그리고 하나님 나라가 시간 앞에(Vorzeitlichkeit), 시간 위에, 시간과 함께(Ueber- order Mitzeitlichkeit), 그리고 시간 후에(Nachzeitlichkeit) 실존하고 있는 것이다.[105] 바르트는 시간 속에서 영원으로 실존하시는 예수 그리스도(참 하나님 = 영원, 참 인간 = 시간)와의 관계에서, "하나님은 시간을 가지고 계신다. 참된 시간을 그의 영원 속에 가지고 계신다."(C.D. III/2, 697)고 본 것이다. 이는 예수님의 신성이 하나님의 인간성을 포함고 있는 것과 같은 것으로 보인다. 하나님께서는 영원히 살아계신 분으로서 시간을 가지고 계시는데, 이 영원 안에는 시간의 3중성, 곧 영원이 선행하는 시간, 동행하는 시간, 그리고 후행하는 시간이 있다고 하는 말이다. "후행하는 시간"은 새 창조세계에서의 시간을 의미할 수도 있지만.

관념론 철학 전통이 하나님을 인간의 정신 또는 의식 안에 가두었다면 마르크스는 하나님을 물질주의적 역사주의, 역사주의적 물질주의로 환원하였다. 수직적 변증법에 대한 논의에서 지적한 것처럼 관념론과 마르크스는 모두 자기 밖의 아르키메디언 포인트를 알지 못한다. 그리고 시간이 영원의 품 속에 있는 것을 거부한다. 그들에게는 기독교의 기본적인 믿음과 희망이

---

105) 참고: John C. McDowell, *Hope in Barth's Eschatology*(Burlington, VT in USA: Ashgate Publishing Company, 2000), 277-278.

없기 때문이다.

우리는 마르크스의 역사관에서처럼 믿는 사람들과 믿지 않는 사람들을 대립갈등 또는 계급투쟁의 관계가 아니라 둘이 함께 하나님 나라를 이 땅 위에 구현해야 하는 공동체들임을 인식해야 할 것이다. 우리는 보편주의적 삼위일체 하나님의 보편주의적 하나님 나라를 비전으로 하여 교회와 세상을 바라보고, 이와같은 관점에서 교회의 존재와 사명을 바르게 깨달아야 할 것이다.

말씀과 행동의 문제

관념철학과 이별하고 물질철학에 입각한 프롤레타리아 혁명을 주장하는 마르크스에게 '행동' 혹은 '프락시스'가 관념이나 말보다 중요한 것은 당연한 것으로 보인다. 마르크스는 신학을 인간학이라고 한 포이에르바하의 주장에 만족할 수 없었다. 그는 역사나 종교나 신학에 대한 해석이 아니라 물질철학에 입각한 역사와 종교와 신학에 대한 사회적 비평과 아울러, 이를 뒤엎는 혁명적 프락시스를 강하게 주장하였기 때문이다. 우리는 철학이 관념화되고 신학이 개인들의 '경건'의 영역으로 퇴거하는 상황에서 공적인 영역에서의 '행동' 혹은 '프락시스'가 얼마나 중요한가를 마르크스에게서 배운다. 하지만 뉴비긴에 따르면, 예수 그리스도와 교회 공동체는 '말씀과 행동'의 이분법을 결코 용납하지 않는다. 그는 포스트모던 전통을 쫓아서 '가치'와 '사실'의 이원론을 허용하지 않는 것처럼 '말씀과 행동' 그리고 '설교와 행동'의 이원론을 결코 허락하지 않는다.[106]

필자는 이와같은 교회의 사회참여에 대한 뉴비긴의 주장을 대부분 인정하고 받아들이지만, 적어도 WCC가 '신앙과 직제'운동과 병행시키고 있는, '삶과 봉사'(Life and Work = Church and Society = JPIC)운동의 역사가 보여주고 있는

---

106) Lesslie Newbigin, *The Gospel in a Pluralist Society*(Geneva: WCC, 1989), 137-140.

교회의 사회윤리 차원을 적극적으로 지지하고 있고,[107] 근대 유럽의 민주주의적 가치 등을 장차 도래할 하나님 나라에 대한 징표들과 도구들로 보는 몰트만의 주장을 지지한다.[108]

---

107) 참고: 이형기, 『에큐메니칼 운동의 패러다임 전환』(서울: 한들 출판사, 2011). 그리고 에큐메니칼 운동에 나타난 '보편사'과 '자연'에 대한 주장은 참고: Hendrikus Berkhof에 의하여 초안되었고, 많은 학자들의 동참으로 1968년에 출판된 *New Directions in Faith and Order*(Bristol, 1967)으로부터 가져 온, "God in Nature and History", In God, History, and Historians, ed. C. T. McIntire(Oxford University Press, 1977), 291-328.

108) 참고: 이형기, 『모더니즘과 포스트모더니즘 논의에 비추어 본 몰트만 신학』(서울: 한들 출판사, 2006), 238-300.

IV

포스트모던 사관들

1 장

모더니즘의
'거대담론으로서의 역사'(History)를
해체시키려는 포스트모던 역사관

1. 리요타르(Jean Francois Lyotard)

리요타르는 제국주의, 자본주의, 그리고 마르크스주의와 같은 거대담론
은 물론, 변증법에 의해 자기를 실현하는 헤겔의 절대정신, 국가주의와 민족
주의, 산업화에 의한 역사발전 이론 등과 같은 모더니즘적인 '거대담론'(meta-
narratives)을 철저히 거부한다. 리요타르는 "극단적으로 단순화시켜서 말하면,
나는 포스트모더니즘을 '거대담론에 대한 불신'(incredulity toward metanarratives)이
라고 정의 한다."[1]고 말했다. 그는 각 개인과 각 단체들의 담론, 그리고 종합
대학의 각 과정과 각 학과의 각 담론도 그 어떤 거대담론에 의해서도 억압당
하거나 무시되거나 소외되어서는 안 된다고 주장한다. 그는 각 담론들의 차
이(disparity)와 배리(背理, paralogy)을 말한다. 따라서 리요타르에게 있어서 중요
한 것은 다원주의(pluralism), 다양성(diversity), 다름(difference) 및 타자성(otherness of

---

1) Jean-Francois Lyotard, tr. Geoff Bennington and Vrian Massumi, *The Postmodern Condition: A Report
on Knowledge* (Minneapolis: University of Minnesota Press, 1984), Introduction, xiv.

others)이다.

리요타르는 1807-1810년 사이에 훔볼트(Wilhelm von Humbolt)에 의해서 건립된 베를린 종합대학의 교육이념이 민족과 국가의 이념이라는 실천적인 목적이었기 때문에, 각 과정과 각 분야의 다양성과 다름과 타자성이 무시되고, 획일화되며, 억압당하는 결과를 초래했다고 보았다. 리요타르는 이것이 바로 '거대담론'에 의한 대학교육의 억압이라고 생각하였다.[2] 그래서 리요타르는 오늘의 대학교육에 있어서도 잘못된 '거대담론'을 검토하도록 촉구하고, 동시에 올바른 '거대담론'을 제시할 것을 요청하는 것으로 생각된다.

리요타르는 그의 주저 『포스트모던 조건』에서 미국대륙에서 사회학자들과 비판가들 사이에서 사용되고 있는 포스트모더니즘이란 용어는 "19세기가 끝난 이후 과학과 문학과 예술의 게임법칙들을 변경시켜 버린 변혁들을 따르는 우리의 문화의 상태를 가리킨다."고 하였다. 그의 본 저서는 "이와같은 변혁들을 내러티브들의 위기의 맥락에 배치시킬 것이다."(xxiii)라고 할 때, 그는 '과학과 문학과 예술'을 '거대담론'(the grandnarratives 또는 the metanaaratives)으로부터 해방시킴으로써 각 학문 분야의 각각의 담론을 살리려고 한 것이다. 리요타르에 의하면, 과학이 그 동안 "정신의 변증법, 의미의 해석학, 합리적 주체 또는 작업의 주체, 또는 부의 창출"(Ibid.)과 같은 거대담론(a metadiscourse)에 호소하여 자신의 게임법칙을 합리시켜 왔기 때문이다. 그는 이와같은 "역사철학을 함축하는 거대담론"이야 말로 "지식을 합법화시키려고 사용하기 때문에, 사회적 유대를 지배하는 제도들의 타당성에 대하여 의문이 생기게 한다."(xxiv)고 하였다. 그는 이와같은 '거대담론'을 모더니즘의 소산으로 보았다. 그리하여 리요타르에 따르면, 포스트모더니즘이란 모더니즘의 '거대담론'으로부터 다원주의적 담론들로의 패러다임 이동에 다름 아니다. 그와 같은 다원주의적 담론들은 다리가 없는 외딴 섬들이요 그것들 사이를 연결시키는 필연적인 고리가 없다. 그의 주장을 들어 보자.

---

2) *Ibid.,* 31-36.

극단적으로 단순화시키면, 내가 정의하는 포스트모더니즘은 거대담론들에 대한 불신이다. 이와같은 불신은 과학들의 진보로 말미암은 것이나, 역으로 진보는 과학들의 진보를 전제하기도 한다. 합법화를 위한 거대담론적 장치의 노후와 퇴화에 상응하여, 가장 두드러진 현상은 형이상학과 과거에 이것에 의존했던 대학들의 위기이다. 담론적 기능은 그것의 활력, 그것의 위대한 주인공, 그것의 큰 위험성들, 그것의 큰 항해들, 그리고 그것의 위대한 목적을 상실하고 있다. 그것은 이제 구름떼 같이 다양한 담론적 언어요소들로 분산되고 있다. 이 담론들은 예컨대 지시적이고 규범적이며 기술적(descriptive = 설명적인)이다. 그리하여 각 구름떼 군의 내러티브들 안에서는 각각 그것의 고유한 실용적 유발(誘發)성들이 전달된다. 우리들 각자는 이와같은 내러티브들 중 많은 내러비티브들의 상호교차 지점에서 살고 있다. 그러나 우리는 안정적인 언어 조합을 확립시킬 필요가 없다. 우리가 그와 같은 것들을 수립한다고 해도 그것이 필연적으로 내러티브들 사이의 소통을 가능하게 하지는 않을 것이다.(xxiv).

　리요타르는 '간 주체성'과 주체들 사이의 담론이 어떤 사회적 합의(컨센서스)에 도달할 수 있다고 주장하는 하버마스와는 달리, 모더니즘의 '거대담론'을 해체시킨 후 다원적 담론들의 상호관계성을 전적으로 거부하였다. 리요타르는 '많은 상이한 언어 게임들', 곧 '내러티브 요소들의 상호이질성'(xxiv)을 주장하면서, 모든 제도들은 조각들로 짜여진 것이고 각 지역적인 결단이 있을 따름이라고 보았다. 리요타르는 하버마스에 대하여 이렇게 반론하였다.

　… 그와 같은 컨센서스는 언어 게임들의 이질성에 폭력을 가한다. 모든 창조들도 항상 의견 차이들로부터 탄생한다. 포스트모던 지식이란 단순히 어떤 권위들의 도구들이 아니다. 그것은 다름에 대한 우리의 감수성을 세련되게 하고 동일한 표준으로 통약 불가능한 것들을 관용할 수 있는 능력을 다시 강화시켜 준다. 그것의 원칙은 전문가의 상동(上同)관계가 아니라 창조자의 배리(paralogy = 背理)이다. (xxv)

성서의 '보편사 해석'에 비추어서

리요타르의 "거대담론에 대한 불신"은 비코로부터 칼 마르크스에 이르는 모든 모더니즘 전통의 '역사철학'에 대하여 비판한다. 그의 비판은 상당 부분 타당성을 보여준다. 그도 그럴 것이 서양사회는 '역사의 진보', '산업화', '자본주의', '제국주의', '공산주의' 등 모더니즘 전통의 '거대담론'으로 인하여 역사와 자연에게 엄청난 폭력과 배제와 착취를 가해왔기 때문이다. 하지만 우리는 동시에 근대의 자유와 인권과 같은 민주주의적 가치 또는 '유엔헌장'과 같은 인류의 어떤 보편적 가치에 해당하는 일종의 '거대담론'을 인정해야 할 것이다. 종종 그것의 '거대담론'이 많은 문제를 발생시키기도 하지만 말이다. 따라서 다원적 담론들에도 불구하고 그것들의 어떤 통일성을 추구해야 한다고 하는 말이다. 반면, 하버마스는 모더니즘의 '주체'를 인정하고 모더니즘의 민주주의적 가치를 받아들이면서 '간 주체들'(inter-subjects)의 담론들에 의한 사회적 합의를 추구하였으니, 우리는 다리가 없는 섬들 같은 다원주의적 담론들이 아니라 그것들 사이의 소통과 통약 가능한 가치들을 추구해 나가야 할 것이다. 우리는 '다양한 문화적 공동체들의 인류 공동체'(the human Community of the diverse cultural communities)와 '다양성 속에서 코이노니아와 가시적 통일성을 추구하는 교회 공동체'(the Church of Jesus Christ = the Christian Community of the diverse Christian communities))를 인정해야 할 것이다.

그런데 우리는 리요타르의 '거대담론의 해체'가 주는 유익한 점들을 인정하면서도, 그와 같은 포스트모던 해체주의가 성경의 '거대담론'을 해체시키지는 않을까 크게 염려한다. 우리는 이미 제1부에서 한스 프라이에서 레슬리 뉴비긴에 이르는 성서적 내러티브 신학들에 대하여 살펴본 바 있다. 아래에서 필자는 맥킨타이어와 후기 비트겐슈타인의 사상적 배경으로 등장한 내러티브 신학이 주장하는 성서적 '거대담론'의 중요성을 강조하려고 한다.

철학자 맥킨타이어는 포스트모더니즘과 반대 방향에서 모더니즘을 비판한다. 그는 현재와 미래를 위해서 과거를 변호한다. 그는 근대(modern) 자유주의가 문화 전통을 무시했다고 하면서 전통을 떠나서는 그 어떤 결정적인 합리적 숙고도 있을 수 없다고 한다. 전통들은, 그 어떤 자아라도 자신의 삶에 대해서 이야기할 수 있고 이로써 자기 이해에 도달하는 '담론들'을 위한 궁극적 어휘들을 마련해준다고 한다. 맥킨타이어에 의하면, 인간은 이야기하는 동물이다. 근대 자유주의는 그와 같은 전통적 담론들에 대한 합법성을 거부함으로써 허무주의로 인도되었고, 행동을 위한 합리적 담론의 종국에 도달하였다는 것이다.[3]

맥킨타이어에 따르면, 고전적 전통에서는 '인간'과 '좋은 인간'의 관계가 '시계'와 '좋은 시계', '농부'와 '좋은 농부'의 관계와 같다.[4] '인간'과 '잘 사는 것'의 관계는 '하프 연주자'와 '하프를 잘 연주하는 것'의 관계와 유사하다는 것이다. 즉, 고전적 이론가들은 이와같은 견해를 "사회적 삶의 형태"[5]에 근거시키고 있다. 즉, 한 개인이 한 가정과 한 국가의 구성원으로서 갖는 역할과 기능이 그의 도덕성에 대한 판단에 결정적인 영향을 준다는 말이다. 이 맥락에서 맥킨타이어는 순수이성과 실천이성의 이분법뿐만 아니라 사유와 실천의 이분법도 배격한다. 역사와 전통, 또는 과거의 문화적 · 사회적 환경의 소산으로서의 도덕적인 삶은 이와같이 이분법을 허락하지 않는다. 이것은 모더니즘의 이분법적 사고를 반대하고 모든 것을 통전적으로 보려는 포스트모더니즘의 경향과 동일하다. 특히, 맥킨타이어는 윤리가 칸트 식의 실천 이성의 소산이 아니라 문화-언어적 공동체의 전통에서 나온다고 본다.

맥킨타이어는 후기 비트겐슈타인과 더불어 프라이와 린드벡 등 '신예일학파 신학'("자유주의 후기 신학")에 직접적인 영향을 끼쳤다. 신예일학파 신학은 기독교 윤리는 물론, 신학도 문화-언어적 공동체의 것으로 본다. 이들은 성경을 관통하고 있는 유대교-기독교적 문화-언어적 공동체의 거대담론을

---

3) Alasdair MacIntyre, "The Virtues, the Unity of a Human Life and the Concept of Tradition," in Lawrence Cahoone, ed., *From Modernism To Postmodernism: An Anthology*, 534.

4) Alsdair MacIntyre, 이진우 옮김, 『덕의 상실』 (서울: 문예출판사, 1997), 98.

5) 위의 책.

IV. 포스트모던 사관들 367

주장하여, 이를 모든 다양한 문화-언어적 기독교 공동체들의 신학적 표준으로 삼았다. 따라서 맥킨타이어의 포스트모던 이론을 신학 교육 과정에서 본다면, 각 분야의 신학은 모두 문화-언어적인 공동체인 예수 그리스도의 교회의 신학이어야 한다. 문화-언어적 공동체를 떠난 신학은 있을 수 없다는 말이다.

따라서 우리는 성서 안에서 통일성있는 하나의 거대담론과 역사적 · 문화 언어적, 그리고 사회문화적으로 다양하게 빚어진 다원적인 이야기들 및 기타 장르의 본문들의 조화에 주목해야 할 것이다. 이미 언급한대로 우리는 하나의 성서적 '거대담론'을 통일성있는 다양한 이야기들의 의미와 목적을 규정해야 할 것이다. 이는 어떤 책을 읽고 이해하는 과정에서 책 전체의 의미와 목적 안에서 큰 맥락들을, 더불어 큰 맥락 안에서 단락들과 본문들을 이해하려는 것과 마찬가지 일 것이다. 예컨대, 복음서의 어떤 부분들을 읽고 이해하려고 할 경우, 우리는 한스 프라이가 제시하는 복음서들의 '하나의 하나님 나라 복음 이야기'에 조명하여 그 부분적 본문들의 의미와 목적을 찾아야 할 것이다. 구약에서 아브라함의 선택과 부름에 대한 이야기 역시 창조, 인류역사의 등장, 노아 이야기와 바벨 탑 이야기, 그리고 이스라엘의 출애굽과 이어지는 이들의 역사에 비추어서 이해하여야 할 것이다. 구약의 지혜문서들 역시 구약의 전 구속사 이야기에 비추어 동시에 역사적 · 사회문화적으로 이해되어야 할 것이다.

2. 보드리야르(Jean Baudrillard)

사회학자인 보드리야르(1929-)는 마르크스주의, 구조주의, 그리고 마셜 맥루한의 전자매체 이론으로부터 영향을 받았다. 그는 마르크스적 분석을 사용하여 자본주의 세계의 대중문화에서 사용되는 상징들을 비판하였다. 그의 주장들 가운데 가장 중요한 것은 모더니즘의 실재개념과 자본주의 문화의 실재개념에 대한 비판일 것이다. 그는 『상징적 교환과의 죽음』(1976)[6] 에서 전자매체의 문화가 종전의 실재개념을 하나의 새로운 '초 실재'(hyper-reality)로 대치시켰다며, 실재의 모사(模寫 = simulacrum = 시뮬레이션)를 역사적으로 관찰하였다. 첫째는 고전적인 시기에서 발견되는 "자연법"에 의한 모사요, 둘째는 산업혁명 시기의 상품에 의한 모사요, 셋째는 후기 산업사회의 코드에 의한 모사이다. 그리하여 그는 오늘의 포스트모던 문화야말로 실재 그 자체가 '초 실재'에 다름 아니라고 한다. 그는 오늘날 정치 경제 사회 역사적 실재는 모사의 '초 실재'(hyperrealism)를 자기 것으로 만듦으로써 우리는 전적으로 실재에 대한 심미적인 환상 속에 살고 있다고 본다. 이것의 대표적인 예는 사이버 세계라고 본다.[7]

그리하여 보드리야르는 모사문화로 인한 '초 실재주의'세계의 역사는 비극적 종말을 향하여 달리고 있다고 본다. 이와같은 배경을 가지고 그는 역사의 목적상실과 방향상실을 세 가지 관점에서 본다. 첫째는 가속화 차원이며 둘째는 느림의 차원 또는 타성의 차원이요 셋째는 소멸의 차원이다.

---

6)   Jean Baudrillard, "Symbolic Exchange and Death, trans. Ian H. Grant(London: Sage, 1993)", in *From Modernism To Postmodernism: An Anthology*, ed. Lawrence Cahoone, 437이하.

7)   *Ibid.*, 456.

1) 첫 번째 관점

그는 "모든 인류가 갑자기 실재를 떠나 버렸다"(Elias Canetti)고 하는 주장을 지지하면서 그것을, 물체가 하나의 별이나 한 위성의 중력공간으로부터 탈출하는 것에 비유한다. 다름아닌 "모더니티의 가속화, 기술학, 사건들과 미디어의 가속화, 그리고 모든 교환의 가속화 — 경제적 · 정치적 · 성적인 — 로 말미암아 우리들은 그와 같은 중력공간으로부터 탈출함으로써, 실재적인 것과 역사의 지시적 영역(the referential sphere)으로부터 완전히 벗어나는 결과에 도달하였다."고 한다.[8] 인류역사는 산산 조각난 상태에서 그것의 지시물이나 그 어떤 목적지향성도 상실하여 공중에 붕 떠 있다고 하는 말이다. 모든 물체들을 궤도 안에서 움직이게 하던 중력이 작용하지 않게 되자, "의미의 원자들이 공간 안에서 길을 잃었다."(40)고 하는 것이다. 오늘날 사회는 각 개인과 각 단위가 무한이 각자의 궤적을 추구하면서 길을 잃었다고 한다. 즉, "모든 정치적, 역사적, 그리고 문화적인 사실은 각 원자를 그것 자체의 공간으로부터 잡아챔으로써 그것을 초 공간(a hyperspace) 속으로 밀어 넣는 활동 에너지를 지니고 있다고 보았다. 그리하여 그 원자는 다시 돌아오지 않기 때문에 그것의 의미를 상실하고 말지만."(40) 그리하여 결국 보드리야르는 이와같은 모든 사건들의 분산과 파편화로 인하여 우리는 의미 있고 목적지향적인 역사기술을 할 수 없다고 본다.

역사에 대하여 말하면, 역사를 이야기하는 것이 불가능하다. 그도 그럴 것이 이야기를 한다고 하는 것(re-citatum)이란 의미들의 연속의 재발생 가능성으로 정의되기 때문이다. 하지만 이제 만사가 분산되고 순환하려는 추동을 지니고 있기 때문에 모든 사건은 그 자체의 해방의 길을 가도록 되어 있고 모든 사실은 원자화되고 핵화되어 그것의 궤적은 허공을 향하고 있다. 그것은 무한히 분

---

8) "The Illusion of the End"(1992), in *The Postmodern History Reader*, ed. Keith Jenkins(London and Newyork: Routeledge, 1998)(1997년에 초판), 39.

산되기 위하여 하나의 작은 입자처럼 파편화되지 않으면 안 되었다.… 문화적 전체성이든 사건들의 연속이든 모든 현상들은 파편화되어야만 했으니,… (40)

2) 두 번째 관점

보드리야르는 물리학에 빗대어 오늘의 역사를 바라본다. "물질은 시간의 흐름을 느리게 만든다."에 비유(analogy)하여 모더니즘의 동력화와 혁명적인 과정에 정반대되는 "타성의 힘, 한없는 무관심, 이와같은 타성의 침묵하는 잠재력"이 등장하고 있다고 본다. 사회적 차원의 타성은 교환, 정보, 또는 소통의 결핍에 의해서가 아니라 교환의 증가와 포화상태에 의하여 산출된다. 그것은 도시들, 상품들, 메시지들, 그리고 회전들(circuits)의 초 강도의 산물이다. 이와같은 상황에서 "사건들은 잇따라 발생하지만 무관심의 상태 속에서 하나가 다른 하나를 상쇄시켜 버린다.… 사건들 자체는 그 어떤 역사도 의미도 열망도 가지고 있는 것이 아니다.… "(41) 그런즉, 역사는 더 이상 의미와 목적을 갖지 않는다. 각 사건이 타성의 궤도 속으로 빠져들기 때문에 "미래역사에 대한 우리의 인지와 상상은 더 이상 작동하지 않는다."(41)

모든 사회적이고 역사적이며 시간적인 초월은 그것의 침잠 속에 있는 물질에 의하여 흡수되고 만다. 그리하여 정치는 우리를 움직일 수 있는 그 자체의 충분한 에너지를 이미 결핍하고,… 역사는 여기에서 종말을 고한다. 이는 행동자들의 결핍이나 폭력의 결핍이나 사건들의 결핍으로 인한 것이 아니라 감속과 무관심 및 혼수상태로 인한 것이다. 역사는 더 이상 그 자체를 초월할 수 없고 그것의 제한성에 직면할 수 없으며 그 자체의 목적을 꿈꿀 수 없다. 바야흐로 역사는 그것의 직접적인 효율성 밑에 묻혀버리고 있다. 역사는 특별한 효율성들로 인하여 지쳐버려서 현 사건들 속으로 내파(內破)하고 있는 것이다. (41-42)

보드리야르는 역사의 목적 상실을 힘주어 언급한다.

> 역사는 자신의 목적을 따라 잡을 시간을 갖고 있지 않기 때문에 우리는 역사의 목적에 대해서 말도 할 수 없을 정도이다. 그렇게 역사는 타성의 늪에 깊숙이 빠져 있다. 역사의 효율성들은 속도를 내고 있으나, 그것의 의미는 냉혹하게 느리다. 급기야 역사는 멈추고 말 것이고 살아지고 말 것이다.… (41-42)

3) 세 번째 관점

보드리야르는 음악에 빗대어서 역사의 사라짐 및 소멸 점에 대하여 주장한다. 스테레오 효과로서 우리는 하이파이 장치에 익숙하지만, 그러나 이와 같은 하이파이는 음악 그 자체가 살아지는 문턱에 다름 아니다. "그것은 음악의 엑스타시요 그것의 끝이다."(43) 그런즉, "역사의 사라짐도 동일한 순서를 따른다. 역사에서도 사건들과 정보의 정교화로 인하여 역사가 역사로서 실존하기를 멈춘다."(43)

> 역사는 새 것의 한 복판에서 사라지려고 한다. 음악도 하이파이(hi-fi)의 한 가운데서 사라지려고 한다. 실험이 한창일 때 과학의 대상이 사라지려고 한다. 외설 책 한 가운데서 섹스는 사라지려고 한다. 우리는 도처에서 동일한 스테레오 효과, 실재에의 절대적 근접의 동일한 효과, 그리고 시뮬레에션의 동일한 효과를 발견한다.

> 이 소멸 점으로 이행한다고 하는 것은 카네티가 희망했던 것과는 정반대로 그처럼 돌이킬 수 없는 행동이다. 우리는 스테레오 이전 음악으로 돌아갈 수 없다. 우리는 뉴스 이전 alc 미디어 이전 역사로 돌아 갈 수 없다. 음악의 오리지널 본질개념, 즉 역사의 오리지널 개념은 사라져 버렸다. 그도 그럴 것이 우

리들은 그와 같은 개념들을 그것들의 시뮬레션의 모델인 동시에 완전성의 모델이요 또한 그와 같은 개념들을 폐기시키는, 하나의 초 현실로의 강요된 변용 모델로부터 고립시킬 수 없기 때문이다.… 우리는 역사가 뉴스에 대한 기술적인 완전성으로 악화되기 이전에 과연 역사가 무엇인가를 결코 다시는 알지 못할 것이다. 우리는 모든 것이 그것의 모델의 성취로 사라지기 전에 그 모든 것이 무엇인가를 결코 다시 알지 못할 것이다.(43-44)

바야흐로 보드리야르에게 있어서 그와 같은 소멸점을 지난 역사는 또 다시 새롭다. 즉, 우리는 역사를 떠나서 역사의 시뮬레이션의 영역으로 이동한다. 역사 그 자체가 항상 그것의 깊숙한 곳에서 하나의 거대한 시뮬레이션의 모델를 지녀 왔기 때문이다. 역사가 그것에게 주어진 내러티브 또및 해석으로서 실존해왔다고 하는 의미에서뿐만 아니라 역사가 전개되는 시간성에 관한 의미에 있어서도 그렇다. 그는 이처럼 역사의 실재성과 시간성의 시뮬레이션화를 주장하면서 역사 밖을 지시하는 의미에서의 역사개념을 전적으로 거부한다. 그러니까, 그에겐 역사가 자기 밖에 하나님의 제어를 받는다든지 역사가 자기 밖의 하나님 나라를 가리킨다든지 하는 모든 사실적 또는 실재적 지시성(factual referentiality)을 거부한다.

그는 1980년대 어느 시점에서 역사는 정 반대 방향으로 접어들었다고 한다. 일단 시간의 극점, 진화의 곡선의 절정 또는 역사의 최고봉이 지나간 다음에는, 사건들의 내리막길이 시작되었고 만사가 거꾸로 달리기 시작하였다고 하는 말이다. 우주적 공간과 마찬가지로 시간 역시 곡선을 그리고 있다. 공간뿐 아니라 시간의 혼돈 효과에 의하여 마치 물이 폭포에 접근할 때 가속이 붙는 것처럼 모든 것이 그것의 종착역을 향하여 가면서 더 빨리 달리고 있다.[9]

끝으로 그는 역사의 선적인 시간성(linear time) 역시 '실재'를 떠난 모사에

---

9) Jean Baudrilliard, *Illusion of the End*, trans. Chris Turner(Standford, California: Standford University Press, 1994, 불어판 초판은 1992), 10.

불과한 것이라며, "모든 것의 끝이 시작에 있으며 의식을 통하여 근원적인 사건의 완전성을 재추적하는 제의적 사회의 시간개념, 곧 "성취된 시간의 질서"를 주장하였다. 다음의 본문을 읽어 보자.

… 한번 끝날 그리고 그 끝의 무제약적인 보류에 대한 선적인 시간개념 역시 시뮬레이션 현상과 마찬가지이다. 오직 역사가 일어날 수 있는 유일한 종류의 시간이란 의미가 없지 아니한 사실들의 연속, 즉 인과법칙에 의하여 하나가 다른 하나를 생산하고 그 어떤 절대적 필연성을 갖고 있지 않으며 미래를 향하여 열려 있고, 울퉁불퉁하게나마 평형을 이루고 있는 역사로 이해된다. 하지만 이와같은 시간개념은 모든 것의 끝이 그것의 시작에 있고 제의를 통하여 근원적인 사건의 완전성을 다시 추적하는 제의적 사회의 시간개념과 대조를 이룬다. 이 시간개념은 성취된 시간의 질서요 역사의 '실재적'(real) 시간의 해방의 시간이라면, 하나의 선적이고 미래로 미루어진 시간의 생산은 하나의 순전히 인간에 의하여 날조된 과정이다.[10]

그리하여 보드리야르는 위와 같은 선적인 시간개념에 대한 비판에 근거하여 인류 가운데 일부를 배제하고 창조세계를 파괴하는 기독교의 미래 지향적 종말론은 물론, 모든 종류의 천년왕국을 테러로 규정하고 있다.(44-46) 그래서 그는 오늘의 세대들은 전혀 역사의 미래에 대한 그 어떤 희망도 갖고 있지 않다고 한다.

오늘의 사회들 또는 이 세대들은 미래로부터 그 어떤 것도 올 것이라고 기대하지 않음에 따라서 역사에 대한 확신을 점점 더 상실하고 있다. 이들은 미래주의적 기술학, 정보의 설명, 그리고 벌집 같은 소통망만을 추구한다. 이들에게 있어서 시간은 급기야 순수 순환에 의하여 폐기처분되고 말 것이다. 그리고 그

---

10) *The Postmodern History Reader*, ed. Keith Jenkins(London and Newyork: Routeledge, 1998)(1997년에 초판), 44.

들은 그것을 모르고 있다. 이들은 이로부터 절대로 다시 깨어 날 수 없을 것이다. 2000년이 일어나지 않을 지 모르지만, 이들은 그것을 모르고 있다.(46)

성서의 '보편사 해석'에 비추어서

"보드리야르는 해체주의적 포스트모더니즘을 그것의 논리적 결론들, 곧 허무주의로 인도하였다."[11] 그는 오늘의 문화와 역사의 실재가 전적으로 '모사'에 다름 아니라며 '초 실재주의'를 추구한 나머지, 무엇보다도 시간개념의 '초 실재적 이해'로 말미암아 역사의 의미와 목적 상실을 선언하고 있다. 그런즉, 비코로부터 칼 마르크스에 이르는 모든 모더니즘 역사철학이 추구해 왔던 모든 역사의 의미와 목적은 해체되고 마는 것이다. 무엇보다도 역사의 무의미성과 목적상실성에 대한 그의 세 가지 관점은 근대주의와 접점을 지닌 모든 역사이해와 역사기술을 해체한다. 더욱이 '선적인 시간'을 거부하고 순환적인 시간을 지지하는 그의 시간이해는 종전의 전통적인 기독교 역사관과 특히 종말론과 관련된 그 어떤 역사관도 허락할 수 없다.

우리가 이미 제시한 내러티브 신학은 보드리야르가 이해한, 산산 조각난 오늘의 역사에 큰 의미를 부여하는 것으로 보인다. 그도 그럴 것이 전자는 성서의 전체 이야기에서 부분적인 이야기들을 보고, '계시' 자체이신 예수 그리스도 안에서 전체 이야기와 부분적인 이야기를 보며, 나아가서 그와 같은 성서적 내러티브로부터 보편사를 보기 때문이다. 우리는 내러티브 신학에서처럼 '신앙의 지식추구'(fides quaerens intellectum)의 신학과 '희망의 유비'(analogia spei)의 신학 전통에 서서 또는 기독교적 신앙과 희망의 눈으로 보편사를 바라보아야 할 것이다. 우리는 보드리야르가 보여준 포스트모던 문화의 문제점들을 통하여 오늘의 인류문화와 역사를 이해하면서 내러티브 신학이 제안하는 신학적 대안을 붙들어야 할 것이다. 우리는 역사의 기원과 과정, 목적에 대한 그 어떤 역사철학적인 이론들을 접고, 성서적 내러티브가 이야기 해주고 있는 역사와 창조세계의 기원과 타락과 구속과 종말론적인 완성을 신앙과 희망의 눈으로 볼 수 있어야 할 것이다. 시간개념에 대하여도

---

11) *Ibid.*, 33.

우리는 단순히 성서적 내러티브 신학을 따를 것이다. 인류와 자연의 창조를 통한 창조주의 개입, 인류와 자연의 재창조를 위한 하나님의 아들 예수 그리스도의 역사개입, 그리고 그것의 완성을 위한 성령의 개입에서 우리는 시간의 질서를 발견할 수 있을 것이다.

그런즉, 이와같은 내러티브 신학에 따라서 우리는 역사 밖의 어떤 아르키메디언 포인트('실재'), 곧 예수 그리스도 안에서 일어난 하나님의 자기계시에 입각한 보편사 이해와 보편사 기술을 시도해야 할 것이다. 우리는 역사 밖에서 그리고 역사 안에서 그리고 자연 밖에서 그리고 자연 안에서 삼위일체 하나님이 현존하시고 활동하신다('실재')고 믿으며 마지막 때에 만유가 완성될 것을 믿고 희망하는 것이다. 비록 우리가 예수 그리스도 안에서 그리고 예언자들과 사도들 안에서 하나님의 영원성이 어떤 순간(das Augenblick = Kairos)에 시간과 접촉이 되었다고 주장할 때에도(키에르케고르와 칼 바르트), 우리는 성서적 내러티브 신학이 보여주고 있는 시간의 선적인 차원을 결코 거부할 수 없을 것이다. 영원은 시간 위에 시간 속에 그리고 시간과 더불어 현존하며, 오늘날에도 특별한 은혜의 순간에 항상 시간 속으로 뚫고 들어 올 수 있다 하겠다. 특히, 교회 공동체의 설교말씀과 세례와 성만찬과 기도를 통하여 성령의 사역으로 그와 같은 만남이 일어날 수 있다. 인류 역사와 창조세계의 역사는 믿음과 희망과 사랑의 눈으로 볼 때 그 기원과 과정과 종말론적 완성, 모두에 있어서 엄청난 의미를 지닌다.

3. 영(Robert Young)

영은 그이 저서 『백인 신화들: 역사기술과 서양』(1990)에서 유럽 중심의 거대담론적 역사이해와 역사기술의 해체를 주장한다.

포스트모더니즘은 유럽 문화가 더 이상 세계의 의문의 여지가 없고 지배적인 중심이 아니라고 하는 유럽문화 자체의 깨달음으로 정의되는 것이 가장 좋다.

그러므로 포스트모더니즘은 한 문화가 자신의 상대성을 스스로 깨닫는 것이 된다.… 이는 왜 그것이 역사(History)에 대한 그 어떤 서양적인 설명의 절대성의 상실을 의미하고 있는가를 설명해주기 시작한다. 오늘날 만약에 우리가 후기 구조주의의 포스트모더니즘에 대한 관계에 대하여 난해한 질문을 제기한다면, 포스트모더니즘은 비서양적 문화들에 대한 서양문화의 자리에 대한 주장을 문제 삼고, 반면에 하나의 범주로서의 후기 구조주의는 그와 같은 시야를 함축하지 않는 것으로 보인다고 할 수 있다.

그러나 이것은 맞지 않는다. 그도 그럴 것이 후기 구조주의는 서양지식의 유럽중심적인 전제들에 대하여 좀 더 심한 비판을 포함하고 있기 때문이다. 그 차이는 이렇다. 즉, 후기 구조주의는 그 자신을 '서양' 밖에 위치시키면서 포스트모더니즘에 대한 비판을 제공하는 것이 아니라 오히려 서양의 해체를 위하여 서양 자체의 타자성(alterity)과 이중성(duplicity)을 사용하는 것이다.

이 맥락에서 후기 구조주의를 1968년 5월 사건들의 결과로 설명하려는 시도들은 역사적인 전망을 결여하고 있기 때문에 매우 근시안적인 것으로 보인다. 포스트모더니즘 그 자체는 그것에 대한 여러 포괄적인 정의들과는 달리 단순히 '후기' 자본주의가 가져온 하나의 새로운 단계의 문화적 결과들을 나타낸다고 말해질 수 없으며, 유럽의 역사와 문화가 더 이상 역사와 문화(History and Culture) 이기를 그만두는 것을 뜻하고 더 이상 유럽의 역사와 문화가 세계의 중심에 설 수 없게 된 것을 말한다. 우리는 이렇게 말할 수 있다. 즉, 만약에 푸코의 주장에서처럼 18세기 말 '고전적인 질서'로서 '인간'의 중심성이 '역사'(History)에게 자리를 양보했다면, '역사'(History)가 '포스트모던적인 것'에 자리를 양보하

는 20세기 말인 오늘날 우리는 '서양'의 해체를 증언하고 있는 것이다.[12]

---

12) Robert Young, "White Mythologies: History Writing and the West", in *The Postmodern History Reader,* ed. *Keith Jenkins*(London and Newyork: Routeledge, 1998)(1997년에 초판), 75-76.

성서의 '보편사 해석'에 비추어서

필자는 비코로부터 칼 마르크스에 이르는 모더니즘 전통의 역사철학이 한결같이 유럽 중심의 '역사'와 '문화'(History and Culture)를 '거대담론'으로 내세웠던 것을 성서의 '보편사 해석'에 비추어서 수차례 지적하였다. 그것은 유럽 중심의 '역사'와 '문화'가 보편타당하고 객관적이며 절대적이라고 본 나머지 여타(餘他)의 모든 역사들과 문화들을 '전체화하고 보편화하며, 억압하며 배제하였던 것이다. 그것은 중국, 인도, 중동, 동남아시아, 한국, 그리고 일본 등 아시아와 중앙아시아와 러시아와 아프리카와 중남미의 여러 나라들을 인정하지 않았다고 하는 말이다. 유럽의 제국주의와 식민지주의 또한 이와같은 '거대담론'으로부터 나온 것이지만 말이다.

즉, 그들은 '타자들'의 '타자성'(otherness of others)을 인정할 수 없었다. 역사적으로 보면, 제1부에서 언급한 바, 제1차 세계대전으로 이 18-19세기의 모더니즘이 붕괴되기 시작하였고, 1960년대부터 1980년대까지 본격화된 포스트모던 문화 현상들과 포스트모더니스트들의 이론들이 등장하면서 모더니즘의 '역사'(History)이해와 기술의 해체가 일어난 것으로 보인다. 그런즉, 이와같은 영(Young)의 주장은 리요타르의 "거대담론에 대한 불신"에 다름 아닐 것이다. 때문에 향후, 교회사 서술 역시 서양 중심주의로부터 각 나라와 민족문화 중심으로 이동하여야 할 것이다.

성서적 내러티브 신학은 특수한 '거대담론'으로서 결코 서양 중심의 보편사를 정당화하지 않는다. 그것은 '다양한 문화적 공동체들의 한 인류 공동체'를 추구한다. 인류역사와 창조세계의 중심과 통일성은 '서양'이 아니라 보좌에 앉으신 창조주 하나님 아버지와 십자가에 달리셨던 어린양과 이 두 위격을 연결시키며 창조사역과 구속사역을 완성시키시는 '성령'이시다. 거룩한 도성 새 예루살렘은 열두 지파로 대표되는 이스라엘과 열두 사도들로 대표되는 그리스도의 몸으로 경계가 지워져 있고(계 21:11-21), 그 밖에 있는 다종교 다민족 다문화의 사람들이 이 새 창조의 도성 안으로 자유롭게 왕래하고 모든 좋은 것들을 받아들일 것이다.

오늘날 세계는 다민족 다문화 다종교의 사회가 되어가고 있다. 영국 프랑스 이탈리아 등에서 무슬림 이민자들에 대한 문제로 고민하고 있고, 중국과 아프리카와 중동 등에서 종족들과 민족들의 갈등문제로 이미 수많은 생명들이 희생되었으며, 100만 명 이상의 이민자들을 바라보는 우리 한국에서도 다민족 다문화 다종교의 문제는 결코 남의 일이 아닐 것이다. 계시록 21장 22절-26절 말씀과 계시록 7장 9절 말씀은 다민족 다문화 다종교가 '새 창조의 세계'인 거룩한 성 새 예루살렘에서 모두 자신들의 정체성과 고유성과 특수성을 유지하면서 조화와 질서를 유지하는 문자 그대로 우주적인 '생명공동체'를 그리고 있다.

> 이 일 후에 내가 보니 각 나라와 족속과 백성과 방언에서 아무라도 능히 셀수 없는 큰 무리가 흰 옷을 입고 손에 종려가지를 들고 보좌 앞과 어린 양 앞에 서서 큰 소리로 외쳐 가로되 '구원하심이 보좌에 앉으신 우리 하나님과 어린 양에게 있도다 하니.(7:9-10)

> 성 안에서 내가 성전을 보지 못하였으니 이는 주 하나님 곧 전능하신 이와 어린 양이 그 성전이심이라 그 성은 해나 달의 비침이 쓸 데 없으니 이는 하나님의 영광이 비치고 어린 양이 그 등불이 되심이라 만국이 그 빛 가운데로 다니고 땅의 왕들이 자기 영광을 가지고 그리로 들어가리라 낮에 성문들을 도무지 닫지 아니하리니 거기에는 밤이 없음이라 사람들이 만국의 영광과 존귀를 가지고 그리로 들어오겠고(21:22-26).

인류의 역사(History)와 문화(Culture) 그리고 창조세계를 구속하시기 위하여 십자가를 지셨고, 부활을 통하여 새 창조의 첫 열매를 보여주신 복음서속에 예수님은 수가성 여인, 가난한 자들, 병든 자들, 죄인과 세리들, 그리고 주변화되고 소외된 사람들의 '미시담론'에 귀를 기울이셨다. 바로 이분이 계시록

(7:9와 21:22-26)에서 아버지 하나님 및 성령과 더불어 다종교 다민족 다문화의 중심이시오 통일성이시다. 그는 유대인이었으나 유대인들의 메시야이셨고, 이방인 모두의 구세주이셨다. 교회는 이와같이 믿고 희망하는 유일무이한 공동체이다.

4. 챔버즈(Iain Chambers)[13]

챔버즈는 유럽의 역사기술(historiography)이란 유럽인들이 미지의 타자와의 만남으로부터 생겨나기 시작했다며 그것은 르네상스의 한 소산으로서 비유럽 세계들의 '발견' 또는 '등장' 으로 말미암았다고 한다.

> 따라서 유럽은 비유럽 세계들의 역사들을 '서양'의 물리적이고 정신적이며 상상적인 전망 아래에서 재 정위시켰다. 그리하여 역사는 서양의 제도적이고 기술학적인 후원 아래에 ─ 대학들, 인쇄들, 박물관들, 실라브스들, 사진술들, 음성 기록들, 필름들 ─ 인간의 모든 실천을 문자화하였으니, 그것은 타자의 세계를 기록한 것이고 재 질서화시킨 것이며 다시 기록한 것이다.(78)

그런즉, 서양의 타자의 세계에 대한 역사기술은 단순히 과거에 대한 연구가 아니라 그 과거를 기록등재하고 전수시키며 번역하는 것이요, 그것의 진리는 다름아닌 서양의 신념이요 사명(the faith and mission of the West)에 다름 아니다. 하지만 타자의 세계들의 돌출로 서양의 역사이해와 역사기술에 엄청난 변화가 일어났다. "최근 타자가 유럽의 지식세계의 한복판으로 돌출해 들어옴으로써 서양의 지식과 그들의 특수한 역사기술 원본에 혼란스러운 문제들이 제기되었다. 그도 그럴 것이 이 침입으로 서양의 조건들(서양의 진리와 시간과 존재에 대한 감각)이 다시 쓰여지고 있기 때문이다."(78)

챔버즈는 여성들, 흑인들, 장애인들, 아시아와 아프리카, 그리고 라틴아메리카의 여러 나라들과 같은 '타자들의 타자성'을 존중하는 다양한 역사이해와 역사기술을 내세울 뿐만 아니라 서양 역사이해와 역사기술에 대한 철저한 재검토를 주장한다. 그는 그것을 '실재와 표현'(realism and representation)의 관계로 이해한다. 즉, 서양의 이와같은 '타자들'에 대한 표현 또는 기술(記述)

---

13) *The Postmodern History Reader*는 챔버즈의 글을 *Border Dialogues*(London, Routledge, 1990)으로부터 발췌하였다.

은 "진리에 대한 그들의 천진난만한 형이상학"에 따른 묘사로서 절대적이고 전체적이며 완전한 것으로 여겨졌다. 하지만 챔버즈는 그와 같은 표현 또는 기술은 '사실', '실재'와는 거리가 먼, "정치적이고 심미적인 차원들 안에서 일어난 계속적인 구성(construction)과 선언과 해석의 한 과정"(78)이라고 한다. 그래서 챔버즈는 이 '타자들'에 대한 탈 서양적인 다양한 역사이해들과 역사 기술들이 요청될 뿐만 아니라 그 동안의 서양의 역사이해와 역사기술을 재고할 것을 촉구하고 있다.

오늘의 문화와 역사와 사회 안에서 예컨대 한 동안 배제되어 온 사람들과 나라들, 여성들, 흑인들, 성 차별들에 대한 다중적인 표현들과 목소리들은 점점 넓어지는 학문분야들과 정치적 제도들에게 그들을 위한 공간과 하나의 다원주의적 관점을 제공하는 데에 머물 것이 아니라, 오히려 종전에 그와 같은 목소리들과 그와 같은 타자들의 현존을 배제시켜 왔던 서양의 역사와 문화와 사회에 대한 의미 그 자체를 다시 기술(記述)해야 할 것을 요청한다.(78)

챔버즈는 근대 노예제도, 인종주의, 제국주의, 총체적 전쟁, 홀로코스트, 히로시마, 그리고 환경파괴야 말로 이 세계를 삼켜버리려는 유럽의 한계를 그려냈다면서 과연 우리는 타자들을 타자들로 살아가도록 허용하는 것을 어떻게 배울 것인가 질문한다. "우리는 어떻게 타자성을 존중하면서 '다름' 속에서 함께 살아 갈 수 있을까?"(80)라고 하는 질문에 대하여 레비나스(Emmanuel Levinas, Totality and Infinity, 1969)의 주장을 차용하고 있다. 그것을 요약하면 이렇다. 모든 것을 동일한 전체성으로 환원시킬 것인가 아니면 존재들이 존재하도록 허용할 것인가? 타자들에 대하여 완전하게 '설명함으로써 또는 그녀를 우리의 세계로 축소시킬 것이 아니라 우리들 너머에 있고 우리들과 별도로 있는 한 관계성에 대하여 우리들 자신을 개방해야 할 것이다. 우리는 자기중심적인 데카르트적 주체성 대신 언어의 개방적인 직물(the open web of language)을 타자들에 대한 이해의 틀로 삼아야 할 것이다. 그리고 타자들과의 만남에서 일어나는 "다름과 거리를 인정하는 대화의 윤리적 사건" (80)을 중요시하는 바, 이와같은 타자들과의 만남에서 발생하는 잉여가치는 화자들(speakers) 중 일자 또는 타자에게로 축소될 수 없으며, 또한 그것은 하나의 공통 표준 또는 전체성으로 축소될 수 없는 것이다. 그도 그럴 것이 그것은 "무한의 과격한 타자성에게 계속적으로 손상을 줄 것이기 때문이다.(80)

끝으로 챔버즈는 모더니즘 역사철학이 의지해 온 객관적이며 보편적이고 절대적인 역사적 지식을 전적으로 해체시킨다. 그에 따르면 "기록이란 과거의 현재화(re-presentaion)로서 잃어버린 것에 대한 시뮬레션이다."(80) 그런 즉, 챔버즈는 모더니즘의 사실주의적 또는 실재적인 역사이해와 역사기술에 대하여 불신하면서, 그것을 다시 이해하고 다시 기술해야 할 것을 주장한다. 그와 같은 역사이해와 역사기술의 배후에는 모더니즘의 진리욕망과 권력욕망이 도사리고 있기 때문으로 본다.

… 역사는 우리들에게 하나의 가공되지 않는 원료 그대로의 벌거벗은 사실들이 아니라 텍스트화된 것으로 전해지는 것이다. 이는 진리에 대한 욕망과 권력 의지에 의하여 직조된, 내러티브들로 전해지는 것이다. 그리하여 그와 같은 지식은 사상을 야기시키는 폭력이요 강제력에 다름 아니다. 그도 그럴 것이 그와 같은 지식은 그 자신에 대해서든 과거에 대해서든 완전히 다 알 수 없다고 하는 불가능성을 알고 있는 하나의 기억을 다루고 있기 때문이다. 글자로 옮겨지고 번역된 내용이란 흔적들, 찌꺼기들, 그림자들, 그리고 메아리일 뿐이다. 여기에서는 이야기되어야 할 그 어떤 명료성도 없다. 오히려 시간의 부스러기들로부터의 끊임없는 취사선택만 있을 뿐이다. 과거에 대한 설명은 끊임없이 새로운 질문을 미리 보여주고 있다. 연대기는 항상 다시 쓰여져야 하고 다시 보여져야 하며 다시 현재화되어야 한다. 그리하여 결과로 얻어지는 내러티브란 다만 역사적이고 파편적이며 구조화 된 것이고 열려 있는 것이며 지속적인 것이고 중단되어야 할 것이기도 하다. 그도 그럴 것이 역사기술이란 과거에 대한 다시 기억하기와 다시 덮기(re-covering = 회복) 모두를 포함하기 때문이다. 즉,

그 내러티브(역사기술)의 연관성은 동시에 노정(露呈)과 변장을 불어오기 때문이다. (80-81)

성서의 '보편사 해석'에 비추어서

챔버즈는 '간 주체들'의 '담론들'의 다양성에도 불구하고 통일성(consensus)을 주장하는 하버마스의 주장이 아니라 '거대담론'적 역사의 연속성을 거부하고 다양한 담론에 따른 다양한 역사들(가난한 자, 여성, 장애인, 아시아와 아프리카 등)의 '다름들'만을 주장하고 '지식'을 권력으로 보는 푸코의 주장을 따른다. 그리고 그는 우리가 아래에서 논할 '후기 구조주의'(데리다)의 언어철학을 따라서 '텍스트 밖에는 아무 것도 없다'고 하는 이론을 차용하여 모든 모더니즘의 역사 기록이야 말로 다시 해석되어야 할 텍스트에 불과하고 그와 같은 텍스트 밖에 있는 그 어떤 실재나 사실이나 사건을 허용할 수 없다고 하는 입장이다. 그리고 푸코, 데리다, 레비나스 등이 주장하는 '타자의 타자성' 개념을 가지고 유럽중심의 역사이해와 역사기술의 전통을 해체하고 있다 하겠다.

그럼에도 불구하고 우리는 푸코와 챔버즈의 주장에서 탈 제국주의적 또는 탈 식민지주의적 역사이해와 역사기술 그리고 앞에서 이미 지적한 각 나라와 민족 그리고 여성과 사회적 약자들의 정체성과 고유성, 독특성을 존중하는 다양한 역사이해와 역사기술로 인도되고 있는 것을 매우 귀하게 여겨야 할 것이다.

그러나 만약에 우리가 성서적 내러티브 신학이 주장하는 성서 안에 있는 '거대담론'과 이것과의 관계에서 이해된 '미시담론'들의 관계를 신앙으로 받아들인다면, 푸코나 챔버즈가 주장하는 그와 같은 '타자의 타자성'으로서 다양한 역사이해와 역사기술을 통합할 수 있는 얼개가 필요한 것으로 보인다.

그런데 민주주의나 사회주의와 같은 '거대담론'을 얼개로 할 수도 있으나, 성경은 그와 같은 정치이념이나 사회이념이나 경제이념을 명시적으로 제시하고 있지 않다. 한스 프라이로부터 레슬리 뉴비긴이 제시한 성서적 '거대담론'은 모든 다양성을 통일성으로 인도하는 보편성과 객관성과 절대성을 보여준다. 야훼 하나님의 이스라엘을 통한 이방세계와 창조세계의 구원

이야기는 고아와 과부, 나그네와 같은 사회적 약자들을 전적으로 포용하는 하나의 언약공동체로서 상호의존적인 부분들을 결코 배제시키지 않았고, 하나님을 계시하시는 하나님의 아들 예수 그리스도께서도 인류와 창조세계의 구속자로서 사회적 약자들을 전적으로 포용하는 하나의 인류 공동체의 상호 의존적인 부분들을 암시하고 있다 하겠다. 따라서, 유럽과 비유럽의 나라와 민족들은 모두 상호의존적 부분들로 구성된 하나의 인류 공동체로서 창조세계의 모든 다른 생명체들과 더불어 하나의 생명 공동체를 구축하고 있는 것이다. 이 맥락에서 역시 복음서 속 예수님과 그의 사역, 그리고 계시록(21-22)의 이야기가 많은 것을 암시하고 있다 하겠다.

2장

해체주의적 포스트모던 역사관을
반대하는 역사관

아래에서 논할 발췌문들은 이상에서 논한 리요타르 등의 '거대담론'으로서의 역사관들을 전적으로 폐기처분하지 않는다. 이들은 "이념적/전통주의적 좌파"의 입장에서 어느 정도 '거대담론'적 역사관을 추구한다. 이들은 포스트모니즘이 "상품화하는 자본주의"의 영향을 받았다고 보기 때문이다.

이들의 입장에서 보면, 포스트모더니즘은 후기 자본주의의 급박한 상황으로부터 등장하였다. 다시 말하면 그것은 사회가 상품화하는 형태들로 분화되는 것에 대한 반응이다. 이와같은 사회분화의 현상은 그와 같은 반응을 일으킬 뿐만 아니라 '무한한 다름들'이 자본주의적 소비주의와 하나의 창안된 정치적 다원주의에 의하여 회복되게 만든다.[14]

따라서 아래의 역사관들은 "하나의 합리성과 과거의 실재성(전거)에 대한 지식"(82) 같은 것을 인정하기 때문에 리요타르 만큼 모더니즘의 '거대담론'을 전적으로 불신하지 않으며 수정 마르크스주의의 입장에서 '역사주의'

---

14) *The Postmodern History Reader*, 82.

(historicism)가 추구하는 역사의 객관성을 인정한다. '역사주의'란 역사의 어떤 객관적인 법칙성 또는 흐름이 역사주체들의 참여에도 불구하고 그것과 무관하게 역사의 방향과 흐름을 결정한다고 하는 것으로서 이에 대한 정반대 입장은 개인주의적이고 주관적인 '실존주의'일 것이다.

1. 폭스-제네베즈(Elizabeth Fox-Genevese)[15)]

저자는 "과거에 대한 설명들, 내러티브들, 해석들", 곧 역사의 '언어적 전환', '문학화', '텍스트화'를, '인간행동들의 상호작용(interplay), 정치의 총화로서의 역사'와 혼동해서는 안 된다며, 후자를 지지한다. 즉, 그는 객관적 실재와 구조를 중요시하는 콩트와 랑케와 마르크스 등의 역사주의(historicism)를 추구한다.

오늘날 '문학비평'에 따르면, 역사기술이 '과거에 실제로 일어난 일'(랑케)과 무관하게 그것에 대하여 해석함으로써 역사란 주로 일군의 텍스트들로 구성되어 있어서 이 텍스트들을 어떻게 읽고 어떻게 해석하는가에 달린 것으로 비판한다. 즉, 그는 "… 역사란 과거에 실제로 일어난 것으로 인식되지 않으면 안 된다. 다시 말하면 과거의 사회적 관계들의 실재가 중요하다는 말이다. 그렇다. 우리의 기록들이 그것에 대하여 단지 불완전한 단서들을 제공하지만, 분명한 것은 '사건들'이 과거에 있었다고 하는 것이 중요하다."(86) 하지만 저자는 "역사란 역사가들을 빈틈없는 사회과학자들로부터 구별하는 동시에 '순수' 문학비평들로부터도 구별한다."(85) 그리하여 저자는 인간행동들과 사회적 관계들의 객관적 실재가 없이는 불가능한 "맥락"을 중요시 여

---

15) Elizabeth Fox-Genevese, "Literary Criticism and the Politics of the New Historicism", In *The Postmodern History Reader*, 84-88.

긴다. 저자는 '텍스트'와 '콘텍스트' 사이의 관계를 이렇게 말한다.

　　역사가들에게 있어서 텍스트는 맥락의 한 기능과 명료화로서 실존한다. 이
런 의미에서 역사가들은 텍스트와 콘텍스트 사이의 상생의 경계선에서 역사를
연구하고 기술한다. 여기에서 맥락이란 텍스트의 생산과 유포의 조건들 그 자
체를 의미한다.(85)

　　그리하여 저자는 '신 역사주의'에서처럼 '여성들, 노동자들, 그리고 기타
주변적인 집단들'의 사회적 관계를 중요시여기면서, "이들에 대한 자료들을
새로운 사회적 역사로부터 획득하고, 경험을 정치로 그리고 의식을 권력의
역동성과 결과들로 대치하였다."(85) 즉, 저자는 이와같은 특정 계층과 관련
된 힘의 관계와 구조를 객관적 실재로 보면서 역사가 무엇인가를 정의한다.

　　역사, 곧 적어도 좋은 역사란 골동품과 대조를 이룬다. 그것은 불가피하게
도 구조적이다. 그렇다고 그것이 환원주의나 현재로부터 출발하거나 목적론
적이지 않다.… 내가 의미하는 구조란 역사야말로 의식과 행동의 조건들을 노
정시키고 재구성하지 않으면 안 된다고 하는 것을 뜻한다. 이 때에 조건들이란
남성들과 여성들의 관계들, 부자들과 가난한 자들의 관계들, 권력을 가진 사람
들과 그렇지못한 사람들 사이의 관계들을 포함하는 사회적 관계들의 체계들
로 이해된다. 여기에 상이한 종교들과 인종들과 계층들의 관계들도 포함되지
만.… 과거와 과거에 대한 해석에 있어서 역사는 구조의 한 패턴을 따른다. 그
리하여 이에 따라서 어떤 관계들의 체계들과 어떤 사건들이 다른 것들보다 더
큰 의미를 소유한다. 이런 의미에서 구조란 텍스트의 기록과 읽기를 지배한
다.(86)

　　결국, 저자는 리요타르가 비판하는 모더니즘 전통의 '거대담론'으로서의
역사야 말로 서양, 백인남성들의 주체, 자본주의, 그리고 지배계층의 논리라

며, "여성들, 노동하는 사람들, 유색인종들, 그리고 비서양적인 문화들의 주장들"(88)에 귀를 기울이는 역사이해와 역사기술을 제안한다. 그는 이렇게 결론내린다.

본인이 제안하고 있는 것은, 오늘날 지배적인 문학모델('언어적 전환' 등: 필자 주)에 대한 최선의 대안이 구조에 대한 정보를 제공하는 역사(a structurally informed history)로부터 제공된다고 하는 사실이다. 그도 그럴 것이 역사의 주장들을 진지하게 생각하면 우리는 텍스트를 과거의 인간사회들의 한 현현으로 인식하지 않으면 안 되도록 만든다. 이런 뜻에서 역사를 '알아야 하는' 문제들이 계속 남아 있는 것이다. 우리는 과거를 정확하게 다시 파악하는 일에 있어서 불완전하고 불가능하다고 하는 사실에 계속해서 붙들려 있다. 이런 뜻에서 해석학적 수수께끼에 의하여 계속해서 한켠에 속박되어 있다. 그러나 이와같은 강요들은 역사를 알려고 하는 투쟁을 포기하는 것을 정당화하지 못하고 맹목적으로 역사에 대한 거부에 귀착하는 것을 정당화하지 않는다. (88)

성서의 '보편사 해석'에 비추어서

저자는 역사의 객관적 전거(factual referentiality)를 전혀 무시하는, 역사적 사실들과 사건들의 '언어적 전환', '문학화', '텍스트화'에 반대하여 비록 기록된 역사들이 그와 같은 전거들에 대하여 완전하게 말해주고 있는 것은 아니지만 '여성들, 노동하는 사람들, 유색인종들, 비서양적인 문화들의 주장들'이라고 하는 객관적 전거(factual referentiality)를 중요시하는 역사기술을 제안하였다. 이런 의미에서 저자는 상당한 정도로 '여성들, 노동하는 사람들, 유색인종들, 그리고 비서양적인 문화들의 주장들'과 '주변화된 집단들'이 자본주의, 제국주의, 백인남성들의 주체, 그리고 서양문화와 대립갈등 속에 있는 것으로 보는 마르크스주의적이고 해방신학적인 페미니스트 입장을 추구하였다.

18-19세기 동안 세계를 지배해 온 서구의 '거대담론'으로서의 역사기술에 대한 소수의 저항으로서의 역사기술방법론이 얼핏 보기에 '미시담론'으로 보이지만 70년 동안의 구소련의 전체주의적이고 일당독재적인 공산체제와 기타 국제공산주의야 말로 또 하나의 '거대담론'으로서의 역사기술로 인도한다. 때문에 저자는 리요타르 등이 비판하고 있는 '거대담론'으로서의 역사의 반대급부로서의 '거대담론'의 역사를 주장함으로써 자본주의와 백인남성들과 서양 문화와 같은 인류 공동체의 일부를 인류 공동체로부터 배제시키고 있는 것으로 보인다. 마르크스주의로 대표되는 모든 사회경제적 갈등이론이 정의를 향하여 부르짖고 있는 것은 사실이다. 비록 그가 '언어적 전환' 밖에 있는 '인간행동들의 상호작용'과 '사회적 관계' 또는 구조의 실재성을 주장하여 "텍스트 밖에는 아무 것도 없다"(데리다)고 하는 지나친 포스트모더니즘의 약점을 비판하고 있는 것은 사실이지만 문제는 배제의 논리 또는 타자들의 타자성을 인정하지 않는 데에 있는 것으로 보인다.

이상과 같은 저자의 주장을 성서적 내러티브 신학에 비추어 숙고해 보려고 한다. 성서에 있어서 '하나님의 현존과 사역' 그리고 그것의 '언어적 전환', '문학화', 및 '텍스트화'와의 관계에 대하여 생각해보자. 사도신경 '니케아-콘스탄티노플 신조'(381)에 고백된 성부, 성자, 성령 그리고 교회 및 하나님 나라에 대한 신앙고백은 '텍스트' 밖에 있는 실재에서 왔고, '언어적 전환'을 통하여 '텍스화'된 실재이며, 나아가서 '언어화된 텍스트'를 초월하는 실재이다. 이 세 가지는 각각 '연속성'(continuity)에도 불구하고 '불연속성'(discontinuity)을 지니고 있다. 마치 예수님과 부활하신 그리스도 사이에, 역사와 창조세계 속의 하나님의 통치(나라)와 장차 도래할 새 하늘과 새 땅 사이에, '내재적 삼위일체 하나님'(Immanent Trinity)과 '경세적 삼위일체 하나님'(economic Trinity)사이에, 그리고 하나님 지식에 대한 '카타파틱(cataphatic) 차원과 '아포파틱(apophatic) 차원 사이에도 그와 같은 '연속성'과 '불연속성'이 있다.[16]

예수 그리스도의 성육신과 십자가와 부활은 삼위일체 하나님의 현존과 사역으로서 그것의 '언어적 전환' 또는 '텍스트화'에도 불구하고 그것 이전 차원과 그것 이후 차원을 가지고 있는 것으로 보인다. 하나님 나라 역시 '언어적 전환' 혹은 '텍스트화'에도 불구하고 과거 차원과 미래적 차원을 가지고 있다 하겠다. 아버지 하나님께서 예수님을 자신의 아들로 선포하신 요단강 세례와 변화산상의 사건 역시 그렇다. 즉, 이와같은 전과 후는 '연속성'에도 불구하고 '불연속성'을 가지고 있다. 물론, '내재적 삼위일체 하나님'과 '경제적 삼위일체 하나님', '영광 가운데 만유와의 코이노니아 속에 계실 삼

---

16) 동방 정통교회 신학은 하나님에 대한 지식에 관하여 필설(筆舌)로 표현할 수 있는 하나님 지식 (cataphatic knowledge of God)과 그것을 초월하는 하나님 지식을 구별한다. 하지만 후자의 '신 지식'이 '신플라톤주의'의 '말로 할 수 없는 일자'(ineffable Oneness)나 칸트의 불가지론의 하나님이나 기타 철학자들의 형이상학적-추상적 하나님 지식이 아니라 성경의 내러티브에 나타난 삼위일체 하나님에 다름 아니다(참고: 『동방교회의 신비신학에 대하여』(1990)), 블라디미르 로스끼 지음/ 박노양 옮김(서울: 한국장로교출판사, 2003), 35-59). 그리고 전자와 후자 사이의 관계는 '연속성'에도 불구하고 '불연속성' 속에 있다(참고: Dumitru Staniloae, The Experience of God(Brookline, Mass.: Holy Cross Orthodox Press, 1998, 95 이하). 즉, 필설로 표현되는 하나님 지식과 그것을 초월하는 하나님 지식이 변증법적 관계 속에 있다고 하는 뜻이다. 이와같은 cataphatic-apophatic의 변증법적 관계는 필설로 표현된 '하나님 나라'(이사야 11장과 공관 복음서 및 계시록 21-22장)와 그것을 초월하는 하나님 나라의 실재에도 적용될 수 있을 것이다. '역사의 예수님'과 '부활하신 그리스도' 사이의 관계 등, 본문에 제시된 둘이 한 쌍의 주제들에 모두 적용될 것이다.

위일체 하나님'은 동일하신 삼위일체 하나님에 다름 아니지만 말이다. 결국, 우리는 '신비'의 경지 또는 '아포파틱 차원'을 인정해야 한다고 하는 말이다. 토랜스(T. F. Torrence) 역시 이 두 차원의 변증법을 주장하면서 초문화 언어적 차원을 인정하고 있다.

> 기독교 신학의 특징은 이것이다. 하나님을 세계에 대한 그의 관계 속에서 논하고 하나님을 그 분 자신과의 관계 속에서 논한다. 신학은 이 둘 가운데 그 어느 하나 없이 하나님에 대하여 논할 수 없다. 그것이 전자를 포함하지 않는다면 이 세계에 속한 우리는 그와 같은 하나님 지식에 참여할 수 없고 만약, 그것이 후자를 배제한다면 이 세계 속으로 그리고 우리의 그것에 대한 관계 속으로 끌려 내려와 갇히고 마는 '하나님 지식'만을 논할 것이다. 세계 속에서의 우리의 피조물적 신분 속에 있는 우리의 하나님 지식은 진실로 하나님 자신의 우리들과 이 세계와의 상호작용 안에 있는 하나님 지식이다. 하지만 만약에 그것이 하나님에 대한 지식이라면 그것은 궁극적으로 하나님의 실재(the ultimate reality of God)에 근거를 갖지 않으면 안 된다. 이 초언어적 하나님은 우리의 세계 너머에 계신 하나님 자신의 불가침해적 타자성이다.[17]

그런데 토랜스는 성육신하시어 문화 언어적이고 사회문화적인 세계와 접촉되어 있고 동시에 이와같은 세계를 초월하시는 하나님 자신이신 하나님의 아들 예수 그리스도께서 이상과 같은 두 차원의 하나님 지식을 매개시켰다고 보면서, 삼위일체 하나님 자신의 내재(언어적 차원)에도 불구하고 초월(초언어적 차원)을 주장한다.

> 그의 아들 또는 말씀을 통하여 그리고 이분을 통하여 매개된 성령 안에서 아버지 하나님께서 우리에 대하여 폐쇄된 체 머물러 계신 것이 아니라 우리의 인간적인 앎을 위하여 자신을 개방하신 것이다. 바울의 표현대로 우리는 예수 그

---

17) T. F. Torrance, *Reality and Evangelical Theology*(Philadelphia: The Westminster Press, 1982), 21.

리스도를 통하여 그리고 성령 안에서 아버지 하나님께 나아갈 길을 얻은 것이다.…[18]

따라서 성부와 성령 역시 성육신 하신 하나님의 아들 예수 그리스도처럼 우리 및 이 세계와 관계하시면서도(언어적) 초월(초언어적)하실 것이다. 따라서 토랜스에게 있어서 텍스트화된 성서본문들은 텍스트 밖의 "신적인 실재들"(예수 그리스도와 삼위일체 하나님과 하나님 나라 등)을 가리키고 있는 것이다.

우리들이 성서의 본문과 신적 실재들에 함께 주목할 때 우리는 성서를 바르게 이해하는 것이다. 하지만 우리의 텍스트에 대한 주목은 그것 너머에 있는 실재들에 종속되어야 한다. 따라서 우리들이 우리의 주목의 초점을 그와 같은 신적 실재들로부터 텍스트 그 자체로 이동할 경우에, 텍스트는 그것의 심오한 의미를 상실하고 말 것이다.[19]

저자는 '텍스트 밖에는 아무 것도 없다.'라고 하는 후기 구조주의(데리다)에 반대하여 '여성들, 노동하는 사람들, 유색인종들, 그리고 비서양적인 문화들의 주장들'이라고 하는 객관적 전거를 내세움으로써, 이를 '언어적 전환' 또는 '텍스트화'와 이분화시켰다. 아니, 전자가 후자를 결정하는 구조이다. 하지만 위에서 제시한 '둘이 한 쌍'인 신학적인 본성이 '사실'의 세계와 '가치'의 세계를 이분화하지 않고 있는 것에 '유추'하여 필자는 폭스-제네베즈의 입장 역시 '사실'(실재)과 '가치'(해석) 사이를 이분화하고 있다고 본다.

---

18) *Ibid.*, 22-23.
19) *Ibid.*, 96.

2. 파머(Bryan Palmer)[20]

파머 역시 마르크스주의적 역사기술 일반과 특히 사회사에 대한 포스트모더니즘의 영향을 문제 삼았다. 그의 『담론으로의 전락』(Descent into the Discourse, 1990)에서 이 문제를 소상하게 논했다. 저자는 본 발췌문에서 "후기 구조주의/포스트모더니즘이 어느 정도로 역사적 물질주의에 대한 적대감을 일으켰나를 살피고, 마르크스주의에 반대하는 역사기술의 대표적인 예증들을 개관하며, 후기 구조주의적인 경향을 지닌 반 마르크스주의적 역사기술의 아이로니컬한 의미에 대한 논의로 끝맺음하고 있다. 그리하여 본 발췌문은 '사회주의 국가들'의 붕괴에도 불구하고 역사적 물질주의가 과거를 해석하는 능력과 오늘날 지성세계에 대한 현실상부성을 상실하지 않고 있다고 하는 것에 대하여 이야기하고 있다.[21]

저자는 "후기 구조주의를 이론으로 그리고 포스트모더니즘을 조건으로 하고 있는 담론적 정체성들과 끝없이 요동치는 주체성들(subjectivities)"로 반항하고 있는 오늘의 세태 속에서 "한 마르크스주의자가 된다고 하는 것은 확실히 쉬운 것도 아니고 기쁜 일도 아지만, 그것은 모종의 안전성들을 제공한다."(104)고 한다. 오늘날 이상과 같은 포스트모던 비판이론이 "역사적 상황 속에 놓여있었던 사람들과 여성들과 아이들에 대한 실질적 경험"(104)을 무시하고 있는 상황에서 마르크스주의와 역사적 물질주의에 입각한 역사기술에 대한 주장을 펼치기가 어렵지만, 저자는 포스트모던 비판이론을 감안하는 마르크스주의와 역사적 물질주의에 입각한 역사기술에 대하여 주장한다. 이제 이 글은 발췌문의 세 가지 주제를 소개하려고 한다.

---

20) Bryan Palmer, "Critical Theory, Historical Materialism, and the Ostensible End of Marxism" (Inernational Review of Social History, 1993), In *The Postmodern History Reader*, 103-112.

21) *Ibid.*, 83, 103.

1) 후기 구조주의/포스트모더니즘과 마르크스주의의 관계[22)]

저자에 따르면 마르크스와 엥겔스는 18세기 계몽주의사상의 관념적 발전에 반대하면서 "탈 역사의 이상들과 추상들의 해방적 잠재력이 아니라 세속적인 사회적 활동의 강력한 역사결정론을 주장하였다. 즉, 마르크스와 엥겔스는『독일 관념론』에서 "실질적인 인간성의 우선성, 곧 사회적 관계들에 대한 의식보다 사회적 관계들의 역사결정력의 우선성에 대한 인정을 거부하는 관념론을 이데올로기적이라고 공격하였다."(Palmer, 106)

그리하여 저자는 "후기 구조주의(post-structuralism)야 말로 포스트모더니즘과 관련된 특정 역사적 시기의 이념에 다름 아니라"고 하는 사실을 그의 글의 기본전제로 하고 있다. 때문에 저자는 제임슨(Jameson)의『포스트모더니즘: 후기 자본주의의 문화적 논리』와 하비(Harvey)의『포스트모더니티의 조건: 문화적 변화의 기원에 대한 탐구』에서 20세기 후반의 자본주의적 문화질서의 변혁에 대하여 상호 보완적으로 설명하였는데, 이에따르면 포스트모더니즘이란 그들의 강조점이 어떻게 다르든지 간에 자본주의 시기와 관련되어있다고 하는 것이다.(107) 따라서 "포스트모더니즘에 대한 이와같은 마르크스적 읽기가 배격하는 것은 오늘날의 문화적 삶의 조건이 아니라" 오히려 "이와같은 포스모던 질서를 하나의 자본주의적·정치적·경제적·사회적 관계들 위에 또는 그것 너머에 있는 그 무엇으로 합리화하고 합법화하는 이념적 기획을 배격하는 것이다."(107)

저자는 마르크스주의가 진정으로 노동자들을 위한 국가이기를 그만두면서 정치적으로 실패하여, "사회적 세력들(페미니스트 운동과 탈식민주의 운동 그리고 여기에 더하여 평화, 생태, 토착민, 그리고 '민족적' 권리를 위한 운동들)과 사회적 형성들이 등장하였지만, 이들은 실제로 현존하는 자본주의에 근접하고 있지 않고

---

22) 아래에서 논할 케르너(Hans Kellner) 부분에 포함된 '구조주의와 후기 구조주의'에 대한 소개를 참고할 것.

있다"(108)고 보았다. 그리고 일찍이(1968년경) '후기 구조주의'가 한 때 스탈린화 된, 실제로 현존하였던 사회주의의 실패들에 대하여 반응하였던 것은 누구나 인정할 것이다. 그럼에도 불구하고 마르크스주의 실패로 야기된 이와 같은 운동들의 과정에서 마르크스가 내세웠던 "객관적 실재와 그것의 사회적 관계들에 대한 그 어떤 의식"도 "계급으로부터 퇴거하였고 광범위하고 담론적이며 적극적으로 다원주의적인 주체성의 소용돌이 속으로"(108) 상실되고 말았다고 하는 것이다. 하지만 저자는 이와같은 후기 구조주의/포스트모더니즘이 역사적 물질주의에 전혀 공헌하지 않은 것은 아니라고 본다.

2) 1980년대와 1990년대의 비판적인 이론과 관련되어 발전된, 오늘날의 역사기술

저자는 필자가 이미 소개한 영(Robert Young)은 탈 서구적이고 탈 식민지적이며 탈 백인주의에 입각한 역사기술을 주장하여 후기 구조주의의 역사와 문화(History and Culture)에 대한 해체와 맞먹은 이야기를 하고 있다. 그런데 파머는 영의 장점을 인정하면서도 백인들의 역사를 동질화하였고 제1 세계와 제3 세계 그리고 백인 흑인 갈색 그리고 황인종의 만남의 역사를 배제하였다고 비판한다.(Palmer, 111) 즉, 저자는 영의 이상과 같은 역사기술방법에 있어선 자본주의(History = 거대담론)에 대한 해체와 이를 위한 해방운동에 대한 이야기가 전혀 결여되었다고 보는 것이다.

확실히 영의 역사(History)에 대한 후기 구조주의적 공격은 인종주의에 뿌리를 내린 역사기술방법론의 잘못을 바로잡기를 원하는 많은 사람들에게는 매력적인 도전의 알맹이를 가지고 있다. 저자는 아래의 긴 인용에서 영은 서양의 자본주의 자체에 대한 해체와 해방에 대하여 결코 주장하지 않았다고 비판한다.

그러나 영은 해방의 기획을 질식시키는 방법으로 그와 같은 주장을 하고 있다. 그는 그것을 환상 같은 이념으로 억누르고 있다. 그도 그럴 것이 영의 경우 '서양'은 자본주의의 20세기 말 권력의 자리로서 그 어떤 의미 있는 뜻에서도 해체의 산고(産苦) 속에 있지 않기 때문이다. 자본주의적 축적으로서 포스트모더니티의 문화적 재구성이 어떠한 것이든 영에게 있어서 '거대담론'으로서의 '역사'(History)는 거의 그 무엇에 의해서도 대치되지 않았다.… 자본주의 역사에 대하여 주목하고 있는 우드(Ellen Meiksins Wood)와 같은 마르크스주의자들이 이념으로서의 후기 구조주의가 지난 몇 년 동안에 걸쳐서 성취해 낸 것에 대하여 절망하면서 손을 털었다. 우드는 이렇게 항의하였다. 즉, '온 세계가 자본주의의 전체화하는 논리와 그것의 동질화하는 충동들 속으로 점점 빠져 들어가고 있고, 우리가 글로벌 전체성을 파악할 수 있는 개념적 도구들에 대한 지대한 필요'를 느끼고 있는 이 시점에서, 역사적 '수정주의'로부터 문화적 '포스트모더니즘'으로의 유행하고 있는 지성적 트랜들들이 온 세계를 '다름'의 파편들로 조각하고 있다.'(111)

3) 1990년대의 맥락 안에서의 반 마르크스적 비판이론의 아이로니들과 잠재력

그리하여 저자는 방금 위에서 언급한 우드와 '후기 구조주의의 발흥과 씨름해 온 일군의 다른 마르크스주의자들과 페미니스트 주장'에 동의하지만 그 동안 후기 구조주의가 이룩한 일들에 대하여 어느 정도는 인정한다. 예컨대, 그것은 "고도로 다양화된 마르크스 전통의 많은 흐름들 안에서 덜 주목을 받고 있는 특수한 문제들에게 문을 뜨게 하였고, 계급으로 환원될 수 없는 정체성, 곧 주체성과 자아, 표현과 담론, 그리고 어떤 특수 사회적 형성들 내에서 경전화된 '지식'의 양면성의 중요성에 주목하게 하였다."(112)

끝으로 저자는 1956년 이후, 마르크스주의자들의 텍스트들에서 마르크

스 자신의 저서에 대하여 침묵하고 있고 후기 구조주의자들 역시 빈번히 그
와 같은 침묵들을 구체화하고 있는 상황에서 한 마르크스주의자가 된다고
하는 것은 매우 어려운 일이라며, 아래의 인용에서 '저항하는 대중계급정치
의 부활'(the revival of a mass class politics of resistance)을 주장한다.

역사적 물질주의의 실천을 계속 살아남게 하며 현행 주관주의 물결에 굴복
하기를 거부하고 마르크스주의자들로서 우리의 분석과 활동을 역사화하고 구
체화시켜야 하는 필연성을 다시 주장하는 것은 다가 올 여러 해들을 통하여 성
취되어야 할 매우 값진 일이다. 이와같은 일을 함으로써 비록 제한적이긴 하지
만 우리는 저항하는 대중계급정치의 부활에 기여할 수밖에 없을 것이다. 이것
만이 우리 시대의 지성사와 경제사 모두에 있어서 분명하게 등장하고 있는 파
괴적 사조들을 다시 돌려놓을 수 있는 힘이다. (112)

성서의 '보편사 해석'에 비추어서

저자는 기본적으로 '포스트모더니즘'의 문화적 현상들을 인정하지만, 그와 같은 현상들이 '자본주의적 정치적 경제'로부터 나온 것으로 본다. 이 맥락에서 그는 '후기 구조주의' 역시 이 '포스트모더니즘' 시기의 '관념'이라 비판하면서, 역사적 물질주의(다양한 마르크스주의) 또는 '신 역사주의'(New Historicism)를 추구한다. 따라서 저자는 "인간성의 우월성"(칼 마르크스), "사회적 관계들의 역사결정론", "인간실존의 구조적 체계" 등 "실재"(the "Real")를 내세움으로써 '후기 구조주의'의 "텍스트 밖에는 아무 것도 없다."(데리다)고 하는 '언어적 전환'의 입장을 반론한다. '후기 구조주의'는 역사적 사실과 사건의 '언어적 전환', '문학화', 그리고 '텍스트화'에 치중한 나머지 역사란 "해석들을 해석한다."고 하는 입장으로 전락하고 말았다고 하였다. 저자는 '후기 구조주의'가 이와같은 입장을 추구하는 이유는, 이성과 지식과 언어가 지배욕과 권력의지의 가면을 쓰고 있기 때문이라고 본다.

그런즉, '후기 구조주의'는 어느 정도 자본주의 해체에 기여하였지만, 그것이 '관념성'과 '이념성' 때문만이 아니라 그 자신이 '포스트모더니즘'의 문화와 더불어 '자본주의 정치적 경제'를 배경으로 하고 있음을 의식하지 못하고 있기 때문에, 문제가 있다고 하는 것이다. 이 맥락에서 저자는 영(Young)을 비판한다. 영이 비록 '후기 구조주의' 입장에서 "서구" 중심의 '거대담론'으로서의 서양역사와 문화(History and Culture: 대문자에 유의할 것)를 해체시킨 것이 사실이지만 그에겐 적극적인 '역사적 물질주의' 또는 '신 역사주의'와 같은 마르크스전통의 '해방'운동이 결여되었다고 한다. 저자는 후기 자본주의 문화로서 '포스트모더니즘' 시기에 등장한 '후기 구조주의'를 '관념' 또는 '이념'으로 보는 입장에서 객관적 정치사회적 관계로서 이와같은 '해방'운동을 주장하고 있는 것이다. 그는 마르크스전통을 이어가기가 매우 어려운 오늘의 포스트모던 상황에도 불구하고 결국 '저항하는 대중계급정치의 부활'을 희망하고 있다. 그리고 끝으로 저자는 마르크스 전통의 해방운동이 '포스트모더니즘'과 '후기 구조주의'로부터 배워야 할 부분들 제시하였다.

파머는 폭스-제네베즈와 더불어 마르크스전통의 '신 역사주의'를 주장하여, 역사결정론의 객관적 전거(factual referentiality)를 역사의 '언어적 전환'보다 중요시 여겼다. 이에 대하여 우리는 폭스-제네베즈의 글을 소개할 때 이미 지적하였음으로, 그녀에게 있어서 '해방'의 역사에 대하여는 논하지 않았기 때문에, 이제 필자는 여기에서 성서적 내러티브 신학에 비추어서 마르크스 전통의 역사기술에 대하여만 논하기로 한다.

만유의 창조자 하나님 아버지께서는 창조세계와 인류 공동체를 구속하시기 위하여 아브라함을 부르시고 택하셨으며 그에게 주신 약속을 따라서 이스라엘을 출애굽 시키셨고, 이스라엘과 은혜의 언약을 맺으셨다. 그리고 이 은혜의 이스라엘 공동체 안에서 가난한 자, 나그네, 고아와 과부 등 사회적 약자들과 창조세계를 포용할 것을 그 성원들에게 당부하셨다. 이는 인류사회에 대한 야훼의 뜻일 것이다. 그리고 이와같은 창조세계와 인류구원의 은혜의 언약을 완성하신 예수 그리스도 역시 인류 공동체와 교회 공동체 안에서 그와 같은 사회적 약자들을 보듬어 안을 것을 행동과 말씀으로 계시하셨다. 그는 창조세계와 인류 공동체가 온전히 회복될 새 하늘과 새 땅을 바라보시면서, 세상과 교회로 하여금 사회적 약자들을 사랑과 정의로 안으셨다. 이것은 은혜의 선민 이스라엘과 교회가 믿고 바라는 것임에 틀림없다.

따라서 성서의 내러티브는 창조세계와 인류 공동체 전체의 구속을 믿고 새 하늘과 새 땅을 희망하는 가운데 역사의 모든 상황에 따른 "여성들, 노동하는 사람들, 유색인종들, 그리고 비서양적인 문화들의 주장들" 및 "주변화된 집단들"(폭스-제네베즈)을, 제도형성을 통하여 보듬어 안아야 하고 "인간성의 우월성"을 우선시하면서 "저항하는 대중계급정치의 부활"(파머)을 편들어야 할 것이다. 필자는 마르크스적 사회분석에 의한 해방운동을 추구하는 해방신학의 일면성을 비판하면서도 그것의 정의추구 차원을 인정해야 한다고 본다. 그러나 기독교인들 개인 차원이 아니라 교회 공동체 자체가 구체적인 해방 프로그램에 동참하거나 어떤 특정 정치체제나 경제이념, 정당에 직접적으로 참여하는 것은 기독교의 코스모폴리탄적 본성에 어긋나는 것으로 보인다. 기독교는 단순히 갈등 속에 있는 계급들의 수평적인 변증법적 발전이 아니라 기본적으로 하나님과 인간의 수직적인 변증법을 실존적으로 경험하면서 사회적 약자들과 그들의 사회운동을 해야 할 것이다.

교회 공동체는 다양성 속에서 코이노니아와 가시적 일치를 추구하면서 예언자적이고 초월적이면서도 참여적인 태도를 가지고 이웃사랑과 정의를 구현하기 위하여 이웃 종교들과 타 학문들과 사회의 각계각층의 지도자들과 '중간공리'를 매개로 하여 대화하고 연대하여야 할 것이다. 교회는 하나님 나라에 대한 표징과 도구로서 18-19세기 모더니즘 전통[23]과 20세기 시장경제의 문화 속에서도 하나님 나라에 대한 파편들을 발견할 수 있는 것으로 보인다. 동구권 공산주의와 구소련 공산체제가 많은 문제점들을 노정시켰음에도 불구하고 해방신학 전통과 폭스-제네베즈 및 파머의 역사에 대한 비전에도 그것이 없지 아니할 것이다.

---

23) 참고: 이형기, 『모더니즘과 포스트모더니즘 논의에 비추어 본 몰트만 신학』(서울: 한들 출판사, 2006), 212-364.

3장

근대주의적 중소역사관들(histories)을 반대하는 사관들

1. 켈르너(Hans Kellner)[24]

1985년 여름 서독에서 「History and Theory」지(紙)의 후원으로 '내러티브와 역사'라고 하는 제목으로 세미나가 열렸다. 이 때에 많은 역사학자들이 참석하여 논문을 발표하며 열띤 토의를 벌였는데, 끝 날에 앵글로 아메리칸 학파에서 훈련을 받은 호주 역사철학자(Stephen Bann)는 "결국, '단순하게 이야기하기'(to get the story straight)가 역사 문제들을 진지하게 연구하는 모든 학자들에게 자명한 신념이라"(130)고 하였다. 이에 대하여 '역사적 사고의 구조적 버팀목을 강조하는 영국 역사 비판가(a British historian-critic)'는 역사이해와 역사기술에 있어서 중요한 것은 '꼬이게 이야기하기'(to get the story crooked)라 하였다. 그리하여 세미나의 참석자들은 두 가지 의견으로 나뉘었다. 즉, 한편 랑케 등 모더니즘 전통을 따라서 '사실', '사건', 또는 '실재'를 강조하는 무리들과 다른 한편 '언어적 전환', '문학화', 또는 '텍스트화'를 강조하는 무리들로 나

---

24) The Postmodern History Reader는 본 발췌문을 켈르너의 소논문("Language and Historical Representation", In *A New Philosophy of History*(London: Reaktion, 1995))으로부터 가져 왔다.

뉘었다.(130-131)

　'꼬이게 이야기하기'를 주장하는 켈르너는 그 반대 입장을 비판한다. 즉, "본인은 이야기되어지기를 또는 부활되어지기를 기다리고 있는 하나의 이야기가 과거에 대한 기록문서에 객관적으로 존재하고 있고(stories out there), 이야기기가 바른 방법론을 사용하는 정직하고 부지런한 역사가에 의하여 '단순하게 이야기 될 수 있다.'(127)고 하는 사실을 믿을 수 없다고 하였다. 그도 그럴 것이 "그 어떤 인간의 행동이나 그와 같은 행동에 대한 기존의 기록들이 내러티브(이야기) 형식을 취하고 있지 않기 때문이다. 다시 말하면, 그것들은 전통적으로는 수사학이라 불리는 선택들로부터 결과한 복합적인 문화적 형식들과 깊이 자리한 언어적 관습들의 소산이기 때문이다."(127) 모든 역사적 자료들과 데이터 역시 '이미 깊숙이 문화체계 속에 뒤얽혀있다.' 다시 말하면, 저자는 역사의 텍스트를 읽을 때에 랑케 등 모더니즘의 객관주의적 사실주의 또는 실재주의가 아니라 '기록 보관소나 컴퓨터 데이터베이스들에서 발견되지 않고 담론(discourse)'과 '수사학(rhetoric)에서 발견되는 역사의 다른 근원(the other sources of history)'을 추구한다. 이는 언어표현을 가능하게 하는 자원으로서, '근원적 권위와 파생적 권위의 구분' 또는 '제1차적 자료와 제2차적 자료의 구분'을 거부한다.(128)

　저자는 '단순하게 이야기하기' 입장이 주장하고 있는 역사의 연속성을 거부한다. 저자는 이렇게 언급한다.

　　역사의 연속성이란 문서적 자료, 기존의 텍스트들, 또는 우리들 자신의 삶으로부터 성립되지 않는다. 오히려 과거가 어떤 의미에서 연속적이라고 하는 전제는 하나의 문학적인 것(a literary one)이다. 즉, 연속적인 것은 실재(reality)가 아니다.… 그것은 우리의 문화가 실재를 그렇게 표현한 형식에 불과하다. 그것은… 문서적 충만함이나 개인적인 의식이 아니라 내러티브적 이해에 관련된 것이다.(129)

반대로 저자는 '꼬이게 이야기하기'를 다음과 같이 주장한다.

역사적 기록물에 대한 꼬인 읽기들이 풍요롭게 되기 시작하는 것은, 그들이 검토하고 있는 텍스트들에 초점을 두지 않고 과거에 대한 우리의 지식의 구성적이고 수사학적인 본성을 전면에 등장시키며 우리의 과거로 소급하는 창조물들의 목적들 - 흔히 은폐되어 있거나 인식되고 있지 않는 - 을 만들어 내는 것을 전면에 부각시키는 것이다.(134)

상론하면, '단순하게 이야기하기'의 입장은 랑케 등 모더니즘의 객관적 사실과 사건과 실재를 앞세우는 입장으로서 "이들의 태도는 역사적 실재 (substance)란 항상 그것의 원천을 구축하는 자료들에 의존하고 과거에 대한 우리들의 그 어떤 중요한 변화는 새로운 사실을 발굴해 내는 탐구의 진전으로부터 결과한다."(136)는 것이어서, '탐구를 하부구조로 그리고 기록된 역사적 텍스트들을 상부구조'로 보는 것이다. 그리고 '꼬이게 이야기하기'의 입장에 대하여는 다음과 같이 설명한다.

만약에 우리가 수사학 또는 좀 더 일반적으로 지적인 언어학적 관습들이 우선적이고 결과적으로 그것들이 역사적 저서의 실제적인 원천들이라면 전혀 다른 그림이 떠오른다. 이와같은 읽음은 역사란 과거 그 자체에 '대한' 것이 아니라 오히려 흩어져 있고 심하게 무의미한 우리주변의 부스러기들로부터 의미들을 창조하는 우리의 방법들이다.(136-137)

따라서 저자는 단순하게 이야기되어야 할 이야기가 객관적으로 거기에 존재하는 것이 아니라 "그 어떤 이야기도 명상의 행동(the act of contemplation)으로부터 생긴다."(137)고 본다. 그렇다고 역사를 이런 식으로 이해한다고 하는 것이, "문서적 자료의 권위에 근거한 실제적인 표현을 주장하는 역사에 대한 글들을 배격하는 것이 아니라 오히려 그와 같은 글들을, 그것들의 권위야 말로 성격상 수사학적 자료, 곧 다른 자료들(other sources)에 의하여 나온 결과물이라고 하는 사실을 보여주는 방법으로 읽어야 하는 것이다."(137) 물론, 여기에서 '다른 자료들'이란 '언어적 전환', '문학화', '수사학', 그리고 '텍스트화'를 의미 한다. 이것이 다름 아닌 "꼬여진 이야기로 읽는 방법이다."(137) 필자는 이에 관하여 헤이든 화이트(Hayden White)의 '언어적 전환'을 언급하는 부분(참고: 제1부의 III. 모더니즘 역사관들로부터 포스트모더니즘 역사관으로의 과도기의 끝 부분)에서 소상히 밝혔다.

끝으로 이와같은 '언어적 전환' 등에 있어서 원칙은 역사적 사실들과 사건들과 실재들에 대한 취사 선택인데, 이 후자는 그 자체에 있어서 거의 수사학적인 것이 아니다. 하지만 이 경우에 "역사의 '사실'(the "facts" of history)은 소여(the "givens")가 아니라 "취해진 것"(the "takens")이다. 이와같은 역사의 사실들은 그것들이 표현되지 않으면 안 될 언어와 문화적 이해의 관점으로부터 "취해진 것"이다. 따라서 언어 문화적으로 표현된 역사의 사실들은 탐구 자체의 행동으로 참투해 들어오는 하나의 문학적 차원이다.(137)

성서의 '보편사 해석'에 비추어서

저자는 맥킨타이어와 후기 비트겐슈타인 등을 배경으로 하는 조지 린드 벡과 더불어 '문화 언어적 체계'가 데카르트-칸트적 인식론적 주체에 선행한다고 보는 입장이다. 따라서 역사이해와 역사기술은 이미 주어진 '문화 언어적 체계'에 의하여 지배 받는다고 말이다. 마치 칸트에 있어서 모든 다양한 경험의 세계를 인식하는데 있어서 '선험적 범주들'이 선행하는 것처럼 말이다. 따라서 저자는 심지어 랑케 등 모더니즘이 주장하는 역사의 객관적 사실과 사건과 실재와 데이터까지도 이미 어떤 문화 언어적인 그리고 사회 · 문화적인 모태 안에 있는 것이요 역사의 사실이란 "소여"(the "givens")가 아니라 문화 · 언어적인 그리고 사회 · 문화적인 틀에 의하여 "취해진 것"(the "takens")이라고 하는 것이다. 물론, 저자는 객관적인 '사실', '사건', '실재', 또는 '데이터'를 강조하는 모더니즘의 역사이해와 역사기술이 아니라 데리다와 화이트(Hayden White) 등 후기 구조주의적 해체주의적 '언어적 전환,' '문학화', 혹은 '텍스트화'를 강조하는 역사이해와 역사기술을 선호한다.

저자의 주장이 모더니즘의 객관주의적 '사실주의'를 극복함에 있어서 상당한 설득력을 가지고 있음에도 불구하고 우리가 이미 제시한 성서적 내러티브 신학에 비추어 볼 때 상당한 문제점을 안고 있는 것으로 보인다. 내러티브 신학(특히 한스 프라이)이 성서를 '논픽션 소설'(non-fictional novel) 또는 '실질적이고 역사와 같은 이야기와 이야기들'(the realistic, history-like Story and stories)라고 주장할 때, '소설' 또는 '이야기와 이야기들' 안에서 역사적 사실들과 사건들이 '언어적 전환' 또는 '텍스트화'되어 있는 것은 사실이지만, "텍스트 밖에는 아무것도 없다(데리다)"고 하는 입장을 전적으로 따를 수는 없다. 예컨대, 우리는 이미 삼위일체 하나님의 존재와 행동 그리고 예수 그리스도의 십자가와 부활, 그리고 하나님 나라와 교회는 텍스트 밖에 있었고 텍스트 화되었으며 텍스트 밖을 지향한다고 보았기 때문이다.(제4부 B. I의 "성서의 '보편사 해석'에 비추어서")

우리는 창조주 하나님을 믿고 이분이 지은 신 '하늘과 땅' 또는 '보이는 것과 보이지 않는 모든 것'(그것의 rationality)을 믿으며 예수 그리스도(십자가와 부활)와 성령과 교회와 하나님 나라를 믿는다.(니케아-콘스탄티노플 신조) 우리는 창조주 하나님과 예수 그리스도와 성령, 교회와 하나님 나라가 '언어적 전환', '문학화', 또는 '텍스트화'와 이원론적인 관계 속에 있는 것은 아니지만, '텍스트 밖에는 아무 것도 없다'(데리다)라고 하는 주장에 따라 객관적 실재와 객관적 행동으로서 전자에 대한 믿음을 무시할 수 없을 것이다. 토랜스(T. F. Torrence)는 자연과학이 객관적 세계('보이는 것과 보이지 않는 모든 것')를 전제해야 하는 것처럼 신학자들은 하나님의 객관적 실재와 창조세계의 객관적 실재에 대한 믿음으로부터 그의 모든 신학적인 논리를 출발시켜야 한다고 보았다. 그의 말을 들어 보자.

> 신학이든 자연과학이든 마치 인간이 학문적인 탐구와 정식화(formulation)에 있어서 수행해야 할 몫을 가지고 있지 않은 것처럼, 비인격적인 방법으로 탐구될 수 없다. 그렇다고 이것이 객관성을 감소시키는 결과를 가져오지 않는다. 오히려 그 반대이다. 그도 그럴 것이 오직 합리적인 대행자로서 인격적으로 행동하는 인간만이 진정으로 객관적인 작업에 종사하는 것이기 때문이다.[25]

이미 폭스-제네베즈의 글에 대한 "성서의 '보편사 해석'에 비추어서"부분에서 언급한 대로 토랜스는 하나님의 궁극적이고 객관적인 실재와 그것에 대한 계시 및 수용(신앙)에 유추하여 창조주 하나님 아버지의 자연(창조세계)에 대한 객관적 실재와 그것의 자기 노정 및 수용에 대하여 주장한다. 자연의 로고스와 인간이성의 로고스가 만나야 진정한 과학적 지식에 도달한다고 하는 말이기도 하다. 이에 대한 토랜스의 주장을 들어 보자.

---

25) T. F. Torrance, *Reality and Evangelical Theology: The Realism of Christian Revelation*(Downers Grove, Illinois: InterVaristy Press, 1982), 31.

자연과학자인 인간은 사실상 자연의 산파이다. 하지만 사실인즉 그는 그것 이상이다. 그도 그럴 것이 인간의 합리적 본성이 자연의 본유적 합리성들과 그렇게나 심오하게 조정됨으로써 인간은 하나님의 도구가 되며, 이해 가능한 우주는 그것의 감추어진 비밀들을 노정시키고 그것의 유층으로부터 사실상 질서 있고 아름다운 존재 패턴들을 전개시키는 것이다.… 인간은 오직 실재와 그것의 본유적 질서의 강권함에 의해서만 합리적으로 행동한다. 하지만 자연을 모든 경이로움과 아름다움으로 언어화하고 구체적으로 조각하여 창조세계로 하여금 창조주 하나님을 찬양하게 하고 영화롭게 하는 것이야 말로 인간의 소명이다.…[26]

뉴비긴 역시 폴라니(Michael Polanyi(1891-1976)의 *Personal Knowledge*(1958)으로부터 크게 영향받아, 토랜스와 비슷한 주장을 펼친다. 폴라니는 자연과학의 지식세계에 있어서 '사실'과 '진리'와 '지식'이 보통 근대인들이 알고 있듯이 그렇게 순수 객관적인 것이 아니라 과학자 개인이나 과학자 집단의 참여를 포함하는 것이라고 하였으니, 뉴비긴은 여기에 착안하여 복음사실과 복음진리와 복음지식 역시 사도적 공동체의 참여(믿음 사랑 희망)를 포함하는 것으로 보았다. 그래서 하나의 복음서가 아니라 다양한 복음서가 있는 것이고, 훗날 다양한 기독교 공동체들 역시 다양하게 표현된 하나의 사도적 복음(the Tradition)에 대한 다양한 참여를 통하여 '참여적 다원주의'(committed plurality = traditions) 현상을 보였다고 하는 것이다. 따라서 뉴비긴은 성서의 사실과 사건, 그리고 진리와 지식이란 사도적 공동체와 교회 공동체들의 참여를 전제한 것이지만, 그것이 어디까지나 객관성과 보편성의 의향(intent)을 보이고 있다고 하는 말이다.

과학자와 과학자들 집단이 주관적(personal or subjective) 이해에서 출발(폴라니)[27]하지만, 객관적이고 보편적인 사실과 진리에 도달하는 것처럼, 사도들

---

26) *Ibid.*, 26.

27) 참고: Michael Polanyi, *The Personal Knowledge*(Chicago: The University of Chicago Press, 1962(1958년

과 사도적 공동체 역시 주관적 및 참여적 (personal or subjective) 증언들로부터 출발하였으나(그래서 복음에 대한 4개의 다른 해석의 버전들이 있는 것이지만), 복음서들의 예수 그리스도의 십자가와 부활 그리고 성령과 하나님 나라 역시 객관적 실재 또는 '실재' 그리고 객관적 사실과 사건과 진리라고 하는 보편적인 의향 (a universal intent)을 보이고 있는 것이다. 그런즉, 우리는 성서의 '언어화'와 '문학화'와 '텍스트화'가 사도들과 사도적 공동체의 참여적 지식이요 참여적 진리임에도 불구하고 그것의 '보편적 의향'을 인정해야 할 것이다. 성서야 말로 그것의 '텍스트화'에도 불구하고 텍스트 이전과 텍스트 이후(미래)의 실재 또는 실재(referentiality)를 가리키고 있다고 보아야 할 것이다. 하지만 '사실'과 '사건'과 '실재'가 텍스트화한 내용과 이원론적인 관계 속에 있는 것은 아니다. 따라서 우리는 신약성서가 사도들과 사도적 공동체의 '주관적' 해석에도 불구하고 객관적 실재(reality) 또는 '실재'(the Real)를 추구하고 있다 하겠다. 마치 과학자들 집단이 객관적 세계를 주관적으로 접근하고 추구할지라고 결국 객관적 '실재' 또는 '실재'를 만날 수 있었던 것처럼 말이다.

따라서 우리가 기독교 전통(the Traditon)과 전통들(the traditions)에 접근할 경우에도 우리가 이미 소속되어 있는 문화 언어적 전통 아래에서 그 전통에 대한 우리 자신의 참여와 학습없이 그것에 대한 진정한 지식과 진리에 도달할 수 없다고 하는 것이다. "우리는 각 문화권 안에서 선교사들에 의하여 주어진 기독교 전통을 참여와 학습을 통하여 받아들여 다양한 기독교 문화를 창출하게 되는 것이다."(레슬리 뉴비긴) 따라서 켈르너의 주장은 너무 편향적이다. 즉, 그에겐 '객관적 실재'에의 전거 차원이 매우 부족한 것으로 보인다.

초판), 49-65: 수영을 배우거나 자전거를 배우는 과정에서 수영하기나 자전거 타기의 객관적 법칙성에 대한 인식은 주관적 혹은 참여적인 참여의 부분을 결코 배제하지 않는다고 하는 이야기를 소개하고 있다.

2. 벨코퍼(Robert Berkhofer)[28]

위에서 논한 켈르너는 맥킨타이어와 후기 비트겐슈타인 그리고 어느 정도로 데리다 등 후기 구조주의의 텍스트 이론의 영향을 받아서 랑케 등 객관적인 사실, 사건과 실재에 대한 전거(referentiality)보다는 '언어적 전환', '문학화', 그리고 '텍스트화'를 강조하는 입장을 보여주었던 바, 벨코퍼의 '전통적인 역사학의 시학(詩學)' 역시 전자보다 후자를 힘주어 주장한 점에서 켈르너의 입장과 대동소이하다. 아니, 벨코퍼는 '텍스트 밖에는 아무 것도 없다'고하는 데리다의 주장에 따라서 '텍스트 밖'의 '전거' 또는 '지시물'(referentiality)을 좀 더 인정하지 않는 입장으로 기울어진 것으로 보인다. 따라서 그는 켈르너보다 좀 더 전통적인(모더니즘 전통의) 역사학에 대한 해체를 주장한다. 그에게 있어서 중요한 명제는 "역사 그 자체의 권위를 인정하는 사실성(factuality)을 거부하는 것"(139)이요 "과거가 역사와 등식관계가 아니라고 하는것은 역사가 역사학의 방법들과 방법론을 창출해내기 때문이다."(139)라고하는 사실이다.

그리하여 저자는 이와같은 입장에서 전통적인 역사학을 해체한다. 저자에 따르면, 우선 전통적인 입장은 "실제로 살아있는 과거로부터의 증거(evidence) 또는 잔존물(remains)을 획득하고 그것으로부터 얻은 사실들을 배합시켜 하나의 연관성이 있는 내러티브로 만드는 것이다."(139) 그리하여 이와같은 과정은 사실들과 사건들과 실재들에 대한 "일반화" 작업을 거쳐서, 결국엔 "과거 사건들, 행동들, 사상들 등을 과거에 일어난 그 대로를 재구성하거나 그려내는 작업이다."(140) 하지만, 저자는 '텍스트 이론'에 따라서 또는후기 비트겐슈타인의 언어철학에 따라서 역사가는, 마치 지도가 어떤 지역을 보여주듯이 또는 사진기사가 그 무엇을 촬영하듯이, 있었던 그대로의 과

---

28) *The Postmodern History Reader*는 벨코퍼의 소논문("The Challenge of Poetics to (Normal) Historical Practice", In *Beyond the Great Story*, Princeton, Princeton University Press, 1994)로부터 발췌하였다.

거를 정확하게 표현하는 것이 아니라 '역사의 시학'(poetics of history)[29]을 전제하고 있다고 본다. 이는 우리가 이미 살펴 본 헤이든 화이트의 '언어적 전환'에서 유래한 것으로서, 적어도 이와같은 역사방법론은 '취사 선택된 타당성 있는 사실들'과 '좀 더 넓은 그것들에 대한 해석적 종합' 사이의 관계를 무시하고 '전거들'(referentiality)과 언어적 '표현들'(representations)을 분리시키는 것이 이들의 문제점이라고 하는 것이다. 모더니즘의 객관적 사실주의가 이 둘을 등식화한다면 '언어적 전환', '문학화', 그리고 '텍스트화'는 이 둘의 분리가 아니라 하나로부터 다른 하나로의 '전환'을 주장할 것이기 때문이다.

저자는 '맥락주의'(contextualism) 역시 모더니즘 전통의 객관주의적 사실주의라며 그것의 해체를 주장한다. 그는 '맥락주의'를 "다양성 속에서 통일성"(1974:143)으로 보는 월쉬(W. H. Walsh)의 주장을 따르면서 '맥락주의'에 대한 그의 주장을 다음과 같이 소개한다.

> 여기에서 밑에 깔려 있는 전제는, 여러 가지 역사적 사건들을 취사선택하여 단 하나의 과정을 구축하는 것인 바, 여기에서 그와 같은 사건들은 하나의 전체의 부분들이고 그것들은 특별하게 친밀한 방법으로 동일귀속(同一歸屬)한다는 것이다. 어떤 사건이나 다른 사건에 대하여 설명하도록 요청을 받는 역사가의 첫 목적은, 그와 같은 사건을 그와 같은 과정의 일부로 보고, 그것을, 그것이 밀접하게 관련되어 있는 다른 사건들을 언급함으로써 그것의 맥락 속에 자리매김 시키는 것이다.(1967: 23-24)(143)

저자에 따르면 '맥락주의'는 과거의 사건들이나 행동들 등을 문화적이든 사회적이든 또는 그 어떤 다른 무엇이든 점점 더 큰 맥락 속에 위치시킴으로써 그것들의 유사성들을 그것들의 비유사성들로 환원시킨다. 그런즉, '맥락

---

29) 참고: "아리스토텔레스는 『시학』에서 실제로 일어난 일을 이야기하기 보다는 일어날 법한 일을 이야기하는 시가 진실에 이르는 더 큰 문이라고 주장한 바 있다. ··· 따라서 시는 역사보다 더 철학적이고 중요하다. 왜냐하면 시는 보편적인 것을 말하는 경향이 많고 역사는 개별적인 것을 말하기 때문이다."(『거울로서의 역사』, 75)).

주의'는 그와 같은 사건들이나 행동들을 일반화하고 추상화함으로써 과거를 종합적 해석함으로 또는 증거에 근거한 추론의 한 방법으로서 하나의 이야기로 파악될 수 있다고 하는 것이다.(Berkhoffer, 143) 그런데 '맥락주의' 역시 '내러티브'를 중요시여기지만, 이들에게 있어서 '내러티브'는 "맥락적 충분성으로서 살아있는 과거가 사건들의 어떤 통일된 흐름으로 파악되고 그 다음에는 그와 같은 흐름이 어떤 종류의 통일된 해석 또는 이야기로 조직될 수 있는 것"(144)을 의미한다.

그리하여 이와같은 '맥락주의'는 부분적 역사들에게 뿐만 아니라 전 역사에도 적용되어, 결국 모더니즘 전통의 "거대과거"(Meta-past, Meta-source 혹은 Ur-text)와 '거대담론'(Meta-story, Meta-narrative 혹은 Meta-Text)에 대한 주장을 낳는다고 하는 말이다. 이와같은 '거대담론'과 '원 텍스트'는 담론들과 텍스들의 다양성을 질식시켜 버린다. 그리고 저자는 부분적 역사들과 '거대담론'으로서의 역사(the History) 모두에게 적용되는 문제를, '표현과 전거'(representation and referentiality)의 문제로 보면서 '역사의 시학'이야 말로 다음과 같은 이원론과, '표현'으로부터 독립적으로 있는 그 어떤 사실이나 사건이나 실재를 인정할 수 없다고 보는 것이다.

> … 구체성 vs 추상, 사실성 vs 픽션, 과학 vs 예술, 경험주의 vs 해석, 재구성 vs 구성(reconstruction vs. construction). 전통적인 역사가들이 그들의 표현((re)presentation)으로 나타내려고 하는 효과는 해석과 사실성의 구조들을 퓨전시킴으로써 독자들에게 해석의 구조가 다름아닌 사실성의 구조라고 하는 사실을 각인시키는 것이다. 그들은 이렇게 함으로써 역사학의 고유한 고질적 병폐인 여러 이원론들을 화해시키고 초월하려고 하는 것이다. (146)

> … 이 전통적인 역사가들은 내러티브 그 자체의 본성에 대한 논증에 의해서라기 보다는 사실들에 대한 전거에 의하여 여러 해석들을 화해시키려고 하기 때문에 이와같은 사실성이야 말로 그들의 부분적 과거와 거대과거(the Great

Past)에 대한 해석에 있어서 일종의 강제적 실재성(coercive reality)을 지니고 있는 것이다.(147)

그리하여 위와같은 모더니즘 전통의 역사학은 그와 같은 이원론에도 불구하고 결국 "역사란 과학과 예술 모두이고 그것은 재구성이요 동시에 구성이다."(148)로 설명 있는 것이고, "그 두 영역들은 연계되어 있으나 분리되어 있어서 기록된 역사란 경험적이고 동시에 사실적이고 뿐만 아니라 그것의 더 넓은 의미에선 문학적이다. 사실적인 이유는 사실성에 대한 전거 때문이요 문학적인 이유는 부분적인 담론들과 거대담론들에 대한 종합적 표현들 ((re)presentation) 때문이다."(148)

그런즉, 결국 "시학 또는 문학작품들에 대한 일반이론 그리고 오늘날의 문학비평"이 문제 삼는 것은 표현과 구성을 전거(referentiality)와 재구성으로부터 엄격히 구별하는 것이다. 따라서 저자는 역사학에 있어서 핵심문제는 역사라고 하는 말이 무엇을 가리키고 있는가에 있다며, 후기 구조주의의 언어철학에 입각한 텍스트 이론을 사용한다. 즉, 저자는 모더니즘 전통의 사실주의적 역사이해와 역사기술이 아무리 언어를 지도나 사진이나 거울로 보는 사실주의적 언어이해를 주장한다 해도 실제로 그것이 사실들 자체나 사건들 자체나 실재들 자체를 가리킬 수 없다고 보는 것이다.

저자는 모더니즘 전통의 역사가들이 "그와 같은 (사실주의적) 자료들(sources)을 사용하여 부분적이든 좀 더 넓은 범위이든 과거들(pasts)을 창출해 낸다고 할 때 그것은 자료들 그 자체보다 더 큰 것이다."(149) 한 걸음 더 나아가 저자는 후기 구조주의의 '간 텍스트성'(intertextuality)이론을 주장한다. 즉, '다른 역사가들이 그들의 해석에 있어서 종합된 이 자료들 또는 저 자료들에 대한 읽기들(readings)과 결합되고 이것들에 의하여 지도(guided)를 받고 있는 일련의 자료들로부터' '간 텍스트성' 성이 성립한다. 즉, 모더니즘 전통의 역사가들이 사용하는 자료들이란 직물처럼 짜여진 네트워크 속에 있는 텍스트들이라고 하는 말이다.

'역사'가 비판가들의 눈에는 실제로 다른 역사들을 가리키는 것으로 보인다.[30] 그래서 사실적 재구성이란 실제로 전통적인 역사학의 '픽션' 만들기에 따른 구성 이외에 아무 것도 아니다. 이것은 역사적 사실주의와 사실주의적 모사(模寫)주의 모두의 전제이다.(149)

결론적으로 저자는 대체로 모더니즘 전통의 사실주의적 역사이해와 역사기술은 역사를, 과거의 지도화(map) 또는 사실들의 반사(mirro)로 보면서 사실의 이름으로(in the name of REALITY) 독자들에게 폭력을 가한다고 하면서, 모든 '거대담론들'을 거부하고 다양한 역사가들의 그의 선택 또는 의지에 따른 다양한 담론들로서의 역사를 주장한다.

전통적인 역사학의 탈신비화(demystification)는 아마도 그 어떤 하나의 메타내러티브가 부분적 이야기들 또는 거대 담론들((partial or Great Stories)을 조직하는 것을 거부한다. 때문에 과거의 이야기란 단순히 하나의 과정 사(史), 몰락, 주기들, 파국들, 계급투쟁 또는 합의적 다원주의, 심지어 변화나 연속성만으로도 읽혀질 수 없다. 더 이상 그 어떤 단 하나의 해석의 코드가 다른 하나의 그것보다 특권을 지닐 수 없다. 마치 하나가 다른 하나보다 '실재적'(the real past) 과거에 더 잘 상응하는 것처럼. 역사를 조직하는 단 하나의 내러티브(거대담론)이든 부분적 역사이든 이와같은 내러티브들에 대한 거부는 전지(全知)의 입장, 아마도 제3인칭의 목소리를 제거하는 바, 아마도 역사소산들에서 그렇게나 오랫동안 명백하였던 것은 민족 중심주의(ethnocentrism)일 것이다. (151-152)

그러므로 전통적인 역사에 대한 비신성화는 역사가를 자유케하여, 종합의 많은 원칙들에 따라서 다양하게 여러 관점들로부터 많은 목소리들을 가지고 꾸며진(emplotted) 많은 상이한 종류의 '이야기들'을 이야기하게 할 것이다. 역사

---

30) 구조주의에서 '기표'(signifier 혹은 sign)가 '기의'(signified)를 가리키고, 나아가서 '기의'는 또 다시 '기표'가 되는 것처럼 말이다. '말'(a horse)이란 말(기표)이 실제의 '말'을 의미(기의)하고, 나아가서 실제의 말이 또 다시 그것이 무엇인가를 말하여지기를 기다린다고 하는 것이다.

가는 전통적인 거대담론들의 전제를 거부함에 의하여 과거가 어떻게 표현되었는가에 대하여 뿐만 아니라 역사로서의 과거를 어떻게 코드화 할 것인가에 대한 방법들을 개방시킨다. 하이든 화이트에게 있어서 거대담론의 해체를 통하여 성취된 비신성화는 역사가를 자유케 하여 그의 선택 혹은 의지에 따라서 자신의 내러티브를 꾸밈으로써 아이로니에 대한 근대적 입장 저편으로 이동하도록 의도되었다. 그러나 많은 전통적인 역사들에게 있어서 그와 같은 과격한 비신성화야 말로 '모든 정상적인 역사의 종말'로 여겨진다. 그도 그럴 것이 그것은 역사적 담론이 그 자신 밖에 있는 것은 아무 것도 가리키지 않기 때문이다.… 그러므로 역사구성을, 전통적인 역사가 허락하는 것보다 더 큰 이야기하기와 해석적 코드화의 가능성들에 개방함으로써 우리는 전통적인 전제들에 따른 역사 그 자체를 위한 사실성에 대한 합법화의 권위를 배제시켰다고 보여진다. (152)

성서의 '보편사 해석'에 비추어서

저자의 이해에 따른 모더니즘의 사실주의적 역사이해와 역사기술의 기본원칙이란, "실제로 살아있는 과거로부터의 증거(evidence) 또는 잔존물(remains)을 획득하고 그것으로부터 얻은 사실들(facts)을 배합시켜 하나의 연관성이 있는 내러티브 또는 종합(a coherent narrative or synthesis)으로 만드는 것이다." 저자에 따르면 모더니즘의 역사관은 철학 전통으로 말하면 플라톤적이라기보다 아리스토텔레스적이고, 연역적이라기보다는 귀납적인 것으로 보인다. 모더니즘의 철학적 기조가 대체로 그러하였기 때문이기도 하다. 그의 '맥락주의'와 그의 '부분적 과거들과 부분적 이야기들 그리고 거대과거들과 거대담론들' 사이의 관계에 대한 주장도 마찬 가지이다. 이처럼 모더니즘의 역사기술은 개별자들 또는 특수에 대한 경험으로부터 출발한다.

이와같은 모더니즘 전통의 역사기술에 반대하여 '언어적 전환', '문학화', '텍스트 화', 그리고 '역사의 시학'을 주장하는 벨코퍼의 포스트모던 역사기술(헤이든 화이트의 '언어적 전환'도 그렇지만)이 비록 모더니즘 전통의 역사기술처럼 개별자 또는 특수에 대한 경험에서 출발하는 추론의 과정은 아닐지라도 역사가들 개인들의 다양한 시각에 따른 상대적이고 다원주의적 역사이해에 바탕을 두고 있다. 이는 다원주의, 다름, 타자의 타자성을 추구한 나머지 보편성과 통일성, 상호 연관성을 놓치고 있는 해체주의적 포스트모더니즘에 다름 아니다. 그의 '역사의 시학'은 인류 보편사나 전(全) 창조세계의 역사 같은 것에 관심하는 것이 아니라 역시 개인들의 시각주의(perspectivalism)를 따르고 있다. 그의 텍스트 이론에 따른 '간 텍스트성'(inter-textuality)과 모든 역사들은 다른 역사들(다른 텍스트들)을 가리킨다고 하는 주장이 비록 개인보다 직조물로서의 텍스트들이 먼저요 개인의 역사이해와 역사기술이 다른 역사들의 네트워크 속에 있다고 할 경우에 그것이 모더니즘 전통의 역사기술방법론을 극복하고 있기는 하지만, 그렇다고 그것이 결코 '시각주의'를 벗어낫다고 볼 수는 없다. 이런 '시각주의'는 그것의 다원성과 다름들과 타자의 타자성을 인정하고 있지만 말이다.

필자는 벨코퍼의 "역사의 시학"을 성서적 내러티브 신학에 비추어 생각해 본다. 이미 지적한 대로 성서적 내러티브 신학(한스 프라이 등)은 '픽션이 아닌 소설'(non-fictional Novel) 또는 '실제직인, 역사와 같은 이야기'(realistic, history-like Story and stories)를 19세기 모더니즘 전통의 성서 비평주의에 따른 성서관의 대안으로 제시하는 바, 성서의 '언어적 전환'. '문학화', '텍스트화', 그리고 '시화(詩化)'를 인정하는 것으로 보인다.

하지만 '픽션이 아닌'(non-fictional)과 '역사와 같은'이란 표현에서 성서적 내러티브의 본성은 창조주 하나님 아버지의 창조행동, 하나님의 아들 예수 그리스도를 통한 인류 및 창조세계의 구속행동, 성령을 통한 아버지와 아들의 뜻과 행동의 완성, 그리고 하나님 나라의 실재 등이 "언어적 전환" 이전에 일어났고, 그것 이후를 지향하는 것으로 이해될 수 있다. 이런 의미에서 성서적 내러티브 신학은 모더니즘 전통의 객관적 사실전거(factual referentiality)를 강조하는 17세기 개신교 정통주의의 '명제주의적'(propositional) 성서관과 개인의 개별자들에 대한 경험에 바탕을 둔 '경험표현주의'(experiential expressivism)도 모두 거부하고, 삼위일체 하나님의 현존과 행동의 결과요 이에 대한 예언자들과 사도들의 "문화 언어적"인 반응으로서의 '증언'(witnesses)을 모든 신학 이론들과 기타 다른 학문들의 이론들에 앞세운다. 그리고 '역사와 같은'이란 말은 성서의 모든 이야기와 이야기들이 모더니즘의 실증주의적 역사철학이 주장하듯이 단순히 '벌거벗은 사실들과 사건들과 행동들'(brutum factum)을 말하는 것이 아니라 '언어적 전환'을 거친 역사적 사실들과 사건들과 행동들임을 말하고 있는 것으로 보인다.

이렇게 볼 때, 내러티브 신학은 모더니즘 전통의 개별자들 또는 '특수들'(particulars)에 대한 아리스토텔레스적이고 귀납법적인 역사이해와 역사기술이 아니라 야훼 하나님의 현존과 행동에 대한 이스라엘 공동체의 '문화 언어적' 구성 안에서의 증언들과 예수 그리스도의 현존과 행동에 대한 사도들 및 사도적 공동체의 '문화 언어적' 구성 안에서의 증언들로부터 나온 '실제적인, 역사와 같은 이야기와 이야기들'을 주장하고 있는 것이다. 따라서 구약과 신약의 이야기와 이야기들은 모두 '계시'를 통해서 주어졌다고 하는 말이다. 바로 이런 뜻에서 성서는 형식에 있어서 우선 플라톤적이고 연역법적이고 '증언 공동체'(이스라엘과 사도들 및 사도적 공동체)의 '문화 언어적'인 반응적 증언들로 되어 있다고 보여 진다. 아우구스티누스와 안셀름과 칼 바르트의 '지식을 추구하는 신앙'이야 말로 이스라엘 공동체와 사도들 및 사도적 공동체의 증언에 대한 믿음으로부터 출발하여 '문화 언어적'으로 조건 지워진 성서의 다른 부분들에 대한 이해로 나가고, 이어서 성서 밖의 세계에 대한 지식을 추구한다.

끝으로 '텍스트 밖에는 아무 것도 없다', '간 텍스트 성', 그리고 '하나의 역사는 또 다른 역사을 가리킨다.'(간 역사성)고 하는 '후기 구조주의'의 주장에 따른 역사기술을 내러티브 신학에 비추어 보자. '구조주의' 전통을 따라서 적어도 저서들의 저자의 의도와 목적 그리고 문화나 그 어떤 사회적 실재를 그것의 전거로 보는 모더니즘의 역사적 또는 사회문화적 텍스트 읽기를 해체하고 '텍스트화'와 '간 텍스트 성'과 '간 역사 성'을 주장하는 '후기 구조주의'야 말로 오늘날의 성서 읽기에 있어서 '텍스트'를 중요시 여기게 한 것은 사실이다.

하지만 이와같은 '후기 구조주의'에 따른 역사이해와 역사기술은 이미 언급한 대로 개인들의 '시각주의'를 벗어 날 수 없고, 나아가서 삼위일체 하나님의 현존과 행동이 '문화 · 언어화'된 실재 밖에 있으며 '인간정신' 밖에 있고, '텍스트'보다 먼저 그리고 텍스트 후(미래)에 있다고 하는 것을 인정할 수 없다. 성서는 은혜로 주어진 삼위일체 하나님의 '자기 계시'를 믿는 '증언 공동체'의 문화 · 언어적 반응들이요, 이 '계시' 안에서 주어진 그리고 주어질 '새 하늘과 새 땅'에 대한 희망을 선포하고 있는 바, 그것은 '언어적 전환'에도 불구하고 '초 문화 언어적 차원'을 가지고 있고 가리키고 있다.

따라서 성서의 '거대담론'과 '담론들'(realistic, history-like Story and stories)이야 말로 특수 사실들을 취사 선택하여 구성하고 종합하여 꾸며진 내러티브가 아니다. 그것은 아리스토텔레스적이고 귀납법적이기보다는 형식에 있어서 플라톤적이고 연역법적이다. 따라서 벨코퍼의 이해에 따른 모더니즘 전통의 '부분적 담론들'과 '거대담론들' 역시 성서에서 발견되는 그것들과 질적으로 다른 것임에 틀림없다. 그 형성과정에 있어서 전자는 아리스토텔레스적이고 후자는 플라톤적이기 때문이다.

동방정통교회는 삼위일체 하나님의 '카타파틱(kataphatic) 차원'과 '아포파틱(apophatic) 차원'을 주장한다. 전자는 언어와 사고를 통하여 계시된 삼위일체 하나님이시고, 후자는 '초 언어'와 '초사고'차원의 삼위일체 하나님이시다. 물론, '초 언어'와 '초사고'의 하나님이 신플라톤주의의 '일자'(Oneness)나 이름을 붙일 수 없는(nameless) 그 어떤 하나님이 아니라 삼위일체 하나님이시지만 말이다. 변화산상의 경험이 보여주고 있는 삼위일체 하나님과 인간의 신비적인 코이노니아와 하나님 나라의 영광 역시 '언어적이면서 초언어적'이다. 즉, 그와 같은 코이노니아와 영광은 경험적이면서 초경험적인 것이다. '새 하늘 새 땅'의 첫 열매로서 하나님 아들의 부활 역시 '무로부터 창조된'(creatio ex nihilo) 첫 창조의 세계와 '옛 것으로부터 재창조된'(recreatio ex veteris) 새 창조의 세계 사이의 연속성(continuity)에도 불구하고 불연속성(discontinuity)을 보여주고 있다. 즉, 그것은 언어로 표현된 것들과 모종의 연속성을 가지면서도 언어가 가리키는 것을 초월하는 그 무엇이라고 해야 할 것이다. 이사야 11장 1절 -9절과 계시록 21-22장은 언어적인 것과 초언어적인 것을 가리키고, '오직 성령 안에서 의와 평강과 희락'이라고 하는 샬롬의 하나님 나라 역시 언어로 표현된 것들과 언어가 가리키는 것을 초월하는 하나님 나라를 가리키고 있다 하겠다. 따라서 우리는 정교회 신학자 팔라마스(Gregorius Palamas: 1296-1359)의 '헤시카스즘 전통의 '예수기도(Jesus Prayer)'가 지향하는 '침묵'의 차원[31]이야 말로 언어의 세계와의 변증법적 관계 속에 있다고 보아야

---

31) 참고: 『예수 기도』, 이에로테오스 대주교 지음/그레고리오스, 박노양 옮김(서울: 정교회출판사, 2011). 본 저서는 '아토스 산' 수도생활에 있어서 '침묵'의 중요성을 강조하고 있다.

할 것이다. 그냥 침묵만은 위험할 것이다.

복음서에서 발견되는 예수님의 행동과 말씀(특히 비유들)이 제시하고 있는 하나님 나라 역시 마찬가지 일 것이다. 그런데 이런 예증들에서 우리는 '초 언어의 세계' 또는 '초 언어의 실재'가 '언어적 실재'로부터 독립된 또 다른 하나의 실재라고 생각해서는 안 될 것이다. 그런즉 그 둘의 관계는 이원론적이 아니라 변증법적이라고 보여 진다. 하나님의 아들 예수 그리스도 안에서 서로 혼동될 수 없고 하나가 다른 하나로 변할 수 없으며 하나가 다른 하나로부터 분리되거나 동 떨어 질 수 없는 신성과 인성의 교류 또는 코이노니아의 관계(communicatio idiomatum)에서 우리는 그 둘의 관계에 대한 큰 암시를 얻는다. 즉, 질적으로 다른 둘이 서로 다양성을 유지하면서 혼연일체가 되어 하나를 이루고 있는 하나님의 아들(the two Natures in the One Person)에게서 우리는 언어적 실재와 초 언어적 실재의 변증법적 관계를 발견한다.

4장

근대주의적 중소역사관들(histories)의
해체를 반대하는 역사관들

1. 힘멜파르프(Gertrude Himmelfarb)[32]

대체로 유럽과 북미 대학들에서 나오는 과거의 특정 시대에 대한 또는
그 시대의 인물이나 사건에 대한 교회사 논문들이나 보편사에 대한 논문들
은 랑케 등 모더니즘 전통의 역사기술방법론(전통적 방법론)을 따라서 작성되
어 온 경향이다. 즉, 그것은 과거의 어떤 시대와 그 시대의 인물과 사건에 대
하여 그 시대 배경 속에서 그 시대의 눈으로 그것을 이해하고 기술한다. 이
는 '해체주의적 포스트모던 역사기술'과 대조를 이룬다. 이에 대하여 저자는
아래의 인용에서 명쾌하게 설명하고 있다.

> …, 고대 역사를 기술하려는 근대주의 역사가는 고대의 정신으로 역사성과
> 온전성과 과거의 실제성을 세심하게 배려하면서 역사를 이해하고 역사를 기술
> 한다. 그는 과거 사람들의 지성들과 경험들 속으로 몰입하고 그들이 그들 자신

---

32) "Telling It as You like It: The Postmodern History and the Flight from the Fact(TLS 16 October 1992)",
    In *The Postmodern History Reader*, ed. Keith Jenkins, 158-174.

을 이해하는 식으로 그들을 이해하려 하며 가능한 당대의 증거를 신뢰하고 그 자신의 사관들이나 전제들을 가능한 한 투입시키지 않으며 실제로 과거에 무엇이 일어났는가(랑케)를 생각하면서 ― 랑케의 그 유명한 그러나 지금은 조소를 받는 구절 ― 그의 능력을 다하여 과거를 재구성하려는 강인한 노력을 기울이는 것이다.(158-159)

저자는 고대 역사가들과 근대역사가들 모두가 포스트모던 역사가들이 염려하는 것을 염려하면서 역사를 이해하고 기술했다고 한다. 즉, 그들은 적어도 '역사가 기초하고 있는 역사기록의 오류가능성과 결점, 역사기술 안에 본유적으로 도사리고 있는 오류 가능성과 취사선택, 그리고 역사가 자신의 오류 가능성과 주관성'에 대하여 잘 알고 있었다며, 지나친 해체주의적 포스트모던 역사방법론('언어적 전환', '문학화', '텍스트화', '역사의 시학')을 비판한다. 그리하여 저자는 "모든 역사는 치명적으로 결함을 가지고 있고 그 어떤 절대적이고 전체적인 진리란 없기 때문에 그 어떤 부분적이고 우연적인 진리들도 없다고 하는 포스트모더니즘의 주장은 너무 주제넘다."(160)고 비판한다.

적어도 모더니즘은 역사학 분야를 창출해 냄으로써 '포스트모더니즘의 절대적 상대주의'를 예고하는 비판적 역사이해와 역사기술(성서의 역사 비평학에서도 사용되었지만)을 등장시켰다. 즉, 모더니즘의 비판적 역사이해와 역사기술로 인하여 "기록 보관된 자료와 원 자료에 대한 탐구, 문서들의 신빙성과 증언들의 신뢰성, 증거확보와 반대 증거확보의 필요성, 인용문들의 정확성, 각주들과 참고문헌의 제공, 그리고 '증거의 경전'을 본체로 하는 '방법론'의 나머지들"(160)이 역사학의 시금석처럼 되었다고 하는 말이다. 하지만 해체주의적 포스트모던 역사학은 이를 '19세기적 실증주의'라 하여 거들떠보지도 않는다. 1965년 베커(Carl Becker)와 베어드(Charles Beard)가 역사를 '상대화'시키던 때만 하더라도 모더니즘 전통의 역사가 아직 남아있었지만 푸코와 데리다가 역사를 '포스트모던화 시킨 후 부터는 그것이 전적으로 무시되어 오고 있다고 한다.(160)

그리하여 저자는 포스트모던 역사는 두 가지 아젠다를 지니고 있다며, 하나는 "역사를 하나의 권위적인 이념의 족쇄로부터 해방시키는 것이요 다른 하나는 역사를 하나의 사기성이 있는 방법론의 강제력들로부터 풀어주는 것이다."(161)라고 한다. 저자는 젤딘(Theodore Zeldin)을 이와같은 첫 역사가들 가운데 한 사람으로 본다. 젤딘에 의하면 전통적(모더니즘)인 역사 혹은 내러티브 역사란 "원인성, 연대기, 그리고 집단성(민족이나 계층)"(161)에 전적으로 의존 한다고 한다. 젤딘은 역사를, 전적으로 연결선이 없는 점들로 구성된 그림(pointilliste paining)으로 보았고 최근엔 역사를 소설로 보게 되었다고 한다. 그리고 화이트(Hayden White)는 그의 「Metahistory」에서 '역사의 시학'을 주장하면서 '문학적 인공물로서의 역사적 텍스트'를 언급하였다고 한다. 화이트는 실제로 과거에 일어난 사건을 역사가에 의하여 해석될 하나의 텍스트로 보고 모든 역사적 기술들도 다시 해석되어야 할(시각주의 = perspectivalism) 역사적 텍스트들로 본다. 저자에 따르면 화이트의 「Metahistory」는 이제 '역사기술방법론적 메타 픽션'으로 다시 정의되었다며, 샤마(Simon Schama)의 경우도 젤딘 및 화이트와 동류의 역사관을 가진 것으로 보면서, 이들에게 있어서 중요한 것은 상상력과 창의라고 한다.

> 과거엔 우리들이 정확하고 사실적이어야 한다고 하는 권고를 받았지만 이제 우리는 상상적이고 창의적이어야 한다고 하는 강요를 받는다. 과거를 '재창조'하는 대신에 우리는 과거를 '창조'하도록 요청받고, 역사를 '재구성'하는 대신에 역사를 '구성하거나 해체'하도록 요청받는다.(165)

> 과거에는 역사가들이 상상력을 불러와야 한다고 했을 때, 그들은 과거를 초월하고 과거 안에 침잠하기 위하여 요청되는 상상력 발휘를 의미했다. 그러나 오늘날에는 그것이 종종 그 반대를 뜻한다. 즉, 그것은 현재의 이미지로 그리고 역사가의 판단에 일치하는 하나의 과거를 창조해내는 상상력을 의미한다.(165)

이와같은 해체주의적 포스트모던 역사관의 배후에는 푸코, 데리다, 그리고 리요타르 등이 있으니, 이들은 '계몽주의의 가치들과 수사학, 지식과 합리성, 사회와 권위, 언어의 구조' 등에 대하여 불신하였다. 특히, 푸코에게 있어서 '지식과 합리성'은 권력에의 의지(意志)요, 데리다에게 있어선 '언어의 구조'에 대한 해체는 곧 바로 사회의 해체였다. 여기에 더하여 「*Historical Writing as a Bourgeois Science*」를 쓴 드로이젠(Johann Droysen)은 모더니즘 전통의 역사학을 "실재에 대한 부르주아 이념"라 하였다.(165-166)

그러나 저자에 따르면, 이들 해체주의적 포스트모던 역사학은 모든 역사적 연구를 불신하면서 스스로 백지(tabla rasa)로 생각하여 모든 것을 자신이 선호하는 해석을 따라서 역사적 각인을 시도하는 것이다. 저자는 이를 "비결정성"(indeterminacy)(168)이라 부른다. 그런즉, "이들은 과거라고 하는 '텍스트'와 모든 종전의 역사들이라고 하는 '텍스트들'을 해체하고 사가들의 인종과 계층과 성적 관심들에 일치하여 또는 사가들이 선호하는 정치적이고 이념적인 성향에 일치하여 새로운 역사들을 창조할 수 있다."(168)고 본다. 이어서 저자는 다양성만을 주장하고 인류 공동체의 보편성과 모든 유기체적인 전후 관련성과 초점을 상실하며 모든 연속성을 결핍하고 있는 페미니즘과 다문화주의에 따른 역사관들도 비판한다.(169-170)

저자에 따르면 사람들은 '문화적 소산들'이야 말로 '물질적 소산들'과 '사회적 관계들의 상징적 형태들'에 다름 아닌 것으로 해석하는 마르크스주의의 언어학적 버전에 해당하는 '신 역사주의'(New Historicism)야 말로 이상과 같은 해체주의적 포스트모던 역사기술에 대한 혁명적 반동으로 보지만, 이 학파의 대표자인 제임슨(Frederic Jameson)과 이글톤(Terry Eagleton)은 자신들의 이론을 위하여 해체주의적 포스트모더니즘의 파괴적인 측면을 높이 평가하였다. 특히 이글톤은 여성들이 남성들과 동일한 신분과 능력을 가졌다고 하는 사실을 주장하기 위해서 뿐만 아니라 모든 권력과 신분의 합법성을 근본적으로 문제삼기 위하여 페미니스트 포스트모더니즘을 찬양한다. 그래서 그는 온 역사와 온 세계가 여성화되어야 한다고 주장한다. 그런즉, 구조주의자들과 후기 구조주의자들, 신 역사주의자들과 해체주의자들 모두가 자신들의 이론 속에 있는 논리적 양립 불가능성을 간과하고 있다 하겠다.(172)

끝으로 저자는 전통적인 또는 모더니즘 전통의 역사이해와 역사기술로 (status quo ante) 완전히 돌아 갈 수는 없지만 '더 객관적이고 통합된 역사, 그리고 덜 분열적이고 덜 자기 관심사의 역사'로 돌아가자며, "회복하기 어려운 것은 그 역사의 핵심을 찌르는 기술(記述) 방법론이다."(172)라고 한다. 그는 그레샴의 법칙을 따라서 오늘날엔 악화(해체주의적인 포스트모던 역사)가 양화(전통적인 혹은 모더니즘 전통의 역사)를 축출하고 있다고 보고, 자신의 입장을 아래와 같이 정리한다.

> 픽션의 역사가 아니라 참 역사(우리가 최선을 다하여 참되게 만드는 역사)를 쓰는 것이 더 감격적이다. 부연하자면, 역사가는 역사가가 아니라 소설가가 될 것을 선택하고 싶어 할 것이다. 우리들 자신의 관심들과 편견들에 탐닉하기 보다는 그것들을 초월하려고 하는 것이 더 감격적이다. 시간과 공간에 있어서 우리로부터 멀리 떨어져 있는 사실들에 대하여 우리의 상상력을 부과하는 것 보다는 그것들에 대한 상상에 진입하는 것이 더 감격적이다. 역사를 파편화시킴으로써 서로 연결고리가 없는 단위들로 만드는 것 보다는 역사적 사건들의 복합성을 존중하면서 하나의 유기적인 내러티브를 쓰는 것이 더 감격적이다. 사실들에 대한 이상 자체를 거부하기 보다는 우리가 할 수 있는 만큼 사실들(인용부호의 덕을 보지 않으면서)을 바르게 사용하는 것이 더 감격적이다. 만약에 다른 사람들에게 우리의 노고의 가시적인 증거를 보여주려고 한다면 각주들을 바르게 다는 것이 더 감격적이다.(173)

성서의 '보편사 해석'에 비추어서

비록 힘멜파르프가 역사기술에 있어서 지나친 '언어적 전환', '문학화', '텍스트화', 그리고 '시학화'를 경계하고 랑케 등 모더니즘 전통의 객관적 사건과 사실을 힘주어 주장하고 있기는 하지만, 그렇다고 그가 리요타르 등이 거부하는 모더니즘 전통의 '거대담론'적 역사이해와 역사기술을 주장하는 것은 결코 아니다.

그가 염려하는 것은 해체주의적 포스트모던 역사이해와 역사기술로 인하여 모든 분야의 역사적 이해와 역사적 기술이 전적으로 와해되고 마는 것일 것이다. 따라서 우리는 모더니즘 전통의 역사기술에 대한 포스트모더니즘의 역사이해와 역사기술에 따른 저자의 비판을 귀담아 들음으로써, 모더니즘의 '거대담론'과 랑케적 역사기술의 약점을 청산하고 참신한 역사이해와 역사기술을 시도해야 할 것이다. 즉, 우리는 '언어적 전환' 등 해체주의적 포스트모더니즘의 역사기술방법론에 따라서 랑케 등 모더니즘 전통을 따르는 종전 대부분의 서양의 역사이해와 역사기술의 문제점들을 비판하면서 양자 사이의 중간자적 입장을 창출해 나가야 할 것이다. 우리는 홀로코스트와 4.19라고 하는 사건과 사실을 중요시하는 역사기술과 그것의 '언어적 전환'과 '문학화'와 '텍스트화'와 '시학화'하는 역사기술 모두를 중요시함으로써, 전자에 대한 '거대담론'적 이해와 기술이 아니라 다양한 이해와 기술을 허용해야 할 것이다. 그런즉, 우리는 모든 역사적인 논문들이나 저서들에 있어서 이와같은 두 축의 균형감각을 항상 유지해야 할 것이다.

이제 우리는 힘멜파르프의 역사이해와 역사기술 방법론을 성서적 내러티브 신학에 관련시켜서 이해할 차례이다. 니이버는 "신약성서의 주요 내러티브를, 예수 그리스도의 십자가와 부활사건 후 성령강림과 더불어 시작된 사도들과 초기 공동체의 설교에 나타난, 회상(回想)된 이야기"들로 본다. 즉, 초기교회의 설교는 "우선적으로 예수 그리스도의 역사적 현현과 관련된 큰 사건들에 대한 하나의 단순한 이야기요, 제자들의 공동체에게 일어난 것들에 대한 하나의 신앙 고백이다."[33] 라고 하였으니, 신약성서는 (실증주의적 혹은 객관주의적 역사적 관점은 아니지만) '초역사적 관점'으로부터 실제로 일어난 것들에 대한 기억(회상)에 의하여 쓰여진 사도들의 증언들이다. 이는 한스 프라이가 주장하는 "픽션이 아닌 소설"이요, "실제적이고 역사와 같은 이야기" (realistic history-like Story and stories)에 상응하는 주장이라고 판단된다.

그리고 니이버는 "신비들과 감추어진 지혜"에 호소하는 고린도 교회의 영성주의자들에 반대하는, 고린도 전서 15장 1절 -8절 말씀 역시 복음서 내러티브의 '하나의 하나님 나라 복음 이야기"를 이야기하고 있다고 본다. 비록 바울은 이 복음을 사람으로 말미암지 아니하고 다메섹 도상에서 하나님으로부터 직접 받은 것이다.(갈 1:11-12)

> 형제들아 내가 너희에게 전한 복음을 너희에게 알게 하노니 이는 너희가 받은 것이요 또 그 가운데 선 것이라 너희가 만일 내가 전한 그 말을 굳게 지키고 헛되이 믿지 아니하였으면 그로 말미암아 구원을 받으리라 내가 받은 것을 먼저 너희에게 전하였노니 이는 성경대로 그리스도께서 우리 죄를 위하여 죽으시고 장사 지낸 바 되셨다가 성경대로 사흘 만에 다시 살아나사 게바에게 보이시고 후에 열두 제자에게와 그 후에 오백여 형제에게 일시에 보이셨나니 그 중에 지금까지 대다수는 살아 있고 어떤 사람은 잠들었으며 그 후에 야고보에게 보이셨으며 그 후에 모든 사도에게와 맨 나중에 만삭되지 못하여 난 자 같은 내게도 보이셨느니라.[34]

니이버는 요한복음의 고로스와 빛과 생명 역시 예수 그리스도의 이야기를 가리키는 것이고, 사도행전의 베드로와 스데반의 설교 역시 '기독교 역사와 이스라엘 역사의 큼지막한 사건들'에 대한 이야기이며, 누가복음 1장 1절

---

33) *Why? Narrative: Readings in Narrative Theology.* ed. by Stanely Hauerwas and L. Gregory Jones(Grand Rapids, Michigan: Eerdmans, 1989), 21.

34) *Ibid.*, 22.

-4절 역시 이미 복음 사건들에 대하여 이야기한 사람들이 많다며 누가도 그와 같은 이야기를 나름대로 이야기하고 있다고 하는 것이다. 그리고 이와같은 사도들과 초기 교회의 설교는 구약의 구속사의 이야기들을 회상하면서 복음의 사건들을 설명하였으니,[35] 오늘에 이르기까지 교회 공동체로 이어지는 이와같은 이야기가 하나님의 계시 이야기에 해당한다. 성서 그 자체가 계시라기보다는 성서의 내러티브들이 그것을 담고 있다는 말이다.

따라서 필자는 칼 바르트 및 한스 프라이 등 내러티브 신학자들과 더불어 니이버가 주장하는 신약성서의 복음 이야기 또는 '하나님 나라 복음 이야기'야 말로 '언어적 전환', '문학화', 또는 '텍스트화'에도 불구하고 기억되고 해석되며 증언된 '사실들'(facts)과 '사건들'(events)을 내포하고 있다고 본다. 예컨대, 복음서들 모두에서 발견되는 예수님의 요단강 세례 이야기와 변화산상 이야기(마 17; 막 9:2; 눅 9:20; 요 1:14; 벧후 1:16)는 부활과 성령강림 이후에 기억되고 해석되며 증언된 '사실들'과 '사건들'을 포함하고 있다고 하는 것이다. 즉, 예수님은 '언어적 전환' 속에서 하나님의 아들이시오 부활하신 주님으로서 역사의 주님이시오 교회의 머리이시다. 즉, '역사적 사실'과 '사건'으로서 예수님은 부활하신 주님에 대한 경험과 언어적 전환 속에서 기억되고 해석되며 증언된 하나님의 아들로서 역사의 주님이시오 교회의 머리시라는 말이다. 때문에 '예수님'은 19세기 '자유주의 개신교신학'(알버트 슈바이처 이전 까지)이 추구했던 실증주의적 역사적 탐구의 대상이 아니시다.

---

35) *Ibid.*, 22-23. 하우워와쓰는 본 그의 저서 제1장에서 "다시 발견된 내러티브"란 제목 하에, 방금 인용한 H. R. 니이버의 저서뿐만 아니라 한스 프라이의 『내러티브 신학의 일식』 중, "변증신학과 성서 비평학, 그리고 내러티브 해석의 상실"을 발췌하였고, 스데반 크라이츠의 "경험의 내러티브적 특성"이란 글을 실었으며, 맥킨타이어의 『덕의 상실 이후』로부터 "덕목들, 한 인간의 삶의 통일성, 그리고 하나의 전통 개념"을 소개하고 있다.

2. 슈피겔(Gabrielle Spiegel)[36]

저자는 "문학적 텍스트(literary texts)에 대한 연구가 현재 교차로에 놓여있다."(180)며, 지난 십 수 년 동안 비판적 사고의 경향(해체주의적 포스트모던 역사학: 필자 주)은 한 텍스트의 역사적 의미의 회복 가능성을 문제 삼았고, 다른 한편 문학의 해석(an interpretation of literature)에 있어선 '역사'에로의 회귀(a return to 'history')에 대한 주장이 있다고 본다. 특히 오늘날에는 과거에 대한 하나의 합리적이고 '객관적인' 탐구가 포스트모던주의적 비판적 논의 속에서 심한 공격을 받고 있어서 전통적인 또는 모더니즘 전통의 역사기술이 중요시 여기는 '원인, 변화, 저자의 의도, 의미의 안정성, 인간의 행동과 사회적 규정'과 같은 개념들이 위기를 만나고 있다며, "본 저서의 목적은 하나의 다시 일깨워진 역사에 대한 관심을 암시하는 문학비평(literary criticism)의 경향들에 주목하면서 역사가의 관점으로부터 문제되는 이슈들 가운데 몇 가지를 탐구하는 데에 있다."(180)고 한다.

저자는 역사가의 입장에서 현재 지배적인 비판적 분위기는 1916년 소쉬르의 『Course in General Linguistics』로부터 세계 제2차 대전 후 까지 진행된 "구조주의, 의미론(semiotics), 후기 구조주의, 그리고 변모된 후기 구조주의의 해체주의"로 인한 "역사의 해체, '실재'로부터 인간의식의 구성적 동인(動因)으로서의 언어에로의 비상, 그리고 의미의 사회적 소산이다." 그런데 전(前)구조주의와 후기 구조주의의 다양성을 연합시키는 것은 언어유형의 인식론인데, 여기에서 언어란 이 세상에 대한 물품 명세나 모방이나 그림이나 사진이나 거울이 아니라 오히려 이 세상을 만들어 내는 것이다. 즉, 하이덱거는 '언어란 존재의 집'이라 하였거니와, 언어는 이 세상보다 먼저 존재하여 이 세상을 만들어 내는 것이고, "우리가 경험하는 '실재'란 단순히 하나의 사회

---

36) "History, Historicism, and the Social Logic of the Text in the Middle Ages", *Speculum*, 65, 1990", In *Ibid.*, 180-198.

적(즉, 언어학적인) 구성물(artifact) 또는 우리가 그 안에 살고 있는 특수 언어체계들의 '결과물'(effect)에 지나지 않는다."고 하는 것이다.(181) 바로 이와같은 언어철학은 "경험의 물질주의적인 이론들과 그것들 안에 내재하고 있는 원인과 행동(causality and agency)에 대한 이상들을 붕괴시킴으로써 전통적 · 문학적 · 역사적인 양태의 해석을 파괴시켜 버렸다."(181) 따라서 이와같은 '언어철학'에 따르면,

> 실재란 언어의 영역 밖에 실존하지 않는다. 그것은 이미 항상 그 자체가 우리의 이 세계에 대한 지식에 선행하는 언어로 구성되어 있기 때문이다. 이것의 결과로 언어학적 발설의 한 예증인 문학이란 그 자신 밖의 세계를 투명하게 반사시키지 않는다. 이 '세계'란 다름아닌 하나의 언어학적 구성물이요 그것이 반영하고 있는 것은 또 다른 하나의 언어 또는 담론의 명료화이기 때문이다.(181-182)

따라서, '의미론'과 '해체주의' '언어철학'으로 말미암아 "언어가 언어 밖의 실재에 대한 전거로부터 단절되기 때문에 텍스성과 역사 모두에 대한 하나의 역사적인 이해가 전적으로 붕괴되고 있다. 그리고 이 '언어철학'은 모든 텍스트와 역사와 문학의 저자와 저자의 의도와 목적을 해체시켰다(Roland Barthes). 예컨대, 실증주의와 역사주의와 심지어 신 비평주의(New Criticism)가 주장하는, 한 텍스트의 전후 연관되어 있는 유기체적인 진술 혹은 관점(궁극적으로 이는 자세히 읽어야 발견될 수 있지만)이 해석의 통일성을 거부하는 일련의 불연속적이고 이질적이며 모순적인 코드들로 파편화되고 마는 것이다. 그리하여 문학적 텍스트가 실재를 표현하는 능력을 거부당하는 한, 모든 텍스트들과 전통적으로 구별되었던 문학(literature)과 '문서'(document)의 차이가 없어지고 말 것이다. 그도 그럴 것이 두 가지 모두가 언어 그 자체의 제어되지 않은 놀이와 '간 텍스트성'(intertextuality)에 참여하고 있기 때문이다. 따라서 우리가 문학을 통하여 '생명'에 도달할 수 없는 것처럼 우리는 문서를 통하여 '과

거'(the past)에 도달할 수 없을 것이다.(184-185)

하지만 저자의 입장은 단순히 전통적인 또는 모더니즘 전통의 역사기술로 돌아가야 한다고 하는 것은 아니다. 저자는 "상호 분리되어 있지만 상호 의존적인 분야로서 문학비평과 역사 모두의 요청들을 과거시기들의 텍스트적 소산들의 사회적 차원들에 대한 공동 관심으로 만족시켜야 한다고 본다.(197) 여기에서 '과거시기들의 텍스트적 소산들의 사회적 차원들'이란 텍스트와 문학 밖에 있는 전거(reference)일 것이지만. 따라서 저자는 모더니즘 전통의 언어의 본성에 있어서처럼 문학을 이 세계에 대한 하나의 반사로 축소시키는 것을 반대한다면 역사가 텍스트 속으로 흡수되는 것 역시 배격하지 않으면 안 된다고 본다. 저자는 이와같은 자신의 비판적인 입장을 아래와 같이 정리한다.

… 텍스트들이 언어의 상황적 사용을 표현하고 있다고 하는 것을 기억해야 한다. 언어사용의 자리들은 삶으로 경험된 사건들이다(as lived events). 그리고 그것은 본질적으로 그 기원에 있어서 지역적이기 때문에 '언어'나 '사회'와 같은 전체화하는 구성물로부터 추출될 수 있는 것 보다 더 큰 밀도와 특수성이라고 하는 하나의 한정된 사회적 논리를 가지고 있다. 이처럼 문학적 역사를 텍스트의 사회적 논리로 접근하는 이점은 이로써 우리가 언어를 사회사가의 도구들을 가지고 검토할 수 있고 이 언어를 인간관계들과 소통의 체계들과 힘의 네트워크들의 하나의 지역적이고 나아가서 광역적인 맥락 안에서 – 이는 그 언어의 특수한 의미론적 굴절들을 설명할 수 있고 문화사가 그것을 이해하려고 할 때처럼 그것의 충만한 의미를 발견하는 일을 돕지만 – 볼 수 있게 되는 부분이다.… 모든 텍스트들은 저자들의 사회적 세계의 소산들로서 그리고 그 세계 안에서 효력을 발하고 있는 텍스트적 동인들(textual agents)로서 일정한 사회적 공간들을 차지한다.… 그런 의미에서 텍스트들은 사회적 실재들을 반사시키고 동시에 만들어 내며 사회적이고 담론적인 형성들에 의하여 구성되고 이것들을 구성한다.… 하나의 주어진 역사탐구의 형식과 내용에 대한 자세한 검토만

이 그 어떤 주어진 시기의 좀 더 광범위한 문화패턴들에 관하여 그것의 상황을 규정할 수 있다. 이것이 의미하는 바는 하나의 진정한 문학적 역사는 항상 어느 정도로 그것의 관심사에 있어서 사회적이고 형식적이며 '한 텍스트의 사회적 논리'에 주목하지 않으면 안 된다. 이 텍스트의 자리들은 이중적 의미를 갖는다. 하나는 뚜렷이 구별된 표현이요 다른 하나는 뚜렷이 표현된 '로고스'로서 그것의 담론적인 성격이다. (198)

저자는 '언어철학'에 따른 해체주의적 포스트모던 역시기술에 반대하였다. 그는 "텍스트 밖에는 아무것도 없다."(데리다)고 하는 주장에서처럼 언어적 전환과 텍스트화를 거친 문학과 역사에 있어서 언어 또는 텍스트 밖의 그 어떤 객관적 '전거'도 무시하는 입장을 비판하였다. 그리하여 그는 오늘날 문학비평이 어떤 주어진 시기의 역사와 사회적 실재의 언어적 전환과 문학적 전환에도 불구하고 그것의 객관적 '전거'를 주장하였다. 하지만 그는 단순히 언어와 언어로 표현된 역사적 텍스트들과 문학들을 '언어철학' 이전의 모더니즘 전통의 언어의 본성에만 호소하지 않는다.

즉, 그는 언어적 전환을 거친 역사와 문학이 어떤 시기의 객관적인 역사적 전거, 곧 객관적 사회적 실재(언어의 거울이미지, 그림 이미지, 사진 이미지)를 인정하는 동시에 사회적 실재를 만들어내는 담론적 성격을 지니고 있다고 본 것이다. 그리고 저자는 이 이중적인 언어의 성격을 지역적인 사회에 대한 지역적인 언어여야 한다고 본다. 모더니즘의 거대담론을 염려하는 저자는 지역적인 언어와 지역적인 사회적 실재와 지역적인 역사에 대한 탐구로부터 시작하여 좀 더 광의의 그것으로 나가야 할 것을 주장하는 것이다.

"모든 텍스트들은 저자들의 사회적 세계의 소산들로서 그리고 그 세계 안에서 효력을 발하고 있는 텍스트적 동인들(textual agents)로서 일정한 사회적 공간들을 차지한다."에서 우리는 역사학과 문학 모두가 특정 시대의 객관적 사회적 세계를 텍스트 밖의 전거로 보며 역사와 문학의 텍스트들 역시 이와 같은 사회적 실재와 무관하게 형성된 것이 아니라고 하는 사실을 확인할 수 있다. 그러나 동시에 저자에게 있어선, 이 '언어적 전환' 또는 '텍스트화'야 말로 창의적인 담론형성에 의하여 역사와 사회적 실재를 구성해 내는 것이 기도 하다.

성서의 '보편사 해석'에 비추어서

슈피겔 역시 힘멜파르프처럼 지나친 해체주의적 포스트모던 역사기술 방법론을 비판하지만, 그렇다고 모더니즘 전통의 '거대담론'으로서 역사기술로 돌아가거나 단순히 랑케 등의 실증주의와 객관주의적 역사기술방법론으로 회귀하지 않는다. 그는 어느 특정 또는 지역적인 역사에 대한 창의적 담론 차원을 인정하면서도 그것의 객관적인 사회적 실재성(factual referentiality)을 결코 배제하지 않기 때문이다. 적어도 저자는 지역적이고 다원적인 '문화 언어 체계'(cultural-linguistic system)가 인간 주체의 모든 역사(세계 혹은 사회)에 대한 이해를 선(先)규정하는 동시에 그것은 특정 및 지역적인 사회적 소산이라고 하여 포스트모더니즘의 역사기술과 모더니즘의 역사서술을 종합하는 입장을 보여주었다.

이상의 역사방법론이 성서적 내러티브 신학과는 어떤 관련을 가지고 있을까? 우리는 방금 힘멜파르프의 글에 대한 성서의 '보편사 해석'에 비추어서 성서의 '언어적 전환' 또는 '텍스트화'의 과정에 대하여 부분적으로 논하였거니와, 그와 같은 성서의 본성을 염두에 둘 때, '유대 기독교적 문화적 언어 체계'에 따른 성서세계의 '언어적 전환' 또는 '문학화', '텍스트화'를 인정할 수 있고, 나아가서 그 당시(특정 혹은 지역적인)의 사회적 실재에 대한 전거를 상정하지 않으면 안 될 것이다. 이 맥락에서 성서의 각 책의 사회적 실재성과 더불어 성서의 각 책에서 저자의 의도와 목적이 무엇인가도 고려되어야 하겠지만(모더니즘 전통에서처럼), 그것보다 더 중요한 것은 성서의 최종텍스트, 특히 신학적으로 전후 관련된 유기적인 내러티브(a coherent Narrative and narratives)일 것이다.

이는 모든 주요 종교들의 경전들에 대한 이해에도 적용될 수 있는 바, 이로써 우리는 다양한 종교들의 정체성과 고유성, 독특성 속에서의 다양성을 인정할 수 있다. 유대교적 기독교적 전통이 다양한 종교들 가운데 하나로서 자신의 정체성과 고유성, 독특성을 내세우면서도 그것의 보편성을 주장할 때에도 그와 같은 다원적 종교는 존재해야 한다고 하는 말이다. 우리가 고백하는 창조주 하나님 아버지는 모든 인류와 나머지 모든 피조물들을 지으셨고 지탱하시며 보존하시고, 그의 아들 예수 그리스도를 통하여 만유를 구속하시고 새 창조의 첫 열매가 되셨으며, 아버지로부터 아들을 통하여 나오신 성령께서는 인류와 만유를 새롭게 하시기 시작하였고(이에 대한 교회의 경험은 주로 '이신칭의와 성화'로 보이지만), 장차 새 하늘과 새 땅에서 아버지와 아들의 모든 사역을 완성하실 것이다. 교회가 믿고 고백하는 이와같은 삼위일체 하나님의 현존과 사역은 모든 인류사회와 창조세계 다종교들 안에서 보편적으로 일어나고 있는 것이다. 아마도 불교나 이슬람교 역시 다양한 종교들 가운데 하나로서 각각 자기 나름대로의 보편론을 주장할 수 있겠지만 말이다.

5장

모더니즘의 사관과
포스트모더니즘의 사관을
비판적으로 종합하는 사관들

1. 애플바이(Joyce Appleby), 헌트(Lynn Hunt), 야곱(Magaret Jabob)[37]

세계 제2차 대전 이후, 미국의 경우, 1988년경에 이르면 대학교육을 받은 학생들의 수가 5배나 증가하였고, 유색인 남·녀 대학생의 수는 전체학생의 19퍼센트나 되었다. 그런데 이들은 대부분 종전에 미국 문화생활의 높은 수준에 미치지 못한 젊은이들이였다. 그런즉, 이들은 '미국의 과거에 대한 지배적인 전제들에 대하여 거의 확신을 지닐 수 없었고', "자연히 19세기 이래로 미국문화를 지배하였던 과학으로부터 유래한 객관적 지식모델에 의하여 매우 적게 인상을 받았다."[209] 따라서 이 저자의 글은, 1960년대까지만 해도 '민주주의'가 미국역사(History)와 문화(Culture)의 얼개로 작용하여 다종교 다민족 다문화를 하나로 녹여 하나의 역사와 문화로 만들 수 있다(a melting pot)고 하는 지배적인 역사와 문화의 '거대담론'이 살아 있었으나,

---

37) Theories of History, 209 이하.

1960년대 이후 1980년대에 이르면서 다양성의 등장으로 인하여 '민주주의'라고 하는 '거대담론'까지 흔들렸지만, 그럼에도 불구하고 미국은 그와 같은 '거대담론'을 버리지 않으면서도 다종교·다민족·다문화 각각의 정체성과 특수성을 보듬어 안는 '셀러드 사발'(a salad bowl)을 주장하는 것에 다름 아니다. 이런 뜻에서 이 글은 '거대담론'과 '미시담론들'을 함께 어우러지게 하는 중도노선을 취하고 있다 하겠다.

위의 세 교수들은 자신들 스스로가 미국의 고등교육 확장의 덕을 본 사람들로서 특히 자신들은 여성들, 노동자들, 그리고 소수민족들과 더불어 미국의 지배적인 '객관성'('거대담론')에 대한 주장이 자신들을 나라(미국)의 공적인 삶으로부터 소외시키고 주변화시켰다고 느꼈다. 그리하여 이들은 "미국의 역사와 문화에 대한 회의주의와 상대주의가 다름아닌 "배제의 잘못들을 교정하는 데에 꼭 필요한 탐구의 모형들을 제공하였다."(210)고 한다. 그런즉, 이들은 자신들과 같이 미국의 역사와 문화의 주류로부터 밀려난 사람들이 과학과 기술 그리고 미국을 지배하는 객관적 지식(거대담론)에 대한 확신을 상실해 감에 따라서 "교육받은 미국 사람들의 확신의 철학적 버팀목"(210)이 상실되었다고 한다.

그리하여 저자는 이 글에서 "객관적 지식, 문화적 다양성, 그리고 민주주의적 교육"에 대한 최근 논의에 대한 자신들의 입장을 밝혔다. 이들의 주된 주장은 미국의 끈질긴 민주화의 과정이야 말로 다양성과 타자들을 억압하고 배제하는 힘이 아닌 다민족과 여성과 사회적 약자들에게 교육의 기회를 제공하여, 이들을 보듬어 안았으며, 오히려 '과학에 있어서든 역사와 정치에 있어서든 진리에 대한 회의주의와 상대주의'를 키워왔다고 한다. 그런즉, "고등교육을 추구하는 거의 모든 사람들에게 그것을 개방하는 것, 미국역사를 다양한 문화적 전망들로부터 다시 쓰는 것, 그리고 과학을 존재하는 모든 것의 근원과 모델로서의 보좌로부터 퇴위시키는 것은 모두 상호 관계된 현상들이다."(210-211) 그런즉, 이들은 미국의 민주화의 과정이야 말로 다름 아닌 미국을 억압하는 미국의 역사(History)와 문화(Culture)를 해체해 왔다고 설명하고 있는 것이다. 앞에서 언급한 대로 저자들은 1945년 이후 1988년에 이르러, "과학과 과학적인 역사와 민족주의에 봉사하는 역사와 같은 옛 절대주의들"이 보좌를 내놓게 되었다고 본다.(211)

그리하여 저자들은 "하나의 건전한 회의주의"와 "인류역사에 대한 다문화적 접근을 위한 토대를 놓은 탐구"를 주장하면서 미국의 민주화 과정이야 말로 이와같은 회의주의와 역사에 대한 다문화적 접근에 대하여 순기능적이었다고 주장한다. 때문에 저자들은 푸코 등 포스트모더니스트들의 지나친 회의주의, 상대주의, 다원주의, 분산, 그리고 불연속성을 경계한다.

> 그러나 우리는 오늘의 상대주의와 동반하고 있는 냉소주의와 허무주의를 배격한다. 우리는 과거에 대한 어떤 비전과 현재를 위한 하나의 지성적인 입장을 추구한다. 이는 분명히 하나의 민주화된 사회를 진척시킬 것이다. 이를 성취하기 위하여 우리는 민족의 역사와 과학적인 온전성에 대한 논의들과 과거에 대한 인간의 지식에 있어서의 진리 및 객관성 성취 가능성에 논의들에 직면하는 것은 꼭 필요한 일이다.(211)

저자들은 역사적 사실들과 사건들이 '텍스트화', '언어적 전환', 그리고 '문학화'과정에서 더 이상 중요하지 않다고 주장하는 극단적인 포스트모던 역사이해와 역사기술을 주장하는 사람들과 달리 유대인들에 대한 히틀러의 해결책과 홀로코스트와 같은 역사적 사실과 실재성을 거부하지 않으면서, 미국의 역사교과서들의 '객관적 사실과 실재들'에 입각한 '거대담론'으로서의 역사이해와 역사기술을 해체시키고 다문화주의에 입각한 역사이해와 역사기술을 제시하되, '민주주의'라고 하는 '거대담론'을 얼개로 내세우고 있다.

> 비판가들은 모든 단계의 공교육에서 사용되는 역사교과서들을 비판적으로 검토하면서 그것들이 유럽 중심주의적이고 인종주의적이며 성 차별적이고 대인 공포증적인 것을 발견하였다. 그들은 여성들, 소수자들, 동성애자들, 혹은

기타 억압받고 배제된 집단들의 공헌을 보여주기 보다는 이미 죽고 없는 백인 유럽 남성들의 성취들을 축하한다.… 그러나 전적으로 다른 새로운 역사기술 팀이 사회적으로 다양한 사회의 가치들에 좀 더 상응하는 것으로 생각되는 전망들을 지닌 역사들을 생산하기 위하여 채용되었다. (212)

그러나 저자들은 역사이해와 역사기술에 있어서 지나친 회의주의와 상대주의로 나갈 때 그리고 이로 인하여 "우리가 진리에 도달하기 위하여 우리들 자신 밖에 설 수 있다고 하는 신념을 상실할 때"(213), 과연 우리는 객관성의 이상에 도달 할 수 있으며, 이와같이 진리가 관찰자의 입장에 달렸다고 할 때 우리는 과연 "그 어떤 초월적이거나 보편적이거나 혹은 절대적인 진리 또는 적어도 많은 세대들에게 타당성을 지니는 진리들에 도달 할 수 있을까"(213)를 물으면서, 이에 대하여 이렇게 대답한다. "우리는 여기에서 비록 절대적이지는 않지만 과거에 대한 진리들이 가능하기 때문에 그 진리들을 위하여 투쟁하고 있다고 주장하고 있다."(214)

저자들은 극단적인 해체주의적 포스트모던 역사와는 달리 과거에 대한 상대적이고 다문화적 역사를 주장하면서, 과거의 역사적 사실과 실재성(vs. '언어적 전환'과 '문학화')을 어느 정도로 인정하자는 입장이다. 방금 위에서 "우리가 진리에 도달하기 위하여 우리들 자신 밖에 설 수 있다"고 하는 주장은 매우 중요하다. 그도 그럴 것이 그것은 '언어적 전환'과 '문학화'가 모든 것을 텍스트로 보면서 결국 그 어떤 진리도 이 텍스트 밖에서 발견될 수는 없다고 함(후기 구조주의 전통의 데리다)으로써 역사의 객관적 사실과 실재성을 전적으로 거부하는 해체주의적 포스트모더니즘을 극복하게 하고, 나아가서 유대 기독교의 계시적 진리 역시 단지 '내러티브'로 텍스트화한 것이라고 하는 주장도 넘어서게 하기 때문이다.

끝으로 저자들은 결국 모더니즘의 유산으로서 민주주의를 얼개로 하여 방법론적 회의를 사용하고 상대주의를 지향하면서도 허무주의로 빠지지 않고 어느 정도로 과거에 대한 객관적 지식가능성을 주장한다. 다음의 인용에서 중요한 것은 "인간의 정신 밖에 있는 그 무엇에 대한 전거"(vs. '언어적 전환'과 '문학화')에 대한 주장일 것이다.

> 역사의 민주주의적 실천은 지배적인 견해들에 대한 회의를 장려하지만 동시에 과거의 실재와 그것에 대한 앎의 가능성에 대하여 신뢰하게 만든다.… 확실성과 의심 사이의 상호 작용에 대한 개방은 민주주의의 광범위한 특질과 함께 믿음을 유지한다. 그 다음, 이와같은 개방성은 과거의 실재와 그것과 접촉할 수 있는 인간의 능력에 대한 신념에 근거하는 과학적 지식 모델 버전에 의존한다. 이것은 항상 우리로 하여금 인간정신 밖에 있는 그 무엇에 대한 전거를 요청함으로써 역사이해를 훈련시킨다. 하나의 민주주의에 있어서 역사란 진리를 수립하고 전달하려고 하는 열정에 달려 있다.(217)

하지만 저자들은 민주주의에 있어서도 "권력과 배제"가 일어난다며, "역사적 진리를 확립하려는 노력 그 자체가 시민성을 배양하기 때문에 각자는 다른 사람들의 목소리에 귀를 기울이지 않으면 안 된다."(217)고 본다. 저자는 "점점 더 크게 들리는 다양한 목소리들의 코러스"(217)를 주장함으로써, 민주주의에 따른 다원주의적 교육과 미국이라고 하는 나라 이외의 다양한 나라와 민족들의 역사이해와 역사기술이 필요하다고 주장한다.

> … 미국인들과 모든 서양나라의 거주민들이 다원주의적 교육에 대한 자신들의 헌신을 확장하고 자신들을 하나의 나라(as a nation)로 정의하는 설명들에 대한 평가를 지속해야 할 충분한 이유가 있다. 그러나 나라와 민족들의 역사들이 아직 꼭 필요하다. 그리고 교육의 궁극적인 목적에 대한 신념 역시 꼭 필요하다. 그것은 다름 아닌 모든 백성들이 사용할 수 있는 진리를 엄격히 탐구하는 것에 다름 아니다.(217)

성서의 '보편사 해석'에 비추어서

　저자들은 기본적으로 모더니즘의 '거대담론'(the History 또는 the Culture)을 해체하는 리요타르 등 포스트모던 역사이해와 역사기술에 동참하고 있다.[38] 그런즉, 이들은 1945년 이전까지의 미국역사와 문화를 지배해왔던 '거대담론'(WASP = '백인으로서 앵글로 색슨 족보를 가진 프로테스탄트들'이라고 하는 엘리트 집단)을 해체해야 하는 것으로 보았다. 그렇다고 이들은 역사와 문화의 연속성과 상호연관성을 거부하고 불연속성과 '다름들'만을 주장하는 푸코와, '텍스트 밖에는 아무것도 없다'고 주장하여 '언어적 전환'이나 '문학화'나 '텍스트화' 밖에 있는 그 어떤 사실이나 실재에 대한 모든 전거(reference)를 거부하는 데리다 등 '후기 구조주의'의 주장에 따른 역사이해와 역사기술을 따르고 있지 않는 것으로 보인다. 그들은 중도 노선을 취하고 있다. 즉, 그들은 미국의 '민주화 과정'이라고 하는 일종의 '거대담론'과 그로 인하여 허용되고 양육된 다종교 · 다민족 · 다문화와 사회적 약자들의 역사이해와 역사기술을 하나로 어우러지게 하려고 한 것이다. '한 국민국가'로서 다 국가 역시 글로벌 차원에서 이와 동일한 '민주화 과정'을 추구한다고 보지만 말이다.

　따라서 이들은 어느 정도 '언어적 전환' 밖에 있는 '사실'(factuality)과 '실재'(realism)를 주장하면서 동시에 다종교 · 다민족 · 다문화 및 사회적 약자들의 다양한 역사 이야기('언어적 전환', '문학화', '텍스트화')들의 타당성을 힘주어 주장하고 있는 것이다. 이들은 다종교 · 다민족 · 다문화의 상대적인 역사이해와 역사기술을 통하여, 절대적인 진리가 아니라 상대적인 진리를 붙들 수 있고 '텍스트 밖'에 있는 '사실'과 '실재'라고 하는 '전거 점'을 전적으로 배제하고

---

38) 『거울로서의 역사』(107-111)는 1945년 이후 1960년대 이전 미국의 역사관에는 세 종류가 있다고 한다. 하나는 "합의사학"(Consensus History)요 둘은 "공화주의 사학"이요 셋은 "수정주의 사학"인데, 첫째와 둘째는 미국의 "단일건국 이념"을 주장하고 셋째는 앞의 두 미국식 정통주의 사학에 반대하여 미소의 냉전체제 주도에 대하여 비판한다. 그리고 1960년대부터는 "흑인, 여성, 소수인종, 노동자 집단"등을 부각시키는 역사학이 등장하였다고 한다. 이와같은 주장에 있어서 "단일건국 이념"은 지금 본 발췌문이 주장하는 '민주주의'를 포함할 것으로 보인다.

있지 않는다.

그러나 이들은 적어도 1960년대 이전까지의 미국 민주주의의 억압적인 측면을 지지하고 있는 '사실'과 '실재'를 해체하고 있으며, 1980년대 이후의 민주주의마저도 계속해서 여전히 억압적인 '거대담론'이 될 수 있는 것으로 보아 이를 해체해야 하는 것으로 보고, 동시에 문화 다원주의에 입각한 역사 이해와 역사기술 역시 그와 같은 우를 범할 수 있다고 보는 것이다. 민주사회 안에서 다양한 목소리들의 코러스 그러나 '민주주의'라고 하는 하나의 주제, 바로 이것이 세 저자들이 바라보고 있는 향후 인류역사와 문화에 대한 비전인 것으로 보인다. 그런즉, 세 저자들은 이 맥락에서 각 나라와 민족의 다양한 역사이해와 역사기술의 필요성을 주장할 때, 논리적으로 보아 '글로벌 민주주의'에 대한 비전을 암시하고 있다고 하겠다. 각 나라와 민족의 '민주주의'에도 다양성이 허용되어야 하겠지만.

이와같은 세 저자의 주장을 성서적 내러티브 신학에 비추어보면 어떤가? 우리는 다종교·다민족·다문화 그리고 사회적 약자들의 다양한 역사이해와 역사기술에 대한 신학적 지지를 하나님 나라를 선포하시고 그것을 앞당겨 보여주시고 약속하시는 예수님의 말씀과 태도 그리고 계시록 7장 9절와 21장 22절 -26절 말씀의 '거룩한 성 새 예루살렘'에서 발견한다. 우리는 이미 '다양한 문화 공동체들로 구성된 하나의 인류 공동체'에 대하여 그리고 이 인류 공동체와 창조세계의 나머지 생명 공동체들과의 공생공존에 대하여 주장한 바 있다. 이미 언급한 대로 성서적 '거대담론'은 '미시담론들'을 억압하거나 전체화하거나 보편화하거나 그것에게 폭력을 가하지 않는다.

문제는 비록 그것이 다양성을 허용한다고 해도 이상적인 '민주주의'라고 하는 하나의 '거대담론적' 얼개에 있다. 그도 그럴 것이 기본적으로 '민주주의'는 주권재민에 있고, 삼권분립과 헌법 및 실정법에 따른 통치에 있는데에 반하여 기독교는 인간과 나머지 피조물들을 창조하시고 보전하시며 완성하실 창조주 하나님의 주권, 인간들의 타락에도 불구하고 이들을 구속하시고 부활승천 하시어 새 창조를 향하여 모든 것을 이끄시는 구속주 예수 그리스도의 주권, 그리고 창조주의 사역과 구속주의 사역을 완성시키시는 성령의 주권이 인류와 창조세계에 대한 궁극적인 주권이기 때문이다. 결국, 교회가 믿고 예배하는 삼위일체 하나님과 그의 주권은 교회와 역사와 창조세계 위에 있고 그것들을 통하여 있으며 그것들 안에 있는 것이다(엡1:23; 4:6). 삼위일체 하나님의 주권이 '민주주의'라는 얼개와 그 안에 있는 모든 다종교·다민족·다문화 그리고 모든 사회적 약자들, 나아가서 모든 창조세계와 그것 안에 있는 모든 생명체들 위에, 그 안에, 그것과 함께, 그리고 그것을 통하여 행사되고 있는 것이다.

그렇다면 '주권재민'의 민주주의와 '주권재신'의 하나님 나라(하나님의 주권과 통치를 우리는 하나님의 나라로 이해할 수 있을 것이다)가 어떻게 서로 양립할 수 있을까? 이스라엘과 교회를 통하여 일하시는 하나님께서는 바벨론 제국과 페르시아 제국과 로마제국을 통하여 일하셨다. 보편사 속에서 발견되는 모든 정치형태들과 경제이념들은 하나님 나라를 위하여 사용되는 도구일 것이다. 그 중엔 적어도 하나님의 사랑과 정의와 같은 하나님의 계시된 뜻으로부터 가까운 것도 있고 먼 것도 있으며, 어떤 경우엔 악마적인 성격의 것도 있을 수 있지만 말이다. 인류의 역사를 삼위일체 하나님의 은혜의 역사요 동시에 '사랑과 정의'를 표준으로 하는 심판의 역사로 볼 때, 그리고 이와같은 역사 속의 심판들이 모든 인류와 창조세계를 대신하여 십자가에서 심판을 내리신 하나님 아버지의 심판의 역사로 볼 때, 우리는 수많은 정치형태들과 경제이념들이 그 동안 그들의 모더니즘적 '거대담론'으로 말미암아 수많은 '미시담론들'을 억압하고 전체화하며 보편화하고 그것들에게 폭력을 가함으로써 심판을 받았다고 보아야 할 것이다.

우리는 '거대담론'으로 '미시담론들'을 억압하는 왕정체제나 독재국가나 전체주의적 국가주의나 공산주의적 전체주의 등과는 달리 미국의 역사와 문화를 통하여 발견되는 '민주주의'에서는 '거대담론'과 '미시담론들'의 조화를 확인할 수 있다. 미국이 '신자유주의'라고 하는 경제이념('거대담론')으로 오늘날 미국과 세계 여러 나라들에게 엄청나게 부정적인 파장을 일으키고 있는 상황에서 어떤 특정 경제이념이나 경제체제를 추천하기 어렵지만, 적어도 성서적 내러티브들은 인류 공동체와 창조세계가 함께 공존 공생해야 하는, 하나의 생명공동체의 상호의존적인 부분들로 보고 있기 때문에, 그것은 적어도 성서와 교회사를 통하여 발견되는 비정치적인 '기독교적 사회주의'를 선호할 것으로 보인다. 교회는 어느 특정 정부나 정당을 지지하지 않으면서 '중간 공리'[39] 차원에서 성서와 교회 역사에서 발견되는 '주권재신'의 '민주주의'와 하나님 나라에 대한 비전 아래에서의 비정치적 '사회주의'를 추구해야 할 것이다. 교회는 교회 나름대로 성서적 내러티브 신학이 추구하는 그와 같은 주권재신의 '민주주의'와 하나님 나라의 '사회주의'를 이론화하고 행동화해야 할 것이다. 교회의 '담론'은 다종교 다민족 다문화 및 사회적 약자들의 여러 다양한 담론들 가운데 하나로서 그 나름대로 정체성과 고유성, 독특성을 지니고 있다. 이미 본 필자가 언급한 대로 조지 린드벡(George Lindbeck) 등은 이들 다양한 담론들을 '문화 언어적 체계들'(cultural-linguistic systems)로 보았다.

---

39) 이형기, 『에큐메니칼 운동의 패러다임 전환』(서울: 한들 출판사, 2011), 53-54.

2. 프리드먼(Susan Stanford Friedman)[40]

저자는 최근 미국에서 '역사'문제를 둘러싸고 일어나고 있는 페미니스트들의 역사이해와 역사기술에 있어서 두 가지 모순되는 갈망을 하나로 묶어 보려고 한다. 하나는 여성을 소외시키고 주변화시켰던 과거의 '사실'과 '실재'에 근거한 '하나의 새롭게 재구성된 여성들의 역사'요, 다른 하나는 이와 같은 여성들의 재구성된 역사가 또 다시 일종의 '거대담론'으로 작용하여 여성들을 역사의 거대담론들로부터 배제시키고 왜곡시키며 잠잠케 하고 지워 버리는, 동일한 사고와 행동 패턴들을 반복하지나 않을까하는 자체 내의 우려이다. 그런즉, 그는 전자는 외향하는 여성들의 역사이해와 역사기술이요 후자는 자신을 숙고하고 반성하는 내향적인 역사이해와 역사기술이라며, 자신의 글의 계획을 다음과 같이 주장한다.

> 본 글에서 나는 외향적인 활동들과 내향적인 활동들 모두 정치적인 필연성과 창조적인 가능성들을 탐구하려고 의도하고 있다. 본인은 전자의 입장과 후자의 입장이 얼마나 상호간에 상대방을 알지 못하고 있는가를 밝히고, 궁극적으로는 이 둘 모두가 '역사를 만드는' 페미니스트들의 보다 광범위한 아젠다를 위하여 꼭 필요하고 하는 것을 보여줄 수 있기를 바란다. 첫째로 본인은 밑에 깔려 있는 인식론적인 이슈들을 검토할 것이고 둘째로 페미니스트 역사기술의 문제성과 이와같은 기획의 정치적 필연성 모두를 변호할 것이다. 여기에 더하여 본인은 페미니즘의 역사를 이야기하고 문제 삼는 경쟁적인 필요들이 어떻게 권력의지에 힘을 실어 주며 동시에 이것에 대한 두려움을 반영하고 있는지, 즉 하나는 여성들의 행동을 긍정하고 다른 하나는 그 행동을 잠잠케 하는 것인지를 논의할 것이다. 결국, 본인은 페미니스트들이 복수로서 여성들의 역사들을 써야한다. 즉, 독백이 아닌, 대화적인 기획을 할 수 있다고 하는 사실을 제안한다. 물론, 경쟁적인 역사들의 정치학으로 말미암아 페미니즘에 대한 이야기

---

40) *Theories of History*, 231 이하.

들(stories about feminism)을 이야기해야 할 필요성이 마비될 필요는 없지만 말이다.(232)

저자에 따르면 '역사'란 두 가지를 의미한다. 하나는 '과거' 그 자체요 다른 하나는 이 '과거'에 대한 '이야기'이다. 그래서 위에서 지적한 페미니스트주의적 '역사 만들기'의 상호 모순되는 열망들은 이와같은 이중적인 전거 점에 바탕을 둔 인식론적인 이슈들을 반영한다. (232-233) 그리하여 '과연 과거에 실제로 무엇이 일어났는가'(랑케)에 관련된 첫 번째 역사의 의미는 '하나의 기본 실재'(a base reality)를 설정하는 것이요(비록 오늘날 우리가 그것의 전체성을 재현시킬 수는 없지만), 두 번째 역사의 의미는 '과거에 실제로 일어난 것'에 대한 내러티브로서 과거 사건들에 대한 내레이터의 역할과 사실, 그리고 사건을 취사선택하고 조직하며 질서있게 만들고 해석하며 알레고리화 하는 내러티브의 성격을 최전면에 내세우는 것이다. 그런즉, 저자는 자신의 '역사 만들기'는 이와같은 이중적 성격을 전제한다고 한다. (233)

그리고 이와같은 이중적 역사이해와 역사기술 모두에 있어서 현재와 미래를 위한 과거의 사실과 사건이 중요하고 이에 대한 이야기들이 중요하다고 본다. 여기에서 우리는 저자의 중도적인 입장을 짐작할 수 있다. 아니, 그는 종합적인 입장을 취한다. 즉, 그는 한편 과거의 사실과 실재를 중요시하고 동시에 이에대한 이야기도 중요시하면서 극단적인 해체주의적 포스트모더니스트들과는 달리 '과거'와 과거에 대한 이야기를 '현재'와 '미래'를 위한 역사적 의미를 위한 것으로 보기 때문에, '사실'과 '실재'를 강조하는 '거대담론적' 페미니스트 역사와 다양한 페미니스트 역사들의 정치학을 주장하는 것이다. 그는 사실주의와 실재주의 그리고 '언어적 전환'과 '문학화'와 '텍스트화' 모두를 역사이해와 역사기술을 위하여 적절히 활용하려고 하는 것이다.

저자는 페미니스트들이 여성들의 '역사 만들기'에 참여함에 있어서 세 가지 인식론적인 방법론으로 접근한다고 본다. 하나는 객관주의적인 입장에서, 둘은 주관주의적인 입장에서, 셋은 이 둘의 종합에 의한 방법론으로 여성들의 역사를 이해하고 기술한다. 첫째는 랑케 등 19세기 근대주의가 추구했던 실증주의적인 방법론이다. "이 방법론에 따르면 역사기술의 목적이란 경험적 데이터에 근거한 과거에 대한 객관적인 설명이요 그 데이터를 하나의 정확한 순서로 편견 없이 수집하는 것이다."(233) 두 번째는 화이트(Hayden White) 등 '언어적 전환', 나아가서 '문학화'를 주장하는, 모더니즘의 객관주의, 사실주의, 혹은 실재주의를 해체시키는 입장으로서 "이 방법론에 따르면 역사의 '실재'(the Real)란 그것의 기록에 의한 또는 구전에 의한 텍스트화들을 통해서만 인식 가능하다."(233) 이 경우엔, 과거가 삼중적으로 매개된다. 즉, 하나는 과거에 '실제로' 일어난 일에 대한 재구성에 다름 아닌 텍스트들을 매개로, 둘은 문서화의 정치학과 그와 같은 문서들을 배치시키지 않으면 안 되는 탐정으로서의 역사가의 행운과 기술과 고집에 의존하는 텍스트화된 것들의 파편적이고 부분적인 잔재를 매개로, 셋은 역사가의 해석적인 의미 만들기 시선을 매개로 전해지는 것이다. 이 관점에서는 역사이해와 역사기술에 있어서 중요한 것은 객관성이나 사실성이나 실재성이 아니라 "해석의 설득력"(234)이다.

그리하여 저자는 첫 번째 방법론과 두 번째 방법론에 따른 페미니스트적 역사이해와 역사기술을 예증(例證)하고 있다. 하나는 "여성들의 역사와 경험과 잠재력을 무시하고 왜곡시키며 별것 아닌 것으로 여기는 헤게모니적 담론들에 반대급부로서"(234) "여성에 대한 객관적이고 사실적이며 실재적인 '진리'를 말했던 보상적이고 대립적인 역사들을 공식화하는 것이다."(234) 르네상스에 있어서 여성의 지위라든지, 19세기 여성 문필이라든지, 또는 흑인 여성노예들의 성적 피해라든지."(234) 이와같은 방법론은 역사의 진리란 객관적으로 인식가능하다고 하는 사실을 전제하는 하나의 실증주의적인 인식론으로부터 나온 것으로 종전의 모든 표준 역사들에서 발견되는 여성들에 대한 모든 '신화들'과 '거짓들'을 해체시킨다. 둘은 헤게모니적 지식이란 남성 중심주의로부터 산출되었다고 하는 여성연구에 있어서의 초기 주장에 따르면, 모든 지식이야 말로 하나의 주어진 관점이나 입장으로부터 나온 것으로서 가치에 기초해야 하는 한다고 하는 것이다. 그리하여 이와같은 인식론적인 방법론에 따르면 "역사기술의 목적이란 참된 역사를 찾아내는 것이 아니라 하나의 페미니스트 패러다임으로부터 여성들의 경험에 대한 이야기를 구성(construct)하는 것이다.(234-235)

저자는 두 가지 인식론의 종합, 곧 "객관주의와 주관주의, 실재(the Real)와 이 '실재'에 대한 모든 접근은 담론을 통해서 매개된다고 하는 인식 사이의 하나의 협상"을 주장하면서, 펠만(Shoshana Felman)과 라우브(Dori Laub)가 「*Testimony: Crises of Witnessing in Literaturem Psychoanalysis, and History*」에서 홀로코스트를 둘러 싼 이야기로 그 둘의 종합을 변호한다.

> … 이 저자들은 역사를 '실재'(the Real)에 대한 '표현과 증언의 형태'로 인정하는, 일종의 역사기술을 이론화하기 위한 시금석으로 사용한다. 한편 역사기술이란 '실재와의 해후'에 대하여 증언하는 것이다(xiv). 다른 한편 이 '실재'는 투명하게 현존하고 있는 것이 아니라 오히려 역사의 '텍스트'에 의하여 다시 새겨진 것이요 다시 해석된 것이요 과격하게 다시 생각된 것이요 근본적으로 다시 작업된 것이다. 이들은 '경험적 맥락'이야 말로 앎의 대상이 아니라 읽혀져야 할 대상이라고 주장한다(xv). 우리들이 여러 종류의 텍스트들을 통해서만 접근하는 '실재'는 텍스트화 및 해석의 과정들에 대한 통찰을 가지고 읽혀지지 않으면 안 된다. 만약에 '실재'가 항상 매개되는 것이 사실일진데, 역사기술이란 '실재'를 해후하는 것이어야 할뿐만 아니라 매개의 형태들에 대하여 숙고하는 것이기도 해야 할 것이다. (236)

그리하여 프리드먼이 그의 입장을 다음과 같이 정리할 때, 그는 한편 모더니즘의 객관적인 '사실'과 '실재'에 대한 강조(랑케 등)를, 다른 한편은 데리다 등 후기 구조주의 전통의 '언어적 전환' 또는 '문학화', '텍스트화'(하이든 화이트 등)에 대한 강조를 모두 받아들이는 입장이다.

다원주의의 모험들에도 불구하고, 본인은 활동적인 페미니스트 역사기술과 반성적인 역사기술을 협상시킴으로써 페미니스트들에게 역사를 복수로 구성하는 일에 종사할 수 있는 가능성을 개방시켜 준다고 믿는다. 이로써 우리는 첫째로 그 어떤 단 하나의 '거대담론적' 역사도 '실재'(the Real)에 대한 모든 차원들을 만날 수 없다고 하는 것을 인식하고, 둘째로는 우리들 자신의 매개의 과정을 숙고해야 하는 것이다. 본인은 지금 까지 너무나 빈번히 상호 간에 배타적인 대립으로 보이는 두 입장을 변호해 왔다. 하나는 정치적 행동으로서의 역사를 기록함에 의한 역사 만들기가 필요하다고 하는 것이고, 다른 하나는 패자들의 미시담론들을 뒤엎는 승자의 폭력적인 역사들을 재생산하는 거대담론들의 창조를 피하기 위하여 그와 같은 활동을 문제 삼아야 할 필요가 있다고 하는 것이다. 본인은 '이것이냐 저것이냐'가 아니라 하나가 다른 하나와 협상하여 새로운 것을 창출하는 '이것과 저것 모두'를 추진한다. 복수로서의 페미니스트 역사기록들이, 행동과 숙고 그리고 '실재'(the Real)와 그것의 텍스트화들 (textualizations) 사이의 상호놀이(an interplay)를 협상하기 위하여 꼭 필요하다.(236)

성서의 '보편사 해석'에 비추어서

저자는 18-19세기 그리고 20세기 초 여성들에 대한 서양 자체의 '거대담론'으로서의 역사이해와 역사기술에 대한 반대급부로서 페미니스트 역사이해와 역사기술이 또 다른 하나의 거대담론이 될 수 있음을 염려하면서, 모더니즘의 '사실'과 '실재'를 충분히 감안하는 '언어적 전환', '문학화', 또는 '텍스트화'에 따른 다양한 페미니스트 역사기술의 필요성을 힘주어 주장한다. 저자의 입장은 후자를 선호하는 것으로 보이지만, 후자와 같은 복수로서의 다양한 페미니스트 역사기술들이 '거대담론'으로서의 페미니스트 역사기술의 약점을 비판하고 보완할 수 있다고 본 것이다. 그는 하나의 거대담론으로서의 역사이해와 역사기술이 '사실'과 '사건'과 '실재'를 모두 표현할 수 없다고 보고, 동시에 이에대한 다원주의적인 페미니스트 역사이해와 역사기술을 강하게 주장하면서, 페미니스트 역사기술들의 정치학을 주장하고 있는 것이다. 그런즉, 이와같은 페미니스트 역사의 정치학이란 방금 전 3저자들의 글이 주장하는 '민주주의'라고 하는 '거대담론'에 해당하는 것으로서 다양성에 대한 '얼개'로 보인다. 아마도 페미니스트 역사이해와 역사기술의 목적은 여성의 '역사 만들기'에 있는 것으로 보이지만 말이다.[41]

한스 프라이 등 내러티브 신학자들이 '성서의 실제적인, 역사와 같은 이야기와 이야기들'(realistic, history-like Story and stories of the Bible) 그리고 '픽션이 아닌 소설'(non-fictional novel)이라고 볼 때, 방금 논한 프리드먼의 중도 및 종합하는 입장이 내러티브 신학에게 어떤 암시를 주고 있는 것일까? 적어도 성서적 내러티브 신학자들은 모더니즘의 관심, 곧 보편사 속에서 '과연 실제로 무엇이 일어났는가?'(랑케)에 대하여 관심을 집중하면서 성서의 역사비평에 몰두한 나머지 성서 본문들의 상호 유기적인 이야기와 이야기들에서 발견

---

41) 『거울로서의 역사』는 "1960년대 미국 역사학계는 기존의 관습적 문헌에서 오는 오랫동안 배제되어 왔던 흑인, 여성, 소수인종, 노동자 집단 등에 대한 연구를 주제로 삼고 새로운 학계간 방법론을 이용하여 연구하였다."(110-111)고 주장한다.

되는 신학적인 전후 상호연관성(a theological Coherence and coherences)을 전적으로 도외시하는 성서이해의 경향을 보였다. 위에서 언급한 '역사와 같은 이야기' 란 성서가 가리키고 있는 '사실'과 '사건'과 '실재'가 적어도 모더니즘이 추구했던 '실증주의적 사실과 사건과 실재'가 아니라 이미 '언어적 전환', '문학화', 또는 '텍스트화'의 과정을 거쳐서 오늘 우리가 가지고 있는 성서적 본문에 이르렀다고 하는 말일 것이다.

하지만 여기에서 우리는 이와같은 성서적 내러티브 신학에 대하여 문제를 제기 할 수 있을 것이다. 즉, '언어적 전환', '문학화', 또는 '텍스트화'로서 데리다 등 후기 구조주의의 전통에서처럼 성서는 과연 자기 밖의 그 어떤 '사실', '사건', 또는 '실재'에 대한 '전거(典據)나 지시 물'(referentiality)과 무관하다고 하는 것인가? 창조와 출애굽과 십자가와 부활과 하나님 나라를 예로 들어서 설명해보자. 창조주 하나님의 창조행위가 먼저 일어났고 그 다음 그 것의 '언어적 전환', '문학화', 또는 '텍스트화'가 일어난 것이다. 출애굽이나 십자가 사건, 부활사건 역시 마찬 가지일 것이다. '하나님 나라'(삼위일체 하나님과 각 위격의 주권과 통치 그리고 미래의 새 창조의 세계) 역시 '텍스트화'(성서) 이전에 현존하였고 '언어적 전환인 텍스트는 미래 지향적인 '새 하늘과 새 땅'을 가리킨다(referentiality). 이처럼 우리는 텍스트 밖의 것과 텍스트화 모두를 인정해야 하는 입장에서 프리드먼의 주장을 인정한다.

그러나 우리는 이미 '언어적 전환'을 통과한 성서 안에서 발견되는 '사실'과 '사건'과 '실재'에 대한 모더니즘의 실증주의에 입각한 탐구의 한계를 인정해야 할 것이다. 우리는 모더니즘의 실증주의적 역사철학 전통에 따른 19-20세기의 성서에 대한 '역사 비평학'의 사용에 대한 편집증을 떨쳐 버릴 필요가 있다 하겠다. 적어도 이와같은 문서 비평학 사용에 대한 편집증은 '과연 과거에 보편사에서 무엇이 일어났는가?'(랑케)(객관적이고 과학주의적인 사실 추구)라고 하는 물음에 대답하기 위한 모더니즘의 줄기 찬 노력이었다. 이미 언급한 대로 우리가 덧붙여야 할 말은, 성서는 '사실'과 '가치'라고 하는 신칸트학파의 이원론을 결코 용납할 수 없다고 하는 사실이다. 즉, 우리는 성서의 모든 '사실'과 '사건'과 '실재'는 이미 해석된 그것이요 후자 역시 전자를 떠나서 있는 것이 아니라고 하는 말이다. 복음서들의 십자가와 부활 '사실과 사건과 실재'는 결코 벌거벗은 그것(brutum factum)(불트만)이 아니라 이미 해석된 이야기된 또는 텍스트화된 것이요 동시에 후자 역시 전자를 떠나서 동떨어져 있는 것이 아니라고 하는 말이다.

V

결론:
성서적 내러티브의 생명공동체의
회복운동에 비추어 본 '보편사'의 의미와 목적

1장

'보편사'와 창조세계와
교회를 아우르는 생명 공동체

필자는 이상에서 성서적 내러티브 신학에 비추어서 근·현대(포스트모던) 역사관들을 소개하고 그것들에 대한 성서의 '보편사 해석'에 비추어서 시도해 보았다. 첫째로 성서적 내러티브 신학의 원조인 한스 프라이는 복음서들에 나타난 '복음'이해를 제시함으로써, 내러티브 신학의 신기원을 마련하였다. 둘째로 린드벡은 성서 이야기를 모태로 하여 교리들을 이해하였고, 기독교를 포함하여 모든 종교들과 문화들을 '문화-언어적 공동체들'로 보아 모든 종교들과 문화들의 정체성과 독특성과 다원성을 주장하면서도 성서적 '거대담론'의 정체성과 고유성을 확보하였다. 셋째로 크리스 라이트는 구약에서 출발하여 신약으로 이어지는 거대담론을 푸는 열쇠로서 '하나님의 선교'를 주장하였다. 그리고 보켐과 하트는 창조와 새 창조의 문제에 집중하였다. 물론 이들의 입장들은 모두 성서적 내러티브 신학에 입각한 '보편사' 해석에 기여하는 것이 확실하지만, 이들의 주장들은 각각 부분적으로 보완될 필요가 있다.

필자가 보기에 뉴비긴이야 말로 '보편사'의 의미와 해석으로서 이상과 같은 성서적 내러티브 신학을 수용하면서도 이들을 보완하였다. 다른 성서적 내러티브 신학자들이 "텍스트 밖에는 아무 것도 없다."고 하는 데리다의 텍스트 이론, 맥킨타이어의 문화전통 이해, 그리고 후기비트겐슈타인의 언어철학의 영향 하에 '하나님의 행동들'과 '구속사적 사건들'을 내러티브 안에 있는 것들로 이해하는데 반하여, 뉴비긴은 성서적 이야기들이야 말로 실제로 일어난 '하나님의 행동들'과 '구속사적 사건들'로 보아, '실제적인 내러티브'(realistic narrative)를 더욱 '실제적'(realistic)이 되게 하였다.

그럼에도 불구하고 뉴비긴은 그와 같은 '행동들'과 '사건들'을 근대주의 전통에서처럼 실증주의적으로 접근한 것이 아니라 성서적 내러티브 안에 있는 것으로 보았다.

이제 필자는 '보편사'와 '창조세계와 교회를 아우르는 생명 공동체'라고 하는 주제 안에서 뉴비긴의 '보편사' 해석과 교회 및 신학의 공적인 영역들에의 참여를 전적으로 수용하고, '창조세계'의 회복문제에 무게를 두면서 보편사와 창조세계와 교회 공동체를 아우르는 '생명 공동체'에 대한 주장을 펼쳐 보려고 한다. 특히, 미래 지향적인 하나님 나라(새 하늘과 새 땅)에 대한 비전 속에서 교회가 어떻게 공적인 삶의 영역들에 참여해야 할 것인가에 대하여 초점을 맞출 것이다.

1. 깨어진 생명 공동체[1]

오늘날 우리는 기후변화로 인한 지구온난화, 생태계파괴로 인한 종의 축소, 지진과 쓰나미와 같은 자연재해로 인한 생명파괴, 일본의 원전사고와 같

---

1) 여기에서 사용된 '생명공동체'란 인간의 생명이 창조세계의 나머지 생명개체들의 생명과 더불어 '전체의 상호의존적인 부분들'로서 후자가 단순히 전자를 위한 존재들만이 아니라고 하는 것이다. 이 둘의 관계는 '인간중심적인 관점'에서가 아니라 삼위일체 하나님의 영광과 하나님 나라의 관점에서 이해되어야 할 것이다. 폰 라트, 칼 바르트, 그리고 어느 정도로 헤드리쿠스 벨코프는 창조세계를 구속

은 인재로 인한 생명체들에 대한 위협, 조류독감과 구제역과 신종박테리아와 같은 글로벌 전염병 등 지구환경과 생태계의 파괴가 인류사회의 생존을 위협하고 있음을 느낀다. 오늘날 글로벌화 되어 가고 있는 '신자유주의의 정치적 경제'는 무한성장과 무한경쟁으로 빈익빈 부익부를 초래하였고 환경파괴를 가져왔으며 가난한 나라 사람들을 보다 잘 사는 나라로 이동하게 만들었다. 여기에 더하여 핵전쟁과 테러 역시 인간과 자연의 생명을 위협하고 있다.

오늘날 인류사회와 창조세계는 공동체를 목말라 한다(롬 8:18-25). 우리는 다섯 가지 차원에서 깨어진 공동체의 신음소리를 듣고 있다. 첫째는 '신자유주의'의 글로벌화로 인한 경제적 양극화 현상이다. 오늘날 인류 공동체는 글로벌 인종차별정책(global apartheid)과도 같은 빈익빈 부익부로 인하여 공동체 파괴에 직면해 있다. 둘째는 이와같은 '신자유주의' 이념으로 추동되는 무한경쟁 무한개발 무한소비로 인한 생태계 파괴이다. 이것은 다름 아닌 인간과 자연의 깨어진 공동체성일 것이다. 셋째는 글로벌 차원의 '빈익빈 부익부'로 인한 이민과 인구 이동으로 발생하는 다민족 다문화 다종교 다가치의 분산(分散)이요, 포스트모더니즘의 개인주의, 다양성, 그리고 다름 또는 타자성에 대한 강조로 인한, 공동체 상실이다. 넷째는 타 종교들, 특히 이슬람과 기독

사의 '무대'(셋팅)로 보았거니와, 생태학적인 위기가 인류공동체에 대한 심각한 도전으로 공감되는 21세기에선 창조세계와 생명개체들에 대한 이해가 좀 더 하나님의 영광과 하나님 나라의 관점에서 이해되어야 한다. 하지만 우리는 이 둘의 이분화나 하나가 다른 하나에의 종속관계가 아니라 상호의 존관계와 공존관계를 생각하면서도 하나님의 형상의 자연화나 인류역사의 자연화를 경계해야 할 것이다. 그렇다고 우리는 데카르트 이후 '자연'을 객체화하는 근대주의적 '주체'로 혹은 자연을 배제하는 '역사주의'에로 결코 돌아 갈 수도 없다. '인간'과 '원숭이'가 상호 비대칭적 관계 속에서 하나님의 영광을 위해서 실존한다. 그리고 창세기는 '무생물'로부터 '식물'로, '식물'로부터 '동물'로, 그리고 '동물'로부터 지성과 자유의지와 양심과 정서를 지닌 하나님의 형상으로 상향하고 결국 하나님의 창조의 목적을 지향하는 생명공동체를 주장한다. 따라서 성서의 내러티브를 중요시하는 신학은 인간과 자연의 근대주의적 이분법이나 종속론을 허락하지 않을 것이다. '자연', '창조세계', '세상', '우주'(ta panta), 그리고 '역사'에 대한 개념정의와, '인간과 자연의 관계'에 관하여 참고: Hendrikus Berkhof에 의하여 초안되었고, 많은 학자들의 동참으로 1968년에 출판된 *New Directions in Faith and Order*(Bristol, 1967)으로부터 가져 온, "God in Nature and History", In God, History, and Historians, ed. C. T. McIntire(Oxford University Press, 1977), 302-304; 307-310.

교의 충돌, 그리고 근본주의 기독교들과 에큐메니칼 기독교의 분열 속에서 인류는 세계종교들의 특수성과 다양성 속에서 도덕과 윤리 차원에서 공동 체성을 갈망하고 있다. 다섯째는 전쟁의 위협과 테러로 인한 인류 공동체의 파괴이다. 인류는 사랑과 정의와 평화의 공동체를 애타게 기다리고 있다. 여 기에 더하여 우리 남한과 북한은 깨어진 민족공동체로서 민족공동체의 평 화 공존과 통일을 갈망하고 있다. 그리고 교회 안의 4분의 5는 이상과 같은 글로벌 및 로컬 차원의 공동체성 파괴에 일조를 더 하고 있다.

이와같은 생명 공동체의 파괴는 18세기 '계몽주의 시대' 또는 '이성의 시 대'로 소급한다. 서구의 '계몽주의'는 18-19세기 모더니즘의 모태로서 '성서 와 교회의 가르침'과 같은 전통과 권위로부터 이성의 해방을 부르짖었다. 데 카르트는 사고하는 주체의 이성(res cogitans)이 자연세계(res extensa)위에 군림 하게 하여, 그것을 탐구하고 개발하며 도구화하고 정복한 나머지 자연세계 를 가치의 세계로부터 퇴출시켰다. '역사학'을 비롯한 인문사회과학을 무시 하고 수학적인 또는 과학적인 진리만을 내세우는 데카르트는 '자연의 세계' 를, 가치의 세계를 추구하는 '인문사회과학'으로부터 분리시켜버렸다. 여기 에 더하여 칸트는 '이성을 최대한 과감하게 사용하라'를 계몽주의 슬로건 으로 삼아, 기존의 모든 '전통과 권위'를 '이성과 양심'의 재판장에 서게 하 였다. 그런즉, '성경과 교회의 가르침'은 수학과 과학적 진리 확신에 근거 하여 탐구하는 자연세계에 대하여는 물론, 가치의 세계를 추구하는 인문 사회학으로부터도 완전히 도외시 되고 말았다. 이는 모름지기 '자연과학' (Naturwissenschaften)과 '정신과학'(Geisteswissenschaften)의 이분법을 주장한 신(新) 칸트 학파의 주장에 의해서 더욱 촉진되었다. 그리고 프란시스 베이컨은 '아 는 것이 힘이다.'라고 외치면, 향후 과학적 지식과 기술에 의한 서구의 자연 지배와 세계지배를 예고하였다. 결과적으로 이와같은 '지식'은 곧 바로 권력 이요, '권력에의 의지'(니체와 푸코)에 다름없게 되었지만 말이다.

나아가서 18-19세기 서유럽의 자연과학과 기술의 발달, 산업화와 도시 화, 자본주의와 제국주의, 그리고 20세기의 세계 1, 2차 대전은 지구환경과 생태계파괴에 결정적인 역할을 하였다. 여기에 더하여 지난 1980년대(레이건 과 대처) 이후, 특히 1989-1990년 공산 동구권과 구 소비에트 공산체제의 붕괴로 인하여 '신자유주의적' 시장경제가 글로벌화되면서, 무한경쟁과 무한 성장에 따른 나라와 나라들 사이의 빈익빈 부익부 형상이 극대화되었고, 아시아 아프리카 라틴아메리카와 같은 잘 못사는 나라들의 자연생태계의 파괴가 더욱 가속화되었다.

이상에서 우리가 알 수 있는 것은, 자구환경과 생태계 파괴가 서구의 잘 못된 세속화와 '시장경제의 글로벌화'로 인한 것이라고 하는 사실이다. 인문 사회과학 또는 '정신과학'이 자연과학과 기술로부터의 분리된 것도 문제이 지만, 서구의 '정신과학'(정치경제사회문화 및 기타 모든 인문사회과학들)이 그것의 기원인 '성경과 교회의 가르침'을 떠났기 때문이요, 자연과학과 기술이 창조주의 창조 목적으로부터 벗어났기 때문이다. 아버지의 집을 나간 탕자와 같은 서구문화와 문명은 타향에서 방황할 수밖에 없었다. 나아가 시장경제의 '보이지 않는 손'이 삼위일체 하나님이 아니라 맘몬 그 자체요 우상 그 자체였 다. 뉴비긴은 성경의 복음 이야기에 따른, 인류를 포함하는 하나님의 창조세계에 대한 목적을 아래와 같이 말한다.

복음은 이미 일어난 일들에 대한 설명이다. … 그것은 이야기되어진 역사요, 모든 이야기되어 진 역사가 그렇듯이 그것은 그것의 의미에 대한 신앙을 가지고 이야기되어진다. 그 이야기에 나타난 신앙은 다름 아니라 하나님께서 모든 창조세계를 구속(redemption)하시고 그것을 모든 존재의 근원에로 화해시키신다고 하는 것에 관한 것이다.[2]

---

2) 'Conference Call: The Gospel as Public Truth'(1992), in *Lesslie Newbigin: Missionary Theologian: A Reader*', compiled and introduced by Paul Weston(Grand Rapids, Michigan: William B. Eerdmans, 2006), 245-246.

2. 성경과 교회의 가르침의 사사(私事)화

우리는 이상에서 언급한 18-19세기의 모더니즘과 '신자유주의의 글로벌화'과정에서 기독교의 사사화 또는 주변화를 발견한다. 성경과 교회의 신학이 하나님의 세계(God's world)의 공적인 일들로부터 사사화 또는 주변화되었다고 하는 말이다. 자연과학과 기술이 추구하는 '사실적 세계'(the factual world)는 성경과 교회의 가르침이 추구하는 세계를 이럴 수도 있고 저럴 수도 있는 '가치의 세계'로 보아, '보편적인 세계'요 '공적인 세계'인 '사실적 세계'로부터 퇴출시켰다. 근대 유럽의 인권과 자유와 민주주의적 가치들 역시 기독교를 공적인 삶의 세계로부터 소외시키고 주변화시켰다. 나아가서 '신자유주의의 글로벌화' 역시 시장논리를 절대화한 나머지 기독교를 변방으로 내몰았다. 따라서 우리가 논하는 '생명살리기운동 10년'은 이처럼 공적인 세계로부터 사사화되고 주변화된 기독교를 다시 하나님의 세계 한복판 또는 공적인 삶의 세계 한복판으로 진입시키는 일일 것이다.

그리스도인들은 성서적 증언을 따라서 이 세상이 죄악 세상이요, 죽음을 향하여 내달리고 있는 세상이요, 사단과 마귀가 들끓는 세상이요, 심지어는 최후 심판과 지옥을 향하여 방향지워져 있는 것으로 보면서, 자신들은 하나님의 은혜로 이와같은 불로 멸망할 세상으로부터 구원 받았다고 믿는다(요 7:7; 요 8:23; 요 17:16 엡 6:12). 하지만, 그와 같은 죄악 세상으로부터의 출애굽을 강조하여 교회를 노아의 방주 유형 또는 구명(求命)선으로 본 나머지, 죄와 죽음과 사단마귀가 지배하는 이 세상에 대한 참여와 섬김보다는 자신도 모르게 이 세상에 대한 경멸과 도피를 일삼게 된다. 이것은 '교회와 세상' 이분법 패러다임이다. 이와같은 패러다임에 있어서는 그리스도인의 역사와 사회와 문화에 대한 참여가 매우 저조할 수밖에 없다.

일찍이 아우구스티누스는 멸망해 가는 로마제국을 바라보면서 저술한 『신의 도성』에서 '신의 도성'(civitas Dei)은 영원하고, '땅의 도성'(civitas terrena)은 멸망할 것이라고 하여, '두 도성' 사상을 제시하였다. 아담과 아벨과 셋 등으로 이어지는 신의 도성의 노선과 가인과 함 등으로 이어지는 땅의 도성의 노선, 그리고 여호와와 벨리알, 이스라엘 백성과 이방 민족들, 교회와 이 세상, 하나님 나라와 지옥이라고 하는 두 도성 사상을 제시하였다. 두 도성은 믿는 자의 공동체와 불신자의 공동체, 그리고 "최후 심판의 이중적 결과"(천국과 지옥)로 이어지고, 알곡과 쭉정이가 뒤섞인 교회를 말할 경우에도 마찬 가지이다. 그리고 이 문제는 그의 "이중 예정론"과도 연결되어 있다. 아우구스티누스의 신학에 있어서는 "역사 속에는 하나의 진보만이 있다. 즉, 그것은 신앙과 불신앙, 그리스도와 적 그리스도의 구분이 점점 더 날카로워지는 진보이다"[3]라고 칼 뢰비트는 주장한다.

아우구스티누스의 이분법은 그가 빠졌었던 마니교적 이원론을 다시 생각나게 한다. 그의 이분법은 그가 "유기된 자들"(the reprobates)이라고 설명 있는 이 세상 또는 사회문화 영역 전반이 자칫 하나님의 세계(God's World)가 아닌 것처럼 이해될 수도 있게 한다. 그가 삼위일체 하나님의 발자취와 하나님의 형상과 보편은혜 등을 주장함으로써 아무리 그리스 로마의 고전 문화의 가치를 인정하였다고 하더라도 그의 이분법은 이 세계를 하나님의 세계로 보지 않을 가능성을 내포하고 있다 하겠다. 또한 그는 멸망해 가는 로마 제국을 바라보면서 "하나님의 도성"의 영원함을 보았기 때문에 아무래도 교회의 사회와 문화에 대한 책임에 대해서 적극적으로 말할 수 없었을 것이다.

이와같은 어거스틴의 "두 도성" 신학에 따른 이원론은 중세를 거치면서 변모하는 양상을 보였다. 즉, 샬르마뉴(742-842)는 기독교 제국이라고 하는 이름으로 한 왕국을 추구하였고, 니콜라스 1세(867년에 별세)는 교황주의 교회라고 하는 이름으로 한 왕국을 추구하였다. 하지만 이로써 중세시기를 통하여 제국과 교회 사이에 엄청난 권력 투쟁이 있었다. 그리하여 루터는 또 다시 '두 왕국'론을 주장하였다.

16세기 종교개혁은 '복음의 재발견'과 성경 및 교부들의 신학으로 돌아

---

3)   Karl Löwith, *Meaning in History*(Chicago: The University of Chicago Press, 1949), 172.

감으로써 당시 로마가톨릭교회와 기독교 세계(the Christendom)를 갱신하여 결혼과 가정윤리, 직업윤리, 교회와 국가의 관계윤리 등 교회의 공적인 책임수행에 어느 정도로 기여하였다. 하지만 그것은 결코 사회의 공적인 문제들에 부심했던 것이 아니라 교회 내부적인 갱신에 집중하였다. 그리고 18-19세기 복음주의 부흥운동 역시 18-19세기 모더니즘에 대응하여 16세기 종교개혁의 복음에 호소하면서 당시의 교회를 각성 혹은 갱신하였고, 나아가서 미국혁명, 시민사회와 다원 사회, 인권과 민주화과정, 그리고 산업화를 향한 직업윤리 등 공적인 차원에도 영향을 준 것이 사실이었다. 하지만 이 흐름 역시 사회참여를 위한 공적인 복음과 공적인 신학에서는 매우 약하였다. 더욱이 18-19세기는 기독교가 공적인 영역으로부터 주변화(marginalization)되고 사사(私事)화 되는 시기였기 때문이기도 하다.

루터는 사단 마귀와 죄와 육체가 지배하는 이 세상 또는 옛 사람을, 예수 그리스도께서 성령을 통하여 통치하시는 교회 또는 새 사람을 이분법적으로 대립시켰고(그리스도의 왕국 vs 세상 왕국), 말씀설교와 두 성례를 참 교회의 표지로 보면서 이와같은 교회를 그 당시 거짓 교회로 보이는 로마 가톨릭교회와 온 세상과 대립시키는 경향이었다. 비록 루터가 하나님께서는 한편 구속주로서 사랑으로 교회를 다스리시고, 다른 한편 창조주로서 율법으로 이 세상을 다스리신다고 하는 이중적 통치를 주장하였다고 보는 루터 해석에 있어서도 아우구스티누스적인 이원론은 살아질 수 없는 것으로 보인다.[4] 그리고 루터보다 삼위일체 하나님의 세상과 창조세계 통치를 힘주어 주장하고, 자연과 문화 속에서 조차 성령의 역사가 있다고 이야기하는 칼뱅조차도 아우구스티누스의 "두 도성" 신학을 물려받은 루터적인 "두 왕국" 사상을 크게 벗어 날 수 없었다.

그리하여 이와같은 아우구스티누스, 루터, 그리고 칼뱅의 '하나님의 도

---

4) 참고: Robert Benne, *The Paradoxical Vision: A Public Theology for the Twenty-first Century*(Minneapolis, MN: Augsburg Fortress, 1995), 78 이하,

성 대(對) 땅의 도성', '그리스도의 왕국 대 세상 왕국', 또는 '교회 대 세상'의 이분법적인 구도는 18-19세기 복음주의 부흥운동과 복음전도 활동을 통해서 오늘날 우리 한국에 까지 전해지는 것으로 보인다. 이와같은 전통은 '제한속죄' 전통에 입각하여 구원받은 공동체를 나머지 인류 및 창조세계로부터 게토(ghetto) 화시켰다. 이들이 아무리 창조주께서 우주 만물을 창조하셨고, 인류 역사를 통치하시며, 모든 것을 주장하신다고 말할지라도 그렇다는 말이다.

이와같은 "교회와 세상"이라고 하는 이분법적인 패러다임은 대체로 세계적으로 전통적인 개혁교회의 세상에 대한 태도와 행동을 결정하였고, 우리 한국의 개혁교회(장로교)의 이 세상에 대한 태도와 행동을 지탱해 주고 있다 하겠다. 그런 즉, 이와같은 아우구스티누스의 "두 도성" 전통 또는 루터의 "두 왕국" 전통은 하나님의 보다 넓은 일터를 망각하게 만들었고, 교회로 하여금 하나님의 세상(God's world)로부터 도피하게 만들었다. 따라서 오늘날 우리 한국교회가 지금 우리가 논하는 '생명살리기운동'을 외면하는 경향 역시 이와같은 '성경과 교회의 가르침'의 사사화와 주변화 때문일 것이다.

3. 관계망 속에 있는 생명 공동체

생명의 문제는 단순히 생태학적이고 생물학적인 차원의 문제만이 아니다. 그것은 정치 · 경제 · 사회 · 문화와의 관계망 속에 있다. '역사'(정치경제사회문화) 차원과 창조세계의 차원은 불가불리한 네트워크 속에 있다. '정의와 평화'문제는 창조세계 보전문제와 맞물려 있기 때문이다. 인간을 포함하는 모든 생명체들은 하나님의 창조세계 안에서 서로 관계망을 형성하고 있고, 상호 의존적인 부분들(interdependent parts of the whole)이라고 하는 뜻에서 '생명'은 관계망 속에 있는 '생명공동체'이다. 따라서, 생태계뿐만 아니라 정치사회경제문화 역시 하나의 생명의 관계망을 이루고 있고, 이와같은 역사 차원 역시 창조세계와 생명적인 관계 속에 있다고 하는 말이다. 따라서 인간과 동식물은 각각 그와 같은 생명의 관계망으로부터 벗어날 때, 생명 상실과 생명집의 파괴를 경험한다.

성부, 성자, 성령은 사랑의 네트워크 속에서 하나가 다른 하나를 인정하고 존중하며 하나가 다른 하나에게 마땅히 돌려야 할 영광과 사랑을 돌린다. 삼위일체 하나님은 상호 간에 상대방의 개별성과 영역주권을 인정하면서도 존재(내재적 삼위일체)와 행동(경세적 삼위일체)에 있어서 공동체성을 추구하신다. 예수님의 유언과도 같은 대제사장 예수님의 기도인 요한복음 17장 21절-23절은 하나님께서 네트워크 속에 있는 공동체(God as Communion)시요 인류역사와 창조세계 역시 그래야 하고 후자가 전자에 참여해야 할 것을 암시하고 있다.

> 아버지여, 아버지께서 내 안에, 내가 아버지 안에 있는 것 같이 그들도 다 하나가 되어 우리 안에 있게 하사 세상으로 아버지께서 나를 보내신 것을 믿게 하옵소서. 내게 주신 영광을 내가 그들에게 주었사오니 이는 우리가 하나가 된 것 같이 그들도 하나가 되게 하려 함 이니이다. 곧 내가 그들 안에 있고 아버지께서 내 안에 계시어 그들로 온전함을 이루어 하나가 되게 하려 함은 아버지께서 나를 보내신 것과 또 나를 사랑하심 같이 그들도 사랑하신 것을 세상으로 알게 하려 함이로소이다.

믿는 사람들은 수직적인 차원에서 복음을 통하여 성령역사로 예수 그리스도와 연합(koinonia)하고 나아가서 아버지 하나님과 연합하며 수평적인 차원에서는 성령의 역사로 성도들 상호간의 성도의 교제를 통하여 예수 그리스도의 몸 성령의 전 그리고 하나님의 백성의 성원이 된다. 특히 예수님은 위 기도에서 교회 공동체가 복음을 통하여 성령의 역사로 삼위일체 하나님의 상호 내주와 상호 침투하는 사랑의 공동체에 참여하는 지복(至福)을 말씀하셨다. 이는 종말론적으로 모든 인류 공동체와 창조세계도 삼위일체 하나님의 공동체에 동참할 것을 기대하고 있는 것이다. 적어도 우리는 삼위일체 하나님의 관계망 속에 있는 공동체성에서 모든 교회들과 역사(정치경제사회문화)와 창조세계가 각 개별성과 상대적인 영역주권을 유지하면서 상호 네트워킹 속에서 공동체를 추구해야 한다고 하는 유추(analogia fidei))를 발견한다. 교회들과 인류역사(정치경제사회문화)와 창조세계는 서로가 서로를 인정하고 존중하며 서로가 상대방의 개별성과 상대적인 영역 주권을 인정하면서 공동체를 추구해야 한다고 하는 것이다. 또한 교회 안에서 나아가 인류역사 안에서, 그리고 창조세계 안에서도 각각 그래야만 한다. 예컨대, 교파들 상호 간의 관계, 종교들 간의 관계, 정치와 경제와 사회의 관계, 문화들 사이의 관계, 그리고 창조세계 안의 생명체들 상호관계에서도 그래야 한다. 한 국가 안의 모든 삶의 영역들 사이의 관계도 마찬가지일 것이다.

창조주 하나님과 구속주 하나님 예수 그리스도는 서로 본질이 다른 분이 아니시다(이레네우스). 따라서 우리는 이스라엘 공동체와 교회 공동체와 인류 공동체가 창조세계와 그 안에 있는 생명체들과 상호 의존적인 관계 속에 있다고 보아야 한다. 출애굽 공동체인 이스라엘은 과격한 은혜의 언약에 응답하는 언약 공동체의 상호 의존적인 지체들로서 '언약 법'(출 2:22-23:33)과 '신명기 법'(신 12-26)과 '성화의 법'(레 17-26)을 기쁜 마음으로 준수해야 했다. 그리고 예수 그리스도를 통한 출애굽 공동체인 교회 역시 복음서들에 나타난 예수님의 말씀들과 행동들 그리고 사도들의 훈령들을 따라 은혜의 새 언약에 응답하는 삶을 살아야 하는 상호 의존적인 부분들의 공동체였다. 그리고 이스라엘과 교회 공동체는 인류 공동체 및 창조세계의 모든 생명체들과 상호 의존적인 부분들일 것이다. 그도 그럴 것이 이스라엘이라고 하는 '생명공동체'는 이방인들의 구속과 창조세계의 회복을 위하여 그리고 교회라고 하는 '생명공동체'는 인류 공동체의 종말론적 구원과 창조세계의 종말론적인 회복을 위하여 실존하기 때문이다.

따라서 창조세계와 세상과 국가와 교회는 하나의 '생명공동체'이다. '생명공동체'인 교회는 창조세계(특히, 자연자원과 생태계)와 세상(문화와 사회 등), 국가(특정 '정부'와는 구별되는 항구적인 실재)와 민족 등과 상호 불가분리한 관계망 속에 있다. 이와같은 관계망의 파괴는 교회와 인간세계와 창조세계를 죽음으로 몰아간다. 예수 그리스도를 통한 화해론과 예수 그리스도를 통하여 계시되고 약속된 종말론은 이와같은 관계망의 근거이다. 예수 그리스도의 십자가와 부활은 인류뿐만 아니라 창조세계 까지도 하나님께 화해하게 한 사건이요, 특히 그의 십자가는 종말론적인 죽음과 흑암의 권세에 대한 승리요, 그의 부활은 새 창조(개인의 완성으로서 영생, 역사의 완성으로서 하나님 나라, 창조세계의 완성으로서 새 하늘과 새 땅)를 계시하고 약속하는 것이기 때문이다. 바로 이 새 하늘과 새 땅 즉, 하나님 나라야 말로 우주적 샬롬의 생명공동체로서, 이 땅위의 교회와 국가와 세상과 창조세계가 추구해야 할 희망의 나라인 것이다.

하지만 교회는 '이미' 임한 하나님 나라와 '아직' 임하지 않은 하나님 나라 사이에 있는, 예수 그리스도의 몸이요, 성령의 전이요, 하나님의 백성으로서 이 세상에 대한 '대안 공동체'(a alternative community)이다. 따라서 교회와 세상(국가)은 질적으로 달라야 하고, 구별되어야 한다. 만약에 국가가 교회를 박해하든가(처음 4세기 기독교에서처럼), 거짓 이념에 따른 메시아주의를 지향한다든가(히틀러, 무솔리니, 일본군국주의, 소비에트 공산주의적 전체주의 국가에서처럼), 헌법을 지키지 아니하고 실정법을 어겨, 백성을 억압하든가(교회는 국가의 법을 끊임없이 개정해 나가야 하지만), 국민의 생명과 재산을 지켜야 할 직무를 유기하여 백성에 대한 지도력을 발휘할 수 없을 경우 등에 있어서 교회는 예수 그리스도의 이름과 하나님 나라의 이름으로 이와같은 정부에 대하여 항의하고 항거해야 할 것이다. 물론, 우리는 교회와 종교들이 복음에 위배되는 '이념'에 편승하여 이념화되는 경우에 이에 대하여도 반대하여야 한다. 국가와 정치, 민족과 인종, 교회와 종교, 경제와 사회, 그리고 문화라고 하는 공적인 영역이야말로 개인의 영역보다 훨씬 더 사단의 지배(에1 3:10)에 더 크게 노출되어 있기 때문이다(라인홀드 니이버의 Moral Man and Immoral Society, 1932).

그러나 국가와 정부가 잘못된 길로 들어서고 있을 때에도 우리는 그것이

교회와 뗄 수 없는 관계망 속에 있는 생명공동체임을 기억해야 하고, 그 속에서 예수 그리스도의 제사장적이고 예언자적이며 왕적인 직무를 수행해야 할 것이다. 즉, 우리는 화해를 선포하고 화해된 공동체로서 공적 차원에서 화해를 위하여 힘써야 하고, 미래에 임할 하나님 나라를 선포하며, 이에 비추어서 우리의 현 시대를 예언자적으로 비판해야 하고, 모든 공적인 영역들에서 하나님의 왕적 통치가 실현되게 하는 일에 동참해야 할 것이다. 그리고 우리는 타종교들과 문화도 이와같은 생명의 관계망 속에 있음을 인정하고, 바른 관계를 세워 나가야 할 것이다.

4. 글로벌 차원의 생명 공동체 회복운동

'생명'의 문제는 1961년 뉴델리 WCC 총회에서 골로새서 1장 15절-20절을 토대로 우주적 기독론에 입각한 창조세계 보전에 대한 주장을 펼친 지틀러(Joseph Sittler)에게서 시발되었다. 그러나 1960년대의 세계사적 격변들로 WCC는 관심의 초점을 '역사'로 집중하였다. 그러다가 1972년 유럽의 경제학자와 과학자, 기업인 등 36명으로 구성된 '성장의 한계'(The Limits to Growth)와 '스톡홀름 유엔인간환경회의'가 출범하면서, 지구환경문제는 글로벌 이슈가 되었다. 이와같은 맥락 속에서 1975년 나이로비 WCC 총회가 교회의 사회참여의 이상(理想)으로서 JPSS(a just, participatory and sustainable society)를 내세우고, 1979년 MIT '교회와 사회 세계대회'가 그것을 숙성시켰으며, 1983년 벤쿠버 WCC 총회의 JPIC와 1990년 서울 'JPIC 세계대회'(the WCC Conference on Justice, Peace and Integrity of Creation)이래로 오늘에 이르기 까지 '창조세계의 보전'의 틀 안에서 '생명의 신학'이 신학의 큰 흐름을 형성하였다. 따라서 1991년 호주 캔버라 WCC 총회는 전체주제를 '성령이여, 오소서! 전 창조의 세계를 새롭게 하소서!'로, 제1 분과의 제목을 "생명의 시여자시여, 당신의 창조세계를 지탱하소서!"로 정했으니, JPIC의 정신, 특히 "IC"의 문제가 역사상 유래 없이 크게 부각되었다. 서울 JPIC를 계기로 WCC 중앙 위원회는 향후 100년 동안 JPIC야 말로 세계교회의 과제가 될 것이라 하였다. WCC는 1990년대 들어서서 특히 1998년 하라레 WCC 총회로부터 '신자유주의의 글로벌화'와 관련하여 환경파괴와 '폭력극복 운동 10년'의 연장선상에서 생명의 신학을 정의와 평화(2011년 자메이카 IEPC 대회)를 지속적으로 다루고 있으며, 2013년 부산 WCC의 총회의 주제 역시 '생명의 하나님이시여, 정의와 평화가 이루어지게 하소서'라고 하는 주제를 선택하였다.

5. 로컬 차원의 생명운동: 총회의 '생명 살리기 운동 10년'
(1912-1992)

우리 총회는 위와 같은 에큐메니칼 운동의 흐름 속에서, 특히 1998년 하라레 WCC 총회의 '폭력극복 운동 10년'을 이어 받아, 1912-1992년을 '생명 살리기 운동 10년'으로 정하여 생명운동을 전개해 왔다. 그 동안 총회 '연구단체협의회'는 총회의 생명 살리기 운동 10년 위원회의 생명살리기 운동에 동참하여 4권의 책을 출판하였다. 첫번째 책은『하나님나라와 생명살림』(2005)이요, 두번째 책은『하나님 나라와 생명목회』(2007)요, 세번째 책은『하나님 나라와 생명살림실천』(2009)이요, 네번째 책은『생명을 살리는 교회』(2010)였다. 그리고 이번에 출간할 책은『하나님 나라와 생명을 살리는 교회』로서 교회력과 총회력에 따른 설교집인데, 전통적인 서방교회의 교회력이 '기독론'에 집중되고 있는 것에 반하여, 편집위원회는 오순절 성령강림 절기 이후를 창조세계 회복과 역사 속에서의 하나님 나라 구현하는 시기로 보았다.

6. 성서 이야기 속에 있는 생명공동체 회복운동

이 부분을 논하는 목적은 성서 이야기 속에 흐르고 있는 '생명공동체 회복운동'을 통하여, 향후 '생명공동체 회복운동'의 근거와 방향과 비전을 제시하려는 데에 있다. 앞서 언급했듯이 이와같은 운동은 교회와 세상(보편사)과 창조세계가 상호 의존적인 공동체가 되게 하는 운동이요, 교회와 세상과 창조세계가 하나님 나라 또는 새 하늘 새 땅에 상응하게 만들려는 운동이다.

1) 구약성경이 추구하는 생명공동체

① 타락 전의 생명 공동체 이야기

타락 전의 세계는 생명이 넘치는 우주공동체였다. 창조주 아버지 하나님께서는 창조의 중보자(히 11:3), 예수 그리스도를 통하여 성령 안에서 하늘과 땅을 창조하셨다(창 1:1). 삼위일체 하나님의 넘쳐흐르는 사랑의 의지는 하늘과 땅과 그 가운데 있는 만유를 창조하신 것이다. 이와같은 생명 충만한 세계는, 천사들과 인간과 피조물들과 모든 생명체들이 삼위일체 하나님과 코이노니아를 누리면서 그를 영원토록 찬양하며 영생을 누리는 새 하늘과 새 땅을 가리킨다. 만유를 창조하신 하나님께서는 무생물들과 식물들과 동물들을 지으시고, 그 가운데 인간이 피조물들과 하나님과 바른 관계를 가지고 살라고 부탁하셨다(창 1:26-31). 그래서 하나님께서는 모든 것을 창조하시고 그것이 "보시기에 좋았더라"(창 1:31)고 하셨고, 인간을 그의 형상대로 창조하신 다음에는 "보시기에 심히 좋았더라."(창 1:31)고 하셨다. 타락 전 에덴동산이야말로 하나님과 인간과 자연이 함께 어우러지는 생명공동체였다.

② 타락으로 깨어진 생명 공동체 이야기

그러나 인간이 하나님처럼 되라고 하는 사단의 시험에 넘어가, 하나님의 크신 은혜를 망각하고, 피조물서의 자기한계와 자신의 존재 이유를 저버리고 하나님의 주권을 침해하였을 때, 생명공동체는 파국을 맞이하였다. 하나님의 저주와 심판을 받은 것이다. 사랑과 은혜의 하나님께서는 동시에 공의의 하나님이셨다. 그럼에도 불구하고, 하나님의 저주와 심판은 은혜와 사랑에 의하여 압도되었다. 그래서 땅이 인간의 죄로 인하여 저주를 받음에도 불구하고, 인간은 결혼을 하여 자녀를 낳고, 평생토록 땀 흘려 노동(육체노동과 정신노동)하여 문화를 창조하며, 공동체들과 공동체 안에서 살 수 있었다(창 3:17-20). 비록 인간이 에덴동산으로부터 축출당하고, 이어서 가인이 '형제와 이웃'(아벨)에게 폭력을 행사하였고 살인을 저질렀으며, 가인의 후손들이 죄악과 죽음의 도시문명을 창출해 냈음(창 4:19-24)에도 불구하고, 하나님께서는 인류 공동체를 버리지 않으셨다. 인류 공동체는 전적으로 삼위일체 하나님의 통치(the reign of God) 아래에서 보전되고 갱신되며 완성될 것이다.

③ 생명 공동체의 회복의 이야기

자비와 사랑의 하나님께서는 이처럼 저주와 심판 아래에 있는 인류 공동체와 창조세계를 그냥 버리지 아니하시고, 셋과 에노스와 그 후손들을 주시어, 인류의 명맥을 잇게 하시는 은혜를 베푸셨다(창 4:25-26; 5:1-31). 그리고 노아시대에 인류의 죄가 극에 달하여, 저주와 심판을 내리심에도 불구하고 노아의 식구들을 구원하셨고, 무지개 언약을 통하여 창조세계의 보전을 계시하시고 약속하셨다. 하나님께서는 에덴동산에서 보이신, 자신과 인류와 창조세계가 함께 어우러져 사는 생명공동체를 결코 포기하기지 않으신 것이다. 나아가서 하나님께서는 바벨탑 사건으로 인류에게 언어와 문화의 소통을 불가능하게 하심으로 인류의 공동체성을 깨셨으나(창 9장), 그럼에도불구하고 다민족 다종족 다언어 다문화 다종교의 세계를 허용하셨으며, 나아가서 샬롬의 생명공동체 회복을 위하여 아브라함을 부르시어 이스라엘의 구원과 이스라엘을 통한 인류구원을 계시하시고 약속한 것이다(창 12:1-3). 공의의 하나님은 사랑과 은혜의 하나님이시다. 그래서 "믿음으로 아브라함은 부르심을 받았을 때, 순종하여 장차 기업으로 받을 땅에 나갈 쌔 … 이는 하나님의 경영하시고 지으실 터가 있는 성(城)을 바랐음이라"(히 11:8, 10).

사랑과 은혜의 언약의 하나님께서는 애굽 제국의 억압과 압제의 굴레 속에서 신음하는 이스라엘 백성 공동체의 절규를 들으시고 그들을 출애굽시키시는 공의의 하나님이셨고, 출애굽 후 시내 산 언약을 주시는 사랑과 은혜의 하나님이셨다. 이로써 하나님께서는 아브라함에게 주신 은혜의 언약을 갱신하시면서 이스라엘 백성 공동체의 신앙과 순종(사랑과 정의)을 확인하셨다. 하지만 이스라엘은 반복적으로 하나님의 은혜의 언약에 대하여 불신하였고 불순종하였다. 때문에 하나님께서는 아브라함에게 주신 은혜의 언약을 여러번 갱신하셨다. 그것은 요시아, 다윗, 그리고 예레미야로 이어졌고, 급기야 예수 그리스도께서 은혜의 언약을 아랑곳하지 않는 이스라엘과 인류를 대신하여 그리고 이들을 위하여 십자가에 달리셨다가 부활하셨다. 그리고 이것은 장차 새 하늘과 새 땅에서 완전하게 마무리될 것이다. 그런즉, 구약의 이야기는 이방인들의 구원경세 뿐만 아니라 "새 하늘과 새 땅"을 목표로 하고 있다. 아브라함에게 주어진 하나님의 약속(창 12:2-3)은 예수 그리스도와 성령강림을 통하여 이루어졌고, 역사의 과정 속에서 실현되고 있으며, 새 하늘 새 땅에서 온전히 이루어질 것이다.(사 11:6-9; 65:17-25; 계 21-22) 이는 인류역사와 창조세계를 아우르는 새롭게 창조된 생명공동체이다. 그것은 '역사'와 죽음 저편에서 전개될 새로운 세계, 곧 마지막 때에 도래할 '새로운 세계의 생명공동체'(the life of the world to come)(니케아-콘스탄티노플 신조, 381)일 것이다.[5]

---

5) 일찍이 구약신학자 폰 라트(von Rad)와 교의신학자 칼 바르트는 창조신앙을 언약신학 혹은 출애굽 이후의 구속사신학에 종속시킨 나머지 '자연'(혹은 창조세계)이 '역사'에 종속하는 것으로 보는 경향이다. 즉, 창조세계는 하나님 나라를 향한 은혜의 언약사가 전개되는 셋팅(무대)에 불과한 것이다. 1967년 헨드리쿠스 벨코프 역시 비슷한 입장을 표명하였다("God in Nature and History", In God, History, and Historians, 296)). 즉, "역사가 언약의 하나님의 영역으로 믿어지는 한 그리고 하나님의 나라로 향하는 길로 여겨지는 한, 자연 역시 하나님과 그의 목적을 섬기는 것이다. 온 땅이 주님의 영광에 응답하고(사 6), 약속의 땅의 비옥함은 하나님의 언약사랑의 표현이다. 따라서 자연의 창조는 역사 속에서의 하나님의 행동을 위한 개시(開始)행동으로 이해될 수 있다."

2) 신약성경이 추구하는 생명공동체

구약의 이스라엘 백성 공동체는 하나님의 사랑과 은혜의 언약에 대한 반응인 '신앙과 순종'(사랑과 정의)에 있어서 실패하였다. 그럼에도 불구하고 공의의 아버지 하나님께서는 그의 아들을 십자가에 달려 죽게 하심으로 그의 사랑과 은혜를 계시하셨다. 선재(先在)하시던 하나님의 아들이, 이스라엘과 인류를 '대신하여' 마리아의 몸에 성령으로 잉태하사, 참 인간이 되셨고, 요단강에서 성령을 통하여 이들의 죄와 죽음과 흑암의 권세를 대신 걸머지시고 세례를 받으셨으며, 성령을 통하여 광야에서 시험을 받으셨고, 성령으로 갈릴리에서 하나님 나라의 복음을 선포하시며(막 1:15), 그것을 비유들과 행동으로 앞당겨 보여주셨고, 성령으로 십자가에 달리셨다가 성령으로 부활하셨다. 그리고 부활하신 주님은 하나님 나라(새 하늘과 새 땅 = 우주적 생명공동체)를 계시하시고 약속하시기 위해서 40일 동안 사도들에게 나타나셨으며, 사도들에게 하나님 나라 사역을 위임하셨다(눅 24:45-48). 그리고 하나님 나라 건설을 위해서 이 땅 위에 아버지께로부터의 성령 파송을 약속하신 주님께서 오순절에 성령을 파송하심으로 교회가 탄생하였다. 바로 이와같은 교회 공동체야말로 하나님 나라의 미리 맛봄이요 징표요 그 도구일 것이다.

그리하여 교회는 성령 충만한 사도들이 선포한 하나님 나라의 복음에서 기원하였고, 하나님 나라를 위해서 존재한다. 바야흐로 부활 승천하시어 아버지 우편에 앉아계신 하나님의 아들 예수 그리스도께서는 아버지로부터 전권을 위임받아 성령의 사역을 통하여 아버지의 뜻에 따른 하나님 나라를

벨코프는 예수 그리스도의 사건에선 "창조세계는 자연과 역사와 종말론적인 완성이 불가분리하게 링크되어 있는, 체인의 첫 고리"(297)이고, 요한복음 1장과 골로새서 1장과 히브리서 1장에 근거하여 창조의 중보자 하나님의 아들에 근거하여 그리고 종말론적 완성을 바라보면서(301-302) '창조세계'의 구원을 강조하고 있다. 그런데 필자는 이상과 같은 신학적인 입장을 염두에 두면서도, 내러티브 신학 전통에서 창세기 기사와 복음서 기사와 계시록 21-22장에 대한 신학적인 이해를 시도하였다. 따라서 이 글에서 '샬롬의 생명공동체'란 창조세계와 자연을 단순한 구속사의 '무대'(칼 바르트)로 보는 것을 허락하지 않는다.

이 땅 위에 실현해 나가신다. 그런즉, 하나님 나라란 에덴동산이 바라보는 계시록의 '새 하늘과 새 땅' 또는 삼위일체 하나님과의 코이노니아를 누리는 '우주적 생명공동체'에 다름 아닐 것이다. 교회는 '복음전도'(마 28:19)뿐만 아니라 국가와 역사와 문화와 사회 속에서 이와같은 삼위일체 하나님의 하나님 나라 구현 사역에 부름을 받아 동참해야 할 것이다.

예수님께서 비유들로 설교하셨고 그의 권능의 행동들, 특히 그의 죽으심의 유월절 신비와 부활을 통하여 등장시키신 하나님 나라란 우주 전체의 궁극적인 목표이다. 아버지 하나님께서는 세상을 이처럼 사랑하사 그의 아들로 '하나님의 선교'를 감당하게 하신 것이다(요 3:16). 교회의 존재이유는 하나님 나라요 '삼위일체 하나님의 선교'(missio trinitatis)에 동참하는 데에 있다.

> 하나님이 그 아들을 세상에 보내신 것은 세상을 심판하려 하심이 아니요 저로 말미암아 세상이 구원을 받게 하려 하심이라"(요 3:17). 신약성서는 하나님의 은혜에 의하여 변혁된 새 하늘과 새 땅에 대한 비전으로 끝맺음하고 있다(비교: 계 21:1-22:5). 이 새로운 세계는 역사의 끝을 위하여 약속되어 있으나, 시간을 뚫고 신앙과 희망의 순례를 하고 있는 교회는 지금도 예배 중에서 "주 예수여 오시옵소서"(계 22:20)라고 간절히 부른다. 그리스도는 신랑이 신부를 사랑하듯 교회를 사랑하신다(비교: 엡 5:25). 그리고 그리스도께서는 영광 가운데 다시 오시어 하늘나라에서 우리를 어린양 혼인잔치(비교: 계 19:7)에 참여하게 하시는 날 까지 인류에게 빛과 치유를 갖다 주시는 그분의 선교를 교회와 함께 나누신다.(IV.118)[6]

결국, 새 하늘과 새 땅의 안에 자리한 하나님 나라란 인류역사(정치경제사회문화)의 변혁과 창조세계의 회복을 아우르는 역사와 죽음 저편에서 실현될 '생명의 공동체'일 것이다. 그것은 하나님의 백성과 인류 공동체와 창조세계

---

6) 『교회의 본질과 선교』, 신앙과 직제 문서 198. 『신앙과 직제와 삶과 봉사의 합류』, 이형기 송인설 공역, 한국기독교교회협의회 신앙과 직제 위원회 편(서울: 한국기독교교회협의회, 2009).

및 그 안에 거주하는 모든 생명체들이 함께 어우러지는 생명 공동체요, 이 생명 공동체와 삼위일체 하나님과의 영원한 코이노니아 일 것이다. 레슬리 뉴비긴은 다름 아닌 이와같은 종말론적 희망만이 역사 지평 속에서 기독교인들의 개인적인 삶과 공적인 삶을 책임적으로 살게 한다고 본다.

> … 한 기독교인에게 있어서 행동의 지평은 예수 그리스도의 도래(advent rather than future)이다. 그분은 우리를 맞이하시기 위하여 오실 것이다. 그리고 우리가 무엇을 하든지 간에, 그것이 우리의 아주 개인적인 기도이든 아니면 우리의 아주 공적인 정치적 행동이든, 그런 것들은 그것이 어디에서 일어났든지 그분의 축복된 나라에서 꾸밈없이 그분께 드려질 것이다. 여기서 우리는 의미있는 역사 가운데서 의미있는 행동을 할 수 있는 실마리를 발견한다. 그것은 다름 아니라 주기도문을 행동으로 옮기는 것이다. "나라이 임하옵시며 뜻이 하늘에서 이룬 것같이 땅에서도 이루어지이다."(마 6:10).[7]

약속된 역사의 목표, 곧 역사 속에서 책임적 행동을 가능하게 만드는 그것은 죽음이 만들어 내는 사사화의 세계와 공적인 세계의 이분법을 치유한다. 사도 요한이 성경의 마지막 책에서 그리고 있는 거룩한 도성은 어떤 의미에서 모든 공적인 역사의 종말적 완성(consummation)이다. 그것은 참된 도성의 창조물인 문명 전체에 대한 이야기를 표현하고 있다. 그것은 미와 통일성에 있어서 완벽하다. 그리고 땅의 모든 열방들이 그들의 모든 보화들을 그곳으로 들인다. … 인류문명, 예술, 기술, 그리고 문화의 성취들이 진멸되는 것이 아니다. 이들 속에 있는 모든 불결이 제거될 것이고 가치있는 모든 것은 왕 중 왕이신 그분에게 드리는 제물로서 그것의 자리를 발견할 것이다. … 그러나 동시에 거룩한 도성은 각 영혼의 여정이 마지막 때에 그것의 목표를 발견하는 그와 같은 장소이다. '다시 저주가 없으며 하나님과 어린양의 보좌가 그 가운데 있으리니 그의 종들이 그를 섬기며 그의 얼굴을 볼 터이요 그의 이름도 저희 이마에 있으

---

7) Lesslie Newbegin, *op. cit.*, 102.

리라 다시 밤이 없겠고 등불과 햇빛이 쓸데없으니 이는 주 하나님이 저희를 비취심이라 저희가 세세토록 왕 노릇 하리로다.(계 22:3-5)

스텍하우스 역시 모더니즘에 의하여 본격적으로 추동된 세계화(globalization)가 결국은 새 예루살렘에서 "하나의 복합적이고, 코스모폴리탄적인 문명들" 또는 "민족들의 도시"(the City of nations)를 이룩할 것을 희망하면서,[8] 다음과 같은 지복(至福)의 새로운 세계를 내다보고 설명하고 있다.

이 새 예루살렘은 에덴으로의 복귀가 아니요, 천진난만의 목가적인 원시적 오아시스로의 복귀도 아니며, '무성'(no-thing-ness)의 축복에 도달하는 것도 아니다. 그것은 또한 개인 영혼이 우주의 영혼 속으로 흡수되는 것도 아니고 영들이 죽은 자들의 영들과 연합하는 것도 아니며, 자연과 하늘이 함께 어우러지는 하나의 영구적으로 지속되는 조화로운 사회도 아니다. 그것은 자신들의 도덕성과 영적 공로를 인정받고 황홀경 속에 들어간 지극히 소수의 남은 자들만이 가는 곳도 아니다. 진실로 거기에는 그 어떤 성전도, 교회도, 가정도 없다. 오직 그리스도의 형제자매들이 있을 뿐이고 '보좌에 앉아 계신 죽임을 당한 어린양'의 다스림 이외의 그 어떤 정치도 없다. 오히려 그것은 모든 민족들이 자신들의 선물들을 거기로 드려가는 하나의 복합적인 문명으로서 전혀 다른 차원으로부터 우리들에게로 내려오는 선물(a gifted destiny)이다. 그것은 놀랍게 공학적으로 형성되었고 예술적으로 형성된 구조들로 사람들에게 환희를 자아내어 모두 노래하는 문화에 동참케 하는 도시요, 자연의 법칙 조차도 변형되어서 나무들이 달마다 열매들과 치유하는 입새를 나게 하는 도시요, 넘치게 풍성한 거룩성의 정신이 가장 작은 자들을 환영하는 도시이다. 이 도시에선 가장 경멸받던 행려자가 하나의 정의로운 평화를 발견한다. 그것은 일찍이 인간에게 제공된 적이 없었던 가장 비상적이고 가장 훌륭한 선이다. 이것에 대하여 말한다고 하

---

8) Max L. Stackhouse, *God and Globalization, Vol. 4: Globalization and Grace*(New York and London: The Continuum International Publishing Group Inc., 2007), p. 219.

는 것은, 글로벌 청중(the global public)을 이 도시의 문으로 초대할 수 있는 하나의 신학적인 상상력을 요한다.[9]

7. 하나님 나라(생명공동체)와 교회

1) 하나님 나라

"하나님 나라가 가까웠으니 회개하고 복음을 믿으라"(막 1:15)"고 선포하신 예수님은 하나님 나라를 위해서 십자가에 달리셨다가 부활하셨고, 하나님 나라를 계시하시고 약속하시기 위해서 40일 동안 사도들에게 나타나셨으며, 하나님 나라 건설을 위해서 이 땅 위에 성령을 파송하셨다. 그리하여 교회는 성령 충만한 사도들에 의해서 선포된 하나님 나라의 복음에서 기원하였다.

그리스도로서 예수님의 설교와 가르침의 중심은 '다가오는 하나님의 나라'였다. 그리고 십자가에 달리셨다가 부활하시고 승천하사 영화롭게 되신 그리스도 예수는 역사와 우주만물의 주님으로서 이 하나님 나라의 의미를 더 보편적이게 하셨다. 죄와 죽음과 흑암의 권세를 묵시적으로 계시하는 예수 그리스도의 십자가와, 이 모든 부정성을 부정하는 그의 부활(the negation of the negative)은 개인에게 부활의 몸을, 역사에게 하나님 나라를, 그리고 우주만물에게는 새 하늘과 새 땅을 계시하고 약속하셨기 때문이다. 그는 다름 아닌 영생과 하나님 나라, 그리고 새 하늘과 새 땅을 계시하시고 약속하셨다. 이는 역사와 창조세계 속에서의 삼위일체 하나님의 통치일 뿐만 아니라 새 창조의 세계(creatio nova)이다. 이것은 삼위일체 하나님과 새 인류와 새롭게 된

---

9)   *Ibid.*, 223-224.

우주만물이 함께 어우러지는 샬롬의 "생명공동체"이다. 우리는 이미 구약과 신약의 내러티브에 나타난 "생명공동체"로서의 하나님 나라에 대한 이야기를 했다.

2) '이미'와 '아직' 사이에 존재하는 교회

이스라엘 공동체와 마찬가지로 교회 공동체는 신앙과 사랑과 희망의 공동체이다. 교회는 이상과 같은 객관적이고 보편적이며 종말론적인 하나님 나라의 복음을 믿고(이신칭의), 이 믿음을 전제로 하나님 나라를 희망하는 가운데 지식추구와 사랑추구와 정의추구로 나가야 한다. 교회에 대한 '이웃사랑'의 명령은 하나님 나라의 표징인 사랑과 정의와 평화 실현을 통하여 실현되어야 한다. 교회는 하나님 나라의 복음을 믿는 '믿음'을 출발점으로 하여 '이웃사랑' 차원에서 공적인 영역의 삶에 참여하기 위하여 정치·경제·사회·문화와 대화를 해야 할 것이다. 그리고 이것을 창조세계 보전 차원과도 연결시켜야 한다.

그리고 '이미' 임한 하나님 나라와 '아직' 임하지 않은 하나님 나라 사에 실존하는 교회는 하나님 나라를 기다리면서 하나님 나라가 온전히 임할 때까지 성령의 역사에 힘입어 사도적 직무(the apostolate)를 수행해야 한다. 사도적인 직무란 설교, 세례와 성만찬, 코이노니아, 교육, 사회봉사, 복음전도, 하나님의 선교(missio trinitatis), 정의와 평화와 창조세계의 보전, 그리고 교회의 일치추구이다. 다시 말하면 생명의 공동체인 교회의 사도직 수행은 교회 내의 책임수행뿐만 아니라 일치와 연합을 추구하고, 정의와 평화와 창조세계 보전 차원에서 하나님 나라의 실현을 위한 하나님의 선교에 동참해야 할 것이다. 이것이 다름 아닌 "생명공동체"인 공교회의 "생명공동체"를 위한 공적 책임 수행이다.

3) 하나님 나라와 교회의 표지

"하나의 거룩하고, 보편적이며, 사도적인 교회"라고 하는 신앙고백의 항목에서 교회는 공교회(ecclesia catholica)로서 하나님 나라에서 완성될 하나됨과 거룩함과 보편성을 희망하는 가운데, 그것을 역사의 지평 속에서 구현시켜야 한다. 뿐만 아니라 교회가 생명공동체인 하나님 나라의 징표요 도구로서 하나님 나라를 위해서 존재해야 하는 한, 교회는 공교회 안에서 뿐만 아니라 인류와 창조세계 모두를 아우르는 전 생명공동체 안에서 공적 책임을 수행해야 할 것이다. 사도적 복음을 바르게 설교하고 성례전(세례와 성만찬)을 바르게 집례하는 교회라야 바른 교회이고, 교회는 이 설교와 성례전을 통하여 하나님 나라를 축하하고, 선포하며, 증거해야 한다. 이와같은 생명공동체로서 교회의 표지('하나의 거룩하며 보편적이고 사도적인 교회' + '말씀'을 설교하고 '세례성만찬'을 집례 하는 교회)는 하나님 나라(생명공동체) 구현을 향한 '하나님의 선교'(missio trinitatis)를 위해서 존재하는 것이다.

4) 하나님 나라와 교회의 본질

우리는 하나님 나라(생명공동체)를 바라보며 여러 교회의 표지들을 언급하였다. 이 표지들이야 말로 교회의 본질적 표지들이다. 하지만 이 글은 이제 이와같은 표지들의 근본이 되고 그것의 존재이유인 교회의 본질을 생각해 보려고 한다.

교회의 본질은 '그리스도의 몸' 된 교회의 유기체적 공동체성에 있다. 그것은 '생명공동체'이다. 사람들은 '하나님 나라의 복음'을 성령의 사역에 의하여 믿음으로 받아들여 순종(사랑과 정의)에 이르고 나아가서 세례를 받아, 예수 그리스도의 신비체에 통찰하며 나아가서 아버지 하나님과 연합한다. 그리하여 그리스도의 몸의 모든 지체들은 상호 의존적인 부분들로서 머리를 통하여 통일성을 추구한다.

그런데 이처럼 상호 의존적인 그리스도의 몸의 다양한 지체들은 성령의 다양한 은사들과 분리하여 생각될 수 없다(참고: 고전 12:3-13). 그리스도의 모든 지상 사역이 성령의 사역에 의한 사역인 것처럼 몸의 지체들의 다양한 사역들 역시 성령의 사역에서 그 다양성과 통일성을 찾는다. 따라서 교회는 '성령의 전'(엡 2:21-22; 벧전 2:5)이다. 뿐만 아니라 교회는 선민 이스라엘 백성 공동체를 포함하는 '하나님의 백성'(벧전 2:9) 공동체이다. 그런즉, 이와같은 교회의 공동체성은 "생명공동체"인 하나님 나라에 대한 징표요, 그것을 일구는 도구이다.

둘째로 이 교회 공동체의 본질적 사명은 무엇일까? 그것은 두 가지이다. 하나는 '복음'을 아직도 듣지 못한 사람들과 하나님의 통치에 대한 좋은 소식인 복음을 따라서 살지 않는 사람들에게 말과 행동으로써 이 복음을 전해야 하는 것이고, 둘은 세상 속에서 사랑과 정의와 평화와 기쁨과 같은 하나님의 통치의 가치들을 삶으로 옮기고 그것의 미리 맛봄이 되도록 부름을 받은 것이다. 나아가서 교회는 자신의 삶으로 구원의 신비와 인류의 변형을 미리 앞당겨 체험하고 보여줌으로써 만유를 하나님께 화해케 하고(고후 5:18-21; 롬 8:18-25), 인간 상호간의 화해를 구현하시는 그리스도의 선교에 동참해야 한다. 그런즉 교회는 자신의 공동체성에 근거하여 그리고 그것을 출발점으로 하여 하나님의 세상에서 '복음전도'와 '하나님의 선교'에 동참해야 하는 것이다.

셋째로 교회 공동체의 존재 이유인 '복음전도'와 '하나님의 선교'의 목적은 무엇인가? 삼위일체 하나님의 형상(그리스도의 몸, 성령의 전, 하나님의 백성)인 교회 공동체는 모든 피조물을 그리스도의 주권 아래 모으고(참고: 엡 1:10), 인류와 모든 피조물을 수직적이고 수평적인 코이노니아로 인도하시는 삼위일체 하나님의 계획을 이룩하는 하나님의 도구이다. 교회는 이 목적을 섬기기 위하여 복음을 전하고 하나님의 선교에 동참해야 하고, 이로써 모든 사람들을 구원에 이르게 인도한다.(요 17:21)

그런즉, 예배를 드리고, 세례와 성만찬을 베풀며, 기독교의 진리들을 가르치고, 친교를 나누며, 봉사와 제자의 도를 행하는 교회는 자기 자신을 위해서 존재하는 것이 아니라 다가 올 '생명공동체'인 하나님 나라를 희망하는 가운데 교회 밖의 영역에서 '복음전도'와 '하나님의 선교'를 통하여 '생명공동체'를 실현하기 위하여 존재한다. 성경이 교회를 "신비"(엡 1:9-10; 5:32)라고 부른 이유는, 그것이 하나님에 의하여 주어질 역사와 죽음 저편에 있는 초월적이고 미래적인 실재를 가리키기 때문이다.

따라서 교회는 종말론적 공동체로서 하나님의 백성이다. 교회는 세상을 위한 하나님의 의도와 계획의 징표와 도구이다. 교회는 장차 도래할 '생명공동체'(하나님 나라)의 예언자적 징표요 이 하나님 나라를 역사와 창조세계 속에서 실현하는 도구이다. 앞으로도 우리는 총체적 '생명공동체'의 회복을 위하여 교회가 먼저 이상과 같은 '생명공동체'가 되어야 한다고 하는 것에 주목해야 할 것이다.

5) 하나님 나라와 교역직

하나님 나라를 위해서 존재하는 교회의 직책에는 일반 사역직(세례 받은 모든 하나님의 백성의 교역)과 특수 사역직(an ordained ministry)이 있다. 특수 사역직은 일반 사역직을 훈련시키고, 교육시키어 모든 공적 영역들에서 하나님 나라를 건설해야 할 것이다. 정치경제사회문화에 대한 기독교적 변혁과 창조세계의 보존은 생명 공동체 회복운동으로서 모두 공적인 영역에 속한다. 사역직은 구심력적 운동과 원심력적 운동의 긴장을 가지고 그와 같은 공적인 영역에서 하나님의 선교에 동참하는 일에 있어서 지도력을 발휘해야 한다. 특히, 학문의 전문분야와 사회의 각계각층에서 종사하고 있는 평신도들을 훈련하고 교육하여 '생명공동체' 회복운동에 동참시켜야 할 것이다. 각각의 교회 차원에서, 지역 교회들의 연대 차원에서, 그리고 광역 교회들의 연대 차원에서, 그리고 에큐메니칼 차원에서 그렇게 해야 할 것이다.

6) 교회의 목회와 '생명 공동체 회복운동'

우리는 '21세기의 깨어진 생명공동체'를 회복하기 위하여 다섯 가지 질문을 제기한다. 첫째, 개 교회의 목회는 오늘날 지구환경과 생태계 파괴를 위한 대안으로 무엇을 설교해야 하나? 둘째, 교회의 목회는 우리나라의 '빈익빈 부익부'의 상황에 대응하여 어떻게 설교해야 할 것인가? 셋째, 개 교회의 목회는 생태계파괴와 종의 다양성 소멸에 대처하여 무엇을 어떻게 설교해야 할 것인가? 네째, 개 교회의 목회는 다문화 다민족 다종교 사회에 어떻게 설교해야 할 것인가? 다섯째, 개 교회의 목회는 정체성과 '다름'을 유지하면서도 어떻게 공동체성을 추구하게 하는 설교를 할 수 있을까? 우리의 목회는 이와같은 질문들에 응답함으로써 '21세기 의 깨어진 생명공동체'의 회복을 위하여 힘써야 할 것이다. 결코 우리는 기독교의 사사화 또는 주변화로 인하여 '하나님의 선교의 장'인 생명운동의 공적인 세계로부터 물러설 수 없다. 우리는 전통적인 이분법으로부터 자유로워야 할 것이다. 우리는 삼위일체 하나님의 사역이 이미 진행되고 있는 '생명운동'에 동참해야 할 것이다.

우리는 '21세기의 깨어진 생명공동체'의 총체적 위기를 의식하면서, 각 교회의 목회차원에서 설교, 세례, 성만찬, 코이노니아, 디아코니아, 기독교 교육, 복음 전도와 선교를 통하여 사랑과 정의와 평화와 기쁨이 넘치는 새로운 생명공동체를 세워 나가야 할 것이다. 이 때에 개 교회의 목회자는 에큐메칼 운동의 흐름들에 대한 충분한 지식을 가지고 총회를 통하여 그와 같은 에큐메니칼 운동에 동참하면서 자신의 목회 신학과 목회에 대한 비전을 세워 나가야 한다. 예컨대, 우리는 위와 같은 신학적인 방향과 비전하에서 '생명'을 주제로 한 다양한 설교를 해야 할 경우, '하나님 나라' 혹은 '새 하늘과 새 땅'에 대한 희망을 통일성있게 해야 한다.

교회는 '21세기의 깨어진 공동체' 회복을 위하여, 자신의 본질적 정체성을 확실히 붙들고 다양성 속에서 코이노니아를 추구하면서, '신자유주의'의 세계화가 야기시키는 온갖 글로컬(glocal)이슈들에 적극적으로 참여해야 할 것이다. WCC의 'JPSS'운동과 'JPIC'운동 역시 이와같은 참여의 일부일 것이다. 진실로 개 교회의 목회가 에큐메니칼 운동의 3 흐름에 동참하여 '21세기의 깨어진 생명공동체'를 화해와 치유로 인도할 때, 성경과 교회의 가르침이 공적인 영역으로부터 사사화되거나 주변화되는 것을 극복할 수 있을 것이다.

BEM Text(1982)에 따르면, '말씀선포'와 '세례'와 더불어 기독교적 예배의 핵심인 '성만찬 예전'이 하나님 나라에 대한 비전속에서 JPIC(정의 평화 창조세계의 보전)와 불가분리하다.

성만찬은 삶의 모든 측면을 포함한다. 성만찬은 온 세상(the whole world)을 대신하여 감사와 봉헌을 드리는 대표적 행위이다. 성만찬 의식은 하나님의 한 가족 안에서 형제자매로 간주되는 모든 사람들 간의 화해와 동참을 요구하며, 나아가서 사회, 경제, 정치적 삶 속에서 합당한 관계를 추구하도록 촉구하는 끊임없는 도전이 된다(마 5:23 이하; 고전 10:16 이하; 고전 11:20-22; 갈 3:28). 우리가 그리스도의 몸과 피에 동참할 때 모든 종류의 부정의, 인종차별, 인종분리주의, 자유의 결핍이 근본적으로 도전받게 된다. 성만찬을 통하여 모든 것을 새롭게 하시는 하나님의 은총은 인간의 인격과 존엄성에 스며들어 그것을 회복시킨다. 성만찬은 신자들을 세계사의 중심적 사건과 연결시켜 준다. 따라서 성만찬에 참여하는 자들로서 우리가 만일 세계의 상황과 인간의 상태를 지속적으로 회복시키는 일에 적극적으로 참여하지 않는다면 우리가 일관성이 결여되어있다는 사실이 드러날 것이다. 성만찬은 인간역사 속에 임하사 화해의 일을 담당하시는 하나님 앞에서 우리의 행위가 모순된다는 것을 보여준다. 우리가 만약 사회 안에서 모든 종류의 불의한 관계를 계속한다면, 물질적 이해와 힘의 정치를 계속한다면, 또 무엇보다도 그리스도의 몸 안에서 정당화될 수 없는 교파주의

를 완고하게 계속한다면 우리는 언제나 심판 아래 놓여 있게 될 것이다.(II. 20)

BEM Text(II. 22)에 의한 즉, '성만찬은 창조의 궁극적인 갱신을 약속하는 하나님의 통치에 대한 비전을 열어주며 이 통치의 미리 맛봄이다.'이다. 그리고 우리는 인류역사 속에서 하나님의 은혜로 일어나고 있는 이와같은 하나님 나라 또는 새 하늘 새 땅에 대한 징표들을 발견할 수 있다. 즉, "이 같은 갱신의 징표들은 하나님의 은혜가 분명하게 드러나고 인간이 정의 사랑 평화를 위하여 일하는 곳이라면 어디에서든지 이 세상 안에 있다. 성만찬은 교회가 이 같은 징표들에 대해 하나님께 감사드리며 그리스도 안에서 임해 오는 하나님 나라를 기쁜 마음으로 기념하고 또 고대하는 축제이다."(고전 11:26; 마 26:29)라고 하였기 때문이다. 따라서, 우리는 '21세기의 깨어진 생명공동체'에도 불구하고, 삼위일체 하나님께서는 '교회 공동체' 밖에서도 생명공동체를 세우시는, 은혜의 징표들을 보이신다고 하는 사실을 성만찬 예배예전을 통하여 하나님께 감사드려야 한다고 하는 것이다. 우리의 '생명설교'와 세례 역시 위에서 언급한 '성만찬'의 의미를 담아내야할 것이다. 그리고 개 교회 목회의 다른 차원들(코이노니아, 리투르기아, 다이코이아, 디다케, 복음전도, 하나님의 선교)도 마찬 가지일 것이다.

2장

'보편사'와 창조세계 교회를 아우르는 생명 공동체에 비추어 본 근·현대(포스트모던) 사관들에 대한 비판

1. 하나님 나라와 '보편사' 및 창조세계

교회 밖의 세계, 곧 '보편사' 및 창조세계 속에 현존하시고 활동하시는 아버지 하나님께서(엡 4:6 "… 곧 만유의 아버지시라 만유 위에 계시고 만유를 통일하시고 만유 가운데 계시도다.")는 자신의 우편에 앉아계신 아들 예수 그리스도에게 전권을 맡기시어 그로 하여금 성령을 통하여 세상 끝 날에 모든 사단마귀의 권세가 그의 발 앞에 굴복할 때 까지 다스리신다. 이미 전 종말론적(the pen-ultimate) 시기 동안에도 하나님의 아들 예수 그리스도께서는 "만물 안에서 만물을 충만케 하시는 자"(엡 1:23)이시다. 따라서 삼위일체 하나님께서는 '보편사' 및 창조세계의 종말론적인 완성 이전에 이미 만유 안에서 현존하시고 활동하신다. 따라서 교회뿐만 아니라 '보편사' 및 창조세계 속에서도 기독교인들은 하나님 나라에 대한 파편들, 징표들, 그리고 도구들을 분별할 수 있고 분별하지 않으면 안 된다. 비록, '보편사'와 창조세계 회복을 위하여 택함을 받은 이스라엘과 교회만이 그것에 대한 미리 맛봄을 경험하지만 말이다. 뉴비긴에 따르면, "그러나 오직 교회만이 하나님 나라에 대한 미리 맛봄, 곧 아라본 (arrabon)이다."[10]

2. 근 · 현대(포스트모던) 사관들에 대한 비판

필자는 '제1부 성서의 역사해석'에서 성서적 내러티브 신학을 소개하고 '제2부 근대 서구의 역사철학'에서 비코로부터 칼 마르크스에 이르는 서구의 근대 역사철학을 논하면서 성서의 '보편사 해석'에 비추어서 포스트모더니즘과 성서적 내러티브 신학의 관점에서 각 근대주의적 역사철학을 비판하였다. 그리고 '제3부 포스트모더니즘과 포스트모던 사관(史觀)들'에서는 리요타르, 푸코 등의 포스트모던 사관들의 다양한 스펙트럼을 소개하면서 역시 그것의 성서의 '보편사 해석'에 비추어서 성서적 내러티브 신학에 비추어서 수용할 것은 수용하고 비판할 것은 비판하였다. 따라서 필자는 근 · 현대(포스트모던) 사관들 하나하나에 대하여 나름대로 소결론을 내린 셈이지만, 이젠 전체를 아우르는 내러티브 신학적인 결론으로 본 저서를 끝맺음 하려고 한다.

필자는 결론 부분에서 'I. '보편사'와 창조세계와 교회를 아우르는 생명 공동체'라고 하는 큰 제목 하에서 '1. 깨어진 생명 공동체', '2. 성경과 교회의 가르침의 사사(私事)화', '3. 관계망 속에 있는 생명공동체', '4. 글로벌 차원의 생명 공동체 회복운동', '5. 로컬 차원의 생명운동: 총회의 '생명 살리기 운동 10년'(1992-1912),' '6. 성서 이야기 속에 있는 생명공동체 회복 운동,' 그리고 '7. 하나님 나라(생명공동체)와 교회'에 대하여 논했다. 그리고 결론 부분 II.1에

---

10) 'On Being the Church for the World'(1988), In *Lesslie Newbigin, Missionary Theologian, A Reader*, Compiled and introduced by Paul Weston(Grand Rapids, Michigan: William B. Eerdmans, 2006), 140.

서 '1. 하나님 나라와 '보편사' 및 창조세계'에 대하여 논하였다. 이들 가운데 중요한 주제는 I.3과 I.6 그리고 II.1이다.

필자는 기본적으로 '지식을 추구하는 신앙'의 입장에서 I.6에서 I.3을 본 것이고, 이것을 초석으로 하여 II.1에서 이미 근·현대(포스트모던) 사관들에 대한 비판의 척도를 밝힌 바, 이에 비추어 볼 때 근·현대(포스트모던) 사관들 모두는 성서 이야기에 나타난 총체적 생명공동체 및 미래 지향적 하나님 나라에 대한 비전을 결여하고 있다. 근대 역사철학들은 서유럽과 백인 남성 중심의 '거대담론'으로서 아시아, 아프리카, 라틴아메리카 등과 여성 및 주변화된 사람들의 역사적 담론들을 억압하고 소외시키고 주변화(marginalization)시켰고, 자연과학과 기술학에 의하여 창조세계를 소외시키고 도구화시키며 오염시키고 파괴하였다. 다시 말하면 우리가 논한 모든 보편사에 대한 역사관들은 I.6에 근거한 I.3과 II.1을 결여하고 있다고 하는 말이다.

비록 '포스트모더니즘' 사관들이 모더니즘 사관들의 문제점들을 잘 파악한 것이 사실이지만, '후기 구조주의', 푸코, 데리다, 리요타르 등 지나친 해체주의적 포스트모던 사상가들로 인하여 그것에 대한 통전적 대안들을 내놓을 수 없었다. 그래서 필자는 맥킨타이어, 후기 비트겐슈타인 등을 배경으로 나온 한스 프라이, 린드벡, 크리스 라이트, 보켐과 하트, 그리고 레슬리 뉴비긴의 성서적 내러티브 신학을 사용하여, 성서 전체를 관통하고 있는 '상호 관계망 속에 있는 생명공동체 회복운동'을 소개하였고, 이 맥락에서 모더니즘 시기 동안에 그리고 포스모더니즘에 있어서도 발견되는 '성경과 교회의 사사화(私事化)'에 대하여 논하였다. 모든 포스트모던 역사관들이 '모더니즘'에 대하여 비판하고 있는 것이 확실하지만, 이들 역시 '상호 관계망 속에 있는 생명공동체'로부터 창조세계와 모더니즘적 서유럽 남성중심의 역사를 배제하는 결과를 가져온 것이 사실이다. 우리는 인류의 보편사와 창조세계에 대한 삼위일체 하나님의 구원경세(oikonomia) 및 선교의 관점에서 그리고 미래 지향적인 하나님 나라에 대한 비전에서 기본적으로 배제의 논리를 배제해야 할 것이다.

그러나 동시에 우리 교회는 '7. 하나님 나라(생명공동체)와 교회'의 '1) 2) 3) 4) 5) 6)'에서 제시한 대로 보편사와 창조세계 한복판에서 삼위일체 하나님의 구원경세와 선교에 응답하여 자신의 고유한 사명을 다해야 할 것이다. 교회는 '상호 관계망 속에 있는 공동체'의 일부로서 '전체의 상호의존적인 부분'(one of the interdependent parts of the whole)인 동시에 진정으로 자기 정체성과 고유성과 독특성을 지닌 생명공동체로서 맡겨진 사명을 다해야 할 것이다. 우리 기독교인들과 교회 공동체는 모더니즘과 포스트모더니즘의 사관들을 항상 성서의 총체적 생명공동체 회복운동(하나님 나라 운동)의 거울에 비추인 성서의 '보편사 해석'에 비추어 자신의 고유한 길, 곧 예수 그리스도의 길을 따라 인류 공동체(타 종교들, 타 학문들, 사회의 각계각층의 지도자들, 그리고 사람들) 및 창조세계와 더불어 하나님 나라의 표지판들을 세워 나가야 할 것이다. 교회는 믿음 · 사랑 · 희망의 공동체로서 하나님 나라를 미리 맛보았다.

저자 **이형기**

서울대학교 문리과대학 종교학과(B.A)
장로회신학대학교 신대원(Th.B)
장로회신학대학교 대학원(Th.M)
서독 뮌스터대학교 신학부
미국 하버드대학교 신학부(Th.M)
미국 드류대학교 대학원(Ph.D)
미국 뉴욕 앰허스트 한인장로교회 목사
현) 장로회신학대학교 역사신학 명예교수
    NCCK 신앙과 직제 위원
    공적신학과 교회연구소 소장
    바른교회아카데미 연구위원회 위원장

저서

『종교개혁 신학 사상: 루터와 칼빈을 중심하여』(장로회신학대학교, 1984)
『교회와 사회: 본 회퍼의 작품들을 중심하여』(장로회신학대학교 출판부, 1987)
『전통과 개혁』(대한예수교장로회총회, 1990)
『세계개혁교회의 信仰 白書』(편저, 대한예수교장로회총회 출판국, 1991)
『정통과 이단』(대한예수교장로회총회, 1992)
『세계교회의 분열과 일치추구의 역사』(장로회신학대학교 출판부, 1994)
『에큐메니칼 운동사: 세계교회협의회』(대한기독교서회, 1994)
『세계교회사(Ⅰ, Ⅱ)』(한국장로교, 1994)
『21세기를 향한 새로운 신학적 패러다임의 모색』(장로회신학대학교, 1997)
『장로교의 장로직과 직제론』(한국장로교 출판사, 1998)
『WCC, Vatican Ⅱ, WARC, 해방신학 및 민중신학이 지향하는 교회의 사회참여』(성지, 1990)
『역사속의 교회』(도서출판 교육목회, 1995)
『복음주의와 에큐메니칼운동의 세 흐름에 나타난 신학』(한국장로교출판사, 1999)
『교회의 직제와 평신도론: 에큐메니칼 교역을 추구하면서』(장로회신학대학교 출판부, 2001)
『간추린 세계 교회사』(장로회신학대학교 출판부, 2001)
『알기 쉽게 간추린 몰트만 신학』(대한기독교서회, 2001)
『기독교 사상사』(공저, 대한기독교서회, 2002)
『모더니즘과 포스트모더니즘 그리고 기독교 신학』(장로회신학대학교 출판부, 2003)
『역사 속의 종말론』(대한기독교서회, 2004)
『하나님 나라와 교회』(한들출판사, 2005)
『나의 신학수업에 있어서 패러다임 이동』(한들출판사, 2005)
『역사 속의 내러티브 신학』(한들출판사, 2005)
『포스트모던 시대의 성경읽기』(한들출판사, 2006)

『모더니즘과 포스트모더니즘 논의에서 본 몰트만 신학』(한들출판사, 2006)
『하나님의 선교』(한국학술정보(주), 2008)
『하나님 나라와 공적신학』(한국학술정보(주), 2009)
『성경의 내러티브 신학과 교회의 공적책임』(한들출판사, 2010)
『에큐메니칼 운동의 패러다임 전환』(한들출판사, 2011)
『하나님의 경제 I』(공저, 북코리아, 2013)
『세계교회협의회(WCC)와 신학』(북코리아, 2013)

역서

『기독교강요 요약』(크리스천다이제스트, 1985)
『칼빈의 경건: 그리스도인의 경건한 삶』(크리스천다이제스트, 1986)
『칼 바르트의 신학방법론』(목양사, 1986)
『칼 바르트의 신학사상』(양서각, 1986)
『기독교사상사: 고대편』(대한예수교장로회총회 출판국, 1988)
『기독교사상사: 중세편』(대한예수교장로회총회 출판국, 1988)
『기독교사상사: 현대편』(대한예수교장로회총회 출판국, 1988)
『복음주의 신학입문』(크리스천 다이제스트, 1989)
『종교개혁사 1: 독일의 종교개혁 시작부터 아우크스부』(공역, 대한예수교장로회총회, 1990)
『종교개혁사 2: 스위스 · 프랑스 · 네덜란드 · 스코틀랜드』(공역, 대한예수교장로회총회, 1990)
『종교개혁사 3: 영국 · 재세례주의 · 소지니주의 · 예수회』(공역, 대한예수교장로회총회, 1990)
『세계교회협의회 BEM문서: 세례, 성만』(한국장로교, 1993)
『세계교회협의회 역대총회 종합보고서』(한국장로교, 1993)
『세계교회협의회의 기원과 형성』(한국장로교, 1993)
『세계교회협의회 40년사』(한국장로교, 1993)
『루터 연구 입문』(크리스천다이제스트, 1993)
『복음주의 신학의 정수: 하나님 · 권위 · 구원』(한국장로교, 1993)
『루터 저작선』(크리스천다이제스트, 1994)
『개혁교회의 증거: 에큐메니칼 운동에 있어서』(한국장로교출판사, 1996)
『성경의 권위와 해석: 에큐메니칼 운동에 있어서』(한국장로교출판사, 1996)
『하나의 신앙고백: 신앙과 직제 문서』(한국장로교출판사, 1996)
『에큐메니칼 신학의 발전사 I』(한국장로교출판사, 1998)
『에큐메니칼 신학의 발전사 II』(한국장로교출판사, 1998)
『루터의 신학』(크리스천다이제스트, 1994)
『복음주의 신학의 정수 II : 삶, 사역, 희망』(공역, 한국장로회출판사, 1999)
『동방정교회의 역사와 신학』(한국장로회출판사, 1999)
『현대기독교사상사 1』(한국장로교출판사, 2000)
『교회 교의학 IV/4』(대한기독교서회, 2007)
『신앙과 직제와 삶과 봉사의 합류』(공역, NCCK, 2009)